从卡夫卡到昆德拉

20 世纪的小说和小说家

吴晓东 著

生活·讀書·新知 三联书店

Copyright © 2024 by SDX Joint Publishing Company.
All Rights Reserved.

本作品版权由生活·读书·新知三联书店所有。
未经许可，不得翻印。

图书在版编目（CIP）数据

从卡夫卡到昆德拉：20世纪的小说和小说家／
吴晓东著．—北京：生活·读书·新知三联书店，2024.5
ISBN 978-7-108-07797-4

Ⅰ.①从… Ⅱ.①吴… Ⅲ.①小说研究 - 世界 - 20世纪②小说家 - 人物研究 - 世界 - 20世纪　Ⅳ.①I106.4
②K815.6

中国国家版本馆 CIP 数据核字 (2024) 第 055393 号

责任编辑	郑　勇　李　佳
装帧设计	赵　欣
责任校对	张　睿
责任印制	卢　岳
出版发行	生活·讀書·新知 三联书店
	（北京市东城区美术馆东街22号　100010）
网　　址	www.sdxjpc.com
经　　销	新华书店
印　　刷	河北松源印刷有限公司
版　　次	2024年5月北京第1版
	2024年5月北京第1次印刷
开　　本	700毫米×1000毫米　1/16　印张24.75
字　　数	286千字
印　　数	0,001-6,000册
定　　价	69.00元

（印装查询：01064002715；邮购查询：01084010542）

目 录

绪 论 ·· 1
  1. 现代经典的选择标准 ·· 1
  2. 现代主义小说观的变革 ··· 7
  3. 小说诗学的视野 ·· 10

第一讲 小说的预言维度:《城堡》与卡夫卡 ···················· 14
  卡夫卡的传记形象:地窖中的穴鸟 ································ 14
  《城堡》:解释的迷宫 ··· 18
  《城堡》的解释史 ·· 25
  作为一种小说结构和主题的模式:"追寻" ······················· 28
  对话性与复调特征 ·· 35
  《城堡》与寓言批评的勃兴 ··· 39

第二讲 回忆的诗学:《追忆似水年华》与普鲁斯特 ··········· 47
  "逆向的哥白尼式革命" ·· 47
  回忆:生命的形式与艺术的形式 ···································· 49
  记忆的双重性 ·· 53
    1. 无意的记忆 ··· 54
    2. "无意的记忆"的诗学特征 ····································· 57
    3. 断片的美学 ··· 63
    4. 两种记忆及其悖论 ··· 66

记忆的神话 ··· 70

第三讲　20世纪的"圣经":《尤利西斯》与乔伊斯 ············ 76
　　　"只能被重读的小说" ······································ 76
　　　《尤利西斯》的情节结构 ·································· 81
　　　神话的形式：秩序和反讽 ·································· 88
　　　登峰造极的文体实验 ······································ 93
　　　意识流的里程碑 ·· 96
　　　　1. 什么是意识流 ······································· 96
　　　　2.《尤利西斯》的意识流技巧 ···························· 98
　　　　3. 作者真的隐匿了吗？ ································ 105
　　　小说语言：隐喻和转喻 ··································· 107

第四讲　小说的情境化:《白象似的群山》与海明威 ·········· 118
　　　影响作家的作家 ··· 118
　　　"冰山文体" ··· 123
　　　　1. 简约的艺术 ·· 123
　　　　2. "经验省略" ·· 127
　　　《白象似的群山》文本解读 ······························· 129
　　　白象似的群山 ··· 131
　　　情境化的小说 ··· 142

第五讲　小说中的时间与空间:《喧哗与骚动》与福克纳 ······ 151
　　　约克纳帕塔法：想象的王国 ······························· 152
　　　白痴讲的故事 ··· 163
　　　　1. 具体性和原初性 ···································· 168
　　　　2. 用白痴表现的意识流程 ······························ 168

  3. 白痴叙事的超越意蕴 ………………………………… 171
 《喧哗与骚动》的时间哲学 ………………………………… 172
 现代小说的空间形式 ………………………………………… 184
  1. 时间流程的中止 ……………………………………… 192
  2. 并置的结构 …………………………………………… 195
  3. 小说中的空间化情境 ………………………………… 198

第六讲 迷宫的探索者：《交叉小径的花园》与博尔赫斯 …… 203
 玄想的小说 …………………………………………………… 203
 "迷宫叙事"与时间主题 ……………………………………… 207
 科勒律治之花：奇幻体的诗学 ……………………………… 216
 同与异：博尔赫斯的中国想象 ……………………………… 231
 后殖民话语中的博尔赫斯 …………………………………… 240

第七讲 "物化"的世界：《嫉妒》与罗伯-格里耶 ……………… 243
 "视觉小说" …………………………………………………… 244
 "物化"的现实 ………………………………………………… 255
 对比喻的质疑 ………………………………………………… 261
 主观主义与客观主义：两个罗伯-格里耶 ………………… 268

第八讲 魔幻与现实：《百年孤独》与马尔克斯 ………………… 274
 时间的循环 …………………………………………………… 275
 现实的魔幻化与魔幻的现实化 ……………………………… 283
  1. 陌生化 ………………………………………………… 287
  2. 现实的魔幻化 ………………………………………… 287
  3. 想象的逻辑：小说中的现实 ………………………… 288
  4. 魔幻的现实化 ………………………………………… 292

5. 叙事者的选择和策略 ……………………………………… 296
6. 热带的神秘 ……………………………………………… 300

神话与原始思维 …………………………………………………… 306
1. 《百年孤独》的神话模式 ………………………………… 308
2. 动物的象征谱系：原始思维的遗留 ……………………… 312

拉丁美洲的孤独 …………………………………………………… 320
1. 镜子的寓言 ………………………………………………… 322
2. 地缘政治学意义上的"马孔多" ………………………… 324
3. "马孔多"与"边城" …………………………………… 326

第九讲　对存在的勘探：《生命中不能承受之轻》与昆德拉 ……… 330

小说的立法者 ……………………………………………………… 330
思索的小说 ………………………………………………………… 339
1. 小说家更关注人物的基本境况 …………………………… 340
2. 小说家只研究问题 ………………………………………… 343
3. 小说思考存在 ……………………………………………… 346

昆德拉的小说学 …………………………………………………… 354
1. 作为"存在编码"的关键词 ……………………………… 354
2. 反复叙事 …………………………………………………… 359
3. 复调式结构 ………………………………………………… 367
4. 音乐性 ……………………………………………………… 370

小说的可能性限度 ………………………………………………… 371

参考书目 …………………………………………………………………… 377

后　记 ……………………………………………………………………… 382

绪 论

这门课的完整题目是"20世纪外国现代主义小说选讲",侧重讲的是20世纪具有现代主义倾向的小说。在具体讲法上不想讲成20世纪现代主义小说史,而是选了九位欧美小说家,每个小说家只选讲一部作品,大体上这是一门20世纪欧美小说导读性的课,每部作品想尽量讲得细致一些。

我选的九部小说是:《城堡》(卡夫卡)、《追忆似水年华》(普鲁斯特)、《尤利西斯》(乔伊斯)、《白象似的群山》(海明威)、《喧哗与骚动》(福克纳)、《交叉小径的花园》(博尔赫斯)、《嫉妒》(罗伯-格里耶)、《百年孤独》(马尔克斯)、《生命中不能承受之轻》(昆德拉)。如果犯了鲁迅所说的"十景病",想凑足十部作品的话,第十部小说我会选卡尔维诺的《我们的祖先》。

1. 现代经典的选择标准

首先解释一下我为什么选择了上述十部作品。我最初是想从20世纪文学经典的意义上选择这些小说的。从经典化的角度上说,前三部小说肯定已成为公认的现代小说经典。80年代以来我们经常看到一些关于外国读书界的报道,尤其在世纪末,美国《纽约时报》书评周刊、法国《读书》杂志等都搞了一些调查,调查的对象有当代的作家、文学研究者、大学生以及一般的读者,调查的题目是:谁是20世纪最伟大的小说家。卡夫卡、普鲁斯特和乔伊斯一般都在前三位,而卡夫卡差不多也总是第一的位置。而从第四位开始就没有公认的结果。换一个别的教师来讲这门课，他可能觉得德国的托马斯·曼、黑塞很重要，此外伍尔夫、加缪、纪德、毛姆、帕斯捷尔纳克都可能入选。如果只选十部小说，每个人选的都会不一样，不会有共同认可的选择。最根本的原因就是没有公认的标准。什么是经典？怎样判断一部作品是经典？这就涉及了对经典如何界定的问题，涉及了经典的定义问题。T. S. 艾略特写过一篇著名的文章《什么是经典作品》，他认为经典的最重要的标准就是"成熟"：

> 经典作品只可能出现在文明成熟的时候；语言及文学成熟的时候；它一定是成熟心智的产物。

艾略特总结的是 19 世纪以前的经典，他的关于经典的这种"成熟"的定义用在 20 世纪就很成问题。20 世纪的文学主潮是现代主义，现代主义核心的美学追求是反叛性、先锋性、实验性，是对既有文学规范的颠覆。这些追求都使文学离"成熟"的标准很远，或者说小说家追求的就是不成熟。尤其是 20 世纪的文明还很难称得上是成熟的文明。现代主义文学在 20 世纪 20 年代开始形成了第一个高峰。这一高峰是怎样出现的呢？几乎所有的文学史家都认为这一高峰的出现是第一次世界大战以后作家们对西方文明所产生的"荒原"体验的结果。卡夫卡的《城堡》写于 1922 年，乔伊斯的《尤利西斯》1922 年出版，普鲁斯特的《追忆似水年华》第二卷也出版于 1922 年。同时现代主义诗歌也在 1922 年形成了高峰。T. S. 艾略特的《荒原》，里尔克的《致奥尔弗斯的十四行诗》、《杜伊诺哀歌》，以及瓦雷里的《幻美集》也都在 1922 年问世。这三个诗人肯定是20世纪诗歌界的前三人。还有一部重要的书即斯宾格勒的《西方的没落》第二部也在1922年出版。所以有人称1922年是现代主义的"神奇之年"。产生这一神奇之年的原因是多方面的,但最直观的原因从《西方的没落》的书名中就可以得到概括。这并不是一个文明成熟的时代,倒可以说是个没落的时代,因此,现代主义文学显然是不大符合艾略特的经典标准的。

博尔赫斯关于什么是"经典"也有过定义,他说:

> 经典是一个民族或几个民族长期以来决定阅读的书籍,是世世代代的人出于不同的理由,以先期的热情和神秘的忠诚阅读的书。

博尔赫斯理解中经典的标准主要在于读者的阅读,读者对经典作品有一种"先期的热情和神秘的忠诚"。但博尔赫斯的标准中有一种内在的尺度,即"时间的距离",经典是"长期以来""世世代代"的人阅读的书,检验什么是经典需有一种时间的长度。不少人在什么是经典的问题上与博尔赫斯持同一个态度,认为现代小说由于离我们距离太近,无法成为经典,真正的经典是要经过时间和历史长时段的检验的,如《荷马史诗》《哈姆雷特》《浮士德》《神曲》才是经典。可以说,20世纪现代主义小说从时间的尺度上看是很难符合博尔赫斯的经典标准的。可能只有我们这一代80年代前期进北大的中文系学生对现代主义小说的阅读态度才够得上博尔赫斯的要求,也就是说有一种"先期的热情和神秘的忠诚"。此外有这种"热情"和"忠诚"的还有中国的年青一代小说家。整个80年代的中国文坛先后经历

> 中国现代文学研究界近些年来也有一种试图把"五四"以后的作品经典化的努力,与西方现代主义文学所面对的问题是相似的。

了萨特热，卡夫卡热，马尔克斯热，博尔赫斯热，最后是昆德拉热。这些外国作家作品的中译本一问世，不久后就可以在中国小说中看到模仿的影子。最典型的例子是马尔克斯的《百年孤独》的开头一句："许多年以后，面对行刑队，奥雷连诺上校准会想起，他父亲带他去见识冰块的那个遥远的下午。"这一句在80年代外国小说中是引用率最高的，很快它就影响了先锋小说家马原、余华、格非、孙甘露的叙述风格。再后来就所有人都学会了。有一段时间浙江卫视有个很不错的节目，叫"文化公园"，每一期都介绍一个浙江籍的中国现代作家的故居。解说词学的就是先锋派小说的叙事风格，我不妨模拟一下："多年以后，当鲁迅创作那篇著名的散文《从百草园到三味书屋》的时候，他才真正意识到这小小的后花园对他那并不快乐的童年意味着什么。""郁达夫是在一个梅雨季节的早晨离开他那富春江边的故乡的，当时他没有意识到，那笼罩在烟雨迷蒙中的江边故居，将会长久地定格在他以后的生命记忆中。"当然得承认这种叙事有一种独特的美感，叙事本身就表达了一种生命和时间的内在绵延的特征。但至于郁达夫是不是真的在梅雨季节离开故乡，是不重要的，重要的是叙述的真实，而不是历史的真实。

但实际上这种对现代主义小说的阅读热情只是一种表面现象。真正认真阅读的人并不多。最大的原因是现代主义小说形式上的复杂、晦涩，很多小说是很难读下去的，现代主义小说使阅读不再是一种消遣和享受，阅读已成为严肃的甚至痛苦的仪式，是一件吃力的活儿，远不如读金庸、古龙、王朔那么轻松有趣，而是让许多人包括专业研究者望而生畏的事情。所以有人说什么是世界名著呢？所谓世界名著就是那些大家都说好，但谁也没读过的作品。我们北大中文系曹文轩老师有个好习惯,每次遇上学生都问一句话:"最近在读什么好书?"我当学生时他也总是这样问我,我都说在读卡夫卡。其实每次只读上两页卡夫卡就换成了金庸,然后一口气读到天亮。

可以说,20世纪的现代主义小说使小说走上了一条艰涩、困难的道路。阅读和讲述这些小说也同样成为一个困难的事情。但这也许恰恰说明20世纪的人类生存和境遇本身更困难,更复杂,更难以索解和把握。小说的复杂是与世界的复杂相一致的。也正是日渐复杂的现代小说才真正传达了20世纪的困境,传达了这个世纪人类经验的内在与外在图景。有人说20世纪是人类有史以来最复杂的一个世纪,单从社会层面上看,大的事件就有两次世界大战,社会主义的兴起和挫折,第三世界的民族觉醒和独立,以及世纪末的资本主义全球化。而从人的内在层面看,则有弗洛伊德发现了人的潜意识的存在,荣格发现了集体无意识,存在主义发现了生存的荒诞性和非理性,西方马克思主义发现了人的"物化"和"异化"本质,等等。这一切构成了一种复杂的文明现状,直接影响了20世纪的小说。而反过来说,现代小说也正是表达复杂的20世纪现代文明的最形象的方式,也是最自觉的方式,同时也是最曲折的方式。这种曲折的小说形式,与文明的复杂性是同构的。正像T. S. 艾略特在《玄学派诗人》一文中说过的一段著名的评论:

> 就我们文明目前的状况而言,诗人很可能不得不变得艰涩。我们的文明涵容着如此巨大的多样性和复杂性,而这种多样性和复杂性,作用于精细的感受力,必然会产生多样而复杂的结果。诗人必然会变得越来越具涵容性、暗示性和间

接性，以便强使——如果需要可以打乱——语言以适应自己的意思。

艾略特评论的是诗人，但用来评论现代小说的形式的复杂性也是合适的。昆德拉在《小说的艺术》中也说："小说的精神是复杂性的精神。"因此有时读者和研究者理解起现代小说甚至比理解现代世界本身还要困难。但也许这恰恰是现代小说的价值之所在。我们理解和阐释现代小说的重心也就开始转移，一方面我们想看到小说家表达的世界究竟是怎样的，另一方面我们更想了解小说家是怎样表达世界的。这就是 20 世纪小说研究的一个根本转变。研究的重心从内容偏向了形式。同时我们也必须在新的意义上来界定现代小说经典，其中有两个最重要的尺度，即一方面现代小说经典是那些最能反映 20 世纪人类生存的普遍境遇和重大精神命题的小说，是那些最能反映 20 世纪人类的困扰与绝望、焦虑与梦想的小说，是了解这个世纪最应该阅读的小说，正像了解中世纪必须读但丁，了解文艺复兴必须读莎士比亚一样。另一方面现代小说经典则是那些在形式上最具创新性和实验性的小说，是那些保持了对小说形式可能性的开放性和探索性的小说。这就是这门课选择的九部小说试图采用的标准。其中更侧重于每部小说形式的创新性和无法替代性。而总体上则试图显示出现代小说在形式上的丰富的可能性。因此有些相对传统的小说没有选，如帕斯捷尔纳克的《日瓦戈医生》，如讲故事的大师毛姆的小说。而伍尔夫虽然也是意识流小说的大师级人物，但《尤利西斯》和《喧哗与骚动》已经反映了意识流小说的最高水平，因此也没选，但这并不意味着我认为这些小说家不如我要讲的九位。另外，

> 就个人阅读趣味来说，我也许更喜欢这些"相对传统"的小说。尤其是《日瓦戈医生》，提供的是 20 世纪的"另一种"西方文明景观。

所谓"现代主义小说"只是一个笼统的概括,是一种泛指。比如博尔赫斯、昆德拉就是无法用现代主义来涵盖的。

2. 现代主义小说观的变革

20世纪小说形式的复杂化可以说根源于小说家世界观的变化。与19世纪以前的自然主义小说和现实主义小说对比可以发现20世纪小说观的根本性改变。人们把19世纪以前自然主义和现实主义小说观称为反映论,这种反映论认为小说可以如实地反映生活真实,甚至反映本质真实。读者在小说中最终看到的正是生活和现实世界本身的所谓波澜壮阔的图景。所以马克思有一句分析巴尔扎克的名言,称巴尔扎克的百部人间喜剧是资本主义社会的百科全书,我国也把《红楼梦》看成封建社会的百科全书,都依据的是反映论。反映论有一种自明的哲学依据,就是认为生活背后有一种本质和规律,而伟大的小说恰恰反映和揭示了这种本质和规律。大学里的文学教育也通常遵循这种观念模式。我读小学和中学语文课上就是这样讲的。老师总要为每篇课文概括中心思想,基本定式总是这篇课文通过什么什么,反映了什么什么,揭示了什么什么,告诉我们什么什么。反映论肯定从小就奠定了我的思维方式。而20世纪现代主义小说观则不同,小说家大都认为生活是无序的、没有本质的,没有什么中心思想,甚至是荒诞的。小说不再是对生活、现实和历史某种本质的反映,它只是小说家的想象和虚构,按符号学大师罗兰·巴尔特的说法即是"弄虚作假"。罗兰·巴尔特的《符号学原理》一书的中译本在1989年以后,影响了中国一代知识分子。在这本书中,他说,"我愿把这种弄虚作假称作文学",文学就是"用语言来弄虚作假和对

> 我在上大学的最初几年,一直与这种"反映论"的思维定式进行艰苦卓绝的斗争。

语言弄虚作假"。正是在这个意义上，罗兰·巴尔特认为文学的基本功能是一种"乌托邦的功能"，而他给现代主义下的定义就是"语言的乌托邦"。现代主义小说观把小说看成一种虚构，一种人工制作，是小说家人为的想象和叙述的产物。这种观念在所谓的后现代主义那里发展到了极端，人们不再关心小说是否真实反映了生活，而更关心叙事本身。"生活真实"这个概念也成了大家不怎么感兴趣的概念。人们不是看真实才去读小说看电影的。人们在小说和电影中看的就是虚构的故事。

20世纪现代小说另一个明显特征是个人性。每个作家都有自己的风格，罗兰·巴尔特说就像每个人都有自己的指纹，别人无法冒充一样，风格绝对是个人化的。小说创作彼此之间越来越缺少通约性，小说越来越成为小说家个人精神的漫游与形式的历险。

可以说，在任何一个时代小说都是自我和世界的关系的一个最形象的反映。而现代资本主义在无限扩展了人类外部世界的同时，却在人类自我与世界之间挖掘了一道鸿沟。这道鸿沟意味着人的自我与世界分裂了，人与世界不再和谐，不再具有一体性。西方马克思主义代表人物之一卢卡奇认为这种分裂在荷马史诗时代是不存在的，史诗时代的特征是自我与世界的"总体性"，没有分裂。荷马史诗其实不仅是荷马一个人的歌唱，而是整个希腊时代一个大写的"人"的整体性的合唱。而现代人不同，总体性丧失，个人是被整个世界放逐的人，是存在主义式的异化的人，在世界中感到陌生，对一切都不信任，对一切都有疏离感。因此，卢卡奇认为在20世纪，小说家已经成为一个单独退守到属于自己一个人的世界中的人，一个生活在小说的想象的形式中的人。就像另一个西方马克思主义代表人物本雅明所谓的"退守书房"，鲁迅的"躲进小楼成一统"一样。本雅明称"小说的诞生地是孤独的个人"。在这个意义上,卢卡奇认为现代小说已成为小说家"直觉漂泊感"的写照。小说家在现实生活中并没有漂泊,而是在小说想象中漂泊。比如乔伊斯的《尤利西斯》,便是在想象中凭空把小说主人公一天二十多个小时的经历与史诗中的漂泊英雄联系在一起。卡夫卡的《城堡》中的主人公 K 也是一个想进城堡但永远进不去的异乡人,更是一个漂泊主题,是想象中卡夫卡的漂泊,而现实中的卡夫卡则几乎没怎么离开过故乡。在这里我们面对的是现代主义小说的一个基本的悖论。一方面小说家面对的是一个分裂的世界,一个中心离散的、经验破碎的世界,卡西尔说这个世界的"理智中心"失落了,阿多诺称资本主义时代使小说丧失了"内在远景",本雅明说这个世界失却了"统一性",卢卡奇则认为在我们的时代,"总体性"成了难题,只是一种憧憬和向往。叶芝也有一句著名的诗:

> 一切都四散了,再也保不住中心
> 世界上到处弥漫着一片混乱。

因此,现代小说家最终呈现给读者的正是支离破碎的经验世界本身,一个只有漂泊没有归宿的世界,这个破碎的小说世界甚至比真实世界更加破碎;而另一方面,小说家又总是在幻想小说能够呈现出某种整体的世界图式,追求某种深度模式和对世界的整合把握,甚至在小说中追求个体与人类的拯救,同时正是这种整合的向往构成了小说的基本叙事冲动和主导创作动机。这就是现代小说的

张旭东在为本雅明的《发达资本主义时代的抒情诗人》所作的序中说:"在本雅明看来,由于资本主义的高度发展,城市生活的整一化以及机械复制对人的感觉、记忆和下意识的侵占和控制,人为了保持住一点点自我的经验内容,不得不日益从'公共'场所缩回到室内,把'外部世界'还原为'内部世界'。在居室里,一花一木,装饰收藏无不是这种'内在'愿望的表达。人的灵魂只有在这片由自己布置起来、带着手的印记、充满了气息的回味的空间才能得到宁静,并保持住一个自我的形象。可以说,居室是失去的世界的小小补偿。"(12页,三联书店,1989)

悖论：一方面是整合的动机，另一方面是世界的无法整合。正是这种内在的矛盾和悖论，使现代主义小说在形式上变得前所未有的复杂，也同时使现代主义小说在形式上暴露出瓦解其内部结构的缝隙，也就是解构主义所说的裂缝。而捕捉和分析这些裂缝，正是小说诗学的一个主要目的。

3. 小说诗学的视野

这门课对九部小说的解读，不想讲成小说艺术鉴赏，我选择的主要的出发点和角度是诗学的角度。

这个诗学的角度讲起来也许会相对枯燥一些，挑战性也更大一些。如果多讲一些小说家的逸闻趣事大家听起来可能会更有意思，但小说诗学是小说研究的一个很重要的环节。传统的小说研究往往侧重于对小说内容的研究，如主题、时代背景、人物类型等，着重点在于小说写了什么（what），并且进一步追问小说的社会文化根源（why），但很少关注小说中的这一切是怎样（how）被小说家写出来的。即使有形式方面的研究也往往是人物性格塑造、情节结构、语言风格研究。而诗学的中心更倾向于追问怎样的问题（how），或者追问怎么会这样（how so）。这并不是说忽略了对内容、意识形态和文化哲学的重视，而是强调这一切是怎样落实和具体反映在小说形式层面以及微观诗学层面的。

小说诗学的另一个重点是揭示小说结构和小说形式的内在矛盾，即前面提到的缝隙。昆德拉的小说《生命中不能承受之轻》中有一个细节意味深长，是关于绘画的。女主人公之一、捷克画家萨宾娜给另一个女主人公特丽莎看她学生时代的一张旧画，画的是正在建设中的社会主义炼钢厂。那是"最严格的现实主义教育时期"，只能画现实主义作品，非现实主义的艺术则是"在挖社会主义的墙角"。

以当时争强好胜的精神，她努力使自己比教师还"严格"，作画时隐藏了一切笔触，画得几乎像彩色照片。

"这张画，我偶然滴了一点红色颜料在上面。开始我叫苦不迭，后来倒欣赏起它来了。它一直流下去，看起来像一道裂缝。它把这个建筑工地变成了一个关合的陈旧景幕，景幕上画了些建筑工地而已。我开始来玩味这一道裂缝，把它涂满，老想着在那后面该看见什么。这就开始了我第一个时期的画，我称它为'在景物之后'。当然，我不能把这些画给任何人看，我会被美术学院踢出来的。那些画，表面上总是一个无懈可击的现实主义世界，可是在下面，在有裂缝的景幕后面，隐藏着不同的东西，神秘而又抽象的东西。"

停了一下，她又说："表面的东西是明白无误的谎言，下面却是神秘莫测的真理。"

特丽莎以高度的注意力凝神倾听，那模样，教授们在他们学生的脸上是不常看到的。她开始领悟萨宾娜的作品，过去的和现在的，的确在处理着同一观念，融会着两种主题，两个世界。它们正如常言所说，都有双重曝光。一张风景画同时又显现出一盏老式台灯的灯光。一种由苹果、坚果以及一小棵缀满烛光的圣诞树所组合的田园宁静生活，却透现出一只撕破画布的手。

萨宾娜偶然间的一个失误却向她揭示了一个更深刻的

> 这种"双重曝光"也是现代主义小说的一个重要特征，它意味着两个（甚至多个）主题，观念、世界的彼此对话以及彼此质疑。

艺术真理。再无懈可击的完美的艺术世界也不过是艺术家对现象世界的组织与缝合，而那道在画布上流下去的颜料彻底地暴露了这种缝合的本质。

可以说，包括绘画在内的一切人工制品，都是把本来是零散片断的东西编织在一起，制造出一种整体性、统一性与真实性的完美幻觉，因此都不可避免地带有缝合编织的痕迹，正像萨宾娜的画，一道裂缝"透现出一只撕破画布的手"，凸显出"田园宁静生活"的虚构性，在裂缝的后面，隐藏着艺术作品与外部世界之间的更真实也更深刻的关系。

什么是小说，从这个意义上看，小说也正可以被我们理解为以叙事的方式对小说外的片断化、零散化、复杂化的经验世界的缝合，以文字和书卷的排列组合方式营造的一种内在时空的幻觉，正像电影也是一种幻象一样，只不过电影的幻象是在银幕上。然而，绝大多数的小说家都没有意识到这种缝合的实质，他们以为自己再现的是一个真实而统一的世界。即使是那些有所自觉的小说家也大都回避直面这一实质，而致力于把自己的小说世界弥合得更完美，把自己的制品打磨出光滑而均匀的表面，从而使普通的阅读很难发现其内在固有的裂缝。但正因为包括小说在内的一切人工的缝合制品，都是把本来零散片断的东西编织在一起，制造出一种整体性统一性的幻觉，所以它们肯定都免不了带有缝合、编织的痕迹。可能只有馅饼是个例外。有个笑话讽刺外国人，看到中国的馅饼感到大感不解，一直在研究，馅饼一条缝都没有，里面的馅儿是怎么进去的。这个外国人其实就是想揭示人工制品所应该具有的缝隙。而诗学分析正是在做研究馅饼的外国人所做的事情，正是力图捕捉这种小说对世界的缝合的痕迹，揭示出小说的内在时空的幻觉是怎样营造的。而这些就是我们这门课最主要的尝试。

此外，我们还试图在讲每一部小说时，结合具体小说文本适当介绍一些小说诗学的基本理论以及分析小说的一些基本技巧，为同学们解读现代小说提供一些操作层面的可行性手段。

第一讲　小说的预言维度:《城堡》与卡夫卡

无论从何种意义上讲,卡夫卡都可以称得上是现代主义小说家中的第一位重要人物。英国大诗人奥登 1941 年有过一句著名评价,他说:就作家与他所处的时代的关系这一角度上看,"卡夫卡与我们时代的关系最最近似但丁、莎士比亚、歌德与他们时代的关系"。"卡夫卡对我们至关重要,因为他的困境就是现代人的困境。"[1] 卡夫卡可以说是最早感受到 20 世纪时代精神特征的人,也是最早传达出这种特征的先知。所以从文学的角度理解我们这个 20 世纪,卡夫卡是第一个无法绕过去的作家。这种重要性可以说在今天已经成为文学界的一种共识。

卡夫卡的传记形象：地窖中的穴鸟

在 20 世纪小说家中,卡夫卡的生平经历可以说是最平淡无奇的。1883 年生于奥匈帝国统治下的布拉格,此后的一生中几乎没有离开过故乡,在布拉格大学读法律,以后在一家保险公司当职员,文学创作只能算是他的业余爱好。1924 年(41 岁)去世,生前只发表过一些短篇小说,重要的三部长篇《美国》《审判》《城堡》还有其他短篇都是他死后出版的。整理和出版这些小说的是卡夫卡的

---

[1] 转引自袁可嘉:《欧美现代派文学概论》,259 页,上海文艺出版社,1993。

大学时代的好朋友布洛德。可以说没有这个布洛德就没有今天的卡夫卡。因为卡夫卡在死前强烈要求把一生所有作品全部销毁。结果是我们大家都知道的，布洛德没听卡夫卡的，他把卡夫卡全部作品都保留下来并整理出版，就有了今天我们看到的十卷本《卡夫卡全集》（中译本由河北教育出版社出版）。

卡夫卡的创作生涯堪称是一种纯粹的个人写作状态。他的写作，不是为了在媒体发表，不是为大众，也不是为知识分子这一特殊群体，而是一种纯粹意义上的个人写作。但正因如此，卡夫卡才可能更真实地直接面对生命个体所遭遇的处境，写出人的本真的生存状态，并最终上升为一种20世纪人类的生存状态。这种个人写作的方式与状态首先取决于他的生平经历，尤其取决于卡夫卡的性格。卡夫卡的性格是一种极端内敛型的性格，在现实生活中是一个典型的弱者形象，容易受到伤害，不喜欢与外界打交道。他在去世前的一两年曾经写过一篇小说《地洞》，小说的叙事者"我"很奇特，是个为自己精心营造了一个地洞的小动物，但这个小动物却对自己的生存处境充满了警惕和恐惧，"即使从墙上掉下的一粒沙子，不弄清它的去向我也不能放心"，然而，"那种突如其来的意外遭遇从来就没有少过"。这个地洞的处境在某种意义上说也是现代人的处境的象征性写照，意味着生存在世界中，每个人都可能在劫难逃，它的寓意是深刻的。有评论家说卡夫卡正是他的地洞中的一个小老鼠。卡夫卡写《地洞》时肯定把地洞想象为自己的生存方式。他有一段很重要的自白：

> 我最理想的生活方式是带着纸笔和一盏灯待在一个宽敞的、闭门杜户的地窖最里面的一间里。饭由人

卡夫卡说："生命就像我们上空无际的苍天，一样的伟大，一样无穷的深邃。我们只能通过'个人的存在'这细狭的锁眼谛视它；而从这锁眼中我们感觉到的要比看到的更多。"卡夫卡正是在他"地洞"般的生活方式的选择中找到了他的"个人的存在"的锁眼。

送来，放在离我这间最远的、地窖的第一道门后。穿着睡衣，穿过地窖所有的房间去取饭将是我惟一的散步。然后我又回到我的桌旁，深思着细嚼慢咽，紧接着马上又开始写作。那样我将写出什么样的作品啊！我将会从怎样的深处把它挖掘出来啊！[1]

这段话出自卡夫卡给他第一个未婚妻的一封信，可以看作他真实心理的表白。卡夫卡在1911年写的一则日记谈到了他的名字的意思："我的名字叫卡夫卡，Kafka，这是希伯来语（希伯来语和意第绪语都是犹太人的语言，卡夫卡是犹太人。——引按），它的意思是穴鸟。"因此，我用"地窖中的穴鸟"来概括卡夫卡的传记形象。这个形象也可以说是卡夫卡对自己生存形态的一种自我体认和表述。这种地窖中的穴鸟般的生存方式不仅仅显示了卡夫卡封闭内敛的性格和生活形态，对小说家卡夫卡而言它更象征着一种与世俗化的外部世界的生活相对抗的一种内在生活方式，或者说一种内心生活，一种生活在个人写作中的想象性的生活。加缪《西西弗的神话》中说，重要的不是活的最好，而是活的最多。因为很难说怎样是活的最好，而所谓"多"即丰富性则成了衡量生活的一种可行性标准。但衡量卡夫卡这种生活的准则却不是在现实中经历的多少，而是这种生活的想象性以及可能性的维度。在所有卡夫卡的评论者中，对卡夫卡理解得最准确的一个人是卡夫卡的同乡，捷克小说家昆德拉。昆德拉在《小说的艺术》中这样评价卡夫卡：

---

[1] 卡夫卡：《致菲莉斯》，《论卡夫卡》，713页，北京：中国社会科学出版社，1988。

小说不研究现实，而是研究存在。存在并不是已经发生的，存在是人的可能的场所，是一切人可以成为的，一切人所能够的。小说家发现人们这种或那种可能，画出"存在的图"。再讲一遍：存在，就是在世界中。因此，人物与他的世界都应被作为可能来理解。在卡夫卡那里，所有这些都是明确的：卡夫卡的世界与任何人所经历的世界都不像，它是人的世界的一个极端的未实现的可能。当然这个可能是在我们的真实世界背后隐隐出现的，它好像预兆着我们的未来。因此，人们在谈卡夫卡的预言维度。但是，即便他的小说没有任何预言性的东西，它们也并不失去自己的价值，因为那些小说抓住了存在的一种可能（人与他的世界的可能），并因此让我们看见了我们是什么，我们能够干什么。[1]

昆德拉正是从"可能性"的角度来理解卡夫卡的。卡夫卡的生活，正是在想象中过一种可能性的生活，他的小说世界是可能性的世界，从这一点来看，可以说，卡夫卡的想象力是20世纪人类想象在可能性限度上的极致，正像金庸代表汉民族20世纪想象力的极致一样。

所以我们说，我们试图进入卡夫卡的小说世界，是无法从传统的现实立场和现实角度进入的。他的小说展示的是一种"存在"的可能性，一种预言性。从"预言维度"总体把握卡夫卡，可能是比较恰当的角度。

---

[1] 昆德拉：《小说的艺术》，42页，北京：三联书店，1992。

《城堡》:解释的迷宫

下面我们进入对《城堡》的分析。《城堡》写成于1922年,是卡夫卡最后一部也是最重要的一部长篇。在他死后于1926年第一次出版。和《美国》《审判》一样,三部小说都没有结尾。没有结尾在卡夫卡这里已成为一种模式,说明了小说的未完成性和开放性。同时也给小说的解释带来巨大的困难。从《城堡》问世以来,关于它的评论和解释的文章可以编成厚厚的几本大书,主要的论点和角度就不下十几种,而且互相矛盾。从这点说,《城堡》的解释的历史堪称20世纪西方历史的一个小小缩影,也是西方人思想混乱程度的一个象征。在这些解释之上,我不可能有一个更好的更准确的解释,我的出发点是想大体介绍一下这些解释,然后想从诗学角度分析一下为什么《城堡》会具有这种无穷阐释性。

现代主义小说的一大特征就是故事性的弱化。从讲故事的意义上来叙述《城堡》,几句话就可以讲完。小说主人公叫K,一个字母,有符号化特征,半夜踏雪来到一个城堡下面归城堡管辖的村庄,准备第二天进城堡。K自称是一个土地测量员,受城堡的聘请来丈量土地。但是一开始城堡并不承认聘请过土地测量员,因此K无权在村庄居住,更不能进入城堡。整部小说情节可以概括为K为进入城堡获得居住权所做的一场毫无希望的斗争。K首先去找村长,村长告诉他聘请K纯粹是城堡的一次失误。多年前城堡的A部门有过一个议案,要为它所管辖的这座村庄请一个土地测量员,议案发给了村长,村长写了封答复信,称并不需要土地测量员,但是这封信并没有送回A部门,而是阴错阳差地送到了B部门。滑稽的是村长也不知道信

> 卡夫卡小说中的主人公大都具有这种符号化、抽象化的特征,一方面印证了"人"的存在的异化,另一方面也反映出现代主义小说创作重心的转移:人物形象塑造不再成为小说核心使命。

到底是不是送到 B 部门，更大的可能性是中途丢失了，或者不知道在哪个环节压在一大堆文件底下去了。结果就是 K 被招聘来到了城堡，而城堡差不多已经把这件事忘了。为了补偿城堡的过失，村长安排 K 去给一个小学校当看大门的，而学校并不缺看门人。所以 K 发现一个荒唐可笑的错误决定了他自己的命运，他成了城堡官僚主义的牺牲品。他是一个对城堡毫无用处的人。城堡当局一直拒绝他的任何要求，连城堡管辖的村庄、村民以及村庄中的小学校、客栈都与 K 为敌。K 最终也没能进入城堡。小说没有写完，卡夫卡的生前好友，《城堡》一书的编者马克斯·布洛德在《城堡》第一版附注中提到："卡夫卡从未写出结尾的章节，但有一次我问起他这部小说如何结尾时，他曾告诉过我。那个名义上的土地测量员将得到部分的满足。他将不懈地进行斗争，斗争至精疲力竭而死。村民们将围集在死者的床边，这时城堡当局传谕：虽然 K 提出在村中居住的要求缺乏合法的根据，但是考虑到其他某些情况，准许他在村中居住和工作。"[1] 其实我觉得没有这个结尾更好，小说会完全保持开放性，K 的命运和结局更有不确定性，因此更有荒诞效果。

描述《城堡》的情节和故事是一件很费劲儿的事情，因为实在没有什么重大情节故事好讲。很多读者都是看了个开头发现实在没有什么故事就放弃了读下去的努力。而且也很难把《城堡》的情节描述清楚。我翻了不少分析《城堡》的评论文章，发现没有哪篇文章把《城堡》的情节复述得很清楚。在这个意义上说，《城堡》是无法用讲故事的方式来描述的，必须从总体上把握《城堡》的叙事框架，把它看成是一

> 在介入《城堡》的所有角度中，想读故事差不多是最差劲儿的一个角度。读现代主义小说，必须放弃读精彩故事的心理预期。

---

[1] 转引自汤永宽：《城堡·前言》，《城堡》，6 页，上海译文出版社，1980。

个寓言，一个总体象征结构，小说才可能获得真正的解释。小说的每一部分细节，只有纳入到这个总体象征结构中才能获得意义。

那么怎么样理解这部小说的象征性内涵？可以说困难马上接着又来了。《城堡》与一般的象征小说不同，一般的有象征色彩的小说，都会在小说情节中透露出作者想表达的深层意义。如《围城》的书名是一个寓言，也可以看成一个象征，钱锺书借助于小说中苏小姐的话表达了小说题目的寓意："城外的人想冲进去，城里的人想逃出来。"这本是谈婚姻是一个"围城"，后来方鸿渐又把它上升为人类境遇的象征："我还记得那一次苏小姐讲的什么'围城'，我近来对人生万事，都有这个感想。"但《城堡》不一样，小说故事情节中没有只言片语透露一点点象征意义，它没有提供给我们任何哲理性的暗示，构成小说的，只是一连串不可理解的事件。有评论家指出：传统所理解的象征以其真实的存在来证明理念的存在，就是说从具体的象征意象是可以理解它象征的理念的。而今天我们在卡夫卡小说中面对的是密码与记号。"符号的作用取代了象征的内含理念。"[1] 破译这些密码是很困难的，甚至是不可能的。这就是卡夫卡小说世界的图景。

比如，大多数评论者都意识到理解《城堡》的关键在于"城堡"意象。作为一个主题级意象它象征着什么？我们看看卡夫卡是怎样描写城堡的。小说中具体描写城堡有两处最重要的细节。一是小说开头一段：

> K 到村子的时候，已经是后半夜了。村子深深地陷在雪地

---

[1]《论卡夫卡》，629 页。

里。城堡所在的那个山冈笼罩在雾霭和夜色里看不见了，连一星儿显示出有一座城堡屹立在那儿的光亮也看不见。K站在一座从大路通向村子的木桥上，对着他头上那一片空洞虚无的幻景，凝视了好一会儿。

可以说，小说一开头就引入了"城堡"这一意象，城堡是这一段中占据最核心的位置的意象。由于对"城堡"的刻意强调，读者甚至会忽略了这一段中另外两个重要因素，即主人公"K"和"村子"。从第一段我们了解到城堡的方位是在山冈上，在K的头上，有一种凌驾于主人公以及村庄的气势。这肯定是卡夫卡精心构思的情境。但卡夫卡的叙事策略更有意思，他首先把城堡写成一个巨大的实体，但这个实体却是K看不见的，"城堡所在的那个山冈笼罩在雾霭和夜色里看不见了，连一星儿显示出有一座城堡屹立在那儿的光亮也看不见"。所以K凝视了好一会儿的，只是"头上那一片空洞虚无的幻景"。可以说一开始，卡夫卡就赋予了城堡双重含义，既是一个实体的存在，又是一个虚无的幻象，像一个迷宫，所以小说一开始就营造了一种近乎梦幻的氛围。这种氛围对于读者介入小说世界有一种总体上的提示性。小说家大都表白说写小说最困难的是写第一句话，第一段文字。因为它将奠定小说的总体语气和叙事方式，还有风格，更重要的是展开叙事的角度与起点。《城堡》的第一段文字首先奠定了小说的某种基调与氛围，"城堡"既是现实的，又是虚幻的。可以感觉到它的存在，又无法真实地看到它，此后的小说正是这样，K一直想进城堡，但只能围着它转，到死也没见过它的真实面目。所以第一段肯定有一种暗示性，提示性，而且它还提示着小说的诗学风格，用存在主义大师加缪的话说，就是用逻辑性表现荒诞[1]，用真实表现幻象。细部是彻底的现实主义，是极其精细的现实主义，而总体上却显示为荒诞性。

> 这类小说往往细部越现实，总体越荒诞。

这是具体描写到城堡的小说开头的细节。另一处重要细节是K在到了村子的第二天早晨走出客栈打算自己去城堡看看。

> 大体说来，这个城堡的远景是在K的预料之中的。它既不是一个古老的要塞，也不是一座新颖的大厦，而是一堆杂乱无章的建筑群，由无数紧紧挤在一起的小型建筑物组成，其中有一层的，也有两层的。倘使K原先不知道它是城堡，可能会把它看作一座小小的市镇呢。就目力所及，他望见那儿只有一座高塔，它究竟是属于一所住宅的呢，还是属于教堂的，他没法肯定。一群群乌鸦正绕着高塔飞翔。

这一段描述我分析不出更多的言外之意。可以看出的是，卡夫卡是用严格的现实化的笔法描述城堡的景观的。但作为实体的城堡仍有不确定性的特征，既不是古老要塞，又不是新颖大厦，高塔是属于住宅，还是属于教堂，也没法肯定。从建筑意义上讲，是一种不伦不类的风格，K无法为它的风格定位。总体上的感受我觉得这一段中的城堡仍给人一种不可把握之感。从小说叙事角度上说，之所以产生这种感受是因为叙事者借助的是小说中人物的眼光来观察城堡，即借助K的眼光和感受。用叙事学的术语，即人物焦点。这一点完全可以从小说叙事的痕迹上看出来。开头一句即是焦点的提示："大体说来，这个城堡的远景是在K的预料之中的。"这一句话

---

[1] 阿尔贝·加缪：《弗兰茨·卡夫卡作品中的希望和荒诞》，《论卡夫卡》，105页。

点明了下面对城堡的观察和分析是人物 K 做出的,如:"目力所及,他望见那儿只有一座高塔,它究竟是属于一所住宅的呢,还是属于教堂的,他没法肯定。""目力所及"当然是 K 的目力所能见到的,"他没法肯定"更是一种人物视点的提示,说明这一段描写完全是按 K 的眼光和视点展开的。我们这里分析人物视点的重要性在于,"城堡"要有神秘感,在叙事视点上就必须严格遵循人物视点。K 能看到的,我们才能看到,K 永远走不进城堡,我们读者也永远别想对城堡了解得更多。读者完全被放到和 K 同样的位置和境遇中。我们可以设想,假如小说的叙事者是一个全知叙事者,叙事者无所不知,那么他就可以凌驾于 K 之上,他知道 K 所不知道的事情,他知道城堡的真相,他甚至会告诉我们城堡到底象征什么。这样我们的理解就完全不成问题了。但这样一来,《城堡》就垮掉了,完蛋了。所以,《城堡》这部小说中的人物焦点问题不是可有可无、无足轻重的问题,叙事视点关系到小说的总体意义。谁占有视点,或者说,小说叙事借用谁的眼光,关系到故事的呈示方式和小说展开的视域。小说家想告诉读者多少东西,这和他选择的视点关系非常大。所以,《城堡》的荒诞性和不可解性从叙事上说源于限制性人物视点。而我们读小说有了叙事学的自觉眼光,就会捕捉到小说中关于视点的提示。一般说来,小说家在写作中总会有关于叙事本身的,也就是叙事层面的痕迹暴露出来,可以看成是叙事视点的提示。这种提示有时是小说家自觉的,有时是不自觉的。比如我们刚才分析的这一段,"这个城堡的远景是在 K 的预料之中的","K 无法肯定",都可以看成是叙事视点的提示。我们还可以设想一下,卡夫卡写作时完全可以去掉有关 K 的焦点的提示的句子,前面引的一段就会变成这样:

> 人物焦点的运用对于以悬念取胜的侦探小说或武侠小说更其重要。

> 这个城堡既不是一个古老的要塞，也不是一座新颖的大厦，而是一堆杂乱无章的建筑群，由无数紧紧挤在一起的小型建筑物组成，其中有一层的，也有两层的。可以把它看作一座小小的市镇。那儿只有一座高塔，它究竟是属于一所住宅的呢，还是属于教堂的。一群群乌鸦正绕着高塔飞翔。

完全是叙述者的声音，意思也完全传达出来了，但没有了K的焦点，味道就很坏。我们会觉得这是一个矫情的叙事者。

关于城堡的具体描写的更重要的一部分是接下去的情节，写K想走近城堡：

> 他又走起来了，可是路实在很长。因为他走的这条村子的大街根本通不到城堡的山冈，它只是向着城堡的山冈，接着仿佛是经过匠心设计似的，便巧妙地转到另一个方向去了，虽然并没有离开城堡，可是也一步没有靠近它。每转一个弯，K就指望大路又会靠近城堡，也就因为这个缘故，他才继续向前走着。

这一段经常被研究者分析，认为它显然有隐喻和象征色彩，暗示着城堡的无法企及，像鬼打墙、迷宫一样，无论你怎么走，就是走不出困境和噩梦。你可以很清晰地看到城堡，但却无法走近它，而且永远无法进入它。这就是K的宿命。所以卡夫卡有一句广为引用的名言："目的是有，道路却无；我们谓之路者，乃踌躇也。"但目的真的有吗？城堡作为K拼命追求的目的，到底是清晰明确的吗？显然它是非明确的，不确定的，是一种很抽象的存在。而关于小说的寓意在《城堡》的理解历史中的歧义性也在很大程度上是由于"城堡"的不确定性带来的。所谓城堡是一个"解释的迷宫"主要正是因为不同的解释者从不同的立场和文化背景出发都读出了不同的含义,而最终没有人真正知道城堡到底为何物,里面有何物,K 为什么要追寻它。可能连卡夫卡自己也不知道。说句玩笑话,《城堡》是上帝借卡夫卡之手对 20 世纪人类生存开了一个严肃的玩笑。昆德拉说,犹太人有一精彩谚语:人类一思索,上帝就发笑。如果我们简单了解一下《城堡》的解释史,就可以想象在大半个世纪的时光中,夸张点说,上帝肯定连肚皮都笑破了。

这就像爱尔兰作家贝克特名剧《等待戈多》中的"戈多"。戈多到底是什么,谁也不知道。

《城堡》的解释史

关于卡夫卡在世界范围内的研究的历史,肯定能成为 20 世纪人文思潮变迁的一个缩影。其中的解释和分析有非常重要的、经典化的,也有不少不着边际,甚至是误读,也有由于阵营性和意识形态的区别带来的偏差。

比如关于《城堡》,有些分析连起码的感受也是不准确的,如奥地利一评论家埃里希·海勒介绍说,《城堡》译成英文后,英国的评论称,读《城堡》像读一篇美丽的童话。"《城堡》是多么富有魅力、扣人心弦、永远难忘的一本书","一本富有奇特和新颖之美的书"。海勒说这些评论纯属无稽之谈。噩梦绝不是美丽的童话。精神的监狱岂有充满奇特和新颖之美。[1] 可以说,关于《城堡》英译本的评论是有些不着边际,这是那些无法体验到卡夫卡小说中的绝望和困境的英国绅士评论家才可能有的评论。

---

[1] 埃里希·海勒:《卡夫卡的世界》,《论卡夫卡》,173 页。

苏联和东欧社会主义阵营发现卡夫卡是在五六十年代。他们在卡夫卡那里看到了对资本主义的批判，觉得应该把卡夫卡当成自己人，纳入自己的社会主义阵营，所以把对卡夫卡的讨论看成是"马克思主义革新的可靠征兆"，是预示着"一个新的春天的第一批燕子"。但当时还是社会主义的民主德国的一个评论家认为卡夫卡表现的是颓废、阴暗、绝望，把他比成预示春天的燕子是一个动物学常识上的错误。他把卡夫卡看成一只蝙蝠，并指出："大家应注意不要把蝙蝠与可爱的燕子混淆起来：蝙蝠白天在旧宫殿和法院阴暗的走廊中和顶楼上低垂着头，只有在天色朦胧时才飞出去；而燕子，尽人皆知，则预告夏天的来临。"[1] 这个例子告诉我们对卡夫卡的解释中有鲜明的意识形态阵营化的色彩。对《城堡》解释的分歧更大，充分体现了《城堡》是一个充满迷途的解释的迷宫。

《外国文学》杂志1996年第1期有一篇卡夫卡研究综述性质的文章，总结了关于《城堡》的各种各样的解释，认为不同的研究者从不同的文化背景和理论视野出发，得出的是不同的结论。文章共划分了七种角度：从神学立场出发，有研究者认为"城堡"是神和神的恩典的象征，K所追求的是最高的和绝对的拯救，也有研究者认为卡夫卡用城堡来比喻"神"，而K的种种行径都是对既成秩序的反抗，想证明神是不存在的；持心理学观点的研究者认为，城堡客观上并不存在，它是K的自我意识的外在折射，是K内在真实的外在反映；存在主义的角度则认为，城堡是荒诞世界的一种形式，是现代人的危机，K被任意摆布而不能自主，他的一切努力都是徒劳，从而代表了人类的生存状态；社会学的观点则认为城堡中

---

[1] 库莱拉：《春天、燕子与卡夫卡》，《论卡夫卡》，374页。

官僚主义严重，效率极低，城堡里的官员既无能又腐败，彼此之间充满矛盾，代表着崩溃前夕的奥匈帝国的官僚主义作风，同时又是作者对法西斯统治的预感，表现了现代集权统治的症状；马克思主义文艺观则认为，K的恐惧来自于个人与物化了的外在世界之间的矛盾，小说将个人的恐惧感普遍化，将个人的困境作为历史和人类的普遍的困境；而从形而上学的观点看，K努力追求和探索的，是深层的不可知的秘密，他在寻找生命的终极意义；实证主义研究者则详细考证作者生平，以此说明作品产生的背景，指出《城堡》中的人物、事件同卡夫卡身处的时代、社会、家庭、交往、工作、旅游、疾病、婚事、个性等等有密切的关系。[1]

　　介绍这些观点是想让大家了解分析一篇作品可以有哪些角度。从这些角度我们可以学到的是介入一篇文本可以选择哪些方法论，这些方法都基于什么样的知识背景。但这些解释的角度哪一种更接近《城堡》的本来面目呢？我相信大家肯定有自己的看法。但任何看法本身都不能称自己是绝对正确，别的看法就是全然错误的。而且，每个历史时段都会有基于当下的生存世界和现实境遇而产生的新的关注点，套用一句福柯的话，所谓重要的不是作品解释的年代，而是解释作品的年代。每个时代对《城堡》的解释都投射了时代特征。这是由于《城堡》本身的开放性和多义性决定的。而在解释的道路上我们似乎已经无法再走下去。那么我们就有可能换一种角度，从诗学和小说形式的角度上看看《城堡》的多义性和复杂性是怎样构成的。我们试图提供三个视角。

> 福柯的原话是讨论"神话"问题的：重要的不是神话讲述的年代，而是讲述神话的年代。

---

[1] 参见谢莹莹：《Kafkaesque——卡夫卡的作品与现实》，《外国文学》，1996年，第1期，44页。

作为一种小说结构和主题的模式:"追寻"

　　从《城堡》的小说情节结构模式上分析也许是一条可行的办法。评论卡夫卡的书中有一部比较重要,书名是《论无边的现实主义》,作者是法国文学理论家加洛蒂。这本书共分析了三个人物:画家毕加索,诗人圣琼·佩斯,第三个就是卡夫卡。加洛蒂从卡夫卡小说中归纳出三个重大主题:1.动物的主题,2."寻求"的主题,3."未完成"的主题。

　　其中"动物"的主题是很明显的。如大家都熟悉的《变形记》。主人公一早醒来发现自己在床上变成了一只大甲虫。《为科学院写的报告》的叙事者是一只变成了人的猴子,报告讲的就是他变成人的过程。《地洞》的叙事者和主人公则是一只鼹鼠一类的小动物。而"寻求"的主题加洛蒂则认为是长篇三部曲——《审判》《美国》和《城堡》所组成的主题,三部小说中都有一个基本情节模式,即主人公艰苦而漫长的追寻过程。英国大诗人奥登(继T. S.艾略特之后最重要的英语诗人)也写过文章《K的寻求》,文章说:"卡夫卡的长篇小说属于一种最古老的文学类型:寻求。"可以说"寻求"是一个古老的原型母题。神话故事中有一个重要类型:追求圣物,如圣杯、金羊毛、生命之水,T. S.艾略特的《荒原》中就运用了这些神话,但丁的《神曲》、歌德的《浮士德》、班扬的《天路历程》,都是"寻求"模式最经典的作品。现代小说有黑塞的《纳尔齐斯和歌尔德蒙》,现代诗有艾略特的《荒原》,当代电影有斯皮尔伯格导演,哈里森·福特主演的《印第安纳·琼斯三部曲》,这些也都可以纳入这个模式之中。比较文学经常研究的成长型小说和启悟主题都与"追寻"模式相关。可以说,每一代人都在重写一个追寻的故事，追寻的故事既是生命个体的故事，同时在总体上又构成了人类的故事。因此，"追寻"的模式中肯定有一些最基本的因素是相同的，如每个时代的追寻都会涉及追寻的动机、目的、追寻的方式等，这些最基本的元素是所有"追寻"小说在每个时代都会体现出来的。这些因素就是我们结构模式分析的前提。大家知道这种结构模式早已经有人研究了。这就是著名的俄国形式主义者普罗普（Propp）和格雷马斯（Greimas，立陶宛裔，法国籍，符号学"巴黎学派"创始人）所做的结构主义叙事分析，并由此开创了结构主义叙事学。普罗普在20年代研究了大量俄罗斯民间流传的童话。他发现传统的研究童话的方法是按"主题索引"的方式，即按照童话主题进行分类，如龙的主题、灰姑娘主题、魔鬼主题等等。我当初学民间文学时也基本上是按这一套方法，如七仙女的故事、田螺女的故事、三个女婿的故事，三个女婿中肯定有一个是傻子，其他两个女婿总想出他的洋相，但最后总是自食其果。普罗普不满意这种分类法，因为他发现在不同故事中同一个角色经常起不同的作用或有不同的功能。比如在"鲨鱼"的故事类型中，鲨鱼在这个故事中可能是主人公，在另一个故事中则可能是英雄主人公去捕杀的对象，如斯皮尔伯格的电影《大白鲨》。如果是主人公寻宝的故事，鲨鱼还可能是看守宝物的，这时就成了敌手；而在另一个故事中，鲨鱼可能就会变成帮手，主人公可以骑着鲨鱼去寻宝，《射雕英雄传》中老顽童周伯通就有在大海上骑鲨遨游的壮举，让船上的黄蓉羡慕不已。如此一来，用这种传统主题索引方式分类就会很混乱。普罗普因此认为主题内容并不重要，重要的是叙事中人物和角色的功能。所以他写了一本《民间故事形态学》，建立了"结构—功能"方法。他认为西方民间故事的基本形式是"追寻"（这就与我们分析《城堡》有了关系)。"主人公在寻找一样东西",这一句就可以概括民间故事的基本结构,几乎可以套所有的民间故事。(不知中国的民间故事可不可以这样概括?)普罗普的具体办法是为民间故事建立了 31 种功能,所有的故事都逃不出 31 种功能的概括。因为太长了,我只读一下其中后 7 种功能:

> 我最早是在 1985 年黄子平的一次由钱理群师主持的关于"新方法"的讲座中听到这种"结构—功能"方法的。黄子平先生用这种"结构—功能"理论分析北岛和舒婷的诗歌。当时我的感受是耳目一新。

25. 英雄受命去完成一项艰巨的任务。
26. 任务完成了。
27. 英雄被认出。
28. 假英雄或反角被揭露。
29. 假英雄被还其本来面目。
30. 反角受到惩罚。
31. 英雄完婚并登上王位。

普罗普认为所有故事都是对这 31 种功能挑选后组合成的。这 31 种功能的划分烦琐得近乎可笑,但普罗普的最大贡献在于提出了小说叙事的"结构—功能"分析模式,其中暗含着小说叙事得以展开的动力基础,使人们不只欣赏一个个故事,也同时从故事背后提炼出了某些深层的叙事语法,这些叙事语法又构成了解读一种故事或小说类型的重要手段。譬如陈平原老师的《千古文人侠客梦》研究的就是武侠小说类型,为武侠小说概括了四种深层语法:仗剑行侠、快意恩仇、笑傲江湖、浪迹天涯,使对武侠小说的评论超越了一般的印象式描述,从而成为学术。普罗普的研究也正是为后来的小说叙事结构分析奠定了基础。在这个基础上,后来的格雷马斯就聪明多了。他在《结构语义学:方法研究》一书中把普罗普的人物角色简化为三组对立人物，共六种角色：主体／客体，发送者／接受者，帮手／对手。其中六种角色的结构关系可以用图表示：

$$发送者\to 客\ 体\to 接受者$$
$$\uparrow$$
$$帮\ 手\to 主\ 体\leftarrow 对\ 手$$

这个图可以看成是普罗普31种功能的一个简化图，它构成了小说叙事基本情节模式：发送者发送客体给接受者，主体追寻客体，在追寻中得到了帮手的帮助和对手的阻挠。客体是由发送者发送的，但接受者同时也可以是主体，两者可以是同一个角色。如发送者皇帝送客体公主出嫁，主体穷小子想成为接受者就去追求公主，一路上受到对手的阻挠，但同时又得到了帮手的帮助，最后打败对手，娶到了客体。其中的各种角色还可以互换，如发送者可能同时就是客体，如公主命令自己出嫁，扔绣球或比武招亲。发送者也可能又是对手，如皇帝让公主出嫁，但不想让她嫁给作为穷小子的主体，发送者皇帝就同时成了对手。这类故事在中国的古装戏、古装电影、一大批戏说历史的电视剧中见得多了。在这个模型的基本结构中，格雷马斯认为有一种内在的紧张因素。正是各种角色之间的紧张关系推动了小说叙事的产生、发展和解决。叙事作品可以说就是这样产生的。格雷马斯觉得自己解决的是一个小说叙事动力学问题。关于这个问题，我只能简单介绍一下。在格雷马斯那里还生发出一个叙事基本机制即"交换"。有兴趣的同学可以参考他的《结构语义学：方法研究》。[1]杰姆逊的《后现代主义与文化理论》对"交换"机制分析得很深入，但不

> 中国的古典戏曲和话本小说大概是很适合用"结构—功能"的叙事模式来分析的。

---

[1] 格雷马斯:《结构语义学：方法研究》，北京：三联书店，1999。

太好懂。

我们引入了这种叙事模式分析的目的是为了分析《城堡》。其实我很不喜欢用一种理论模式去套一部作品。但用普罗普、格雷马斯的理论来看《城堡》还是很有意思的，因为《城堡》的"追寻"模式正巧与普罗普对民间故事的总结相一致。

先看主体。从《城堡》中可以看出，主体的身份本身是不完全确定的。K从哪里来？他过去干了些什么？他是怎么样一个人？我们很难知道。有人说卡夫卡小说中的人物都是没有过去的，只剩下现在。而没有过去就意味着没有历史，从而没有办法确定现在，所以想分析K的心理、性格都无从谈起（我记得当年戴锦华老师的课上曾说初恋的男女生们的一个基本模式就是先谈童年往事，如果你看到有谁在和女孩子大谈童年，就该警惕了，肯定有故事已经或者就要发生）。《城堡》中涉及K的过去的细节只有一处，就是前面讲到K看到城堡有一座高塔之后他联想到了故乡：

> 霎时间K想起了他家乡的村镇。它绝不亚于这座所谓城堡，要是问题只是上这儿来观光一番的话，那么，跑这么远的路就未免太不值得了，那还不如重访自己的故乡，他已经很久没有回故乡去看看了。

这一段只能告诉我们K是一个异乡人，到城堡来跑了很远的路，而且他已经很久没有回故乡了。此外我们对K就一无所知了。有人认为连他是个土地测量员的身份也是假的。苏联一个评论者就说由于"外乡人"是不准住在村子里的，所以K就冒充是城堡伯爵招聘的土地测量员。而城堡也明知道他不是土地测量员，再说他们也并没请过任何土地测量员。这样一来就更离奇更荒唐了，K完全成了一个暧昧不明的主体，连名字也是假的，K只是一个代号、符号而已。

再看帮手和对手。《城堡》中的帮手和对手也是不确定的，小说中没有一个人是具体的对手，K不知要找谁战斗。但整个城堡和属下的村庄又都是阻挠他进入城堡的对手。他进入的是鲁迅式的"无物之阵"。而有趣的是，每个人物似乎都以帮手的身份出现。如村长显然是帮了忙的；又如城堡得知来了个土地测量员，就马上给他派了两个助手。但两个助手是小说中最滑稽的两个喜剧人物，整天插科打诨，又处处给K坏事。实际上这两个助手可能正是城堡派来监视K的。但到底是不是，读者无法确定。小说中最明显的帮手应是K的情人弗丽达。有评论家称K是出于"肮脏的用意而去讨好弗丽达的"，因为弗丽达是城堡一个官员的情妇，K追求她是把她当成一件抵押品，完全出于功利目的：K试图通过弗丽达而接近城堡官员并进入城堡。很多读者对这个说法难以接受，因为这个说法可以说打破了《城堡》最后一个神话，即爱情神话。但弗丽达确实没有成为真正意义上的帮手。而恰恰是弗丽达是最不理解K的。同样，K也无法理解弗丽达，正是弗丽达才真正衬托出K被放逐到一个陌生的世界的真正现实。同时K占有了官员的情妇本身就可能面临一个危险的境地。

> 在相当多的现代小说中，"爱情"都是最后一个神话，人类借爱情神话的讲述表达的往往是最后的幻想。

再看所谓的发送者和接受者，城堡聘请K是出于一个荒唐的错误，而K的接受聘请也因为这个错误，而且发送和接受，其间延宕了不知多少年。这一切都使《城堡》中的各个叙事功能项成为不确定的，甚至荒诞的。

而所有不确定项中，最不确定的是K所追寻的客体：城堡。

它似乎是个具体的实存，它就屹立在山冈上，但 K 永远走不近它。作为追寻的客体、目的，它被悬搁了。因此小说的意义域变得不自明了，帮手和敌手也混淆了。小说的荒诞性在根本上正因为追寻客体的不自明。城堡在小说中肯定象征着意义，没有城堡的存在，K 以及城堡、村庄中的一切都是无意义的。但卡夫卡的深刻处正在这里。他悬搁了意义，或者说小说中的意义呈现被无限期地延缓了，延宕下去，这恰恰类似于胡塞尔所说的现象学意义上的加括号。城堡的真相被一个括号括上了，这个括号给城堡带来了无形的屏障，形象点说，就像《天龙八部》中武功最高的老和尚，周身笼罩一层无形的气，萧峰的掌力打不进去。K 所碰到的只是屏障本身，而城堡象征的意义最终是不可企及的。因此，作为一个追寻的故事，K 的追寻注定是一个失败的追寻。他越努力，离自己的目的就越远。正像奥登所说："如果 K 成功地达到了他的目的地，那就证明他失败了。"在这个意义上，《城堡》可以说是对经典的追寻模式的一个戏仿，在本质上是反追寻模式的，是滑稽模仿。正像《堂·吉诃德》是对骑士小说的故意的滑稽模仿一样，因此它是反骑士小说的，如同《鹿鼎记》是反武侠的。而对一种小说类型真正具有颠覆力量的正是对它的滑稽模仿，塞万提斯的《堂·吉诃德》戏仿了骑士小说之后，骑士小说就宣告终结了；金庸写了《鹿鼎记》，也终结了自己的武侠小说创作。

有意思的是，昆德拉在《小说的艺术》中正是把堂·吉诃德与《城堡》中的 K 联系了起来：堂·吉诃德出去冒险，"经过了三个世纪的旅行，不是化装成土地测量员回到村里了吗？过去他出门是为了选择他的冒险，现在，在城堡下的这个村庄，他没有了选择，他被命令去冒险：与行政机关就自己档案上的一个错误进行一场倒霉的诉讼。三个世纪过去，冒险这个小说第一大主题发生了什么事？它成为自己的可笑模仿了吗？这是什么意思呢？小说的道路以悖论而告结束了吗？"[1]从堂·吉诃德到K，追寻（冒险）的模式以滑稽模仿方式告终。

通过介绍普罗普、格雷马斯的理论，我们更具体地了解了《城堡》在各种功能意义上的"非确定性"。而《城堡》的多重阐释的混乱也正建立在叙事模式的不确定基础之上。这就是我们引入普罗普和格雷马斯叙事分析的目的。

对话性与复调特征

有一个问题是我一直没怎么想清楚的，不太有把握。那就是我读《城堡》中间和后半部分的时候，突然之间发现K这个人物让我很讨厌。这本书的后半部分几乎都是K与其他人物的对话，长篇累牍的对话，无论是K还是其他人物的话都很饶舌，不断重复，不断自我辩白，又不断自我消解。一下子我对K的形象很不喜欢，我甚至觉得卡夫卡就是想把K塑造成一个让读者不喜欢的形象。我不知道这种阅读感受对还是不对。有评论者称卡夫卡的长篇中的主人公都有他自己的影子。K的名字也是Kafka的缩写。难道卡夫卡在《城堡》中就把自己塑造成K这个样子吗？当然从广义上宽泛地讲，任何小说中都会有作者的影子，但如果无差别地称K是Kafka的代言人，这种说法就太陈旧了。而读到小说后半部分，我感到K的形象离经典追寻模式中的主人公形象越来越远，同时K

---

[1] 昆德拉：《小说的艺术》，8页。

已淹没在其他人物的对话中了,成了越来越模糊的形象,仅仅成为小说众多形象中的一个。

　　从我的阅读感受出发,我觉得理解《城堡》的后半部分很困难。卡夫卡为什么写这么多的对话?为什么除了对话之外几乎没有什么情节进展?《论卡夫卡》这本论文集共有七百多页,但涉及《城堡》后半部分的文章几乎没有。只有一篇文章谈到了小说后半部分。作者是美国人库楚斯,文章的题目是《卡夫卡的〈审判〉和〈城堡〉中叙事的方式和时间的演变》。他发现《城堡》在结构上有一个引人注目的特点,即可以按叙事方式和时间演变分为两个部分。前三章是一个部分,在中译本中共55页,后十七章是另一部分,共329页。在叙事方式上,前三章基本上是由情节段构成,而后十七章则由对话构成。在时间上,前三章虽短,却占去了整个故事时间的一半,后十七章只占了另一半时间。库楚斯认为这种叙事方式和时间的演变十分重要,他得出的结论是:从情节段到对话的演变,说明K在现实中的行动越来越少,K进入城堡的可能性也因此越来越小。而后半部分时间的演变更重要,说明在K和其他人物的时间意识中,当前的时间不断地在缩小,对话使K和对话者局限在现实的时间层面上,因此,未来的时间就显得日渐遥远。库楚斯的最后的结论是:时间的演变说明小说故事越发展,K离他的追求的目标越远,而小说距离真正的结束也就越远。

> 现代主义小说中更主导的倾向则是作者退出小说。卡夫卡的小说尤其表现了这一点。

　　这种观点试图从叙事和时间上解释为什么《城堡》很难结尾,一方面因为K追求的城堡在时间上被更远地推向了无法企及的遥远的未来,另一方面K基本上只忙于对话而放弃了行动,行动被无限期地搁置了。此外,这篇文章还可以启示我们必须调整阅读习惯，我们不能只习惯于读情节性强的前三章，也必须习惯于阅读以对话为主的后十七章。而正是对话构成了《城堡》后十七章的绝对中心位置，而从篇幅上说，则构成了小说的主体部分。

正是对话部分，真正构成了《城堡》这部小说对读者的挑战，也构成了对评论者的挑战。评论者大都回避对这一部分的分析，但如何分析这一部分可能是绕不过去的。这个问题在此提出供大家思考。我只想谈一点简单的想法。

我读这部分对话的基本感受是：小说的叙事者在很大程度上开始隐退，而小说基本上是由 K 与其他人物的对话来讲述的。叙事者功能削弱了，说明小说故事情节很难深入开展下去了。而以对话为主的主体地位说明小说中的每个人物都开始摆脱了叙事者的控制，在自我陈述和自白中成为一个主体，而在其他小说人物成为主体的同时，就消解了 K 作为绝对主体的地位，大家互为主体，K 没有优先性、优越性。小说中几乎每个人物的长篇大论都在呈现一种生存境遇，每个人的话都有自己的充分的道理。但每个人物的长篇自述独白都是可信的吗？我发觉读者的最大困难是无法判断谁的谈话是可信的。也许这些话至少对这个说话的人来说是真实的。而叙事者声音的隐退已使读者无从判断这种真实性。叙事者的隐退在这里就标志着卡夫卡在小说中已经开始回避了主观声音、价值立场、道德判断。他只让人物自己说话，小说的后半部分由此呈现出巴赫金所说的"众声喧哗"的对话性。而 K 的声音只是众多人物声音中的一种，在小说后半部分中已经渐渐被淹没在其他人物的声音中。而且我开始讨厌 K 也可能正因为感到他的声音也不见得就是确凿的、真实可信的。这是对以往阅读心理习惯的破坏。以往我们习惯于无条件地认同主人公，但在《城堡》中我越读越觉得对小说主人公保持认同感尤其是阅读传统小说最重要的心理机制。甚至一个坏人自己在讲故事，我们也会倾注对他的认同甚至同情。我忘了在哪里读过一篇小说，讲故事的"我"是一个杀了人的逃犯，绝对是一个坏人，但是他把摆脱警察追踪的故事讲得曲折动人，我看到后面就一直担心他被警察给逮住。更有说服力的是陀思妥耶夫斯基的小说《罪与罚》，小说主人公是杀人犯，但是他是焦点人物，小说的视点就围着他转，所以读者一般都会同情他。

K 是很难确定的无确定性的形象，我对他的话也开始怀疑了。在阅读体验上就觉得有点被嘲弄了。

巴赫金在《陀思妥耶夫斯基诗学问题》中提出了"复调小说"的理论，指的正是陀思妥耶夫斯基小说中的众声喧哗的对话特征。陀思妥耶夫斯基的每一个人物的声音都是自足的，都有合理性，又都在与其他声音辩难。那么陀思妥耶夫斯基的态度如何？陀思妥耶夫斯基的基本态度是回避自己的价值倾向，因此你搞不清他到底赞成哪一个人物的立场。巴赫金认为这表明了作者其实是在内心深处进行自我辩难。这种辩难性和复调性标志着某种统一的一元性的真理被打碎了，没有什么人掌握惟一正确的真理。我认为卡夫卡的《城堡》也具有这种对话性以及对话中体现的复调特征。《城堡》的多重阐释在一定程度上也与此有关。这一点是否受到了陀思妥耶夫斯基的影响我不敢肯定，但卡夫卡喜欢陀思妥耶夫斯基是有材料可以证明的。意大利的一个评论家甚至说："卡夫卡的世界和他的艺术除非用陀思妥耶夫斯基的神话，否则是无法解释的。""卡夫卡的精神带上一种宿命论的神秘感，也只有这种宿命论的神秘感可以解释卡夫卡的精神。这是一种比书卷更有价值的精神，它在我们的时代之前不可能产生，因为它是由一个伟大的现代作家陀思妥耶夫斯基的幻想以无性生殖的方式生育出来的。"[1] 所谓"无性生殖"，也就是克隆。卡夫卡也许不仅克隆了陀思妥耶夫斯基的神秘感，也可能克隆了对话性、复调结构。

---

[1] 热那多·波吉奥里：《卡夫卡和陀思妥耶夫斯基》，《论卡夫卡》，70页。

从复调性的角度看，说 K 是卡夫卡的化身或者影子是很难成立的。他只是小说中的一个人物，而且并不代表权威立场，也不代表卡夫卡的声音，更不代表某种真理性。正像昆德拉说的那样："小说，是个人想象的天堂，在这块土地上，没有人是真理的占有者，但所有人在那里都有权被理解。"[1]《城堡》这部小说读到最后给我的印象正是这样。

就我个人趣味来说，无条件地喜欢卡夫卡。我不太喜欢《城堡》，但从小说学意义上说，《城堡》是经得起多重阐释的一个范本，你得为它提供具体的诗学解释，在这一点上，《城堡》是一部让人着迷的小说。

《城堡》与寓言批评的勃兴

评论家们在解释《城堡》的过程中，发现以往的象征主义式的批评方式在这部小说中不太适用了。象征主义批评是解读具有深度模式和深层内蕴的小说的最好方式，在凡是有象征意象和结构的小说中，人们总是有一种探究它到底象征什么的好奇心，因而就产生了象征主义批评。一个象征的产生必须有两个平面，加缪说，一个平面是感觉的世界，一个平面是观念的世界。简单地说，就是用具象表达抽象。具象与抽象是一个统一体，互为前提。比如，十字架象征基督。一出现十字架我们就知道它象征基督，而不会联想到它是农民立在田里吓唬鸟的。在这里，十字架的具象形式与它的象征物是一个不可割裂的统一体。宗教意义的产生正依赖于这种统一体

---

[1] 昆德拉：《小说的艺术》，155 页。

的稳定。假如有一天，说十字架不再象征基督，它就是用来代替稻草人吓唬鸟的，那么整个西方的宗教释义系统就彻底垮掉了。人们再也无法表达大家普遍接受的超验与宗教性意义了。尼采说上帝死了产生的震荡就类似这种效果。而卡夫卡的出现，正是西方的传统的象征方式开始变得困难的时期。卡夫卡的小说里处处是象征，40年代就有中国的评论家说卡夫卡的小说"象征之内另有象征，譬喻之后又有譬喻，总是探测不到渊底"[1]。但到底象征着什么，却是非自明的了。尤其是"城堡"意象本身，更是一个阐释的迷宫和陷阱。

从象征方式的构成的诗学角度来说，《城堡》的象征的困难在于具象与抽象之间的脱节。我们只看到眼前的具体的东西，但无法说清它背后象征的东西。或者说，困难的产生，在于此岸世界与彼岸世界之间的关系越来越不确定。卡夫卡的一个重要研究者，奥地利的埃里希·海勒在1948年指出："在我们时代，象征的困难（在文学上是象征主义的困难）是由'现实'及其意义之间的分裂造成的。普遍公认的象征性或先验性的事物的秩序不存在了。"[2]因此已经无法建立一个具象世界与超验世界的单纯的统一体。我认为这会出现两种情况。一种情况是小说家和艺术家创造了大量的丰富的意象，但不知道这些意象有什么用，找不到它们可以象征什么，与意义分裂了，用德里达式的解构主义语言来说，意象只是一些"能指的狂欢"，而所指和意义被无限地延宕了。另外一种情况则是抽象世界的意义被悬搁在天上或彼岸，干着急，不知道现实世界中有什

---

[1] 孙晋三:《从卡夫卡说起》,《时与潮文艺》,1944年,第4卷第3期。
[2] 埃里希·海勒:《卡夫卡的世界》,《论卡夫卡》,180页。

么具象的东西可以表达这些抽象意义。形象地说，就是天上的基督突然发现地上的十字架不再代表他了，他肯定急了，不知道会有什么来代表他。于是抽象意义就会采取强行登陆的方式，用海勒的话则是，它们将随时附着于现实某个经验的片段上，以不可抗拒的暴力突入这片段之中。如果仍然用十字架的例子，可以说当十字架不再象征基督，那么基督怎么才能显现，情急之下他可能在某一天以不可抗拒的暴力突入到稻草人身上。那么，至少在某一片刻，稻草人就象征了基督。这种例子在现代艺术、电影中屡见不鲜。举一个简单的例子，比如梵高的绘画，如向日葵、鸢尾花、丝柏，在别的画家那里可能仅仅是静物画，但在梵高这里绝不是静物。梵高是有强烈宗教情绪的画家，但他很少画真正意义上的宗教题材，他的狂热的宗教想象，都投射到向日葵、鸢尾花、丝柏这类植物上了，所以他的向日葵、丝柏有一种内在的宗教迷狂。包括他画的"麦地"也一样。所以发现"麦地""麦子"意象的诗人海子、骆一禾也有宗教情绪。可以说，上帝在梵高那里，终于找到了重新显形的方式。海勒下面的话说得更加精彩：

> 于是一双靴子，或画家阁楼上的一把椅子，或山坡上的一棵孤树，或一座威尼斯教堂里的一行模糊不清的字会突然成为本来没有焦点的宇宙的中心。

这指的就是宇宙的意义一下子在人类的经验片段上得以显现。现代理论家非常注意这种宇宙意义突然显现的时刻。刚才引用的海勒的话提到一双靴子，大家知道梵高有一幅名画：《农民鞋》（也译成《农靴》）。海德格尔重要的美学著作《艺

> 苏联导演塔可夫斯基的电影，如《伊万的童年》《乡愁》《镜子》《牺牲》，经常处理的，就是"山坡上的一棵孤树"的镜头。

术作品的起源》正是建立在对梵高的这幅画的阐释的基础上。海德格尔认为一双旧鞋最能反映人诗意地栖居在大地上的本质，反映人类的劳作以及人与物、人与土地的关系。一个农妇穿着这双鞋，在田地里劳动，在土地上行走，终于踏出了一条"田野里的小径"，这种"田野里的小径"是海德格尔最爱用的关于人类生活的象征，象征了人类怎样在无意义的物质世界留下自己的足迹，创造出不同于物质世界的东西，这就是意义，也是人类生存的目的。大心理学家荣格说："人类生存的惟一目的，就是要在纯粹自在的黑暗中点起一盏灯来。"只有人类才会点灯，此外只有比喻意义上的，如一首歌唱的那样，"星星点灯"。海德格尔理解中的农民鞋即是大地上的一盏灯（关于对梵高画中的农民鞋的分析，我是借用了杰姆逊的观点。大家可以参考《后现代主义与文化理论》）。当初梵高画这双鞋的时候，可能不会想到海德格尔以后会在鞋上大做文章。艺术家可能并没有充分料到，当世界的意义变得无法表达的时候，当现实与彼岸分裂了之后，或者说当传统的象征方式变得困难了之后，世界的意义会突入和附着在他们笔下的艺术形象上。

> 海子的诗中出现过一系列"灯"的意象："我们坐在灯上／我们火光通明"（《灯》）；"灯，怀抱着黑夜之心／烧坏我从前的生活的诗歌"（《灯诗》）。这些"灯"已上升到一种存在论的层次。

那么，《城堡》的出现，则是现代小说中象征方式面临困境的一种信号，具体的小说符号表层到底象征什么，已经很难说清。正是在这个解释的困境中，现代寓言批评开始勃兴。

寓言是大家熟悉的文体，我们都可以讲出不少寓言故事。所谓寓言，指的是首先有一个表面的故事，但寓言的目的不是这个表面故事，而是为了表面故事之外的寓意。因此，真正的寓意不是它表面上显现出来的，而是需要重新解释的。杰姆逊说："寓言的意思就是从思想观念的角度重新讲或再写一个故事。"[1]比如狐狸吃不到葡萄就说是酸的,这是表面故事,而它真正的寓意与狐狸、葡萄都不相关,它讲的是关于人类的一种人性或一种心理机制。寓言的表层意义不是自足的,它总是指向另一个故事和意义。所以理论家说寓言所代表的不是它自己而是另一个故事,这和象征区分了开来。象征就是它所代表的东西,它本身是具象和抽象的统一体,比如从十字架看到上帝并不是解释出来的,而是一个文化共同体内人们的共识。象征是自足的存在,而寓言则相反,它总是使作品主题关涉到外在于艺术作品的各种对象,这就可能产生出多重的含义,而象征从具象到抽象的途径则是单一的。举一个简单的例子不知是否准确,中国现代小说中,从书名上看,《子夜》是象征,《围城》是寓言。

  现代批评引申了寓言的这种多重指涉性和复义性,认为寓言的方式与现代世界的分裂性是一致的。寓言构成了"那种物与意义、精神和人类的真实存在相割裂的世界的表现方式"。如果说,"象征"对应着一部理想的整体性的历史,那么"寓言"则对应着颓败与破碎的历史,不再有整体性。"与象征所体现的有机整体相对立,寓言表现了一个分崩离析的无机世界",正像《城堡》表现的那样,细节没有从总体中获得意义,或者也可以说没有总体意义,整个图景是破碎的。因此小说中以及许多现代艺术中的细节是可以替换的。就像我们可以用稻草人替换十字架一样。有论者说:"这种寓意项的可替代性不仅瓦解了艺术形式表面的自足性,也瓦解了整个

---

[1] 杰姆逊:《后现代主义与文化理论》,118页,西安:陕西师范大学出版社,1986。

人类意义体系的完整性。"[1]也正像一旦可以用稻草人代替十字架之后，宗教意义体系已有的完整性就打破了。中国的禅宗就是这样衰落的，禅宗在后来过分强调参禅悟道的个人性，拈花微笑象征着参禅，木头棍干屎橛里也有禅机，最后禅与道无所不在，谁都宣称自己参了禅，彻底的个人性，没有了通约性，禅宗体系的瓦解也就不奇怪了。

> 这种彻底的个人性对于艺术是无可非议的，但对于一种宗教体系则是不成的。"通约性"对于宗教是必须的。

卡夫卡《城堡》的多重寓意性正可以在寓言批评这里找到解释。卢卡奇就认为，卡夫卡最本质的创作原则，是把世界表现为一种超验、虚无的寓言。而在卡夫卡作品中，由于加进了虚无的因素，创作上的统一性就被寓言撕裂了。因而《城堡》不可能没有歧义性。而只有寓言批评才能揭示《城堡》的多义性和复数性质。杰姆逊也认为："寓言精神具有极度的断续性，充满了分裂和异质，带有与梦幻一样的多种解释，而不是对符号的单一的表述。"[2]这些话都证明现代寓言批评在解释现代世界时具有很强的生命力和生长性。而把寓言批评方式用于解读《城堡》，并不是说《城堡》就是一个寓言，这种说法毕竟太简单了，而是说《城堡》具有某些寓言性质。同时现代寓言批评得以勃兴，也在很大程度上依赖于像《城堡》这样的复义性的小说的存在。

事实上，卡夫卡的研究者有相当一部分反对把《城堡》看成一个寓言，这是从传统的修辞学立场出发，认为寓言是一种小儿科的文体。而实际上，现代寓言批评却是一种有力度和深度的诗学批

---

[1] 胡经之主编：《西方文艺理论名著教程》（下），506页，北京大学出版社，1989。
[2] 杰姆逊：《晚期资本主义的文化逻辑》，528页，北京：三联书店，1997。

评，比如本雅明的核心方法论就是寓言批评，《发达资本主义时代的抒情诗人》已成为寓言批评的经典。在本雅明看来，寓言是我们自己在这个时代所拥有的一种特权，在中心离散时代，在自我意识分裂后，只有寓言是产生多种组合的文体方式，拒斥单一模式，本身就有"复调性"，因此小说吸收了寓言的营养是不言自明的事情。

最后再回到《城堡》。从寓言批评的角度看，《城堡》拒斥对它的单一解释。有论者指出："卡夫卡的作品的本质在于问题的提出而不在于答案的获得"，因此，对卡夫卡的作品"就得提出最后的一个问题：这些作品能解释吗？"（奥地利海因茨·波里策：《〈弗兰茨·卡夫卡〉一书的导言》，《论卡夫卡》，第629页）。不少研究者最终倾向于认为《城堡》是无解的，或者说，它的解释是很难穷尽的，它是对生存境遇的无穷追问，它的最大特征是未完成性。这种未完成性是现代主义小说的重要的特征，不仅仅指《城堡》没有结尾，而是指它最终无法获得总体意义图景和统一性的世界图式。一切未完成的小说都是这样，也包括中国现代小说如茅盾的《霜叶红似二月花》，沈从文的《长河》，废名的《桥》等，其中的未完成的原因从意识形态视野的意义上说，是小说中"远景形象"的匮乏。又比如《尤利西斯》只写了一天的事情，小说以女主人公意识流的胡思乱想结尾，写的只是生活场景中一个杂乱无章的片段而已，事实上也标志着小说没有传统意义上的结尾，只是一天的24小时结束了，下一天又从头开始了。昆德拉的小说《生命中不能承受之轻》是四重奏式的，可以循环往复地演奏下去，但也可以在某一旋律上突然停住，而昆德拉对存在的无穷追问是没有终点的。又比如卡尔维诺的《寒冬夜行人》，阿根廷作家普伊格的《蜘蛛女之吻》，都是由系列故事串成，每个故事之

> 关于"远景形象"问题，可进一步参见本书第五讲的相关讨论。

间互相没有必然联系，可以无穷地串下去，像糖葫芦，只要竹签够长，就可以一直串下去。这就是现代小说的未完成性。评论者说卡夫卡的杰作都没有写完，所以让我们满怀惊奇地停步在悬崖之上。如果当初《浮士德》《查拉图斯特拉如是说》也没有写完，结果会更好。至少《红楼梦》没写完比写完了好，起码为今天许多红学家提供了饭碗。当然卡夫卡在这个意义上也在为我提供饭碗。

可以说，正是卡夫卡的无穷的寓言性为小说提供了无穷的预言性。这就是《城堡》和卡夫卡的一切小说的预言维度。他的小说与我们经历的世界都不像，但又太像了。许多经历了二战的评论家都说卡夫卡预言了后来的纳粹时代，而从整体上说，卡夫卡提供的是关于人类生存境遇和生存方式的未来可能性的想象，他可以称得上20世纪最伟大的预言家。

、

第二讲　回忆的诗学：
《追忆似水年华》与普鲁斯特

"逆向的哥白尼式革命"

普鲁斯特（1871—1922）是一个"不世出"的小说家，就是说一个世纪可能还出现不了一个。而他的巨著《追忆似水年华》（原意为"追寻失去的时间"）也堪称是一部"不世出"的小说，按康诺利在《现代主义代表作100种提要》中的说法，"《追忆似水年华》像《恶之花》或《战争与和平》一样，是一百年间只出现一次的作品"[1]。法国作家莫洛亚在为《追忆》1954年巴黎版作的序中也说："对于1900年到1950年这一历史时期，没有比《追忆》更值得纪念的长篇小说杰作了。"这不仅由于《追忆》像巴尔扎克"人间喜剧"那样篇幅巨大，规模宏伟（法文本15卷，中译本7卷，200多万字），而且因为普鲁斯特的小说发现了新的"矿藏"。20世纪的大部头小说可能有很多，但很少有新的启示录，大部分作者只是开发已有的众所周知的"矿脉"，而普鲁斯特开辟的是新的"矿藏"。这种新的矿藏新在何处呢？莫洛亚认为，同巴尔扎克相比较，巴尔扎克的"人间喜剧"把外部世界作为自己的领地，巴

---

[1] 康诺利、伯吉斯：《现代主义代表作100种提要·现代小说佳作99种提要》，31页，桂林：漓江出版社，1988。

尔扎克旨在描绘一个社会的全方位图景，也确实描绘了整个一个社会，创造了资本主义的百科全书。而普鲁斯特的小说对外部世界的小说素材的选择并不在意，他感兴趣的不是观察外部世界本身，而是某种观察和呈现世界的方式。普鲁斯特因此实现了一场"逆向的哥白尼式革命"。所谓"逆向的哥白尼式革命"是指哥白尼打破了地心说的神话，地球不再是宇宙的中心，只不过像大海里的一叶孤舟，从而人也就被放逐出宇宙中心的位置。而普鲁斯特的小说对人的精神世界的重新发掘，使人的精神重新置于天地的中心，这是与哥白尼革命相逆相悖的。因此，莫洛亚认为，《追忆似水年华》的目标也就是小说的目标变成呈现一个被精神反映和歪曲的世界。而我认为"歪曲"一词概括得尤其好，它构成了普鲁斯特《追忆似水年华》最特殊的贡献。

从诗学层面入手，我认为《追忆似水年华》是一部探讨人类所固有的"回忆"这一心理机制的空前的小说。"回忆"构成了"追寻失去的时间"的真正题旨，是普鲁斯特为自己确立的恒常的生命形式。它也是人类把握已逝时光的方式，也是把过去纳入此在的方式，而从整个人类的"类"的意义上讲，回忆又是人类使自己的文明得以延续的方式，而在最宽泛的意义上讲，回忆正是人的存在方式本身。这就是《追忆似水年华》所隐含的人类学层面的空前丰饶的矿藏。莫洛亚所说的普鲁斯特更关注于观察和呈现世界的方式，使人的精神世界成为小说的目标，我认为这两点追求都是凭借"回忆"的形式实现的。

"回忆"在《追忆似水年华》中体现为几个层面：首先是一种心理机制和意识行为，小说中表现为"我"在回忆，整部小说都是回忆的产物；其次，在小说中，回忆同时又是结构情节的方式，是叙事形式，也是一种主题模式，也就是说，作者是靠回忆来结构小说的，同时回忆也成为一种艺术主题；最后，回忆也是一种诗学方式，它使《追忆似水年华》超越了具体的小说本身，而升华出关于"回忆"的一些普适的诗学范畴和诗学元素，上升为对人类"回忆"机制的全方位的探索领域。

> "回忆"是作家普遍酷爱的形式。但只有到了普鲁斯特这里，才真正创生了关于回忆的回忆。

回忆：生命的形式与艺术的形式

《追忆似水年华》第一卷《在斯万家那边》的第一句话是："在很长一段时间里，我都是早早就躺下了。"（Longtemps, je me suis couch, de bonne heure）这一句话也是值得大做文章的句子。作为几百万言的小说的第一句，它表面上是平淡无奇的，但其中隐含了许多内容。从手稿中人们发现普鲁斯特在前后五年中，曾尝试了16种写法才确定了这第一句。

一、首先它描述了小说的叙述者"我"一段时间里恒常的生活情形：早早躺下，又无法成眠，在床上辗转反侧，进入一种沉思冥想状态。小说接下来的几十页描述的正是"我"失眠夜的缅想。1913年，一个出版家只翻了小说开头这一部分就拒绝出版这本书。出版家说："我实在弄不明白，一个人怎能花上30页的篇幅来描述他入睡之前如何在床上辗转反侧。"而实际上对叙述者"我"来说，这30页的篇幅却太重要了，它描摹的是"我"的一种生活方式，即早早上床靠回忆打发漫漫长夜的生活方式。在某种意义上，这也正是普鲁斯特本人生活形态的写照。1896年，普鲁斯特发表了他的处女作《悠游卒岁录》（也翻译成《欢乐与时日》），在序言中，普鲁斯特写道：

> 在我孩提时代，我以为圣经里没有一个人物的命运像挪亚那样悲惨，因为洪水使他被囚禁于方舟达四十天之久。后来，我经常患病，在漫长的时间里，我不得不待在"方舟"上。于是，我懂得了挪亚曾经只有从方舟上才能如此清楚地观察世界，尽管方舟是封闭的，大地一片漆黑。[1]

这本书出版时普鲁斯特只有25岁，当时他肯定没有想到"方舟"式的囚禁生活将构成他此后生涯中一种恒常的生活形态。他必须适应这种卧病在床的生活，而他最后终于赋予了这种生活以最好的方式：即在回忆中写作，在写作中回忆。普鲁斯特得的是哮喘病和花粉过敏症，对环境要求极高，最轻微的植物性香气也会使他窒息。他的房间要衬上软木，隔开外面的声音；窗子总得关上，防的是窗外的栗树的气味和烟味；毛衣也得在火上烤得滚烫之后才能穿，所以他的毛衣一碰就成百衲衣一样的碎片；想出去到乡间看看童年时代的山楂树，也得坐在密不透风的马车中，而且是一件冒着很大风险的事。我觉得卡夫卡理想的地窖中的生活倒是让普鲁斯特给过上了。可以想象，从1901年到1922年去世，普鲁斯特是在怎样一种生活形态下写他的《追忆似水年华》的。像创作《呼兰河传》时期的疾病缠身的萧红一样，这是一种以回忆为主体的生命形式。小说的第一句"在很长一段时间里，我都是早早就躺下了"，描述的正是这样一种惯常的生命形式。当然我们就小说而言，首先要看成是叙事者"我"的生活形态。

> 文学与疾病的关系是一个值得研究的主题。可参见柄谷行人《日本现代文学的起源·所谓病之意义》（三联书店，2003）。从某种意义上说，是疾病塑造了作为作家的普鲁斯特。

---

[1] 引自纪德：《重读〈欢乐与时日〉》，"世界文论"（1）《文艺学和新历史主义》，180页，北京：社会科学文献出版社，1993。

二、小说的第一句话更重要的作用在于为《追忆似水年华》确立了一个叙述起点，然后开始回忆。热奈特在《叙事话语》中对《追忆似水年华》的起点分析得很详细。他认为，小说第一句奠定了整个小说的第一个时间段，即"很长一段时间里"。这段时间是不可能精确地推定年代的，但它处在叙事者一生中较晚时期的一段时间，那时他早早上床，在失眠中回忆往事。小说最初的时间段正是第一句奠定的，而小说的全部叙事也由此开始，因此这一时间段构成小说的一个中心位置，小说的回忆就由那一段失眠夜开始的。热奈特说这一中心位置有一种中继站的功能，或者是叙述发送的功能，就是说整部小说的叙述好像就是由"早早上床"那段日子开始发送的。为什么选择了这一段时间作为小说叙述的时间起点？有没有可能以其他时间作为开头？显而易见还有另外两个最有可能的时间起点。一是从头，从小说的最早的故事时间讲起；二是从叙事者生命的最晚期，即叙述的（或者说写作的）"现在"写起。其实，小说的第一句就标明叙事者的叙述有个隐含的"现在"的时刻，第一句话是"现在"的叙述，叙述的是过去"早早躺下"的一段时间。小说的整个回忆其实是从"现在时"开始的。但为什么作者选择了过去的一段失眠夜作为叙述的时间起点？热奈特认为这符合西方文学最古老的叙述传统，即"从中间开始"，然后再向前回溯的叙述传统。例如《伊利亚特》就是这样。因此《追忆似水年华》是一个以失眠的叙事者的回忆为起点的广阔的往复运动。由这个起点位置出发，向前回溯，又不断回到这个起点。同时从小说的总体的回忆的角度看，这一中继站的位置可能被回忆超过，即小说叙事者讲述的故事的发生时间可能在这一起点之后。这就使《追忆似水年华》的叙事变得格外复杂。小说总体上

> 叙述"从中间开始"的好处在哪里？这是一个值得思考的叙事学问题。

是叙事者"我"现在的总体回忆，但小说的开头又另外设置了一个回忆的起点。这就使小说有了回忆的双重坐标，回忆中发生的事件它的时间到底以哪个坐标为潜在的参照？有时就不容易搞清楚。就像一部电影主人公在回忆，但回忆中又有个回忆，就容易把观众搞迷糊了，不知道是以哪个"现在"为参照。

热奈特仅仅从西方文学"从中间开始"的传统这一角度解释为什么普鲁斯特选择了过去的一段失眠夜作为叙述的时间起点，似乎没有彻底解决问题。因为任何一部回溯性叙述的小说都可能从中间开始，连美国电影《阿甘正传》也是"从中间开始"的，让等公共汽车的阿甘坐在汽车站的椅子上向其他等车的人讲他的光辉历程。那么，都是从中间开始，《追忆似水年华》的特殊性在哪儿呢？我认为，这可能取决于"回忆"这个主题本身。首先，失眠夜的回忆是叙事者在很长一段时间里就已经确定了的生活形态，并且这种生活几乎一直持续到当下，具有一种惯常的特征，因此作为叙事者一种以回忆为主调的生活形态，小说确立的叙述起点是真正最初的起点。其次，一个隐身的现在时的叙事者的存在，意味着小说的回忆有一个最终的参照和判断尺度，一个理想化的站在最后的制高点上的主体的存在。正是这一潜在的主体观照着小说起点的"我"的回忆，使"我"的回忆纳入一个更大的叙事框架中，获得了再度阐释的可能性，从而增添了文本释义的复杂，使小说有了两个阐释系统。简单地说，"现在的我"可能比小说起点开始回忆的"我"更成熟。正是由于"现在的我"的存在，当初的"我"的回忆、观念以及联想等一切意识活动如果有不成熟的幼稚的一面，就都是可以理解的。这可能就是普鲁斯特设置了一个不确定的"现在时间"的用意所在。法国学者让－伊夫·塔迪埃认为："对意义的探求始终是由叙述者承担的。"有了一个站在终点的叙事者，就可能使叙事者在事后，从外部的超越的角度高屋建瓴地观察自己，这样，叙事者"我"就发现了三个层次："行动——经验论的我对行动的动机了解甚少；稍晚的叙述——我抓住了一个'主观真理'；客观真理——它也许不被叙述，甚至精确的叙述所觉察。"[1] 就是说，属于当下的第三个层次的"我"的成熟的认识，它也许是没有被叙述出来，但由于"当下的我"的潜在的存在，就隐含着存在一个"客观真理"的可能。比如，在日常或者文本中经常会听到有人说：那一次是我的幼稚的初恋，我还不懂爱情。80年代中国文坛曾经有一部话剧，就叫《初恋时我们不懂爱情》。他没有说现在就懂了，但隐含的意思是现在懂了，现在的"我"构成的就是一个成熟的参照。

这就使小说有了三个"我"：行动的"我"（或作为小说人物的"我"）、回忆的"我"和叙事的"我"。它比一般的回忆体小说多出了第二个"我"，即回忆的"我"。

从前面的分析可以看出，《追忆似水年华》一开头就奠定了"回忆"的主题，小说第一句就向读者暗示，一方面是"此在"的叙事者"我"在回忆，而另一方面，真正展开回忆的却是当初的在失眠夜那段日子中的"我"。只不过此在的我是"隐"的，而当初的"我"是"显"的而已。回忆既是"我"的一种生活形态，同时又是小说的结构方式，即小说是以回溯的形式讲出来的。在这个意义上，"回忆"既构成了生命的主题，又构成了艺术的主题。

记忆的双重性

解读《追忆似水年华》的一个重要环节，是弄清"回忆"和

---

[1] 让-伊夫·塔迪埃：《普鲁斯特和小说》，16页，上海译文出版社，1992。

"记忆"的差别。记忆是留存在心理深处和下意识中的关于过去的体验和经验的断片,而回忆则是一种重新唤醒这些过去的断片的行为。人们有时会把这两个概念混用,但分析《追忆似水年华》必须把两者区别开来。

1. 无意的记忆

如果把《追忆似水年华》比作一座由回忆建构的大厦,那么它的最重要的一块基石是普鲁斯特所发现的一种记忆的形式。有论者甚至认为,正是这种记忆形式的发现使普鲁斯特获得了拯救,否则他无法使自己的漫长的回忆获得美学支撑。普鲁斯特也正是在寻找到了这种记忆形式之后,才真正开始了他的小说创作。这种记忆的形式有很多不同的译法:"无意的记忆""非自主记忆""非意愿记忆""不自觉记忆""不由自主的记忆"等等。那么怎样理解所谓的"无意的记忆"呢?当你无意中嗅到一缕清香,听到从什么地方飘来的一串熟悉的音符,或者偶然翻到一件旧物,便会突然唤醒沉埋在记忆中的一段往事、一幅场景或一种思绪。它们深藏在心灵深处,平时并没有自觉意识到,没有谁在心里对自己说这样的话:"我现在要开始回忆了。"过去的记忆总是在不经意之间突然一下子被唤醒的,而唤醒记忆的契机往往是偶然的。这偶然唤醒的记忆就是"无意的记忆"。它本是人类的一种普遍的记忆体验和形式,但《追忆似水年华》的特殊意义在于为这种"无意的记忆"赋予了美学与诗学内涵,并且把它作为回忆大厦的最重要的支撑,或者说把"无意的记忆"上升为一种诗学范畴。

《追忆似水年华》中关于"无意的记忆"的最重要的阐释是大家熟悉的"小玛德莱娜"点心的细节,从而使"小玛德莱娜"成为 20 世纪世界文坛最有名的点心。不过在小说中它的样子却并没有什么特别,"又矮又胖","看来像是用扇贝壳那样的点心模子做的",吃法是先要放在一杯茶水里泡软。然而当小说中的"我"喝了泡着"小玛德莱娜"点心的茶,20 世纪现代主义小说中的一件奇迹却顿时发生了:"我浑身一震,我注意到我身上发生了非同小可的变化。一种舒坦的快感传遍全身,我感到超尘脱俗,却不知出自何因。我只觉得人生一世,荣辱得失都清淡如水,背时遭劫亦无甚大碍,所谓人生短促,不过是一时幻觉;那情形好比恋爱发生的作用,它以一种可贵的精神充实了我。"为什么一块点心会产生如此震撼?小说的叙述者"我"认为,人们关于往事的记忆藏在脑海之外,是理智和智力不可企及的,记忆只能在无意中被现实的感受和事物偶然唤醒,"小玛德莱娜"正是唤醒了"我"当年吃这种点心的记忆,往昔的记忆就伴随着这块点心得以复活,而失去的时间便借助这种"无意的记忆"的方式获得重现。

"小玛德莱娜"的细节告诉我们:过去的记忆其实是附着在"记忆之物"上面的,而文学家的使命正是对记忆之物的捕捉。这种能唤起往事的记忆之物,在中国古典诗歌中最为丰富。古典诗歌的一系列母题,譬如凭吊,怀远,思古,睹物思人,登高览胜……种种经典情境关涉的都是记忆的母题。中国古典诗歌最懂得在往昔存留的断片(记忆之物)中去唤回历史记忆。譬如杜牧的名诗:

> 折戟沉沙铁未销,
> 自将磨洗认前朝。
> 东风不与周郎便,
> 铜雀春深锁二乔。

诗人只有找到沙滩中沉埋的前朝的断戟，才能使怀古幽思和历史记忆找到承载。"折戟"正是这种记忆之物。但中国古典诗歌中的记忆方式往往有群体性，当中国诗人们找到一片瓦当，一个断戟，一个箭头，触发他们的记忆的联想方式往往有一种共通性，共同的文化史记忆使诗人们的记忆方式都产生了一定的惯性。相比之下，"小玛德莱娜"点心则独属于普鲁斯特，独属于小说中的"我"，它唤起的也是个体性生命记忆。同时它也是关于如何唤醒"无意的记忆"的一个发生学意义上的最好的说明。小说这样描写点心带来的奇迹：尽管"我"距离当年的经历已经很久了，"但是气味和滋味却会在形销之后长期存在，即使人亡物毁，久远的往事了无陈迹，惟独气味和滋味虽说更脆弱却更有生命力；虽说更虚幻却更经久不散，更忠贞不矢，它们仍然对依稀往事寄托着回忆、期待和希望，它们以几乎无从辨认的蛛丝马迹，坚强不屈地支撑起整座回忆的巨厦"。

中国古典诗歌中大量的咏史诗和怀古诗都能证明这一点。

这种"无意的记忆"的奇迹在《追忆似水年华》中多次出现，爱尔兰剧作家、《等待戈多》的作者贝克特曾经为普鲁斯特笔下"无意的记忆"的细节列了一张表，他自己称是"有灵之物之表"：

1. 经茶水浸过的玛德莱娜小甜饼。

2. 从贝斯比埃大夫的双轮轻便马车上看到的马丹维尔钟楼的尖顶。

3. 弥漫在香榭丽舍大街上公共厕所的霉味。

4. 在巴尔贝克附近，从德·维尔巴里西斯夫人的马车上看见的三棵树。

5. 巴尔贝克附近的山楂树。

6. 他第二次在巴尔贝克的海滨大旅社弯腰解靴扣。

7. 在盖尔芒特府内庭院中凹凸不平的鹅卵石。

8. 汤匙碰撞盘子的声音。

9. 用餐巾擦嘴。

10. 水管中的流水声。

11. 乔治·桑的小说《弃儿弗朗索瓦》。[1]

这些细节唤起的都是无意的记忆。而其中"小玛德莱娜"点心的细节是最重要的。普鲁斯特自己把"小玛德莱娜"点心的气味和滋味看成是对整座回忆的巨厦的支撑,贝克特则说,"浸了茶水的小玛德莱娜点心的著名情节将证明普鲁斯特的整部著作是一座无意的记忆的纪念碑,而且是一部无意的记忆如何发挥作用的史诗",在这个意义上,普鲁斯特的整个世界来自于一只泡着点心的茶杯。

2. "无意的记忆"的诗学特征

莫洛亚指出:"随着普鲁斯特作品的诞生,就有了通过无意的记忆来回忆过去的方法。"[2]他把"无意的记忆"上升为回忆的方法论,而这恰恰是小说诗学所最感兴趣的核心问题。

从诗学层面上看,"无意的记忆"其实揭示了人类回忆的固有的形态和特征。首先是回忆的非逻辑性、无序性。真实的回忆是纯粹原生态、自然态的,是一种记忆的弥漫,有偶发性特征,时间上也很难区分出先后次序。我们很少有人会命令自己先回忆什么,再回忆什么,最后回忆什么。往昔的记忆在我们的回忆过程中呈现出

---

[1] 贝克特:《论普鲁斯特》,"世界文论"(1)《文艺学和新历史主义》,196—197页,北京:社会科学文献出版社,1993。
[2] 莫洛亚:《从普鲁斯特到萨特》,17页,桂林:漓江出版社,1987。

的往往是一种混沌状态，甚至是共时状态。以"无意的记忆"作为回忆巨厦之基石的《追忆似水年华》，其叙事形态在总体上正表现为故事时间顺序的打乱，构成小说细部的是无意识的联想，是沉思录，是议论，是解释，是说明，它们共同编织成一个回忆之网，或者说编织成网状的回忆。小说在回忆中建构的不是一个有顺序有因果的故事时间，而是一种心理时间。这种内在时间观显然受到了柏格森时间哲学的影响。柏格森的时间是一种人类内在体验的时间，是一种不依赖钟表计时的心理时间，是被直觉洞察的时间。这就去掉了时间线性流逝的因果链，使时间成为直觉性的内在的"绵延"，在绵延中使过去与现在互相交织渗透，记忆的内容与回忆的行为互相混合，从而使时间在人的心理存在和体验方式中获得了内在的统一性。在这一点上，《追忆似水年华》是柏格森时间观的诗学论证。这正是小说名字（直译即"寻找失去的时间"）的真正含义。小说的主题句可以概括为"'我'以无意的记忆的方式寻找失去的时间"。失去的时间和过去的记忆只能以非逻辑性的、无意的记忆方式才得以获得。这就是记忆的非逻辑性和无序性。

<small>回忆背后因而隐含着时间问题，最终则有赖于一种时间哲学的支撑。关于时间哲学问题的更详细的讨论请参见本书第五讲。</small>

"无意的记忆"的另一个诗学特征是具体性和感官性。这一点比较容易理解。无意的记忆总是通过具体的记忆之物唤起的。无论是现实的记忆之物，还是过去的被唤醒的记忆，都有具象、具体的属性。这也是小说家为什么钟情于"回忆"这一艺术主题的原因之一。因为文学艺术本身的最核心的界定尺度是具体性。而记忆因其具体性，决定了记忆是同抽象相抗争的最好方式之一。《东方》杂志1995年第5期上曾刊登了一篇犹太裔汉学家舒衡哲的文章《第二次世界大战：在博物馆的光照之外》，是纪念反法西斯战争胜利

五十周年的专稿，是反思二战大屠杀的文章。文章认为，我们今天常常说纳粹杀了六百万犹太人，日本兵杀了南京三十万人，实际上是以数字和术语的方式把大屠杀给抽象化了。这种六百万、三十万的数字看上去似乎触目惊心，实际上是以抽象概括的方式总结历史，大屠杀的真正意义反而在各种数字的抽象之中湮没了。与此相反，大屠杀的意义只能一点一滴显现，换句话说，当我们尝试着在一个一个故事，一段一段记忆中去直面它的时候，大屠杀才有其意义，否则它就会被抽象数字埋没。而数字和术语都有可能引起争议，乃至于某些篡改者会得出大屠杀从未发生过的结论。所以舒衡哲说："抽象是记忆的最狂热的敌人。它杀死记忆，因为抽象鼓吹拉开距离并且常常赞许淡漠。而我们必须提醒自己牢记在心的是：大屠杀意味着的不是六百万这个数字，而是一个人，加一个人，再加一个人……只有这样，大屠杀的意义才是可理解的。"这篇文章令我悚然一惊，因为我平时看电视新闻，看到这里水灾，那里空难，很关心的是死亡人数，一看都是几十人，上百人，连阪神地震也不过几千人，就很不屑一顾，与我们唐山大地震的 28 万比起来，简直不值一提。这正是舒衡哲所反对的那种抽象式数字式的理解。一个巨大的数字总会瓦解较小或更小的数字。而换一种方式理解，即使是几十人，乃至几个人，也是一个人，加一个人，再加一个人，我们面对的就是一个个生命个体的具体的消亡这样一个事实，就会使我们深有触动。因此，舒衡哲的文章最终探讨的问题就是我们如何悬置数字化的历史而进入苦难历史的细节，如何以个体生命的具体记忆方式对抽象进行抗争。而大屠杀的意义正保存在个体的具体生命记忆之中。这种意义甚至也是博物馆所无法体现的。大屠杀博物馆纪念馆保留的只是公共记忆，而人类记忆有一个更晦暗的空间,那就是无法进入公共记忆的个体记忆,它存活在博物馆的光照之外,存活在电影《苏菲的选择》中的苏菲的记忆中,存活在《辛德勒的名单》中一个个在辛德勒墓前摆放小石子的幸存的犹太人的记忆中,甚至也存活在东史郎的日记里。它们被放逐于宏大历史叙事之外,却真正提供着苦难历史的忠实见证。它们的生存方式正是一种个体性和具体性,并以这种个体性和具体性抗争遗忘与抽象。因此,与这种数字化的历史相抗衡的,正是对历史的具体的记忆。记忆由于其具体性、现场性以及情感性注定了是同抽象相抗争的最好方式,正是记忆的具体性逼迫我们去直面,而只有通过这种直面才可能真正把我们引入历史原初情境,引入大屠杀"现场",才可能产生惊心动魄的切身感,这种切身感会使我们知道大屠杀并不是外在于我们每个人的,它并不是永远逝去了的与当下不发生具体关联的抽象存在,它其实每时每刻都潜伏在我们身边,并随时都有可能重现。而仅仅把大屠杀数字化和抽象化的所谓客观公正的政治与学术倾向则可能使大屠杀成为逃逸与远离我们的切身性的一种轻飘飘的存在,并使一次次惨绝人寰的反人类反人性的暴行最终缩减为一个个不带丝毫感情色彩的数字。

在这个意义上,"记忆的暗杀者"不仅仅存在于国家政治中,也存在于诸如教科书的冷漠的历史叙述中,存在于学者的"客观公正"的学术研讨中,存在于抽象的概括和归纳中。而一旦我们暗杀了记忆,我们也就暗杀了历史,暗杀了那些无辜的死难者,暗杀了我们的感情和以感情为真正支撑的良知,而最终我们暗杀的则是生存着的人类自身。

普鲁斯特的"无意的记忆"还有感官性和身体性的特征。比如"小玛德莱娜"点心唤醒的记忆凭借的就是点心和茶混合后的气味和滋味。在其他与"小玛德莱娜"相似的奇迹中,不少细节是声音唤起的记忆,如汤匙碰撞盘子的声音、水管中的流水声,也是打开"我"的记忆之谜的钥匙。这就是记忆的身体性。它暗示给我们的是,人的身体也具有某种生命本体的特征。打在身体上的烙印比其他任何印记都更真切,更深刻(电影《红樱桃》之所以震撼人心，就是因为德国纳粹文在中国女孩后背上的那只象征纳粹的鹰的图案，看上去触目惊心，女主角的战争创伤不仅是遗留在心灵上和记忆中，而且更真切地烙印在身体上，永远无法摆脱。当然，女权主义者则可能会说文身镜头满足的是所有男人的暴虐本能和窥视癖）。而且，身体的记忆从不会欺骗我们。这一点在吸毒者身上体现得最明显。我本人虽然没有吸毒的体验，但我吸过烟。那些长期吸烟又想戒烟的人肯定会体验到这一点。我有一个学生说他上网也像吸毒一样上了瘾。他与网友相约每天晚上十点上网聊天，结果每天从九点开始就坐立不安，九点五十则开始浑身发抖。最终上网完全成了身体的渴望。

《追忆似水年华》开头部分有一段就是关于记忆的身体性的最重要的一个细节：

> 当我醒来的时候，我的思想拼命地活动，徒劳地企图弄清楚我睡在什么地方，那时沉沉的黑暗中，岁月、地域，以及一切、一切，都会在我的周围旋转起来。我的身子麻木得无法动弹，只能根据疲劳的情状来确定四肢的位置，从而推算出墙的方位，家具的地点，进一步了解房屋的结构，说出这皮囊安息处的名称。

这时，"身体的记忆"的字眼儿出现了：

> 身体的记忆，两肋、膝盖和肩膀的记忆，走马灯似的在我的眼前呈现出一连串我曾经居住过的房间……我的思想往往在时间和形式的门槛前犹豫，还没有来得及根据各种情况

核实某房的特征，我的身体却抢先回忆起每个房里的床是什么样式的，门是在哪个方向，窗户的采光情况如何……我的身躯，以及我赖以侧卧的那半边身子，忠实地保存了我的思想所不应忘怀的那一段往事。

这种身体性的观念是法国现象学家梅洛－庞蒂的哲学中最重要的观念之一。梅洛－庞蒂把"身体性"看成人的存在的一种本体。如果说存在主义谈"人的存在先于本质"，这种"存在"还有一种抽象性的话，那么梅洛－庞蒂的"身体性"观点实际上是为人的存在找到了更深厚、更具体的物质基础，即身体的本体性。有意思的是，梅洛－庞蒂论证身体性与记忆的关系时，引用的例证正是上面的普鲁斯特《追忆似水年华》中"我"在黑暗中醒来的这个细节。梅洛－庞蒂认为：身体在记忆中的作用是不容忽视的，身体的记忆是我们和时间交流的一种手段。因为只有身体才能更具体真切地记录我们关于过去的种种印记。我们的思想可能会欺骗我们，情感则更是常常欺骗我们，但身体则是我们最忠实的伙伴。身体本身是会表达也在表达和说话的，所以梅洛－庞蒂的这篇文章题目就叫"作为表达和说话的身体"，是他的《知觉现象学》的第六章。[1]

如果说梅洛－庞蒂从现象学和思辨的角度谈身体性，是自觉的哲学思考，那么普鲁斯特则是凭直觉体验来传达记忆的感官性和身体性。普鲁斯特的价值不仅是为梅洛－庞蒂的哲学提供了一个具体例证，而在本质上，普鲁斯特基于艺术家的直觉体验，是在更根本的意义上揭示了记忆的深层机制和记忆的诗学特征。

---

[1] 也收入梅洛－庞蒂：《眼与心》，北京：中国社会科学出版社，1992。

3. 断片的美学

有一本奇特的书,是美国哈佛研究中国古典文学的汉学家斯蒂芬·欧文(中文名字叫宇文所安)写的,书名叫《追忆——中国古典文学中的往事再现》,研究的是中国古典作家是如何追溯和再现往事的。每一个古代作家都面临着比他的时代更古老的文学传统和文化传统,所以,如何处理往事,处理文化记忆,就成为古典文学中最重要的一个主题。因此,这本书也可以看作探讨中国古代作家集体性的"回忆"的一本书。这是我放在手头边经常会翻一翻的一本书。书中一个核心的论点认为中国古典文学最为独特的属性之一就是断片形态。比如杜牧"折戟沉沙铁未销"就是一个最好的例证,杜牧是从历史遗留的断片去把握往事的。孔子的《论语》也是断片式的著作,它是后人和学生根据回忆对孔子言语的断片的记录。《论语》储藏的都是断片,而恰恰是断片本身更能触发人们的联想力和艺术感受力。

> 斯蒂芬·欧文更喜欢中国人称他宇文所安。这是我所钦佩的汉学家。他的著作的最新的中译可见《他山的石头记——宇文所安自选集》(江苏人民出版社,2003)。

每当我们读到《论语》时,我们就会想到,孔子在他的一生中还谈起过许多别的有价值的事,他智慧的别的断片现在已经丢失了。更重要的是我们会想到,我们现在读到的,也不是孔子就这件事所能说的全部的话,他本来有可能对这件事再说上许多,已经说出的这些话只不过是根据情况随感而发的,导致他说这些话的智慧远远超出于这段具体的言辞。这种类型的言简意赅的言辞,是一种标志,表明它们是不完整的,它们的寓意比它们自身更为深刻。由于这些言辞是片断不全的，我们的注意力就被引向那个已经一去不复返的生活世界……作品本身是不完整的；只有在我们面向那些失落的同外部的关系时——同作者、环境和时代的关系，它才变得完满了。[1]

中国古代诗人对往事的再现，总体上的特征正是不完整的、残缺的，它形成的是一种斯蒂芬·欧文所谓的"断片的美学"。中国古典诗歌对往事的复现只能以断片形式，以典故形式，以个别的意象形式表现，这可能与中国缺少叙事性的史诗有关。格律诗形式短小整齐，与断片的美学有一种同构关系。因此，我们可能得出结论：古典诗歌中的断片的美学是由两个因素决定的，一是格律诗短小精悍的抒情方式，二是对往事复现的记忆本身的断片形式，或者像斯蒂芬·欧文说的那样：记忆本身就是来自过去的断裂的碎片。

> "断片的美学"是一种令我着迷的美学形态。它对于研究碎片化的记忆形式也是有效的。

斯蒂芬·欧文认为，中国古典文学中这种断片形态与西方文学传统是不同的，甚至是相异质的。西方文学更强调文本内部整一性。比如《圣经》可以看作西方传统的原型书（Bible 的原意就是指"书"），在西方文学思想的传统中，无论是外在的方面还是内在的方面，它都被用作写作的典范。它是有形的、可以随身携带的万物之道，相当于上帝心目中的生活世界。《圣经》有完整的时间结构，它以'起初'作为《创世纪》第一章的第一句，以日子将要到头时的《启示录》来结尾。没有忽略任何真正有意义的东西：这是

---

[1] 斯蒂芬·欧文：《追忆——中国古典文学中的往事再现》，83 页，上海古籍出版社，1990。

一篇内部完整的文字"[1]。一般认为西方文明有两个源头,一是《圣经》代表的希伯来基督教文明,一是古希腊亚里士多德代表的理性文明。两种文明差异很大,但在强调内部整一性上斯蒂芬·欧文认为是同一的,一致的。"《圣经》的自身完整同亚里士多德派强调内部整一性和必然性的主张融合在一起,形成了西方文学和西方文学思想中占主导地位的观念。对什么是完整和什么是内部整一性的解释发生过变化,但是占主导地位的仍然是这种观念。"整一性是西方文学一度支撑总体观念形态以及文本结构的东西。

从这个角度看《追忆似水年华》,我们可以感受到一种内在的悖谬性、复杂性。一方面,以回忆作为结构方式,普鲁斯特的《追忆似水年华》也呈现出了它的断片的美学特征。如记忆的无序性,联想的弥漫性,细节的杂陈,都有断片特征。这种断片美学在根本上是由普鲁斯特选择的"无意的记忆"的方式决定的。"无意的记忆"是什么?只能是断片化的细节和场景。《追忆似水年华》中有相当分量的细节正是断片化的细节。在这里,小说细节的意义和价值与巴尔扎克时代比较起来就有了深刻变化。巴尔扎克是利用细部和细节复制现实生活场景,是服务于真实再现社会生活的全景式景观的构想。而普鲁斯特的细节则是一种向回忆沉溺的方式。我们沉湎于往事的时候,长久占据脑海的,往往正是细部回忆,而且大多是与其他细部连续不上的断片式的细部。我们无法在回忆中把这些细部连缀成有时间顺序和因果关系的整体。普鲁斯特小说中的细节相当大的分量是这种断片式的。但《追忆似水年华》倘若只有这种

---

[1] 斯蒂芬·欧文:《追忆——中国古典文学中的往事再现》,81页,上海古籍出版社,1990。

无意的记忆的断片细节，那就简单了，纯粹了。而事实上，《追忆似水年华》的复杂性在于它还同时在讲故事。它不仅有"无意的记忆"，也有"有意的记忆"。这就是《追忆似水年华》记忆的双重性、复杂性和悖谬性。

4. 两种记忆及其悖论

《追忆似水年华》第一卷是"在斯万家那边"，这一卷的第一部分题目是"贡布雷"。这个叫贡布雷的外省小镇是"我"童年过暑假的世外桃源般的地方。有两条大路由贡布雷开始向相反的两个方向延伸。一条路通向富有的犹太证券经纪人斯万家，所以小说第一卷也叫"在斯万家那边"；另一条路通向法国最高贵显赫的盖尔芒特家的别墅。小说第三卷就叫"在盖尔芒特家那边"。由盖尔芒特家继续走，就通往巴黎，通向上流社会的交际场和沙龙。贡布雷小镇连同两条路联结的两个"那边"，就构成了"我"生活的外部空间。两个"那边"首先是"我"周日散步的路，然后又构成"我"个人生活的两个方面，并把读者引向法国上流社会和个人情感的复杂领域。两条路也带来了故事性，在回忆的时间流程外引入了空间，同时赋予了小说以情节结构。[1] 纳博科夫在《文学讲稿》中说："阅读普鲁斯特的著作对于一个粗浅的读者来说——此话说来有些矛盾，因为一个粗浅的读者在读这部著作时会感到乏味，会哈欠连天，以致根本无法把它读完——让我们姑且这样说吧，对于一个缺乏经验的读者来说，似乎书中叙述者所最感兴

"路"在小说中的功能往往体现为叙事性，它是空间化的。当然，它往往也是一种象征符码。

---

[1] 马尔克姆·布雷德伯里:《论普鲁斯特》, "世界文论"（1）《文艺学和新历史主义》, 259—262 页, 北京：社会科学文献出版社, 1993。

趣的事情之一就是几家贵族间的宗族关系或者联姻……那些就事论事的读者似乎还会下结论说,这部小说中的主要事件就是由一连串的聚会组成的。比如说吧,书中写一次晚餐就用去了一百五十页的篇幅,写一次晚会就占去了半卷书的长度。"[1]这种就事论事的阅读是一种只看到故事的阅读方式,而纳博科夫认为绝不能从读故事的角度去读《追忆似水年华》,而必须看成是普鲁斯特的幻想,看成是对往日的召唤,而不是对往日的描绘。纳博科夫当然是正确的,但是,另一方面,《追忆似水年华》同时毕竟也在讲故事。更全面的概括必须包容两个方面:《追忆似水年华》一方面是一个社会时代外在的编年史,另一方面同时也是一部内心意识的记录,是一部关于回忆的小说。这就是《追忆似水年华》的双重性。所以有论者说,《追忆似水年华》造就两类读者,一类强调社会力度、巴尔扎克;一类强调意识流。英国学者马尔克姆·布雷德伯里在《论普鲁斯特》一文中说,应从内外两个方面理解《追忆似水年华》,向内,是深层的心理叙述和对无意识的寻求;向外,则是贡布雷两条路展开的社会生活和个人情感的领域。内与外构成了小说的双重性。

这种双重性决定了回忆的诗学也必须涵容两种记忆方式,即无意的记忆和有意的记忆。有意的记忆就是作者对故事框架的建构,对人物形象的着意塑造,对情节的有意识的逻辑安排。这种情节性、故事性显然必须依赖于自觉的回忆,依赖有意的记忆,它是无意的记忆无法企及的。因此,《追忆似水年华》中不可能仅仅有断片式的细节、场景,也有小说家精心回忆中营构的细节,这些细节之间有某种内在逻辑性,所以在总体上我们可以把握到某种连续性

---

[1] 纳博科夫:《文学讲稿》,285页,北京:三联书店,1991。

的故事情节的存在。在这个意义上，普鲁斯特的"回忆"的双重性是符合于心理学家从科学意义上得出的结论的。商务印书馆"我知道什么"小丛书中收了一本《记忆》，书中把回忆机制分为两类：表象和图式。表象和再现联系在一起，再现就是回忆活动依赖表象保持过去的零碎的材料，即断片；图式则和重建联系在一起。回忆不仅是单纯地把往事再现出来，回忆也是重建，它本身就是一种图式活动，通过演绎和推理完成对过去事件的重建。回忆这两方面的功能在普鲁斯特这里都体现了出来，即无意的回忆和有意的回忆的双重性。而在本质上，可以说，并没有一个完好如初的过去，一个纯然的过去等待我们去寻找，去唤醒，去复现。我们的回忆本身，就有重建过去的性质，从根本上说，回忆总是立足于现在的需要才产生的，所以，即使是"无意的记忆"，也是由现在触发的；过去被唤醒的同时已经隐含了"当下"的向度。回忆必然是现在的感觉和过去的感觉的迭合，其中永远隐藏着某种"回溯性差异"，即在回忆中永远有两种向度的矛盾，一种向度是过去的、当时的判断尺度，另一种则是以当下的判断尺度作为参照背景。所以，我们回顾历史，总有历史向我们走来的感觉，好像一切历史都是为了我们今天而发生的，我们的现在才是真正的出发点和归宿地，制约着对过去的回溯和总结。这也正是历史决定论连绵不绝的深厚的心理基础。也正因如此，在《追忆似水年华》中我们总是能感觉到有两个"我"在交流与辩难的声音，一个是往事中的当时的"我"，一个是现在的当下的"我"。回忆正是两个"我"所进行的回环往复的对话，是当下的"我"对过去的"我"的问询。回忆既是向过去的沉溺，找回过去的自己，更是对现在的"我"的确证和救赎，是建构"此在"的方式，从而使回忆在根本上关涉的并不是过去之"我"，而恰恰是此在之"我"。这便是《追忆》呈示给我们的最重要的启示。两个"我"决定了"回忆的诗学"中最根本的可能性和悖论性。

> 小说中的"我"因此不仅仅关涉着人称与叙述的问题，也最终关涉着主体的建构问题。

所以《追忆似水年华》的悖论性在于：它建立了两套逻辑系统，一种是"无意的记忆"的无序性，另一种则是故事讲述的有逻辑性。前者表现为断片的美学、细节呈现的共时性、记忆的弥漫性；后者则表现为情节摹写的因果性、历时性。同时，小说中另一个次要一点的矛盾则是"在场"和"不在场"的矛盾，就是说，很多细节是"我"无法经历和无法亲身体验的，只能凭别人讲述才能知道，或者是依赖自己的推理才能明白。比如小说中最早的时间是在"我"出生之前，只能凭他人的讲述才能复现。这就显然与回忆的"即时性"相悖，更属于"有意的记忆"。

正是这种矛盾性的存在才能真正展现"回忆"作为一种诗学的复杂性和丰富性，才能说明为什么人类永远摆脱不了"回溯"的诱惑，才能说明为什么回溯性的叙事是人类讲故事的永远的方式，因为回溯正是人的生存方式本身，回溯在追寻到了过去的时间的同时，也就确证了自我的此在，即当下的现存在。它是联结过去与当下的最重要的方式。因此，普鲁斯特最终通过叙述者"我"把人类的回忆的形象浓缩为一身，小说中"我"的形象，也可以说是普鲁斯特本人的形象，最终留给我们的正是回忆的形象，这个形象本身比回忆中的故事更生动鲜明。这是一个静夜失眠者的形象，小说叙事者站在生命和记忆的终端首先想起的正是自己的这个失眠者形象。一次伟大的回忆便由此展开。巴什拉在《烛之火》中把这个形象称作"伟大的孤独熬夜人"，他靠沉思和遐想保持着自己的内在统一性。这种统一性只有在回忆中才能真正获得。

记忆的神话

昆德拉把普鲁斯特的出现看成是一个文学时代的终结，他说："普鲁斯特以后情况的变化毋宁说使我们充满了怀旧的伤感。一种博大的美随着普鲁斯特离我们渐渐远去，而且永不复回。"那么，什么是昆德拉所谓"博大的美"呢？可能是《追忆似水年华》心灵史诗一般的鸿篇巨制，可能是以回忆方式精心构筑的美学大厦本身，也可能是指普鲁斯特以回忆的方式探讨了人类内在心理时间的统一性。而在探讨了内在心理时间统一性的同时，也就建构了自我的内在统一性。

《追忆似水年华》的主题句可以概括为"自我凭借回忆的方式追寻失去的时间"，"回忆"在普鲁斯特这里最终升华为把握过去的方式，建构此在的方式，也就成为确证自我的方式，或者说是主体获得拯救的方式。在这个意义上，《追忆似水年华》最终探讨的是人的主体存在的内在性和整一性能否存在或如何存在的问题。普鲁斯特给出的答案是确定的。他认为，人们的真正生活，惟一被体验的生活，一种具有内在性和整一性的生活是过去时间中的生活，而回忆作为心理机制和艺术方式的结合，是能够复现这种生活的。普鲁斯特确信，他在"无意的记忆"中把握住了或者说寻找回了某一段过去的时间，这寻找到的过去的时间就是普鲁斯特理想中的幸福的乐园。因此，普鲁斯特是在过去这面重现的镜子中获得了自我确证的镜像，他是生活在过去时中的人。在时间的三个向度中，普鲁斯特迷恋的是过去的维度，这和卡夫卡小说中潜在的时间意识形成了对比。有学者称卡夫卡的时针是静止不动的，他笔下的人

> 普鲁斯特告诉我们，每个人其实都是自己的过去以及记忆的囚徒。过去就是一个无形的囚笼，但它与有形的囚笼的区别在于，它使人自愿地沉湎其中，却又似乎无所伤害，因此人们很少对它警惕。而在所有的美学中，记忆的美学无疑是最具蛊惑性的。

物没有过去，只生活在烦躁不安的现时的时间中，而普鲁斯特的时针则是倒退着，回到过去，在过去的时间中寻找到了幸福，并确证了自我。[1]

但是，靠"无意的记忆"真能寻找到失去的时间吗？真的能够确证自我的存在吗？显然这只是在想象方式中找回了过去的时间，而对自我的确证也只是一种想象式的确证。任何人在回忆中捕捉到的过去都只是心理的幻象，而小说家写在小说中，则成为文学的幻象。这说明建构了一座回忆的大厦的《追忆似水年华》在本质上是一个幻象文本。过去的时间实际上是无法找回的，柏格森发明的心理时间的概念实际上关涉的不是时间问题，而是心理和意识问题。正像博尔赫斯所说的那样："时间问题就是连续不断地失去时间，从不停止。"所谓人没有可能两次涉足同一条时间之河，也正是这个意思。但是，人的无奈之处在于，作为个体的人，其"存在"的本性是飘移的，难以界定的。我们的此在其实一无所有，只能凭借过去的经验、阅历、回忆这些既往的东西确定，此在的我拥有的现在时间只能是永远在流逝的瞬间，因此，只有过去的失去的时间才成为我们惟一感到切实的东西。但失去的时间却是虚幻的最大的根源，就是说，我们用来支撑自己的东西原来竟是已经失去了的永不复返的东西。《追忆似水年华》对自我追寻的悖论和困境正在于此。普鲁斯特以为自己捕捉住了记忆，把握住了已逝的时间，其实不过是自我欺瞒的心理幻象。

如果普鲁斯特当真以为他能确切地追寻到过去的时间，他就会成为一个浪漫主义者、乐观主义者，而与20世纪现代主义精神相异

---

[1] 参见：波里策《〈弗兰茨·卡夫卡〉一书的导言》，《论卡夫卡》，634页。

质。普鲁斯特毕竟是 20 世纪小说家，他禀赋的现代主义精神在于，他其实很清楚自己所追寻的东西的幻象性以及记忆的大厦的乌托邦属性。同时他也很清楚时间是一个古希腊的双面神，即，时间既可以留下记忆，又可以无情地剥蚀记忆，甚至摧毁记忆。这就是与记忆同等重要的另一个主题：遗忘。莫洛亚在《追忆似水年华》序中说：

> 我们周围的一切都处于永恒的流逝、销蚀过程之中，普鲁斯特正是无日不为这个想法困扰。这种流逝与销蚀的一面就是时间的另外一个面孔，而且是更有力量的一面，正像人的死亡是不可抗拒的力量一样。遗忘的范畴也就是死亡的范畴。

莫洛亚下面的话更精彩：

> 人类毕生都在与时间抗争。他们本想执着地眷恋一个爱人，一位友人，某些信念；遗忘从冥冥之中慢慢升起，淹没他们最美丽、最宝贵的记忆。总有一天，那个原来爱过，痛苦过，参与过一场革命的人，什么也不会留下。

莫洛亚说出了普鲁斯特试图表达的更潜在的含义，即寻找失去的时间其实是与时间本身以及与遗忘相抗衡的方式。如果说"遗忘"的主题在普鲁斯特这里尚是潜在的主题，那么到了昆德拉那里则成为最显明的主题之一。譬如《笑忘录》就是探讨遗忘主题的小说。而昆德拉关于遗忘与回忆的命题与普鲁斯特恰恰相反。普鲁斯特把回忆看成是对遗忘的抗争，而昆德拉则说："回忆不是对遗忘的否定，回

与普鲁斯特相比，昆德拉显然更是悲观主义者。这从他对回忆与遗忘的关系的理解中即可见一斑。昆德拉所说"回忆是遗忘的一种形式"显然是更加深刻的论断。

忆是遗忘的一种形式。"[1]遗忘如同死亡一样，更根本地制约了人的存在的属性。

时间和空间的问题是20世纪现代小说中一个重要问题，但却是很难的问题，我没有能力谈更多，但这同样是《追忆似水年华》的核心问题之一。普鲁斯特在寻找失去的时间的同时，已开始感受到20世纪人类存在的空间性对时间性的剥蚀。他感到只有沉溺在过去时间的记忆中才能确证自我，而现时的空间则是人产生孤独和无助感的直接原因。陈子昂的《登幽州台歌》，"前不见古人，后不见来者，念天地之悠悠，独怆然而涕下"，正代表着空间意识的觉醒，前不见古人，后不见来者，丧失的正是时间向度，眼前只有现时态的广袤的空间，带来的是孤独感和悲怆感。人被空间分割与剥蚀，空间带给人的更多的是放逐感，陌生感。卡夫卡笔下那位没有过去，没有时间性和历史性的主人公K恰恰象征了这种放逐感，陌生感，在异乡的空间找不到归宿和自我，最后孤独死去。空间化可以说是当代人的真正视界，尤其在所谓的后现代，人们越来越没有时间去回忆，去思索，每天在电视机前和因特网上面对广告和新闻，看体育比赛的现场直播，甚至可以与正在发生的重大历史事件保持同步接触，通过凤凰台即时看到飞机撞向世贸大厦，感受到的正是人类空间的共时性在压迫自己。按杰姆逊的话，这是一个没有时间深度的时代。杰姆逊在《关于后现代主义》的对话录中指出：现代主义的一种专用语言是以普鲁斯特和托马斯·曼为代表的，就是时间性描述语言，在这种语言背后，有一种柏格森的"深度时间"概念。但这种深度时间体验与我们当

我在校对这部讲稿的过程中，整天伴随我的，正是电视上对美国攻打伊拉克的连续直播。

---

[1] 昆德拉:《被背叛的遗嘱》，117页，牛津大学出版社，上海人民出版社，1995。

代的体验毫不相关,我们当代是一种永恒的"空间性现时"[1]。就是说,时间成为永远的现在时,因此是空间性的。为什么我会经常感到烦躁?以前以为是情绪问题,现在才知道是生存方式空间性的原因。当代人焦虑、不安的深层原因或许正在这里:时间的纵深感没有了,心理的归趋和稳定感也就没有了。这就是我们与普鲁斯特时代的区别。普鲁斯特时代尚能营造关于过去时间统一性的幻觉,而今天的我们可能连关于时间的幻觉也无法企及。这就是我们探索时间和回忆问题背后的文化寓意。

普鲁斯特最终启示我们的是:记忆可能是现代人的最后一束稻草。正像一位叫梭拉的法国学者说的那样:普鲁斯特表达的是人类的最低限度的希望。这句话的意思是,人类尽管可能一无所有,但至少还拥有记忆,在记忆中尚能维持自己的自足性和统一性的幻觉;而低于普鲁斯特表达的这种限度的希望是不存在的,就是说,普鲁斯特为现代人守望的其实是最低最后的希望,是最后一束稻草。梭拉然后对比的是卡夫卡:但是卡夫卡却往下走得更远,远了许多[2],也只有一个人才能做到这一点,那就是被称为圣徒的卡夫卡。卡夫卡笔下的人物是放逐了记忆的。而对普通人而言,记忆是最后的希望和归宿。昆德拉曾说他一直被福克纳的小说《野棕榈》的结尾感动。女人因流产失败而死去,男人仍在监狱,被判刑十年;有人给他的囚室里带来一粒白药片,毒药;但是他很快打消了自杀的念头,因为惟一能延长他所爱女人的生命的办法便是把她保留在记忆中。

---

[1] 杰姆逊:《关于后现代主义》,"世界文论"(2)《后现代主义》,132页,北京:社会科学文献出版社,1993。
[2] 梭拉:《论〈城堡〉》,《论卡夫卡》,47页。

"……她不在了,一半的记忆也已经不在;如果我不在了,那么所有的记忆也将不在了。是的,他想,在悲伤与虚无之间我选择悲伤。"

以后,在写《笑忘录》的时候,我投入了塔米娜这个人物中,她失去了丈夫,绝望地试图重新找回和收集散落的记忆,为的是重新建立起一个已消失的存在,一个已结束的过去;这时我开始懂得,在回忆中,人们不会重新找到死人的所在;回忆只是他不在的确认;在回忆中,死人只是一个变得苍白、远去、不可及的过去。[1]

基什洛夫斯基的电影《红》《白》《蓝》三部曲中的《蓝》,处理的就是与《笑忘录》类似的主题。

最终昆德拉仍消解了普鲁斯特所建构的人类最后一个神话,即关于记忆的神话。昆德拉所谓"一种博大的美随着普鲁斯特离我们渐渐远去",这种"博大的美"可能指的正是人类的最后一个神话所蕴含的美感。

---

[1] 昆德拉:《被背叛的遗嘱》,259页,牛津大学出版社,上海大学出版社,1995。

第三讲　20世纪的"圣经"：
《尤利西斯》与乔伊斯

"只能被重读的小说"

在20世纪小说史上，像《尤利西斯》这样经过了大悲大喜命运的小说是不多的。（也许只有劳伦斯的《查特莱夫人的情人》可以媲美？）《尤利西斯》1918年开始在美国一家杂志上连载，1920年登到第四章时美国邮局就称"有伤风化"，杂志没收当众烧毁。这一年乔伊斯还被法庭传讯，被罚了50美元，就像当年波德莱尔的《恶之花》也被法庭罚款一样。1922年《尤利西斯》英文初版本在法国得以出版，然而在英美一直是被看成淫秽的禁书，直到1933年才准许发行。但是此后，《尤利西斯》就成为20世纪小说史上最重要的小说之一。文学史家和评论家给它下了无数个结论，有的评价已经到了无以复加的地步，"20世纪最伟大的英语文学著作"，"一部结束了所有小说的小说"，等等。大心理学家荣格就认为《尤利西斯》是"白色人种迫切需要一读的《圣经》"[1]。福克纳也说："我那个时代有两位大作家，就是曼和乔伊斯。看乔伊斯的《尤利西斯》，应当像识字不多的浸礼会传教士看《圣经》中的《旧约》一样，要心怀一片至诚。"[2] 有类似的说法的还有英国作家高尔

---

[1] 参见威廉·巴雷特：《非理性的人》，61页，上海译文出版社，1992。
[2] 李文俊编选：《福克纳评论集》，267页，北京：中国社会科学出版社，1980。

斯华绥，他在1925年说"乔伊斯取代了上帝"。这都是一些很高的赞誉。当然，持保留态度的研究者也大有人在，如《现代主义代表作100种提要》的作者康诺利就认为拿《追忆似水年华》的标准看，《尤利西斯》并不能算一部伟大的小说，他甚至认为整部小说的设想是失败的。但无论是赞美者还是持保留态度的研究者，都公认《尤利西斯》是20世纪最晦涩难懂的小说。如英国作家曼斯菲尔德就说它"晦涩难懂到可怕的程度"。二战期间，英国一个警惕性颇高的邮电检查人员甚至误认为《尤利西斯》是一部密码，根本看不出它是一部小说。

可以说，《尤利西斯》开创了一个少有的先例，就是不靠注释是无法读懂的。萧乾的译本共1260页，其中注释和序言的解释部分就占了393页左右，近全书的三分之一篇幅。所以评论家们认为对《尤利西斯》进行的讨论和诠释，要远远多于对它的阅读。《尤利西斯》可以说是为博士学位获得者写的书，不知有多少人凭这部书戴上了博士帽。这种晦涩难懂是乔伊斯刻意追求的。萧乾在中译本序言中介绍，乔伊斯自己曾说，"我在《尤利西斯》里设置了那么多迷津，它将迫使几个世纪的教授学者们来争论我的原意"，"这就是确保不朽的惟一途径"。比《尤利西斯》更晦涩的书是《芬尼根们的苏醒》（1939，也翻译成《芬尼根守灵夜》），写了17年，乔伊斯说："这本书至少可以使评论家忙上三百年。"这种小说如果没有注释，即使是研究者也很难读懂。萧乾40年代在英国专门研究意识流小说，研究伍尔夫，而乔伊斯是无法绕过的。萧乾译本序中提到当年最初读《尤利西斯》时，经常抓耳挠腮，在书的扉页上写下了"天书"两个字。荣格把《尤利西斯》看成《圣经》，他自己称花了三年才读通《尤利

萧乾1939年刚到剑桥就买了两卷本的《尤利西斯》，并写下"天书，弟子萧乾虔读"，"可以看出当时我对乔伊斯是多么顶礼膜拜！从'天书'二字也可知对我来说，它有多么深奥"（《尤利西斯》上卷，5页，译林出版社，1994）。

西斯》，恐怕读通《圣经》也用不上三年。

《尤利西斯》晦涩难懂的原因到底在哪里呢？一是文体。《尤利西斯》具有最具实验性的多重文体和十几种文字；二是意识流的风格和技巧，这两点后面专门讲。首先我们简单介绍乔伊斯在具体写作中是怎样故意设置障碍和迷津的。萧乾在序中举了一个很能说明问题的极端例子。小说第三章，主人公之一斯蒂芬有一段意识流："抚摩我，温柔的眼睛。温柔的、温柔的、温柔的手。我在这儿很寂寞。啊，抚摩我，现在马上就摸。大家都晓得的那个字眼儿是什么来着？"但是"大家都晓得的那个字眼儿"到底是什么，作者在这里并没有点明，绝大多数读者读到这儿肯定都会感到如堕五里雾中。细心的读者读到第九章才读到回音："爱——是的，那是大家都晓得的字眼儿。"但奇怪的是，人民文学出版社出版的金隄的译本《尤利西斯》的第九章中却没有这一段呼应。两个版本都是根据1922年初版本翻译的，为什么萧乾译本中会有呼应？原来第九章中的呼应是萧乾根据海德出版社1989年版补译了五行，第三章中的问题才有了回音。而这五行是1984年前所有版本都没有的，所以一度成了谜团，大家提出各种解释，谁也不服谁，最后还是在乔伊斯的手稿中找到了答案。这种阅读障碍显然是乔伊斯故意设置的。

《尤利西斯》晦涩难读在写作上的具体原因更主要的是无穷的典故。他在小说中大量运用经典文学作品中的典故，大量套用经典作品中的句子，随便举几个例子。第二章中有一句"黑暗在光中照耀，而光却不能理解它"，这句话套用的是《圣经》，但把《圣经》中的原话颠倒了过来。《约翰福音》中的原话是"光在黑暗中照耀，而黑暗却不能理解它"。又如第二章有一句："假若年轻人有经验，然而莎士比亚怎么说来着？只要把银钱放在你的钱袋里。"从萧乾的注释中才能知道后一句是《奥赛罗》中坏人伊阿古的一句台词。前一句"假若年轻人有经验"则是一个意大利谚语的前一半,被省略的后一半是"而老人有精力,则世上无难事"。这个例子中后一句作者毕竟还点明了是莎士比亚的话,更多的引用是不点明出处的。即使是欧美的处于同一文化共同体的学者,想搞清典故的出处也是十分费力的,一般读者更不用说了。所以乔学的书籍中有两本对于一般读者最重要:一是《尤利西斯中的典故》,一是《尤利西斯注释》,有9000条,这9000条注释是半个世纪以来无数乔学家日积月累的结果。我们可以设想,《尤利西斯》当年刚问世时最初的读者是最值得同情的读者,他们在没有注释的情况下想要读懂,只有一遍一遍地重读。在这个意义上,美国学者弗兰克认为:"乔伊斯是不能被读的——他只能够被重读。"[1]这也正是许多现代主义小说的共同特征。有记者采访福克纳,问:"有人说,他们看不懂您的作品,看了两三遍还是不懂。您说,他们该怎么看好呢?"福克纳回答:"看四遍。"[2]福克纳虽然是开了一个很机智的玩笑,但他的回答其实也说明了现代小说的一个重要特征,即只能被重读。正是根据这一特征,罗兰·巴尔特发明了两个概念:"可写文本"和"可读文本"。巴尔特说,"可写文本"是我要花费很大力气去阅读的文本,是要一遍遍重读的文本,可以供读者进行丰富发掘,它是多重性的,只有在一遍遍阅读中,才能逐渐展现深意。而"可读文本"相反,不需要一遍一遍重复阅读,而在某种意义上呈现出固定状态,是确定性的,不需要多重阐释的,这就是可读文本,死去

---

[1] 弗兰克等著:《现代小说的空间形式》译序,北京大学出版社,1991。
[2] 王宁主编:《诺贝尔文学奖获奖作家谈创作》,182页,北京大学出版社,1987。

的文本，古典的文本。这种文本的界定概念的变化，标志了20世纪文学的深刻变化，意味着古典时代单一的不变的社会现实被打破了，单一的有确定性观念和内涵的文本也被打破了。现代文本的复杂化、多重阐释性是与时代一致的。这一点同时在卡夫卡、福克纳、乔伊斯、昆德拉等小说家身上得到印证。所以巴尔特说："我们今天已经无法产生现实主义时代的文学。"因为现实主义文学观倾向于认为有一种单一的现实、本质和真相在那里存在着，小说家和文学可以去如实反映这种本质和真相。因此，《尤利西斯》的晦涩难懂表面上看是作者设置了阅读的障碍，加大了阅读的难度的问题，是阅读本身的问题，而在实质上则是时代复杂化的反映。这就是现代主义小说的一大共性。

"可写文本"其实是为研究者和专业大学生写的书，一般的读者有权力不喜欢，甚至不去读。但是一个研究者和学者，或者大作家想说不喜欢，"说不"，就要很犹豫，生怕别人说他没品味，跟不上文学时代潮流。比如作家马原曾举过一个例子：纪德一开始曾拒绝发表普鲁斯特的《追忆似水年华》的某些章节。那时他是法国文坛最大的泰斗。但后来《追忆似水年华》风靡世界，纪德"竟也屈从时代的潮流向他不喜欢也不甚理解的普鲁斯特和他的几乎无人能从头至尾读完的小说《追忆似水年华》表示歉意"。马原追问：

（纪德）最初的判断错了吗？这一点也许至今还有争论，然而他退让了，他是个伟大的小说家，但是他向时代低头了。再一个例子是影响了20世纪也必将影响以后许多世纪的海明威，他写了最令读者亲切的作品，却也在很多场合不遗余力地夸赞最叫读者头疼的乔伊斯，他真的喜欢真的钦佩那个写了《芬尼根守灵夜》的作者吗？在读了海明威绝大多数作品后我表示怀疑。

一些相对不那么伟大的作家，也相对少一点顾忌，比如毛姆，比如格林，比如辛格。他们一生遵循伟大的古典小说传统，有时毫不容情地讽刺那些已有定评的现代派小说大师们。然而除了在文学史教科书上他们吃了一点亏，他们并没有被读者和历史抛弃，现在世界上有无数人在读他们，他们恪守了小说中最基本的恒定不变的规则。他们因此成了不会过时的小说家。[1]

> 一个作家对另一个的欣赏往往是不可理喻的。马原的说法显然有绝对化之嫌。

而顾忌最少的是马原本人，他称20世纪"小说变成了一种叫人云里雾里的东西，玄深莫测，不知所以，一批创造了这种文字的人成了小说大师，被整个世界的小说家尊为圣贤。乔伊斯，普鲁斯特，伍尔夫，乌纳穆诺，莫名其妙"。我举这个例子是想说明20世纪小说观的多元化和复杂性。最好是兼收并蓄。我白天讲《尤利西斯》，晚上重读《天龙八部》，感觉一样挺好。

> 马原号称20世纪80年代中国先锋小说家的先驱，但他对这些更老一辈的现代主义先驱们却不屑一顾，诚可谓"小说家言"。

《尤利西斯》的情节结构

《尤利西斯》主要有三个人物：斯蒂芬——大学刚毕业的历史教师，诗人；布卢姆——中年犹太人，职业是广告推销员。第三个人物是布卢姆的妻子摩莉，一个被纳博科夫称为有点庸俗的歌

---

[1] 马原：《小说》，《文学自由谈》，1989年第1期。

唱家。整个小说写的就是这三个人物在爱尔兰首都都柏林1904年6月16日这一天从早晨8点到后半夜2点40多分近十九个小时的经历和心理活动。小说中对这一天的选择带有极大的随意性和偶然性,就是说,这一天放在别的任何一天对小说没有什么大的影响。为什么乔伊斯选了1904年6月16日呢?据说是因为在这一天乔伊斯与他未来的妻子诺拉相识,是定情的纪念日。在乔伊斯看来这一天就是最重要的日子。后来《尤利西斯》的爱好者们就把6月16日这一天称为"布卢姆日",成为大家聚会庆祝的节日,就像耶稣诞生一样。这并不只是一种类比,前些天电视报道朝鲜就把金日成诞生那一年定为新的年代纪元(叫主体纪年)的元年。

《尤利西斯》在结构上分为三个部分,共十八章。第一部分是第一到第三章,主要写斯蒂芬的行动和意识。时间从早晨8点开始。早餐后去学校,10点给学生讲历史课,11点到海边漫步遐想。这是前三章,集中写斯蒂芬。第二部分是第四章到第十五章,集中写的人物是布卢姆。时间也是从早晨8点开始,写布卢姆喜欢吃猪下水,出去买了一副猪腰子,回家后给没起床的妻子摩莉端去早餐。接下来写的是布卢姆一天的尤利西斯般的历险过程,主要的历险包括:洗澡(乔伊斯说,在1904年的都柏林,洗澡称得上一件不同寻常的事件。所以斯蒂芬半年多没洗澡了),出席老朋友的葬礼,走访一家报社,商量一项广告业务,去图书馆,在街头溜达,去酒吧,在海边对几个陌生美眉想入非非,去一家医院时遇上了斯蒂芬,最后在半夜游逛夜街时又遇见斯蒂芬与两个英国兵打架,被打昏了,布卢姆救了斯蒂芬。这是第二部分的主要情节,每一章一个主要场景,这些场景几乎涉及了都柏林社会生活的各个侧面:街道、商店、酒吧、旅馆、博物馆、教堂、海滩、医院、妓院等等。这是小说的主体部分。第三部分从第十六章到第十八章。第十六章已是下半夜，写布卢姆和斯蒂芬来到一家通宵咖啡馆，第十七章写布卢姆把斯蒂芬带回自己家中，一边喝可可，一边聊天，然后斯蒂芬离去。这时是后半夜 2 点。第十八章是小说中最有名的一章，通篇是摩莉的意识流，萧乾的译本有 57 页之多，没有一个标点。写的是摩莉半睡半醒状态中回想起了许多和她有关联的男人，包括布卢姆、未见过面的斯蒂芬，还有情夫博伊兰。这个博伊兰一直构成布卢姆的心中阴影，在布卢姆一整天的游历中一直挥之不去，留在心理和潜意识中。

以上大体构成了《尤利西斯》的情节结构，简单地说其实是布卢姆平庸而平常的一天。这一天并没有发生像荷马史诗中"尤利西斯"那样惊天动地漂泊十年的历险事件，小说情节似乎并不十分重要，也并不复杂。这部小说之所以复杂而晦涩，主要的原因在于主人公意识活动的复杂层次，在于《尤利西斯》是一部以意识流为主的小说，它的主题也是以小说人物的精神生活为主题。那么，是不是说《尤利西斯》的情节和结构就不是特别重要呢？或者说，情节结构的意义和作用体现在哪里呢？如果我们只观察情节部分，先不考虑意识流部分，就可以看出，小说情节结构其实是精心构想出来的。首先是小说中的一切细节都发生在都柏林，其次是小说的一切细节和意识都从三个主人公的角度出发，再次是小说中故事发生的时间严格限制在 24 小时之内，准确说是 18 小时 45 分的时间之内。大家肯定已经听明白了，《尤利西斯》情节结构完全符合西方古典戏剧的三一律原则，即地点只发生在一个城市里，人物是三个贯穿性的人物，时间不超过一天。像我们熟悉的曹禺的《雷雨》一样，是典型的三一律原则的产物。这就使《尤利西斯》在故事情节和结构层面表现出了古典主义式的高度的统一性。

> 《雷雨》严格地说并非完全符合三一律原则。它的戏剧场景并非全部限定在周公馆。曹禺这种对三一律的逸出其实是聪明的选择。对三一律的彻底照搬会显得机械和做作。

一部以探索人类意识为主导动机的小说为什么严格坚守三一律原则呢？美国学者汉弗莱在《现代小说的意识流》一书中对这个问题有深入的思考。他认为，经典意识流小说都表现了意识的本质特征，即意识的流动性、无序性，无法井井有条地组织起来，也不受时间、空间限制，是一种自由联想。尤其是潜意识中的朦胧状态的意识，更是必须以一种混乱的状态呈现。一部意识流小说如果遵循意识的这种流动的本性，就只能把人的意识活动写成《尤利西斯》最后一章的模样，即摩莉式的无标点的胡思乱想，没有模式、规则，模糊不清。但是，假如一本意识流小说整本全是摩莉式的意识，没有任何形式和结构限制，那就是令人无法想象的小说，再先锋派现代派的小说家恐怕也不会这样写。这涉及意识流小说的一个很关键的问题，就是怎样为意识流营造总体上的小说形式。因此，汉弗莱指出："对意识流小说家来说，形式的问题就是怎样将秩序加在混乱之上的问题。"[1] 如《尤利西斯》，意识流部分就是混乱的部分，而三一律的情节结构，则是加在混乱之上的秩序和形式。汉弗莱认为，这就是意识流小说家面临的两难局面和巨大挑战：小说家动笔去描述一种混乱的状态，即处于朦胧状态中的人的意识，而同时又必须使自己的描述显得井井有条，因为他毕竟在创造一件艺术品。在这个意义上，忠实于意识活动本性和特征的意识流小说尤其得求助于外部形式，如《尤利西斯》三一律的情节模式。因为意识流本身是反形式的，小说的形式统一性就只能来自于外部的情节结构。从这一点上看，《尤利西斯》的故事情节层面极力坚持统一性

---

[1] 汉弗莱:《现代小说中的意识流》，109 页，长沙：湖南人民出版社，1987。

的三一律原则，对小说起着非常重要的作用。统一性的情节结构一方面使读者整体上理解小说成为可能，另一方面在与统一性的情节结构的对比中，意识的流动的特征和本性就更加突显出来。统一的固定的形式反衬了意识的流动性和无形性。

那么，究竟有没有拒斥了外在形式的意识流小说？不要任何情节、结构，只有意识的无序流动？恐怕也许短篇小说是可能的，但这样的长篇小说大概还没有人写出来。汉弗莱认为，所有的意识流小说家都会面对怎样给他的小说赋予统一性的问题，他们创造了各种方法和模式。《尤利西斯》式的统一性的三一律情节结构模式只是其中一种。如果其他小说家的意识流小说不想如乔伊斯那样用情节结构来获得小说的统一性，他们就必须创造出其他的方法和模式。那么到底有多少种模式呢？汉弗莱举了七种。一、《尤利西斯》式的时间、地点、人物和情节的统一性。二、主导动机（motif）。这是从音乐中借来的术语，尤其是瓦格纳的音乐剧。在音乐中主导动机指的是用来表现某种思想、某个人物或某个场景的，反复出现的乐句或一小段旋律。转化为文学术语，可以解释为与某种思想或主题有关联的，反复出现的形象、象征或意象。这些意象或形象反复出现，就必须引起重视了，它肯定有意味，往往就构成了小说中的主导动机，构成了条理和秩序，从而为小说带来某种统一性。正如《神话的诗学》一书所说：主导动机的运用，是克服生活素材的支离破碎、杂乱无章的一种重要手段。[1] 如《尤利西斯》中最有名的一个例子是斯蒂芬母亲临终前的形象。斯蒂芬无数次想起母亲的形象，每次都带给他忏悔和悲痛。因为母亲临死前要他下跪为母亲

---

[1] 叶·莫·梅列金斯基：《神话的诗学》，349页，商务印书馆，1990。

祈祷，斯蒂芬为了维护自己的精神自由，拒绝为母亲祈祷，母亲遗憾而死。因此临终的母亲这一形象带给斯蒂芬的是永远难以弥合的创伤。母亲临终的形象就成为小说中关于斯蒂芬的一个主导动机，昭示了他的忏悔、内心的煎熬和反抗意识等多重人物心灵特征。《尤利西斯》还有一个有趣的主导动机是关于布卢姆的。即布卢姆随身携带的一块烤熟的土豆（马铃薯）。这不是一般的土豆，它在小说中多次出现，就有了象征意义，它是布卢姆的护身符，布卢姆称它是鼠疫的预防药。在妓院里又告诉妓女说是"可怜的妈妈的遗物"。这当然是开玩笑。布卢姆经常伸手到口袋里去摸，看看这块护身符是不是还在。土豆能给他壮胆，每次摸土豆的时候，就意味着布卢姆将开始一次英勇的行为，汉弗莱在书中说，其实这英勇的行为不过就是去一趟肉食店。下面我们会讲到，《尤利西斯》和荷马史诗《奥德赛》构成了平行对应关系，那么这块土豆对应的是《奥德赛》中的保护神，只不过保护神在20世纪这本现代"圣经"中成了一块土豆而已。美国学者巴雷特在《非理性的人》一书中说：荣格之所以把《尤利西斯》看成《圣经》，正是因为连布卢姆一天当中的每件小东西，都能够在一定的时刻像《圣经》里那样显现出超乎一般经验的重要性。[1] 土豆因此构成了布卢姆的主导动机。这种主导动机的模式在现代小说中是呈现小说主题的一种重要模式。大家都熟悉的昆德拉的《生命中不能承受之轻》并不是意识流小说，但其中对主导动机的运用比比皆是。如托马斯心目中的特丽莎的形象，就是一个顺水漂来的放在草筐里的孩

海明威20年代在巴黎的时候也随身携带这种护身符："为了交好运，你就在右边衣袋里放上一根七叶树枝和一条兔子腿。兔子腿上的毛早已磨掉，骨头和腱也都锃亮了，脚爪勾住你的衣袋衬里，你就知道你的好运还在。"（《海明威回忆录》，67页，浙江文艺出版社，1985）

---

[1] 威廉·巴雷特：《非理性的人》，61页，上海译文出版社，1992。

子的形象。它在小说中多次复现,使特丽莎这一形象牢牢地占据着托马斯的诗性记忆的领域,是上帝一般冷酷的昆德拉在小说中流露出的惟一的温情。三、运用以往已经建立的文学模式。如《尤利西斯》中的第十五章运用的滑稽剧的形式,就是以一种已有的规范化文体为自己的小说带来某种秩序和统一性。这个问题下面讲文体时还会涉及。四、形式上的场景安排。在某种意义上说,《尤利西斯》的叙事所连缀的,与其说是故事情节,不如说是诸多场景。如果说意识流是无序的,那么场景的并置和安排背后,就可能隐含某种规则和秩序。《尤利西斯》正是如此,它在场景安排上的秩序的获得,很大程度上是因为小说每一个场景都与《奥德赛》有潜在的对应,因此《尤利西斯》场景安排背后的统一性是作者刻意赋予的。五、自然循环系统。譬如借鉴季节、海潮等自然规律和节奏带给小说规律性。这一点最突出的例子是伍尔夫 1931 年的小说《海浪》。《海浪》也把小说时间压缩到一天的时间结构里,把一天从日出到日落分割为九个时间片断。每个片断的开头,都先描写太阳位置在一天不同时间中的变化以及不同时间段海浪的不同的起伏景观,然后再引出每个人物的内心独白。因此,小说中写潮涨潮落、日出日落和海浪冲击海滩这种自然循环现象就给小说带来了某种节奏感、统一性和结构形式。季节循环更是如此。这一点在加拿大文学理论家弗莱的理论中占有突出的地位。六、理论循环系统。例如借用音乐结构或历史循环论等理论带给小说总体框架。《生命中不能承受之轻》一开始就思考尼采的"永劫回归"的历史观,即历史是不断轮回、重复和循环的。历史中的一切只有永远轮回,历史才有规律性、必然性。而只发生过一次的事就像没有发生过一样,是偶然的、不可把握的,带给生命的也是一

可参见弗莱的《批评的解剖》(百花文艺出版社,1998)。书中分别论述了"春夏秋冬"的叙述结构。

种轻飘飘的感觉。这就是所谓"不能承受之轻"。所以小说的主题就建立在对"永劫回归"观念的思考上。它不仅是一种理论系统，也是一种小说结构性支柱。音乐结构在《生命中不能承受之轻》中也有体现。这部小说也是打破了情节顺序和线索的典范之作。那么它怎样结构小说？如何使小说获得一种统一性？除了"永劫回归"的理论系统外，它也借鉴了音乐结构，即四重奏结构，小说的四个主要人物可以看成四种乐器：两把小提琴，一把中提琴，一把大提琴。四种乐器代表的四个声部交相呼应，成为结构小说的总体方式。七、象征性结构。伍尔夫的小说《到灯塔去》有浓厚的象征意味，这种象征既表现在"灯塔"的意象本身，也表现在小说中的人物"到灯塔去"的执着的意向之中。整部小说的情节也正是围绕着"到灯塔去"的核心事件发生的，写拉姆齐一家前后十年间两度在苏格兰一海岛上度假，终于在第二次度假期间完成了到灯塔去这一夙愿。"到灯塔去"带给小说的就是一种象征性结构。而《尤利西斯》的象征性结构则是与《奥德赛》的对应。《尤利西斯》最突出的形式特征就是模仿了《奥德赛》结构，从而赋予了小说神话特征，也赋予了小说以象征性秩序和统一性方式。

神话的形式：秩序和反讽

《尤利西斯》在结构上最突出的特征是采用了神话框架，即把布卢姆的故事与荷马史诗《奥德赛》进行类比，从而给小说带来某种内聚力和统一性。奥德赛是古希腊征服特洛伊的英雄，尤利西斯是他的罗马化名。《奥德赛》这部史诗写的就是尤利西斯在特洛伊（今土耳其境内）大战后历经艰险，流亡十年才回到国内，杀死众多情敌，和妻子、儿子团聚的故事。在西方文学中，《奥德赛》最早确立了寻求、浪游、回归的母题，根据这三个母题，《奥德赛》的故事情节可分为三部分：第一部分叙述尤利西斯远征特洛伊之后，很多求婚者纠缠尤利西斯的妻子珀涅罗珀（也译成潘奈罗佩），儿子忒勒马科斯就外出寻找父亲。这一部分与乔伊斯《尤利西斯》的第一部分（前三章）对应，斯蒂芬正是一个寻找精神父亲的追寻者，而布卢姆正是精神父亲的象征。《奥德赛》的第二部分写尤利西斯十年历险漂泊的过程，与乔伊斯的《尤利西斯》第四到第十五章布卢姆的历险相对应。《奥德赛》的第三部分写尤利西斯回归家乡，和儿子一起设计杀死情敌，与妻子团聚。在小说中正巧对应第十六到第十八章，写精神上的父子布卢姆和斯蒂芬在街头相遇，一起回家。因此，可以看出，乔伊斯精心建构了自己的小说与《奥德赛》的平行对应关系，原来他设计的全书十八章都有题目，都分别取自史诗《奥德赛》，三个部分也有题目：忒勒马科斯，尤利西斯的漂泊，回家，这样一来与《奥德赛》的对应就更清楚了。但到了书出版的时候，乔伊斯不知出于何种考虑，把题目都删掉了，只剩下书名《尤利西斯》。恐怕是因为原来的设计太直露了。

　　从上面的分析可以看出，乔伊斯在三个层面模仿了《奥德赛》：一、主题：追寻、漂泊、回归；二、采用了《奥德赛》中的结构，使用了荷马史诗中的形象和象征；三、遵循了《奥德赛》的情节和场景描写，比如第十一章写布卢姆在酒吧中听音乐和歌唱，模仿的就是《奥德赛》中关于赛壬女妖的故事。赛壬是居住在海岛上的女妖，其歌声使任何人都无法抗拒，听到的人都狂奔上海岛，因而送命。尤利西斯预先在耳朵里塞上了蜡，又用绳子把自己捆在桅杆上，才安然脱险。第十一章模仿的就是赛壬女妖的情节和场景。

那么，我们现在面临的更重要的问题是，为什么《尤利西斯》以史诗中的人物做书名？为什么作者模仿了《奥德赛》，借用了一个神话结构？关于这个问题，最经典最重要的解释是 T. S. 艾略特做出的。他在《〈尤利西斯〉：秩序与神话》一文中称《尤利西斯》是现时代所找到的借以表达自身的最重要的作品：

> 在使用神话，构造当代与古代之间的一种连续性并行结构的过程中，乔伊斯先生是在尝试一种新的方法……它是一种控制的方式，一种构造秩序的方式，一种赋予庞大、无效、混乱的景象，即当代历史，以形状和意义的方式。

可以说，这就是《尤利西斯》神话结构的重要作用，既是为小说赋予形式和统一性的方式，又是给当代混乱的历史以"形状和意义的方式"。这种神话化倾向，是 20 世纪现代主义文学中重要的特征。给大家推荐一本上海文艺出版社出版的《神话与文学》一书，里面收集了一系列论述 20 世纪神话主题的文章。20 世纪的重要的现代主义作品《荒原》《芬尼根守灵夜》《到灯塔去》《老人与海》，叶芝的《幻象》，都有鲜明的神话因素和特征，以神话批评去解释这些作品即使不是最佳的方式，至少是有效的方式。正如《神话的诗学》一书所说，神话化的诗艺是 19 世纪以前古典小说结构遭到破坏后赋予小说叙事以新的结构的重要方式。它是在缺乏永恒和不变因素的现代生活中重新找到永恒模式的方式，在 20 世纪，只剩下神话才能超越社会历史的限定和空间时间的限定表达社会宇宙和自然宇宙的某些本质性规

20 世纪当然无法产生原初意义上的神话，因此，这是一种"神话化"的技巧，或者说是一种拟神话。

律。[1]这位苏联学者的观点与T. S.艾略特基本上是一致的,代表了神话批评中乐观主义的方面。

神话批评中还有另一种悲观的论调,认为20世纪在神话模式中找到的统一性不过是一种虚构的产物,是想象之物而已。一个都柏林的下流的广告推销员又怎能提升为一个史诗中的传奇英雄?琐碎、平庸、无聊的现实生活又怎能成为一个神话? T. S.艾略特的观点只看到了事物的表面,《尤利西斯》的现代神话所建构的秩序和统一性并不是生活中固有的本质,只是小说中的想象的虚构的秩序而已。现实生活中并不存在这种秩序。连贯性和整体性只能出现在小说的虚构中。彼德·福克纳在《现代主义》一书中指出:20世纪的文化"已经丧失了一致性和生命力,所以作家才不得不企图以惟一可能的方式——虚构来对文化进行'再统一'"。因此,这位学者认为:

> 《尤利西斯》不是一部神话著作,而是一部小说:不是要用现代的语言来再现奥德赛的神话,即关于航行和回归,甚至是父子相寻的神话,而是从根本上怀疑现代人是否可能具有神话般的幻想。它不是接受神话,而是幽默而绝望地运用神话而已。这不涉及对神话世界的认可,而只是"对它提出疑问"[2]。

也就是说,《尤利西斯》是反神话的,它最终其实告诉读者,现实生活中只有琐碎、平庸、混乱、无意义,只能有忍气吞声不

---

[1] 叶·莫·梅列金斯基:《神话的诗学》,4页,商务印书馆,1990。
[2] 彼得·福克纳:《现代主义》,105页,哈尔滨:北方文艺出版社,1988。

敢找情敌算账的布卢姆，只能有摩莉式的荡妇，只能有萎靡不振的斯蒂芬式的虚无主义者，而不可能真正有大英雄尤利西斯和他忠贞不渝的妻子以及不畏艰险的儿子。现代人可能连关于神话的幻想都没有。而一切秩序、连贯性、统一性只存在于文本的想象世界中，只是一种人为的虚构的产物。所以意大利小说家莫拉维亚指出，"乔伊斯的小说以及普鲁斯特的《追忆似水年华》都是以对客观现实的彻底不信任和怀疑为特征的"。彼德·福克纳在《现代主义》中也说，19世纪以前的小说，大部分都能把现实和理想两个世界融合起来，统一起来，取得一致，而现代主义的基础是怀疑，这种深刻的怀疑要求读者承认作品的双重性，承认它是一种想象虚构活动。[1]在这个意义上，《尤利西斯》中与《奥德赛》建立的并行结构，构成了对现实生活的反讽，即是说，今天的爱尔兰只存在像布卢姆这样的"英雄"，只存在布卢姆式的历险。所以《尤利西斯》的神话结构带给小说的最鲜明的风格特征是喜剧性的反讽（irony）。有不少评论家把《尤利西斯》看成是对荷马史诗的"滑稽模仿"。这个说法也是成立的。但一般的滑稽模仿很少在文本层面就交代出戏仿的对象，比如《堂·吉诃德》戏仿骑士小说，但塞万提斯绝不会说我是在滑稽模仿骑士小说。而乔伊斯的《尤利西斯》则直截了当地在题目上就表明了模仿的对象，太过直露了。深层用意可能是一种反讽。

与此相似，小说中布卢姆和斯蒂芬这对"精神父子"的相认也显得有几分滑稽，也是对《奥德赛》的戏拟。

---

[1] 彼得·福克纳：《现代主义》，106页。

登峰造极的文体实验

  从情节和结构上看,《尤利西斯》并不难懂。晦涩的真正原因是意识流技巧以及多重的文体实验。《尤利西斯》的一个突出特征是每一章的文体都与其他章不同,以文体的变化来烘托主题的变化。这是《尤利西斯》在语言层面上的最独特的风格。此外,每一章内部文体也经常变化。比如第十三章写布卢姆在海滩上和三个少女相遇,就有两种文体。前半部分模仿的是19世纪浪漫主义恋爱小说的文体,后半部分进入了布卢姆的意识流。第十五章运用的是剧本的形式,由人物的戏剧台词构成,模仿的是滑稽剧。第十六章模仿陈词滥调的新闻文体。第十四章则是最惊人的一章,有三十多种文体,从英国最早的盎格鲁－撒克逊时代英语散文一直到当代俚语。同时还包括古拉丁文、古盖尔文,还有说教体、科学论文体等等,整个是一个英语文学语言演变史。这一章写布卢姆去医院看望一个太太生孩子,小说中这种文体语言从古奥到俚俗的变化是用来比拟和象征胎儿的发育过程的。这一章恐怕是翻译难度最大的一章。萧乾的翻译从文言文体一直过渡到北京方言和土话,我们即使只能读译本,也可以说是蔚为大观,叹为观止。但俄罗斯裔美国小说家纳博科夫却认为这一章的诸多文体的陈列展览并不成功。[1] 乔伊斯还发明了代表营养吸收过程中肠的蠕动的文体,以及咀嚼和分解食物的文体,把 X 和 O 两个字母排列成长串,象征咀嚼过的食物在人体内的重新组合。第十七章的文体也很有意思,用的是天主教一本解释教义的小册子《要理问答》中的问答体。这一章写布卢

---

[1]　纳博科夫:《文学讲稿》,469页,北京:三联书店,1991。

姆和斯蒂芬俩人回家以及回家后的情形，其场景和细节都是用设问方式提出并回答的。比如写两个人回到了布卢姆家，想要喝点什么，看一下乔伊斯怎样使用问答体：

> 布卢姆是怎样为那个外邦人准备夜宵儿的？
>
> 他往两个茶杯里各舀了满满二平调羹——统共四调羹埃普斯牌速溶可可，根据商标上所印用法说明，给它充分的时间去溶化，再把指定的添味料按照规定的分量和方法兑进去，让它散开来。
>
> 谁喝得更快些？
>
> 布卢姆。他比客人早喝了十秒钟，从不断地传热的调羹柄下端的凹面啜可可的速度是：对方每啜一口，他啜三口；对方每啜两口，他啜六口；对方每啜三口，他啜九口。

_{普通平常的日常语境以严肃的问答体写出，就有一种正襟危坐的滑稽感。内容和文体形式之间有一种反差和张力。}

接下来写两个人喝多了水，同时出去方便："经斯蒂芬提议，并在布卢姆的鼓动下，先由斯蒂芬带头，布卢姆紧接着，双双在幽暗中各撒了一泡尿。"乔伊斯详细地写了两个人方便的具体过程，包括两个人的动作有哪些相似之处，抛物线轨迹的弧度、高度，以及谁的声音更欢实，等等。这是一段很不雅致的细节，课堂不宜，不念了。但是这个例子本身却是我们无法回避的，它造成的效果是使平凡甚至庸俗的日常生活郑重其事，像一种严肃的宗教仪式，背后是一种反讽的态度。类似的例子在《尤利西斯》中太多了。不举这样的例子无法描述《尤利西斯》中关于现代文明的一个重要甚至重大主题侧面，即通过都柏林的生活世界所展示的现代生活无聊、平庸、琐碎，甚至有些低级趣味的一面。对这一侧面的揭示和反思，

是乔伊斯的一生的创作中一以贯之的追求,他早期的短篇小说集《都柏林人》(1914)的宗旨,按他自己的话说,就是力图揭示都柏林生活中的"精神麻痹":"我的目标是要为祖国写一章精神史。我选择都柏林作为背景,因为在我看来,这城市乃是麻痹的中心……在很大程度上,我用一种处心积虑的卑琐的文体来描写。"可以看出这种卑琐的文体是乔伊斯自觉和刻意的追求。只有运用这种文体,才更能表现现代人的精神堕落和现代世界的分崩离析。而类似的这种卑琐和戏谑式的文体,在《尤利西斯》中发展到了极致,有些地方让人读了之后有生理上的反胃一样的感觉。所以纳博科夫对这一点有些不满。在《文学讲稿》中,纳博科夫说:"尽管乔伊斯是个天才,但是他对令人作呕的事物有一种反常的爱好。"萧伯纳也说:"《尤利西斯》是一首幻想曲——也是对文明的令人作呕的那一面的真实记录。"持类似观点的还有大诗人庞德,他形容《尤利西斯》问世之后,"全部污浊,全部恶臭和欧洲精神上的整个痈疽都被刺穿了"。我觉得萧伯纳和庞德是从肯定的角度评价乔伊斯的,而乔伊斯也并不是像纳博科夫所说,对令人作呕的事物有一种反常的爱好,他可能不过是真实记录了现代生活确实存在的固有的一面。他只是忠实于一个艺术家的艺术良知,去揭示生活本来面目,去还原生活原初的真实。这一点外国著名思想家译丛中的那本《乔伊斯》说得十分准确:"一言以蔽之,乔伊斯的创作目的就是:从生活的所有各个侧面,无论是高雅的、理智的方面,还是粗俗的、情欲的方面,完整地复制生活。"[1] 而多重的文体实验和对各种文体的戏拟、模仿,只不过是完整复制现实生活的一部分。

---

[1] 彼特·科斯特洛:《乔伊斯》,124 页,北京:中国社会科学出版社,1990。

意识流的里程碑

20 世纪 20 年代是意识流小说的辉煌年代,除了乔伊斯的《青年艺术家的画像》(1916)之外,其余的意识流的重要小说——乔伊斯的《尤利西斯》(1922),伍尔夫的《达罗卫夫人》(1925)、《到灯塔去》(1927),福克纳的《喧哗与骚动》(1929)、《我弥留之际》(1930)——差不多都在 20 年代出版。而《尤利西斯》则代表了意识流小说的最高成就,同时也是现代主义小说的一个里程碑。

> 乔伊斯的文体形式实验因此并非是独立于小说内容之外的。在某种意义上说,形式与生活世界有一种同构的关系。

1. 什么是意识流

"意识流"(stream of consciousness)这一概念最初是心理学术语,是由美国心理学家威廉·詹姆斯(1842—1910,著名小说家亨利·詹姆斯的哥哥)在《心理学原理》(1890)一书中提出来的:"意识就其本身而言并非是许多截成一段一段的碎片。'链条'或'系列'之类的字眼都不能恰当地描述意识最初呈现出来的样子。它不是片断的连接,而是流动的。用'河'或'流'这样的比喻才能最自然地把它描述出来。此后再谈到它的时候,我们就称它为思想流、意识流或主观生活之流吧。"把意识比作连绵流动的流水对作家和批评家启发非常大,它对文学界的影响可能远远大于心理学界。当这个术语 1918 年被引入文学评论之后,通常包含三层意思:一、指现代主义一个小说流派;二、指一种小说文体;三、指表现人物心理和意识活动的一种技巧。我们用《尤利西斯》来说明什么是意识流。在第一层意思上,《尤利西斯》从属于意识流这个小说流派,并是这一流派的代表作;在第二层意思上,《尤利西斯》的核心的文体形式是意识流的文体；而在第三层意思上，我们问的问题是《尤利西斯》的这种文体是怎样形成的，或者说乔伊斯是怎样写出来的？我们就可以说乔伊斯运用了表现人物心理活动的意识流技巧。

第一层意思是不需要更多解释的。我们先从第二层意思入手，即什么样的小说文体是意识流文体。这一点在国外文学理论界并没有公认的解释。因为首先意识就大致分为意识、前意识和无意识三个层面，这主要是弗洛伊德的分类。那么意识流小说描绘的所谓流动的意识到底指哪个层面？有的理论家认为应该指全部三个层面。这样普鲁斯特就被纳入意识流阵营了，《追忆似水年华》就成为伟大的意识流小说。而更多的理论家则认为意识流小说侧重关注的是前意识和无意识，这就又把普鲁斯特撑了出去。所以我们看有关书籍，有的把普鲁斯特当成意识流大师，有的则不算，分歧就在于意识流中的"意识"到底指哪个层面。我这里用的是美国文学理论家汉弗莱的定义，他在《现代小说中的意识流》一书中指出："让我们把意识比作大海中的冰山——是整座冰山而不是仅仅露出海面的相对来讲比较小的那一部分。按照这个比喻，海平面以下的庞大部分才是意识流小说的主旨所在。""从这样一种意识概念出发，我们可以给意识流小说下这样的定义：意识流小说是侧重于探索意识的未形成语言层次的一类小说，其目的是为了揭示人物的精神存在。"[1] 因此，汉弗莱认为普鲁斯特的《追忆似水年华》仅仅涉及了意识的回忆往事方面。普鲁斯特为了传情达意而有意回忆过去，因此，他不是在写一本意识流小说。

> 在我所看到的关于意识流小说的定义中，汉弗莱借用"大海中的冰山"的比喻所做的概括是最准确而且形象的。

汉弗莱的定义优点在哪里？主要在于他把意识流小说和心理分

---

[1] 汉弗莱:《现代小说中的意识流》，5页，长沙，湖南人民出版社，1987。

析小说区别开来。他认为：

> 意识乃指大脑活动的整个领域，自前意识起，穿越意识的各个层次直至（也包括）意识的最高层次，即理性的、可以表达出的知觉。这一最后区域几乎所有心理分析小说都涉及，而意识流小说与其他所有心理分析小说的不同恰恰就在于它涉及的是那些朦胧的、不能用理性的语言表述的意识层次——那些处于注意力边缘上的意识层次。

这就使我们对意识流的研究和把握，侧重点放在朦胧的意识部分，即不能以理性语言明晰表达的意识层次。从意识流小说的历史实践看，乔伊斯、伍尔夫、福克纳的意识流小说果然都对这种前意识和无意识表现出了更大的兴趣和做出了深入的探讨。

2.《尤利西斯》的意识流技巧

上面说过，"意识流"的第三层意思是表现人物心理和意识活动的一种技巧。但在这个问题上同样有意见分歧。不少理论家认为"意识流"本身并不是一种技巧，不存在专门的意识流技巧，但文学中却的确有各种特殊的技巧可以表现"意识的流动"。因此，意识流小说在诗学上最主要的问题就成为小说中人物的意识流到底以什么样的具体方式表现出来的，或者说是以什么样的技巧呈现的。至于这种表现意识流的技巧到底是不是一定要命名为"意识流技巧"，是次要的问题。

《尤利西斯》的巨大创新显然是仅用意识流手法无法概括的，它几乎包容了现代主义文学中所有的创新手段，现代主义的任何新鲜花样它都有。同样，它的表现意识流的手段也可以称得上集大成。了解了《尤利西斯》中的意识流手法或技巧，就差不多可以说掌握了意识流小说的全部技巧。这些技巧包括内心独白、自由联想、蒙太奇、时空跳跃、旁白、幻觉、梦境以及心理感官印象的呈现等等。

我们先介绍一下内心独白、自由联想和蒙太奇。

表现人物心理和意识活动的最常用也最重要的技巧是内心独白。所谓"内心独白"，是指小说中的人物在假定没有听众的情况下直接展示出来的心理和意识。它是人物的心理语言，是没有声息的语言意识。它像舞台上话剧的"独白"，只不过"独白"是舞台上人物说出来的内心活动，而小说中"内心独白"是心理中没有说出来的活动。袁可嘉先生认为"内心独白"与舞台上的"独白"的区别在于后者是有听众的[1]，其实我认为小说的"内心独白"也是有读者的，和听众没有什么区别，因此，是否有听众不是衡量"独白"和"内心独白"的根本区别。而最根本的区别在于小说中的"内心独白"是发生在心中的心理活动。

"内心独白"一般被细分为两种：一种是间接内心独白，一种是直接内心独白。《尤利西斯》中用得最多的意识流技巧是间接内心独白。它第一次出现是在萧乾译本的第5页，写斯蒂芬早晨手里拿着镜子，想要刮脸：

"瞧瞧你自己，"他说，"你这丑陋的'大诗人'！"
斯蒂芬弯下身去照了照举在眼前的镜子。镜面上有一道弯曲的裂纹，映在镜中的脸被劈成两半。头发倒竖着。穆利根和

---

[1] 袁可嘉：《欧美现代派文学概论》，270页，上海文艺出版社，1993。

> 旁人眼里的我就是这样的。是谁为我挑选了这么一张脸？像是一只央求人替它捉拿跳蚤的小狗。它也在这么央求我。

这一段的特点是在叙事者的描述、说明和指导性的声音中突然插入了人物斯蒂芬内心的声音。前两句是叙事者的声音，描述斯蒂芬的动作，而"穆利根和旁人眼里的我就是这样的。是谁为我挑选了这么一张脸？像是一只央求人替它捉拿跳蚤的小狗。它也在这么央求我"一句是插进来的斯蒂芬的内心声音。乔伊斯这种间接内心独白的处理是从来不用"他想""他感到"一类的解释性的话语，而是直接从叙事者的声音转到人物内心的声音，转轨时没有作者人为的痕迹。读者的感受是自己一下子就置身于人物的头脑和内心活动中，而不是在听叙事者讲故事。这种"内心独白"号称是叙事者干预最少的小说语言，也同时是作者干预最少的小说段落，因此评论家都兴高采烈，说作者退出了小说，作者的身影隐匿了，小说开始客观化了。尤其在直接内心独白中，没有一点点叙事者和作者的痕迹。所谓"直接内心独白"，就是小说中的人物以第一人称口吻直接表达思想和心理活动，读者看到的是最原初的、不加整理、没有修饰和控制的意识活动。"直接内心独白是这样一种独白，在描写这样的独白时既无作者介入其中，也无假设的听众"[1]，它造成的文学效果是，小说所透露出的人物的心理和意识完全不受作者的干预和控制，是一种极其自然的袒露，充分反映了人的内心活动的原貌。而且，"这种独白没有假设的听众，也就是说，在某一场景中小说的人物

20世纪小说观的一种主导倾向是崇尚作者退出小说，因而主张"作者死了"。其实作者是永远不会"死"的，他只不过改变了干预的方式，正像下面分析的那样。

---

[1] 汉弗莱：《现代小说中的意识流》，31页。

并不同任何人说话,而且,他也不是向读者说话。总而言之,这种独白的表现形式是将人物的内心彻底敞开,就好像不存在任何读者一样"[1]。最著名的直接内心独白是《尤利西斯》中最后一章,通篇是小说人物摩莉的声音,也是迄今为止意识流小说中最著名的长篇内心独白,我选经常被分析的一段。这一段是原著中长达45页的内心独白快结束时,摩莉躺在床上想让自己入睡:

> 几点过一刻啦 可真不是个时候 我猜想在中国 人们这会儿准正在起来梳辫子哪 好开始当天的生活 喏 修女们快要敲晨祷钟啦 没有人会进去吵醒她们 除非有个把修士去做夜课啦 要么就是隔壁人家的闹钟 就像鸡叫似的咔哒咔哒地响 都快把自个儿的脑子震出来啦 看看能不能打个盹儿 一二三四五 他们设计的这些算是啥花儿啊 就像星星一样 隆巴德街的墙纸可好看多啦 他给我的那条围裙上的花样儿就有点儿像 不过我只用过两回

这一段是直接内心独白的范例,它同时鲜明地体现着意识流小说的另一重要技巧——自由联想。这种"自由联想"是人的意识活动的基本特征。每个人都有晚上入睡前胡思乱想的经验。有时一下子会吃惊自己怎么会想到这个问题上来了,然后就会往前追溯联想的脉络,常常都能追到开头的第一个念头。这种"思路"就是"自由联想"的过程。从英国哲学家洛克,到弗洛伊德,到荣格的心理学,都涉及了自由联想的理论,而且基本理论和观点差不多都是一样

---

[1] 汉弗莱:《现代小说中的意识流》,32页。

的。我们的意识几乎一直都在活动,连晚上睡觉都不停止,要在梦中继续活动,而在意识活动过程中,我们不可能长时间把注意力集中在某一点上,总会走神。小学教师的最主要的精力其实都耗费在与上课走神的小学生所做的艰苦卓绝的斗争中。如果我们放任意识让它自由活动,我们的意识就很容易从一个事物迅速联想到另一个事物,我们自己想控制都控制不住。这就是自由联想。

<small>这似乎是现在的大学教师也感到颇为头疼的事情。</small>

摩莉的直接内心独白印证的就是这种自由联想的原则,乍看上去这种内心独白仿佛像天书一样不可理喻,但是如果掌握了自由联想的一般原则,还是可以捕捉到摩莉联想的内在轨迹。汉弗莱认为对联想进行控制的因素有三个:"第一是记忆,这是联想的基础;第二是感觉,它们操纵着联想的进行;第三是想象,它确定着联想的伸缩性。"[1]根据这三个原则,我们再看一看摩莉的具体联想过程:

几点过一刻啦 可真不是个时候(这两句写的是什么地方的钟声提醒摩莉时间已经很晚了) 我猜想在中国 人们这会儿准正在起来梳辫子哪 好开始当天的生活(她的思绪跳到了中国,但是仍然与时间的意识相关) 喏 修女们快要敲晨祷钟啦 没有人会进去吵醒她们 除非有个把修士去做夜课啦(从中国人的起床联想到不会有人打扰修女们的睡眠,而摩莉自己却被深更半夜才刚刚回家的丈夫布卢姆吵醒) 要么就是隔壁人家的闹钟 就像鸡叫似的咔哒咔哒地响 都快把自个儿的脑子震出来啦(即使没有布卢姆吵醒她,也同样

---

[1] 汉弗莱:《现代小说中的意识流》,54页。

有邻居的闹钟会打扰） 看看能不能打个盹儿 一二三四五（她仍旧试图用数数的方式使自己快点入睡） 他们设计的这些算是啥花儿啊 就像星星一样（她却又注意到了糊墙纸上的花） 隆巴德街的墙纸可好看多啦（从糊墙纸上的花联想到自己在隆巴德街上的旧居的糊墙纸） 他给我的那条围裙上的花样儿就有点儿像 不过我只用过两回（既而又联想到丈夫布卢姆送给她的围裙上的花与糊墙纸上的花样有些相似）

汉弗莱分析说，这一段是以钟声和墙纸为中心引发的联想，由听见钟声，想象中国人起床，又预想到修女早祷的钟声就要敲响，既而想象修女的睡眠，又预见到隔壁闹钟的铃声。看到糊墙纸，想到星星形状的花朵，想到隆巴德街的旧居，又想到布卢姆送给她的裙子，我们可以看出，这种自由联想有不合逻辑的、随意性的、跳跃性的一面，也有符合线性逻辑的一面。比如为什么一下子会想到中国？接下来为什么又想到修女？中国和修女的联想都有随意性。但由糊墙纸想到自己以前房子的糊墙纸，又由墙纸的花想到丈夫送给她的裙子上的花，则有内在的线索可循。而总体上则组成一个意识自由联想的流动过程。可以说，大部分意识流小说家引导人物意识流向的技巧就是这种自由联想的技巧。

自由联想不可能是全都不合逻辑的，无论是小说中还是生活现实中皆如此。

下面讲一讲"蒙太奇"。

意识流小说中蒙太奇技巧是从电影中借来的，指对各种镜头和场景的剪辑、组合、叠加。通俗地说就是把不同时间和空间中的很多事件和场景组合拼凑在一起，从而超越了时间和空间的限制，表现了人的意识跨越时空的跳跃性与无序性。这也是《尤利西斯》中运用较多的一种技巧。一种情况是乔伊斯让笔下的人物的意识跨越时间限制，自由出入过去、现在、未来三个时间维度，一会儿想到历史，一会儿又回到现在，一会儿又展望未来，这就是"时间蒙太奇"，即把关于不同时间的联想组合在一起。斯蒂芬的联想大多是这种。他是个诗人、艺术家，又是教历史的，因此联想经常穿越时间隧道，有一种历史纵深感。另一种情况是乔伊斯想表现都柏林的全方位的全景式景观，想在同一时刻观察都柏林发生了哪些事情，乔伊斯就运用了把不同空间中发生的事件并置在一起的技巧，这就是"空间蒙太奇"。最典型的运用是第十章，时间是下午三点整，乔伊斯选择了三点这一时刻发生在都柏林19个地点的事件，以19个短镜头的方式并列在一起，像万花筒，多视角、多方位地展示了都柏林的广阔的社会生活图景。小说成为空间性的。第十章也因此号称最有新意的一章。时间停在三点钟，小说叙事时间进程中断了，读者看到的只是静态空间形象，是一个凝固的三点钟这一瞬间。所以昆德拉说："乔伊斯比起《追忆似水年华》的普鲁斯特分析了某种更加难以捕捉的东西：现在的时刻……乔伊斯的大显微镜善于抓住和捕捉这个转瞬即逝的时刻，并让我们看到了它。"[1] 这个昆德拉所说的"现在的时刻"应从两方面理解，一方面是指乔伊斯捕捉了小说人物瞬间化的心理意识活动，这种瞬间都是当下的瞬间，是现在的时刻，从而每个人物的心理都有即时性；另一方面指的是乔伊斯运用了空间蒙太奇的技巧，凝固了现在的瞬间，真正使瞬间成为某种永恒。《尤利西斯》第十章的例子代表了现代小说中一个很重要的特征，即小说的空间化。这个问题我们在讲到福克纳的《喧哗与骚动》时会充分涉及。

---

[1] 昆德拉：《小说的艺术》，22页。

3. 作者真的隐匿了吗？

小说史上的一个贯穿性问题是作者对小说叙事的干预程度问题。我们经常提到的全知叙事、限制性叙事、人物视角叙事等问题，在根本上涉及的正是作者的干预问题。小说的一个基本理想是对客观化的追求，即是说，小说家总想让读者相信小说表现的是现实中存在的真实事物，是独立于小说家的客观现实。因此，现代小说的一个基本倾向就是追求作者退出小说，减少作者的叙事干预，使小说非人格化，即看不出作者的人格，最好连一点影子也见不到。乔伊斯追求的就是这种"非人格化"，《青年艺术家的画像》（1916）中有这样一段话："艺术家，像创造世界的上帝一样，站在他的作品之内、之后、之外或之上，不可见到，不复存在，他无动于衷，修剪着自己的指甲。"但如何实现"非人格化"？作者如何隐匿？意识流小说家认为让小说人物直接呈现自己的意识活动是避免作者干预的最佳方式之一。我们读者读到的是人物的心理流程，仿佛是人物撇开了作者而直接向我们读者袒露心迹。这就是意识流小说造成的客观化的假象和幻觉。我以前也一直被这种假象给蒙蔽。后来读了昆德拉的《小说的艺术》，才明白"内心独白"不过是作者干预的另一种形式，一种更高明、更隐蔽的形式。昆德拉称意识流小说中的"内心独白"是小说家放到人物脑袋里的麦克风："在布卢姆的脑袋里，乔伊斯装了一个麦克风。借助于内心独白这种奇特的侦探，我们对于我们是什么得知了许许多多。但是，我是不会使用这个麦克风的。"昆德拉小说人物的脑袋中的确没有装"内心独白"这个麦克风。我们也很难更多地了解他笔下人物的内心世界。但我

> 至于这种"非人格化"的小说是不是一定比作者"自叙传"式的小说更好，则是很难说的。正像我们很难说显然更客观化的沙汀、吴组缃的小说比郁达夫的自叙传小说更高明一样。

们却了解《尤利西斯》中布卢姆的内心想法。本来一个人想些什么连上帝可能都不知道，但乔伊斯却让我们读者知道了。乔伊斯可以自由出入笔下人物的心理世界，这在本质上是比上帝的视角更为全知的叙事视角。作者看似隐匿了，减少了干预，但却更深刻地控制着人物的心理流程。在这个意义上，所谓意识流的"自由联想"，本质上是作者用一只隐秘的手在控制的。尤其是人的"无意识"部分，更是无法传达的，是无法诉诸语言的，一旦能用语言表达出来，就不再是无意识内容了。弗洛伊德说，"人们永远无法直接了解到'无意识'的内容"，正是这个意思。因此，意识摆脱作者直接呈现的这种直接性只能是一种幻觉。福勒在《语言学与小说》中说："乔伊斯、伍尔夫或福克纳的意识流方法所追寻的是通过压制作者和模拟前言语思想的联想流来产生一种直接性的错觉。"[1] 这种"直接性"只是一种错觉而已。汉弗莱称："小说技巧最坚实的基础就是作者无所不知这一常规。""无论用什么技巧来使小说具有客观性，作者的无所不知都会被认为是最自然的。"当我们欢呼意识流小说中"作者退出"或隐匿的时候，汉弗莱指出，"我们实际上是用了夸张法"。从这个意义上，我们可以给小说重新下定义："小说可以理解为以叙事的方式对小说各种元素的缝合，对小说之外的破碎的世界的缝合，小说是以文字和书卷的排列组合方式制造的一种内在时空的幻觉。"再客观，再真实的小说也不能忽略它只不过是小说家的虚构这一基本前提。小说只是真实的幻象。正像普鲁斯特靠回忆的方式所捕捉到的失去的时间不过是幻觉而已，意识流小说带给我们的意识的直接性和客观性也是一种幻觉。

---

[1] 福勒：《语言学与小说》，102页，重庆出版社，1991。

小说语言：隐喻和转喻

评论家都发现，乔伊斯有个了不起的本领，就是表现三个人物的内心独白所用的语言是三种不同的风格，每种语言都符合三个人物的教养、身份以及性格特征，这种本领可以说丝毫不亚于他的多重的文体实验。纳博科夫《文学讲稿》说，摩莉是个具有低级文化修养，而且极为庸俗的人，布卢姆中等文化修养，斯蒂芬则有高度文化修养。因此，三个人的内心独白肯定有风格上的巨大差别。纳博科夫这样形容斯蒂芬的性格特征：

> 斯蒂芬22岁，是都柏林的年轻教师、学者和诗人，在他读书时，他一直受到耶稣会教育的教规约束，现在则猛烈地反抗这种教规，但是从根本上讲，他的本性仍是形而上学的。他是一个挺深奥的年轻人，甚至在喝醉酒时也还是个教条主义者，一个将自我束缚起来的自由思想家，一个聪慧绝顶，会出其不意说出许多格言或警句的人，他身体羸弱，和圣人一样不洗澡（他最后一次洗澡是在十月，而现在已是六月了），一个好抱怨、爱生气的年轻人——读者从来都无法想象他的真正形象，他是作者精神的具象化，而不是由艺术家的想象力创造出来的活生生的新生命。[1]

显然，斯蒂芬是个有比较深刻的思想，气质内向的人。而布卢姆是个商人，相对是务实的人。两个人的内心

> 《文学讲稿》是纳博科夫50年代在康奈尔大学的讲课稿。这段引文就反映出了作家学者化的风格：既生动幽默，深入浅出，又井井有条，富学理性。

---

[1] 纳博科夫：《小说讲稿》，383页。

独白在语言上也形成了鲜明区别。怎样从诗学和语言学角度分析两个人内心独白的不同风格？英国学者、小说家戴维·洛奇（他的小说《小世界》被中国评论家称为英国的《围城》）从隐喻和转喻的角度做出了有启示性的诗学解释，他的《现代主义小说的语言：隐喻和转喻》[1]是一篇很有名的文章，文章认为斯蒂芬的意识流具有隐喻的倾向，布卢姆的则有转喻倾向。

隐喻（metaphor）和转喻（metonymy）是语言学中的两种修辞手法，同时也是20世纪诗学理论中非常重要的两个术语，但同时也是很绕人的术语，当初我花了大半天才自以为理解了，但不一定能讲明白。而且，中文翻译有时也把"转喻"译成"换喻"，使这两个概念更显复杂。

通俗化地说，隐喻和转喻（换喻）就是当我们想描述一件事物时，不直接说出这件事物本身，而是变着法用另外的东西来描述这件事物的方式。杰姆逊举了个很通俗的例子，比如我们想描述某个人，用隐喻的方式我们就说："这头狮子。"而用转喻的方式，我们就说这个人有一张怎样的脸，穿怎样的衣服，也就是说通过描述他的局部和离他最近的事物来表现这个人。[2]因此，隐喻和转喻都是一种表达的替换方式，不直接表述一件事物，而替换成别的事物。隐喻替换根据的是相似性原则，用杰姆逊的关于"人"的例子，用隐喻的方式我们说"这头狮子"，依据的就是这个人和狮子之间的可以比拟的某种相似性。转喻替换依据的是毗邻性原则，就是说我们不直接描述人，而是描述和这个人有关的相邻近的事物或局部，

---

[1] 戴维·洛奇：《现代主义小说的语言：隐喻和转喻》，吕同六主编：《20世纪世界小说理论经典》（下卷），北京：华夏出版社，1995。
[2] 杰姆逊：《后现代主义与文化理论》，213页。

如描述这个人穿的衣服，背的包，一样可以了解这个人本身。再比如英国学者霍克斯在《结构主义和符号学》一书中也举过两个例子：一是"甲壳虫在街上爬行"，这是一个隐喻，在街上爬行的其实是小汽车。一是"白宫做出了一项新议案"，这是一个转喻，用白宫——美国总统居住的地方来转喻美国总统。这方面最有名的例子是现代诗学的创立者之一、语言学家雅可布逊举的。比如我们要形容一个小木屋（hut），用隐喻的方式我们就会说"窝""蜗居"或者"穴"。用转喻方式呢？我们就可以描述茅草，或茅草顶（用局部描述整体），或一切由小木屋可以联想起来的事物，如田野、农民、贫穷等。现实主义小说的风景描写运用的大量都是转喻方式，如果小说中出现了破旧小屋的意象时，小说接下来描写的肯定是茅草、田野、贫穷之类的东西。戴维·洛奇发明了同时包含隐喻和转喻的一句话："上百条龙骨耕耘着海浪。"龙骨是转喻，指船，依据的是船与龙骨的毗邻性、连接性，龙骨是船的一部分。"耕耘"则是隐喻，船的航行与犁的耕耘之间有一种相似性。

　　现代诗学重视起隐喻和转喻的最重要原因来自于雅可布逊对失语症的研究。人们本以为隐喻、转喻只是语言学中的修辞法，但雅可布逊的研究证明隐喻、转喻是人类组织语言进行表达的基本的深层机制。失去了隐喻能力或转喻能力都会造成失语。雅可布逊认为，失语症的表现多种多样，但都可以归纳为两种类型，即隐喻能力失序和转喻能力失序。前一种失语症是病人丧失了相似性比较能力，也称相似性错乱；后一种失语症是丧失了毗邻性能力，是毗邻性错乱。丧失隐喻能力的失语症病人，即相似性错乱，表现为不会使用同义词，不会下定义，因为下定义的方式只能用同义词的解释方式，就是说这种病人不会命名，处理隐喻的能力完全丧失。但是这种病人会大量使用转喻，比如以叉代替刀，想说灯时说的是桌子。这种情况我们日常在健忘的老年人那里也会常常碰到。我的一个编辑同学说过一个例子，他的出版社来了一个著名的表演艺术家，问这个老艺术家刚刚去过什么地方，他半天也想不起那个地名来，只说出两个词：姑娘、地下。我的同学反应特灵敏，一下子就猜出了那个地名，原来是公主坟。艺术家说不出那个地名了，无法命名，只能用转喻的方式表达。这种情况就是隐喻失序。而转喻失序的病人，即邻近性错乱，情况正相反，他们丧失的是把词语、单词组织成句子的能力，丧失了句法规则方面的语言能力，因此这种失语症病人不会说完整的句子，只会一个词、一个词地蹦出来。如小木屋烧着了，转喻失序的病人绝不会说小木屋着火了，只能说单个词："火""烟"。

雅可布逊对失语症研究的重大价值当然不是对失语症病症本身的贡献，他的目的在于语言学和诗学。通过对失语症的研究，雅可布逊发现即使在我们正常人的言语行为中，也会有对隐喻和转喻两者间在选择上的偏向，即有些人语言表达习惯倾向于隐喻，有些倾向于转喻。雅可布逊举了一个儿童心理测验的例子，把小木屋（hut）这个词展示给儿童，让他们马上说出头脑里最初的言语反应。结果有两种相反的反应，一种回答是隐喻型的：茅屋、山洞、窝棚等，这种方式是对小木屋用别的相似词进行替换。另一种回答是转喻式的，就是把"小木屋"补足成一个句子，如小木屋烧毁了，小木屋是一个破房子，也就是给小木屋增加了谓语，补充成一个句子，雅可布逊称是"谓语型反应"。这个例子证明有的儿童的语言方式更喜欢隐喻式的，有的更喜欢转喻。这种偏好也可以概括整个人类语言风格的偏好。雅可布逊更著名的阐发是把文学艺术和文化现象也分成两类,即"隐喻性的"和"转喻性的"。抒情诗是隐喻性的,史诗是转喻性的,戏剧基本上是隐喻的,尤其是台词中对潜台词的讲究。而电影是转喻的。在小说上,现实主义小说是转喻的,雅可布逊称:"现实主义作家遵循毗邻性的关系模式,喜欢从情节写到氛围,从人物写到时空背景,这都是转喻性的。"戴维·洛奇进一步发挥,他说从小说书名也能看出现实主义小说家的转喻倾向,都喜欢用人名、地名做题目,如《简·爱》《呼啸山庄》《双城记》《欧也妮·葛朗台》。现代主义小说则不同,更喜欢用隐喻性题目:《黑暗的中心》(康拉德)、《虹》(劳伦斯)、《到灯塔去》(伍尔夫)、《尤利西斯》、《芬尼根守灵夜》。他的结论似乎是想说:现代主义小说语言与现实主义一个重大区别是隐喻倾向鲜明,我觉得至少在《追忆似水年华》中不分析隐喻就无法搞清语言风格,说《追忆似水年华》是诗化小说,这也和隐喻的大量运用有密切关系。这一点正是普鲁斯特的自觉追求,普鲁斯特说:"没有隐喻就根本没有真正的记忆。"因为《追忆似水年华》中的"无意的记忆"是基于一种隐喻的相似性原则产生的。《追忆似水年华》作为记忆的大厦,里面装满了隐喻是很自然的。"《追忆似水年华》中的隐喻运用"可以作为一个很好的诗学题目深入做下去。

> 雅可布逊的研究表现出跨学科的宏阔的视野。这种研究就是原创性的,是真正的大手笔。

雅可布逊是现代诗学的奠基人之一,这种地位从他关于隐喻、转喻的研究中可以看出来,隐喻、转喻不仅是修辞学手法,同时也是人类语言风格类型的倾向,是语言思维和语言组织深层机制,是艺术和文化现象的两大类别。雅可布逊的这些观念是可以引发理论家多重思考的。比如隐喻也可以看成艺术家对人类生存本质和境遇的领悟能力,现代主义小说中的深层结构基本上是隐喻结构。如

《尤利西斯》本身就隐藏了一个神话结构，意味着小说既有表层的情节结构，又有深层的隐喻结构，而表层情节就可能只是一种手段，小说家的目的可能是对人类生存深层模式的探究。又比如当我们通常把隐喻看成一种语言修辞的时候，并没有觉得它有什么重要，不过是打比方，顶多不用就是了。老老实实说话，勤勤恳恳做人，风格朴实一点也没有什么不好。但雅可布逊却向我们展示了当隐喻失序，失去隐喻能力时的情形。当隐喻无法实现时，我们才会发现隐喻在语言中多么重要。当我们不说一个事物本身（本体），而直接说出隐喻（喻体），失语症病人就无法懂得我们说的是什么。我们说一个少女多像一朵带露水的玫瑰，我们说的不是玫瑰，而是少女。但失语症病人连这个最拙劣的隐喻也听不懂，他会以为我们只是在说玫瑰，没少女什么事。因此，如果我们都是失语症中隐喻失序的病人，那么这个世界上就没有了隐喻，话语就只有表层意义，世界上就只有公文写作，文学就无法诞生。学文学的人就彻底失掉饭碗，中文系就得改成公文系了。

从这个意义上说，坚守"文学性"的立场对于中文系来说是至关重要的。因为大学里的文学系越来越有一种滑向"公文系"的危险。

今天看来，雅可布逊对失语症的研究之所以有意思，可能因为它不仅仅是语言学和诗学问题，同时对于洞察我们这个时代在表达上的困境也有一定启示。90年代以来不少中国知识分子普遍感到表达的困难，面临某种失语的状态。暑假有同学在信中也谈到了有这种"失语状态"，说明小知识分子也同样面临这个问题。如果我们借用一下雅可布逊的方式，我们也许可能不再简单地谈"失语"问题，而是把问题深入一些，分析一下具体的失语状态到底是隐喻失序还是转喻失序。如果是隐喻失序则意味着知识分子无法在日常表象背后思考深层含义或者说隐喻含义，意味着思考的表层化，无法捕捉一个时代庞杂的现象背后内在的矛盾和困境,在现象世界之下无法整合一种深层地质构造。正像罗兰·巴尔特所说:"在现代诗歌的每个字词下都卧有一个存在的地质构造,在那里,聚合着名称的总和内容。"就是说,现代诗歌每个意象都可能隐喻着深层机制,失去隐喻能力的人是无法探究到这个深层地质构造的。他们的眼中只有玫瑰,而没有少女,没有深层结构意识。这是失语症的一种。另一种是转喻失序,意味着我们对当代社会和生活缺乏一种全景式的把握和描述能力,只看到孤立的单词,而无法展开句子,无法生成判断,无法从一个现象引发出另一个现象,无法从一个领域思索到另一个领域。雅可布逊称现实主义作家的描写可以从情节写到气氛,从人物写到时空中的背景。这种"背景"如果引申说,则构成了知识分子真正广阔的生存背景,在今天的中国即是亿万人的生存背景。而当今知识分子,尤其是学院知识分子的困境在于正日渐丧失与这种背景的深刻联系,丧失对国人生存境遇的思考力。商品时代使每一种类的人的生存都日渐萎缩在一个小天地而难以获得广大的视野。所以钱理群先生认为世纪之交是中国最需要总体意义上的、全景意义上的"文化想象"的时代。但转喻能力丧失,思考和生活都封闭得很,知识分子又如何去构建一个时代总体意义上的"文化想象"?前几年《读书》上有一篇文章《我们这一代人的未来》,这一代人指的是四十岁到五十岁的一代,即建国前后的一代。他们正是中国目前各领域的中坚力量。这一代人关心什么在很大程度上真正决定了中国的未来。从文章中可以看出,作者最关心的是这一代人的老年福利问题,即20年后对老年人的社会保障制度问题:"近若干年以来我和老朋友聊天,总要顺便问一问:'你给你自己找到一座坟墓了吗?'"意思就是怎么为我们自己安排老年。而文章认为最难解决也解决不了的问题还是孩子的教育问题,也就是独生子女的教育。这些问题都有社会学价值,也很重大。但知识分子却越来越对今天的社会不公正和贫富越来越大的差距保持沉默,我觉得也是转喻能力丧失的一种反映,只看到自己和身边,而看不到更广阔的空间和更广大的生存背景。这也是我一直对写过《心灵史》的张承志保持敬意的一个原因。

最后回到《尤利西斯》。戴维·洛奇运用了雅可布逊的理论,认为布卢姆的内心独白的意识流是偏于转喻的,而斯蒂芬是偏于隐喻的。我们先看第四章写布卢姆去肉店买猪腰子的细节,布卢姆凝视排在他前面的一个邻居的女仆人。

> 一副腰子在柳叶花纹的盘子上渗出黏糊糊的血:这是最后的一副了。他朝柜台走去,排在邻居的女仆后面。她念着手里那片纸上的项目。也买腰子吗?她的手都皴了。是洗东西时使碱使的吧?要一磅半丹尼腊肠。他的视线落在她那结实的臀部上。她的主人姓伍兹。也不晓得他都干了些什么名堂。他老婆已经上岁数了。这是青春的血液。可不许人跟在后面。她有着一双结实的胳膊,嘭嘭地拍打搭在晾衣绳上的地毯。哎呀,她拍得可真猛,随着拍打,她那歪歪拧拧的裙子就摆来摆去。

洛奇分析说,布卢姆对于姑娘的感受显然是转喻性的,即布卢姆的思想是通过连接邻近的事物表现女仆人。如手里那片纸,皴裂的手,臀部,结实的胳膊,被胳膊拍打的地毯,随着拍打摆来摆去的裙子,等等,都是毗邻性转喻描写。布卢姆意识流的自由联想域都有一种平面伸展的特征,向毗邻的空间展开,用我的话说,就是布卢姆的联想流没有回溯性特征,很少时间上的纵深和隐喻上的深度。这符合他的务实作风,知识修养,也符合广告推销员的职业身份。广告推销员眼中肯定对色彩感强的空间化事物更敏感。广告就是最平面化的一种东西。只有当年毛阿敏为太太口服液拍的一个广告用了回忆性的故事情节,有两个时空,过去的和现在的,结果我就一直看不懂。直到看了报纸介绍,才知道是怎么回事。后来电视上就不放了,可能是觉得太晦涩。广告就是要利用视觉冲击力征服观众,观众接受的就是炫目的画面,根本没有准备接受故事。太太口服液的广告堪称是不满和挑战行业规则的一个例子。布卢姆的联想正是有广告特征,有平面感,是毗邻性的转喻。另外评论家们认为他有些好色,色情目光肯定是转喻的。

<small>有研究者在报上发表文章说,现在三四岁的孩子几乎一开口都能背出几十条电视广告台词。长此以往,孩子们的思考力和隐喻能力势必受到影响。</small>

斯蒂芬则不同。他是个诗人、艺术家,想象深奥雄奇,有太多的隐喻。纳博科夫称他的本性是形而上学的,正是这个意思。戴维·洛奇引用的例子是第三章斯蒂芬看到一个接生婆产生的联想:

> 是她的一位同行,替呱呱啼哭着的我接的生。从虚无中创造出来的。她那只手提包里装着什么?一个拖着脐带的早产死婴,悄悄地用红糊糊的呢绒裹起。所有脐带都是祖祖辈辈相连接的,芸芸众生拧成一股肉缆,所有那些秘教僧侣们都是。你们想变得像神明那样吗?那就仔细看自己的肚脐吧。喂,喂。我是金赤。请接伊甸城。阿列夫,阿尔法,零,零,一。

> 始祖亚当的配偶兼伴侣:赫娃,赤身露体的夏娃。她没

有肚脐。仔细瞧瞧。鼓得很大、一颗痣也没有的肚皮,恰似紧绷着小牛皮面的圆盾。不像,是一堆白色的小麦,光辉灿烂而不朽,从亘古到永远。罪孽的子宫。

先扫清一下阅读障碍。引文中的"金赤"相当于斯蒂芬的外号,意思是"利刃","金赤"形容的是切割声。"伊甸城"是斯蒂芬给伊甸园起的名字。"阿列夫""阿尔法"分别为希伯来文和希腊文字母表的第一个字母,相当于英文的 A。文中斯蒂芬在给伊甸城打电话,"阿列夫,阿尔法,零,零,一"则是伊甸城的电话号码,对伊甸园有兴趣的同学得记住了。"赫娃"是夏娃的最早的称法,因为她是用亚当的肋骨攒的,不是从母腹中生出来的,所以"没有肚脐"。"一堆白色的小麦"出典于《圣经·雅歌》:"你的腰如一堆麦子。""从亘古到永远"一句则出自《圣经·诗篇》。

这一段中有几个很突出的隐喻:如把婴儿脐带比成连接祖祖辈辈全人类的缆索,把夏娃的肚皮比成牛皮的圆盾,又比成一堆白色的小麦,象征不朽。都是一些比较深奥的隐喻。这一段中更重要的语义是斯蒂芬借助于隐喻的相似性原则,思路从接生婆一下子上升到创世纪,从斯蒂芬自己的出世引向人类的诞生,又从脐带的隐喻联想到没有肚脐的夏娃。他的联想获得的是与生命的创世纪联系在一起的纵深感和神秘感。斯蒂芬的联想流因此是一种有深层语义的联想,这种深层语义来自于隐喻的深刻性。读了这一段,我们一下子就会感到纳博科夫关于斯蒂芬的性格分析是非常准确的:如形而上学本性,挺深奥的年轻人,思想家,会出其不意地说出许多格言和警句,等等。

洛奇的关于现代主义小说语言的隐喻和转喻的论述,是分析小说语言的一种可行的方式。我们平时在文本分析时遇上的最困难的事情是对语言层面的分析，往往无话可说，没有具体的方法。洛奇分析《尤利西斯》的文章对我们是个具体的启发。戴维·洛奇的最后结论是：现代主义小说虽然倾向于雅可布逊分类中的隐喻模式，但同时仍然广泛保留和利用了转喻。因为小说本来就是转喻性的，一旦完全移向了隐喻一极，就不免会变成诗歌。所以普鲁斯特说"没有隐喻就根本没有真正的记忆"这一句判断是深刻的片面，为了更全面还必须补上一句："没有转喻，就没有记忆的联系，没有故事，没有小说。"[1]

"深刻的片面"是当年黄子平在《读书》上发表的一篇文章的题目。这个说法本身是很"深刻"的。

---

[1] 转引自戴维·洛奇:《现代主义小说的语言：隐喻和转喻》,《20世纪世界小说理论经典》(下卷)，362页，北京：华夏出版社，1995。

第四讲　小说的情境化：
《白象似的群山》与海明威

影响作家的作家

在把个人的传奇生涯和创作的辉煌业绩结合起来的作家中，海明威堪称是独一无二的。他的魅力和影响几乎有一半在于他的传奇英雄般的生平和经历。他参加过两次世界大战以及西班牙内战，一生中多次负伤，仅脑震荡就有十几次，出过三次车祸，"光是作战，他身上中弹九处，头部受伤六次。他 18 岁的时候在意大利被炸伤了，起初都当他死了，丢下他不管，医生一共在他身上拿出 237 块碎片，拿不出的不算"[1]。二战一开始他就跃跃欲试，1941 年来亚洲逛了一圈，在前线采访，拜见了蒋介石和周恩来。珍珠港事件之后美国参战，1942 年海明威向美国海军自告奋勇，驾驶渔艇，在古巴沿海巡逻了两年，搜集德国潜艇活动情报。1944 年随美军在诺曼底登陆，带领一支游击队最先在巴黎凯旋门一带与德国作战，比正规军更早地进驻巴黎，所以经常戏称巴黎是他解放的。一进巴黎就开着一辆军用吉普车去拜访毕加索。战时像毕加索和萨特这样的大师级人物都留在巴黎，萨特是被德军俘虏后，

---

[1] 菲力浦·扬：《欧涅斯·海明威》，《美国现代七大小说家》，220 页，北京：三联书店，1988。

1941年获释留在巴黎当哲学教师的。而毕加索早已声名显赫,日子也显然要更好过一些,尽管巴黎缺衣短食,但是慕名拜访毕加索的人很多,都会给他带点火腿之类的好吃的。只有海明威是以得胜将军的姿态威风凛凛地去见毕加索。但碰巧毕加索不在家,女管家接待了他,见海明威两手空空,就很不含蓄地提示:"你大概想给先生留下点什么礼物吧?"海明威说他原来倒没想到这些,但这可能是个好主意,就回到吉普车里,搬下一个箱子,放在门房里,并在箱子上写下"海明威赠送给毕加索"。女管家一看,原来是一箱手榴弹,吓得赶快跑了出去。这个历史细节见毕加索的情人弗朗索瓦兹等写的回忆录《巨匠与情人》,堪称是关于毕加索的各种回忆录中最好看的一本。[1]

20世纪有海明威这种传奇生涯的作家是不多的,卡夫卡、普鲁斯特都深居简出,罗伯-格里耶近三十岁才开始写小说,此前则是一名农艺师(当年我一想到罗伯-格里耶而立之年才成为小说家,就觉得自己也很有希望)。与这些作家一比较,海明威的经历就更显得传奇了。

海明威是20世纪的传奇英雄,塑造了有名的保持"压力下的风度"的硬汉形象。他自己也正是这样一个形象,从小练拳击,打垒球,喜欢斗牛,并亲身上过斗牛场;还喜欢钓鱼,骑马,滑雪,打猎,在非洲森林里狩猎时两天内飞机出事两次,差点送了命(有好几家报纸竟刊出了他逝世的消息以及对他的评论,他痊愈后读了非常高兴,因为都是一些好话)。此外他还喜爱动物,晚年他大部分时间住在自己在古巴的"瞭望农场",除了夫妻两个人外,还有

---

[1] 参见弗朗索瓦兹等:《巨匠与情人》,南京:江苏人民出版社,1988。

9个用人，52只猫，16条狗，好几百只鸽子，此外，还有3头母牛。这一切都说明了海明威是个非常有个性的作家，连自杀的方式也有个性。伍尔夫投河，三岛由纪夫切腹，杰克·伦敦和芥川龙之介都是服毒，茨威格是打开煤气，海明威则把猎枪含在嘴里，两个扳机一齐扣动，大半个脑袋都打碎了。这一天是1961年7月2日。

　　海明威是我个人比较偏爱的作家，以前迷恋他的"压力下的风度"，他的一句格言我一直很喜欢，是《永别了武器》里的话："每一个人在世界上都受挫折，有许多人反而在折断的地方长得最结实。"并不是每个人都能在折断的地方长得最结实，因此，海明威的名言和他写硬汉的小说对那些渴望坚强的人永远都是一种激励。但海明威虽然生平表现出来的是一个与整个世界相抗争的角斗士的形象，是个硬汉，而在骨子里则是与卡夫卡、里尔克、加缪一样，敏感，易受伤害，甚至脆弱。同时，海明威还多了几分天真。美国学者菲力浦·扬认为，一切美国故事里最伟大的主题是：天真遇上经验，讲天真的美国人怎样走到外面的世界，怎样遇见与天真完全不同的东西，怎样在路上被打倒了，从此以后便很难再把自己拼起来，回复原状。[1] 而海明威讲述的正是这古老的故事，关于一个男孩子怎样被他从小到大经历的世界打击得粉碎的故事。菲力浦·扬认为海明威的独特处还在于他笔下的这些天真的人物不会成熟，也不会成人，永远有一种天真的本性。海明威最具有自传意味的系列小说《尼克·亚当斯故事集》写的正是这样一个主人公，文学史家认为尼克·亚当斯的形象与马克·吐温笔下的哈克贝利·芬同样不朽。

　　海明威的巨大名声更来自他的几部长篇小说，有《太阳照样升

---

[1] 菲力浦·扬：《欧涅斯·海明威》，《美国现代七大小说家》，233页。

起》(1926)、《永别了武器》(1929)、《丧钟为谁而鸣》(1940)、《老人与海》(1950)。尤其是前两部使他成为"迷惘的一代"的代表作家。"迷惘的一代"指的是一战之后失落与困惑的一代,这个概念出自美国女作家斯泰因,是现代主义先驱者之一,20年代住在巴黎,主持文学沙龙。纪德、毕加索、庞德、艾略特、海明威都是常客。海明威与她有几年交往,后来发现她是同性恋,有些厌恶,斯泰因也看不惯海明威萎靡颓废、不思进取、吊儿郎当的样子,就训海明威:"你们这些在战争中当过兵的年轻人都是一样。你们全都是迷惘的一代。""是吗?"海明威不服气,就和她抬杠。海明威晚年的回忆录《流动的圣节》中有一章题目就是"迷惘的一代",专门谈1924年的这件事,有意思极了。这也是我最喜欢的海明威的一本书,回忆的是20年代他在巴黎的生活。后来海明威创作《太阳照样升起》的时候,在书的扉页引用了斯泰因教训他的那句话:"你们全都是迷惘的一代。"从此"迷惘的一代"成为文学词典中一个专门词条,文学史考试经常用来作名词解释。

斯泰因本人在其自传《艾丽斯自传》中也详细地记录了她与海明威的交往,并在自传中表示"我对海明威确实有些偏爱"。参见格特鲁德·斯泰因《艾丽斯自传》,作家出版社,1997。

但是,海明威真正具有革命性的是他的小说在写作形式、语言和技巧方面的成就,是他所开创的"冰山文体",从而提供了我们理解现代小说的另一种方式。《现代主义代表作100种提要》中这样评价海明威,认为他的长篇小说《太阳照样升起》以及短篇小说产生了不可抗拒的影响,"一位作家,如此突然地一举成名,如此漫不经心地使这么多别的作家和别的写作方式一败涂地,并如此直接地成为一个时代的象征,这的确是史无前例的"。而《永别了武器》则"也许算得上是他的最佳作品,在这部书之后,人们再也无法模仿这种和谐悦耳、水晶般透明的风格"[1]。这种说法实际上是针对大批海明威文体风格的模仿者而言的。海明威成名之后,几乎所有文学青年都一下子觉得自己也有了一举成名的梦想和希望。杂志社在一段时间内收到的几乎都是海明威体的小说。连大学课堂的文学课也受到了影响。美国当代小说家理查德·福特回忆他大学生活时说,教授布置的作业就是让全班用"海明威文体"或"福克纳文体"写一段文章,学生们都怨声载道:"居然能给学生布置这样苦难奸诈的作业。"结果理查德·福特照海明威文体写的文章才念了三句,老师就打断了他,说听上去倒像别的学生写的福克纳。[2]

可以说有两类作家,一类作家主要影响读者,另一类作家则主要影响其他的作家。海明威可能更属于后者(这类作家可能还有博尔赫斯)。尤其是海明威的短篇小说,一般读者可能是读不进去的。我大一大二大三曾三次借回《海明威短篇小说选》,但直到读了研究生时才真正开始喜欢,觉得从小说技巧的意义上看,海明威的短篇小说比长篇更有代表性。这也是选了《白象似的群山》的原因。也正是海明威的短篇小说,把他的"冰山文体"推到了极致,深刻地影响了后来的小说家。比如马尔克斯就受到了海明威的巨大影响,他认为真正影响了自己的有两位大师,都是北美小说家:福克纳和海明威。他称福克纳是一位"与我的心灵有着许多共感的作家,而海明威则是一位与我的写作技巧最为密切相关的作家"。马尔克斯认为海明威始终未能在长篇小说领域里博得声望,而是往往以其训练有素、基础扎实的短篇小说来赢得

---

[1] 康诺利、伯吉斯:《现代主义代表作100种提要·现代小说佳作99种提要》,62页,桂林:漓江出版社,1988。
[2]《20世纪世界小说理论经典》(下卷),469页,北京:华夏出版社,1995。

声誉。[1]可以说海明威的短篇小说更能体现"冰山文体"的特征,同时也更深刻地影响了其他的作家。

"冰山文体"

海明威的"冰山理论"是大大的有名,几乎广为人知。海明威的"冰山理论"最早是在一部关于斗牛的专著《午后之死》中提出的,以后又不断加以阐发。所谓的"冰山理论"是海明威把自己的写作比作海上漂浮的冰山,用文字表达出来的东西只是海面上的八分之一,而八分之七是在海面以下。海面下面的部分就是作家没有写出的部分,是省略掉的部分,但这一部分读者却可以感受到,好像作家已经写了出来似的。联系海明威的短篇创作具体分析,"冰山理论"有两个层面的含义。

1. 简约的艺术

所谓"简约的艺术",即删掉小说中一切可有可无的东西,以少胜多,像中国水墨画技巧,计白当黑,没有着墨的空白处似乎比浓墨重彩更有韵味。不要铺陈,不要八分之八,而只要八分之一。英国学者贝茨在《海明威的短篇小说》一文中认为,这种简约在语言上表现为删掉了小说中几乎所有的解释、探讨,甚至议论;砍掉了一切花花绿绿的比喻;剥下了亨利·詹姆斯时代句子长、形容词多得要命的华丽外衣:"他以谁也不曾有过的勇气把英语中附着于文学

---

[1] 王宁主编:《诺贝尔文学奖获奖作家谈创作》,483—485页,北京大学出版社,1987。

的乱毛剪了个干净。"[1]这些英语文学的乱毛中被海明威收拾得最利索的是形容词。形容词过多是19世纪末以亨利·詹姆斯为代表的小说家带给英语文学的一大灾难。譬如詹姆斯的代表作《贵妇人的画像》充斥着长句子和多重修饰，"你不憋足大一口气是读不完一句句子的，好比一长列货车，站在它面前望不到尽头"[2]。这绝对是学者型的文风。而海明威18岁就去打仗，根本没有机会进行科班训练，打过仗当了美国一家报纸驻欧洲的记者，写文章和报道要用电报发回国，语言必须简明，于是形成了一种所谓的"电报体风格"，极少用修饰语，极少用形容词。可以说文学史上有一类作家是敌视形容词的。法国大文豪伏尔泰就有句名言："形容词是名词的敌人。"他似乎在说只有名词是直抵事物本身，是直面、直接呈示事物，形容词多了反而遮蔽事物和内质，所以是名词的敌人。马克·吐温在1880年的一封信中也有类似的表达：

> 用平易的、简单的英语，短字和短句。这是现代的写法，最好的写法——英语就得这么写。坚持这么写；不要浮华花哨，不要赘言冗长。你一想起一个形容词，就消灭它。不，我不是说形容词一个也不用，而是说大多数不要用，这样留下来的就有分量了。形容词挤在一块儿，文章没力，离远一点就有力。一个人一旦养成好用形容词的习惯，或者写的冗长、花哨，就好比染上其他恶习一样，很难改掉。[3]

北京大学中文系教授严家炎老师曾说用电脑写出的文章不严谨，可知写作的工具对写作本身大有影响。很多朋友都说想敲的是一个词，但敲出来的是另一个词，有时词义相似就凑合用了，"懒得再改了"。

---

[1] 贝茨:《海明威的短篇小说》,《海明威短篇小说选》,319页,上海译文出版社,1981。
[2] 董衡巽:《海明威与现代小说》,《美国现代小说家论》,101页,北京：中国社会科学版社,1988。
[3] 转引自董衡巽:《海明威与现代小说》,《美国现代小说家论》,99页。

海明威最激赏的作家正是马克·吐温,他称"一切现代美国文学来自马克·吐温的一本书,叫作《哈克贝利·芬历险记》,这是我们最好的一本书,一切美国文学创作都从这本书来。在这以前没有什么东西,打它以后的东西没有这么好"。从这一点看,海明威简约的语言风格与马克·吐温的主张有内在的相通是不奇怪的。他们都追求语言的简约。

这种简约的风格有一个很好的例子来说明,就是海明威最小的儿子回忆父亲给自己改写小说的逸事。40年代以后评论界称海明威才华枯竭,进而又说他心灵枯竭,海明威自己也将信将疑,感到有必要培养一个作家儿子,延续自己的创作生命,就指导自己最小的儿子格瑞戈里读书、写作。

> 有一天早晨爸爸说:"你自己写一篇短篇小说,不要期望写得很好。"
>
> 我坐在桌子边上,手里拿着一只爸爸削得很尖的铅笔,苦思苦想。我望着窗外,听着鸟叫,听见一只猫也想跟着它们一起叫;我嗖嗖地乱写一通。我把猫放了出去,可是又进来一只。前面提到海明威住在古巴"瞭望农场"时养了52只猫。格瑞戈里的这段回忆提供了旁证。
>
> 我用爸爸的打字机打字。那一天他的工作已经完毕。我慢慢地打出一篇故事来,交给爸爸。
>
> 爸爸戴上眼镜,给自己倒了一杯酒,读了起来,我在一边等着。他读完之后,抬头看了我一眼。"非常好,吉格。比我在你这个年纪的时候写得好多了。我看要改的就是这个地方,"他指的是一只鸟从窠里掉下来之后,这个鸟出乎意外,发现自己可以展翅飞去,不会撞在下面的岩石上。

"你是这样写的……'突然之间它发现自己可以飞了。'你把'突然之间'（all of a sudden）改成'突然'（suddenly）。用字越少越好——这可以保持动作的持续性。"爸爸笑了起来。我好久没有见过爸爸这样笑了。"你可得奖了，孩子。"

其实真相是怎么回事呢？

得奖的该是屠格涅夫。这篇小说是他写的。我只是抄录下来，变了变背景，换了换名字，这是我从一本书里发现的，我估计爸爸没有读过这本书，因为有几页书还没有裁开。

我并没有优胜者的感觉，我不知道爸爸什么时候会发现我对那篇小说惟一的贡献是把"突然"改成"突然之间"。

幸好爸爸发现我剽窃的时候我不在场。后来听说有人问他，他的儿子格瑞戈里会不会写小说。他兴致勃勃，容光焕发，堆起他那付笑脸回答道："格瑞戈里有时候做一点蹩脚的校对。"当然，人人都笑了起来。[1]

> 我每次读这段回忆都会笑起来。同学们听到这里也大笑。海明威的幽默感还是有的。

这个例子说明真正的作家之间有一种心灵的默契。海明威没有改动屠格涅夫小说的其他任何地方，但却一眼看出了不属于屠格涅夫的东西，所谓"文章千古事，得失寸心知"正是这个意思。当然，这个例子主要反映了海明威对烦琐的语言的极度敏感。

海明威小说语言另一个鲜明的特征是简约的对话风格。贝茨在

---

[1] 董衡巽选编：《海明威谈创作》，172页，北京：三联书店，1986。

《海明威的短篇小说》一文中指出:"在他以前的一个世纪,长篇小说的对话向来都给一大套精雕细镂的老规矩压得东摇西摆,迈不开步。长篇不知想了什么办法,居然活了下来;短篇却一直岌岌可危。按照这套老规矩,角色说的话要具备作家所强调的抑扬顿挫、风味、情绪、含意。于是:'他带着明显表示的愤怒又重复了一遍';'她鼓起勇气,用忧郁的音调说';'他犹豫不决地宣称';'他声音惊恐、结结巴巴地讲';'他夹进来说';'他低声笑着插了句嘴',如此等等,不一而足。这些文字填料一块块塞满了上起狄更斯,下至四便士平装本的每部长篇小说中的人物交谈。"海明威则把这一切"填料"都一扫而光。他的对话都是直接呈现对话内容,有时连"他说"这样的字眼也去掉了。这实际上是小说家在给自己出难题,他必须非常精心地设计每一句对话,才能传达人物对话中内在的情绪和语调,必须在对话语言中选择一些能提示人物内心和情绪的词汇和字句。但显然很难完全做到,很多时候读者只能靠联想去感受人物内在的心理和情绪以及心灵世界。而这恰恰是使小说内蕴复杂和丰富的重要途径,作者自己不加判断和解说,读者只能凭对话内容去感知,小说就复杂化了,同时也耐读了,因为读者一开始漫不经心地去读,往往只看到海面上的八分之一,只有认真品味,才能领略其余的八分之七。但最终想清楚地看到冰山全体,则是不可能的。

2."经验省略"

这个概念我是借用小说家马原的。马原认为"冰山理论"的更内在的质素可以用一句话来概括,就是"经验省略"。他指出开始许多评论家把海明威的省略与传统的留空白理论等同起来,以为这是一种含蓄手法的运用,言有尽而意无穷,其实这是一个大的失误。传统的省略方法很类似于删节号的作用，它省略的是情味和韵致；而海明威省略的则是完全不同质的东西——实体经验。马原以《永别了武器》中曾被海明威改写了 39 遍（在另一处海明威又说是 40 遍）的结尾为例：

> 我往房门走去。
> "你现在不可以进来。"一个护士说。
> "不，我可以的。"我说。
> "目前你还不可以进来。"
> "你出去。"我说。"那位也出去。"

"在此之前作者没告诉我们房间里有几位护士，这段文字也没交代，可是我们马上知道了这间停着'我'情人（卡萨玲）尸体的房子里有两位护士。'我'的对话没有丝毫失态之处，可是我们也从这段文字里知道了'我'的失常变态。""这些语调上的变化其实在上边文本中全无提示，作者也没有用叙述的方式告诉我们关于主人公"我"的任何情绪变化，然而我们都知道了。作者利用了人所共有的感知方式及其规律，他知道大家都知道的东西你不说大家也会知道这个道理，他就不说大家都知道的东西，结果大家还是都知道了。这样做除了因省略掉一些东西而缩短了篇幅外，由这种省略还产生了完全出人意料的新的审美方法，以作用于（阅读）对象心理为根本目标的方法。"[1]

马原的论述很精彩，但他所谓的"经验省略"，我理

虽然马原像在说绕口令，但读起来还是令人轻松愉快的。很多读者都更喜欢读小说家和诗人的散文或创作谈，就是因为不像学者学术文章那样四平八稳，言语无味。

---

[1] 马原:《小说》,《文学自由谈》, 1989 年第 1 期。

从卡夫卡到昆德拉

解实际上并不是把实体经验省略掉了，海明威省略的其实是我们凭经验可以填充、想象的部分，因此，这种省略技巧就最大限度地调动了读者的经验参与，使读者觉得作家很信任自己的理解力和经验能力。在这个意义上，海明威等于把冰山的八分之七空在那里让读者自己凭经验去填充。而以往的小说家如果是现实主义者就把什么都告诉你，喋喋不休，不厌其烦，不留空白；如果是浪漫主义者就拼命调动读者的情绪，拼命煽情。海明威也在调动，他调动的则像马原所说，是经验。这肯定是一种新的小说美学。怎样深入阐发它的美学层次的内容还需要继续思考。但我们起码可以说，这种"经验省略"涉及的绝不仅仅是个"简洁"的问题，它还关涉着对世界的认知与呈示问题，关涉着小说家对生活中的情境和境遇的传达方式问题，从中有可能生成一种小说的情境美学。分析完《白象似的群山》后我们再专门谈一谈这个话题。

《白象似的群山》文本解读

《白象似的群山》堪称是海明威短篇小说中的经典。它写于1927年海明威第二次度蜜月期间，收入海明威小说集《没有女人的男人》。小说情节一句话就可以概括：一个美国男人同一个姑娘（girl）在一个西班牙小站等火车的时候，男人设法说服姑娘去做一个小手术。是什么手术小说没有直接交代，但有经验的读者能够猜出是一次人工流产。而且海明威自己在一次访问中也曾介绍了小说的由来，说他在度蜜月的时候遇见了一个刚刚做完堕胎手术的女人，就花了一个下午以这个女人为原型写了《白象似的群山》。

整部小说基本上是由男人和姑娘的对话构成，开始的时候，两个人的气氛似乎有些沉闷,姑娘就采取主动的姿态,称远处群山的轮廓在阳光下"看上去像一群白象"。但男人有些心不在焉,他只关心一个话题,就是想劝姑娘去做手术。姑娘显得紧张和忧虑,男人就一再解释和安慰:那实在是一种非常简便的手术,甚至算不上一个手术。真的没有什么大不了,只要用空气一吸就行了。我以为这是最妥善的办法。但如果你本人不是真心想做,我也绝不勉强。姑娘终于急了:你再说我可要叫了。到这里小说的内在紧张达到了高峰,男人就去放旅行包等列车进站。回来时问姑娘:你觉得好些了吗?姑娘向他投来一个微笑:我觉得好极了。小说就这样戛然而止。

评论界理解这篇小说普遍表现出一种道德主义倾向,譬如贝茨就认为:"这个短篇是海明威或者其他任何人曾经写出的最可怕的故事之一。""对于姑娘来说,有什么东西毁了;不但她的过去,而且将来都是这样。她是吓坏了。"理查德·福特则说:"这个故事我很欣赏,学生们也喜爱,因为这显得很现代。没有人说出'堕胎'二字,但堕胎的感觉——失落、困惑、发呆——渗入每个细微的、讲究风格的动作和字里行间。"[1]昆德拉在《被背叛的遗嘱》一书中分析了《白象似的群山》,介绍了一本美国大学教授1985年写的海明威传记,传记把小说解释为一个自我中心的男人正强迫他的妻子去做流产。这些解释背后都隐含了道德判断,人们普遍同情姑娘,而谴责美国男人。这些解释是不是准确可靠呢?下面我们具体分析一下文本。

---

[1]《20世纪世界小说理论经典》(下卷),467页。

白象似的群山

　　埃布罗河①河谷的那一边，白色的山冈起伏连绵。这一边，白地一片，没有树木，车站在阳光下两条铁路线中间。紧靠着车站的一边，是一幢笼罩在闷热的阴影中的房屋，一串串竹珠子编成的门帘挂在酒吧间敞开着的门口挡苍蝇。那个美国人和那个跟他一道的姑娘坐在那幢房屋外面阴凉处的一张桌子旁边。②天气非常热，巴塞罗那来的快车还有四十分钟才能到站。列车在这个中转站停靠两分钟，然后继续行驶，开往马德里。③

　　"咱们喝点什么呢？"姑娘问。她已经脱掉帽子，把它放在桌子上。④

　　"天热得很，"男人说。

　　"咱们喝啤酒吧。"

　　"Dos cervezas，"⑤男人对着门帘里面说。

　　"大杯的？"一个女人在门口问。

---

① 埃布罗河（the Ebro）：流经西班牙北部，注入地中海，全长约756公里。
② 整部小说运用的是很纯粹的限制性的客观叙事视角。比方说，就像一架机位固定的摄影机，它拍到什么读者就看到什么，没有叙事者主观的评论和解释，叙事者是非全知的，小说是限制性叙事。叙事者知道的几乎与读者一样多。只有"那个美国人"一句突破了纯粹的限制性视角，说明叙事者事先就知道他的国籍，此外我们对他的身份来历就一无所知，因为叙事者没有告诉我们任何别的信息。
③ 这一句是小说中很少运用的说明性的句子，告诉读者美国人和姑娘可能在等车，但是否在等车，叙事者没有直接说明，只是在暗示读者。
④ 第一句话是姑娘主动说出的。姑娘在小说中一直是采取主动姿态的人，而且可能是比较有情趣和想象力的人。下文中的喝啤酒也是她建议的。
⑤ 西班牙语，意为"来两杯啤酒"。

"对。两大杯。"

那女人端来两大杯啤酒和两只软杯垫。她把杯垫和啤酒杯一一放在桌子上。看看那男的,又看看那姑娘。姑娘正在眺望远处群山的轮廓。山在阳光下是白色的,而乡野则是灰褐色的干巴巴的一片。①

---

① 这一段的文字风格是典型的海明威风格。首先是海明威的小说大都是运用人物的视角来观察,尤其是以人物的眼光引出风景描写。在这一段中,男人和姑娘是借卖酒的女人来观察的,而风景又是怎样引出的呢?是姑娘在眺望风景:"姑娘正在眺望远处群山的轮廓。"于是作者就顺理成章地描写起风景来。这一段风景描写与传统小说有明显区别。马原认为,作为现代派小说家,海明威很清楚巴尔扎克时代的描写手法已经过时了。海明威知道巴尔扎克喋喋不休地描写伯爵夫人礼服的花边和样式以及历史沿革是多么令读者厌倦,环境和风景描写也同样连篇累牍,很少有人耐心读完。但巴尔扎克细致的环境和风景描写是否必要?这一点海明威就缺乏判断了。他有点拿不准,因为写一个事件的环境对小说有时是相当关键的。那么该怎样描写环境和风景呢?这个时候海明威自己的描写就相当聪明。马原举了《永别了武器》开头第一段的例子:"那年夏天,我们住在村庄上的一幢房子里,望得见隔着河流和平原的那些高山。河床里有圆石子和漂砾,在阳光下又干又白,清蓝明净的河水在河道里流得好快。"马原评论说:"他要写一下那个环境,他怕会使他的读者厌倦,就说——在某一个位置'望得见'什么什么,真是一个巧妙的主意。如果他说那里有些什么他就犯了强加于人的错误,他说在那个位置上'望得见'什么时就温和得多了。这是一场心理战。我是读者我读到这样的部分时,我想我通常有兴趣知道。作者的委婉使他取得了预想的效果。"马原是小说家,他有创作体验,因此他凭感受出发有时更能看出某些学者和评论家看不到的问题。作家写的创作谈方面的文字,往往比学者更能揭示文学本体性内在性的问题。

《白象似的群山》这一段就是这样:"姑娘正在眺望远处群山的轮廓……"风景是由人物眼光引出的,读者就与姑娘一起观看,同时也间接洞见了姑娘的内心和姿态,是一种双重的效果。这是一种风景描写技巧上的变化。这种变化往往是不知不觉的。读者不一定能一下子发现技巧已经改变了。但在海明威却是极端自觉。在这个意义上,短篇小说尤其是需要技巧的,是必须训练的。我们中国作家动不动就鸿篇巨制,直追普鲁斯特,但经过短篇小说的严格训练的小说家却寥寥。与短篇小说相比,写长篇往往更容易藏拙。

这种环境和风景描写中看似不经意的变化其实意味着一场深刻的小说美学的变革。

"它们看上去像一群白象，"她说。①

"我从来没有见过一头象，"男人把啤酒一饮而尽。

"你是不会见过。"

"我也许见到过的，"男人说，"光凭你说我不会见过，并不说明什么问题。"②

姑娘看看珠帘子。"他们在上面画了东西的，"她说，"那上面写的什么？"

"Anis del Toro。是一种饮料。"③

"咱们能尝尝吗？"

男人朝着珠帘子喊了一声"喂"。那女人从酒吧间走了出来。"一共是4里亚尔。"④

"给我们再来两杯Anis del Toro。"

"掺水吗？"

"你要掺水吗？"

"我不知道，"姑娘说，"掺了水好喝吗？"

"好喝。"

"你们要掺水吗？"女人问。

---

① 比喻第一次出现。不是属于小说的叙事者的，而是属于姑娘的。它多少提示了姑娘是有诗化倾向的人物。这个比喻后面一再复现，它肯定有提示性作用，提示了小说人物的情调，近似于主导动机，也是冲突的一个焦点。
② 男人的反应是现实主义式的反应，没什么浪漫的诗意，因此姑娘似乎有些不满，"你是不会见过"，语调里有点怨气，但男人也针锋相对和她抬杠。这里开始暗示两个人之间有一点不愉快的气氛，有某种紧张。
③ 这里面也有所谓的"经验省略"，海明威并没有直接交代帘子上画了什么，写了什么，但姑娘和男人的对话却告诉了我们上面写有东西。另外，我们还能知道，上面写的是西班牙文，姑娘并不认识。"Anis del Toro"正是西班牙语，指一种茴香酒。
④ 里亚尔（real）：旧时西班牙和拉丁美洲国家通用的一种银币。

"好，掺水。"

"这酒甜丝丝的就像甘草。"① 姑娘说，一边放下酒杯。

"样样东西都是如此。"

"是的，"姑娘说，"样样东西都甜丝丝的像甘草。特别是一个人盼望了好久的那些东西，简直就像艾酒一样。"

"喔，别说了。"

"是你先说起来的，"姑娘说，"我刚才倒觉得挺有趣。我刚才挺开心。"②

---

① 又是姑娘的比喻。
② 读到这里已开始进入关键话题，但歧义也就来了。姑娘说这酒像甘草甜丝丝的，男人说的是"样样东西都是如此"，把话题引向了所有的事情，其实是想说一件现实的事情，就是把话题引向下面谈到的流产。所以"样样东西都是如此"这句话是想安慰姑娘一切都会好起来的，包括流产这件事情也没什么了不起。但下面的对话开始费解："'是的，'姑娘说，'样样东西都甜丝丝的像甘草。特别是一个人盼望了好久的那些东西，简直就像艾酒一样。'"这些话是在赞同男人，但为什么男人不满，"喔，别说了"。而姑娘也同样不满，"是你先说起来的"。我们读小说译文不太容易搞清为什么两个人的语气都有些不满，可能是中译没有传达出原文的语境。"样样东西都甜丝丝的像甘草。特别是一个人盼望了好久的那些东西，简直就像艾酒一样"，这一句的原文是这样的："Everything tastes of licorice. Especially all the things you've waited so long for, like absinthe." 这里的"艾酒"（absinthe）是一种苦酒，以苦艾为原料，又叫苦艾酒。那么为什么译文中却说甜丝丝的东西"简直就像艾酒一样"？这不是自相矛盾么？其实原文的语境中姑娘的话有讽刺的意味，意思是"你说每样东西都像甘草是甜的，难道苦艾酒也能说成像甘草"？"Like absinthe"一句应该译成"比如艾酒"，like 译成 such as，就清楚多了。因此，姑娘这段话的准确语义应是："你连苦艾酒也能像甘草一样，尝出甜味来。"这就有了讽刺意味。姑娘其实也在暗指流产的事情，是想对男人说你是不是连堕胎也要说成是件好事？所以男人听出了讽刺意思，才有点恼羞成怒，说"别说了"。姑娘则反戈一击：是你先说起来的，我刚才本来挺开心，你又扯到这件事上来了。接下去读我们就会明白原来两个人即使不说出来，心里其实也都在想着同一件事，小说其实一直被一种内在气氛笼罩着，两个人即使不谈核心的焦点话题，但对话中都有机锋暗暗指向它。

这个例子说明了我们这些靠中文去读外国文学作品的外国文学爱好者的悲哀。如果我们碰上的是一个错误百出的中译本，连读都读不懂，遑论研究？

"好吧，咱们就想法开心开心吧。"①

"行啊。我刚才就在想法。我说这些山看上去像一群白象。这比喻难道不妙？"

"妙。"②

"我还提出尝尝这种没喝过的饮料。咱们不就做了这么点儿事吗——看看风景，尝尝没喝过的饮料？"

"我想是的。"

姑娘又眺望远处的群山。

"这些山美极了，"她说，"看上去并不真像一群白象。我刚才只是说，透过树木看去，山表面的颜色是白的。"③

"咱们要不要再喝一杯？"

"行。"

热风把珠帘吹得拂到了桌子。

"这啤酒凉丝丝的，味儿挺不错。"男人说。

"味道好极了。"姑娘说。

"那实在是一种非常简便的手术，吉格，"男人说，"甚至算不上一个手术。"④

姑娘注视着桌腿下的地面。⑤

---

① 结果是男人妥协。
② 听起来有点敷衍。
③ 这一段中姑娘两次涉及白象的比喻，第二次却是否定性的，说山看上去并不真像一群白象，姑娘的感受变了。其实这也许并不是一个特别关键的比喻，但它说明了姑娘一直试图找到开心的办法，尝试摆脱沉闷的心境，并想引起男人注意。但男人显然无法把注意力集中到群山上，他只忧虑一件事。
④ 核心事件终于出现了，而且我们也知道了姑娘的名字。
⑤ 姑娘第一次沉默。

"我知道你不会在乎的,吉格。真的没有什么大不了。只要用空气一吸就行了。"①

姑娘没有作声。

"我陪你去,而且一直待在你身边。他们只要注入空气,然后就一切都正常了。"

"那以后咱们怎么办?"②

"以后咱们就好了,就像从前那样。"

"你怎么会这么想呢?"

"因为使我们烦心的就只有眼下这一件事儿,使我们一直不开心的就只有这一件事儿。"

姑娘看着珠帘子,伸手抓起两串珠子。

"那你以为咱们今后就可以开开心心地再没有什么烦恼事了。"③

"我知道咱们会幸福的。你不必害怕。我认识许多人,都做过这种手术。"

"我也认识许多人做过这种手术,"姑娘说,"手术以后她们都照样过得很开心。"

"好吧,"男人说,"如果你不想做,你不必勉强。如果你不想做的话,我不会勉强你。不过我知道这种手术是很便当的。"

"你真的希望我做吗?"

---

① 这句话可能在暗示这是什么样的一次手术,但只有有经验的人才能猜出来。
② 困扰姑娘的可能是更长久的考虑,与男人只关心眼下堕胎一事形成了对比。
③ 从这一段话中可以感受到两个人的冲突和分歧到底在哪里。男人烦心的是眼前这件具体的事情,认为使两个人不开心的只有这一件事。而姑娘更关心手术以后两个人是否就能开开心心再没有什么烦恼。

"我以为这是最妥善的办法。但如果你本人不是真心想做,我也绝不勉强。"①

"如果我去做了,你会高兴,事情又会像从前那样,你会爱我——是吗?"

"我现在就爱着你。你也知道我爱你。"

"我知道。但是如果我去做了,那么倘使我说某某东西像一群白象,就又会和和顺顺的,你又会喜欢了?"

"我会非常喜欢的。其实我现在就喜欢听你这么说,只是心思集中不到那上面去。心烦的时候,我会变成什么样子,你是知道的。"②

"如果我去做手术,你就再不会心烦了?"

"我不会为这事儿烦心的,因为手术非常便当。"

"那我就决定去做。因为我对自己毫不在乎。"

"你这话什么意思?"

"我对自己毫不在乎。"

"不过,我可在乎。"

"啊,是的。但我对自己却毫不在乎。我要去做手

> 白象(white elephant)在英语中指无用而累赘的东西。海明威对"白象似的群山"这一比喻的运用肯定隐含着某种隐喻意思。但像美国文学教授杰弗雷·梅耶所解释的那样——把白象喻为不受欢迎的婴儿——则是一种太过落实的解释。昆德拉认为"把象和不受欢迎的婴儿相比较颇为牵强,这不是海明威的而是教授的;它大概是为了准备对小说作情感化解释"。参见昆德拉:《被背叛的遗嘱》,131页。

---

① 男人的态度至少从字面上看是不想勉强姑娘。但他觉得手术是妥善的办法。我读到这里至少觉得男人不是一个态度绝对强硬的人,他一再强调"绝不勉强",而且态度上很难说是虚伪的,不真诚的。

② 白象的比喻再次出现,证明了姑娘极为敏感,她前两次运用这个比喻都没有得到男人的反应,就敏感地觉得男人是不是不喜欢她了。而男人的解释也是合理的,他的心思无法集中到诗化的比喻上,这是一个可以令人接受的理由。昆德拉也说:"男人说的话都是寻常的安慰的话,在这类情景下惟一可能说的话。"

术，完了以后就会万事如意了。"①

"如果你是这么想的，我可不愿让你去做手术。"

姑娘站起身来，走到车站的尽头。铁路对面，在那一边，埃布罗河两岸是农田和树木。远处，在河的那一边，便是起伏的山峦。一片云影掠过粮田；透过树木，她看到了大河。

"我们本来可以尽情欣赏这一切，"她说，"我们本来可以舒舒服服享受生活中的一切，但一天又一天过去，我们越来越不可能过上舒心的日子了。"

"你说什么？"

"我说我们本来可以舒舒服服享受生活中的一切。"

"我们能够做到这一点的。"

"不，我们不能。"

"我们可以拥有整个世界。"

"不，我们不能。"

"我们可以到处去逛逛。"

"不，我们不能。这世界已经不再是我们的了。"

"是我们的。"

"不，不是。一旦他们把它拿走，你便永远失去它了。"②

"但他们还没有把它拿走呵。"

---

① 姑娘在意的其实仍是两个人能否找回过去的开心的日子，她关心的并不是自己。

② 这是小说中比较费解的一句话。这里"他们"指的是谁？对于姑娘和男人的过去没有了解的局外人是无法知道的，读者显然也无法知道。但是这句话透露出堕胎事件的症结似乎不在两个人内部，还有个"他们"对两个人的生活构成着潜在的影响。

"咱们等着瞧吧。"

"回到阴凉处来吧,"他说,"你不应该有那种想法。"

"我什么想法也没有,"姑娘说,"我只知道事实。"

"我不希望你去做任何你不想做的事——"

"或者对我不利的事,"她说,"我知道。咱们再来杯啤酒好吗?"

"好的。但你必须明白——"

"我明白,"姑娘说,"咱们别再谈了好不好?"

他们在桌边坐下。姑娘望着对面干涸的河谷和群山,男人则看着姑娘和桌子。

"你必须明白,"他说,"如果你不想做手术,我并不硬要你去做。我甘心情愿承受到底,如果这对你很重要的话。"

"难道这对你不重要吗?咱们总可以对付着过下去吧。"

"对我当然也重要。但我什么人都不要,只要你一个。随便什么别的人我都不要。再说,我知道手术是非常便当的。"①

"你当然知道它是非常便当的。"

"随你怎么说好了,但我的的确确知道就是这么回事。"

"你现在能为我做点事儿么?"

"我可以为你做任何事情。"

"那就请你,请你,求你,求你,求求你,求求你,千万求求

---

① 也许这里多少透露了两个人冲突的症结。男人说"我什么人都不要,只要你一个",似乎是在表达海誓山盟般的誓言,但是隐藏着的潜台词却是仍有别的什么人存在,这可能构成了对姑娘的真正威胁,而这别的人,可能就是上面所说的"他们"——当然,由于我们缺少对事件的前因后果的掌握,这一切仅止于猜测。

第四讲 小说的情境化:《白象似的群山》与海明威

你，不要再讲了，好吗？"①

他没吭声，只是望着车站那边靠墙堆着的旅行包。包上贴着他们曾过夜的所有旅馆的标签。

"但我并不希望你去做手术，"他说，"做不做对我完全一样。"

"你再说我可要尖声叫了。"②

那女人端着两杯啤酒撩开珠帘走了出来，把酒放在湿漉漉的杯垫上。"火车五分钟之内到站。"她说。

"她说什么？"姑娘问。

"她说火车五分钟之内到站。"

姑娘对那女人愉快地一笑，表示感谢。

"我还是去把旅行包放到车站那边去吧。"男人说。姑娘对他笑笑。

"行。放好了马上回来，咱们一起把啤酒喝光。"③

他拎起两只沉重的旅行包，绕过车站把它们送到另一条路轨处。他顺着铁轨朝火车开来的方向望去，但是看不见火车。他走回来的时候，穿过酒吧间，看见候车的人们都在喝酒。他在柜台上喝了一杯茴香酒，同时打量着周围的人。他们都在宁安毋躁地等候着列车到来。他撩开珠帘子走了出来。她正坐

<small>海明威小说中的诸多省略、空白以及人物对话中丰富的潜台词，必须经过这种细读方式才能逐渐显示出来。</small>

---

① 姑娘厌烦了，情绪开始爆发，原文中海明威连续用了七个 please 请求男人"不要再讲了"（stop talking）。

② 这时姑娘激烈的情绪达到了顶点，小说的一种内在的紧张也达到了高潮。接下去如何收场呢？海明威这时不失时机地把开酒吧的女人请了出来。

③ 这里出现了小说叙事者一般很少用到的形容词"愉快"，同时写姑娘对男人笑笑。这都是对姑娘心理变化的如实写照。姑娘经过了宣泄，情绪显然好转。其中也许有对男人的某种歉意。

在桌子旁边,对他投来一个微笑。

"你觉得好些了吗?"他问。

"我觉得好极了,"她说,"我又没有什么毛病啰。我觉得好极了。"

(翟象俊译)

姑娘觉得"好极了",小说就这样收场了。这是典型的海明威式的短篇小说结尾,评论家称为"零度结尾"。和美国小说家欧·亨利戏剧化的出人意料的结尾正相反,这种"零度结尾"是平平淡淡地滑过去,像结束又不像结束,把读者茫然地悬在半空。"零度结尾"的概念,可能是从罗兰·巴尔特《写作的零度》那里引发出来的。所谓"写作的零度",在罗兰·巴尔特眼里,是以存在主义大师加缪为代表的那种方式,即"中性的","非感情化",回避感情色彩和主观意向性的写作方式。海明威短篇小说的结尾也有"零度"特征,不点明主题,不表示意向,拒绝解释和判断,甚至不像结尾。我们不知道男人和姑娘以后会怎样,是不是做了手术?手术之后俩人是分手了,还是依旧像从前那样过着幸福美好的生活?海明威似乎并不关心这些。他只是像一个摄影师,碰巧路过西班牙小站,偷拍下来一个男人和姑娘的对话,然后两个人上火车走了,故事也就结束了。他们从哪里来?是谁?又到哪里去?为什么来到了这个小站?海明威可能并不知道,我们读者也就无从知晓。前面在小说批注中说过,整部小说运用的是非常典型的纯粹的限制性客观叙事视角,恰像一架机位固定的摄影机,它拍到什么,读者就看到什么,绝少叙事者的干预和介入,甚至可以说非全知的叙事者知道的几乎与读者一样多。小说省略了太多的东

> "写作的零度"这一问题可进一步参见本书的第七讲。

西,包括人物的身份,故事的背景以及情节的来龙去脉。因此,想做出确凿的判断几乎是徒劳的。

那么回到前面我们介绍的关于《白象似的群山》的评论,这是一篇最可怕的故事吗?那个美国男人肯定是应该受谴责的吗?这些说法看似很确凿,但实际上是不一定完全成立的,是需要我们质疑的。一方面海明威省去了许多东西,很多判断是无法做出的,另一方面,海明威追求的可能是对某种生活境遇与情境的如实摹写和记录,它体现着某种小说美学,前面说过可以概括为小说的情境美学。

情境化的小说

昆德拉解读《白象似的群山》时也认为人们理解这篇小说有一种道德主义倾向,譬如小说的法国译本就把题目译成《失去的天堂》,意思是无辜的姑娘在人工流产事件中把天堂般的过去失掉了。这个过去的天堂可能指少女的纯真烂漫,也可能指过去幸福美满的好时光。但实际上,《白象似的群山》绝不是一篇道德小说,而是一篇情境化的具有多重可能性的小说。在所有的评论中,最有眼光的是昆德拉的解读。在汉译《被背叛的遗嘱》中,昆德拉花了近十页的篇幅讨论《白象似的群山》。他认为,在这个只有五页长的短篇中,人们可以从对话出发想象无数的故事:男人已婚并强迫他的情人堕胎,好对付他的妻子;他是单身汉,希望堕胎,因为他害怕把自己的生活复杂化;但是也可能这是一种无私的做法,预见到一个孩子会给姑娘带来的困难;也许,人们可以想象一下,他病得很重并害怕留下姑娘单独一人和孩子;人们甚至可以想象孩子是属于另一个已离开姑娘的男人的，姑娘想和美国男人一起生活，后者向她建议堕胎同时完全准备好在拒绝的情况下自己承担父亲的角色。至于那姑娘呢？她可以为了情人同意堕胎；但也可能是她自己采取的主动，随着堕胎的期限临近，她失去了勇气……昆德拉的解读使小说的情节得以多重地猜想下去。而人物性格也同样有多重性："男人可以是敏感的，正在爱，温柔；他可以是自私，狡猾，虚伪。姑娘可以是极度敏感，细腻，并有很深的道德感；她也完全可以是任性，矫揉造作，喜欢歇斯底里发脾气。"[1] 更重要的是小说人物对话背后的主观动机是被隐藏着的。海明威省略了一切说明性的提示，即使我们能够从他们的对话中感受到对话的节奏、速度到底是快的还是慢的，语调是讽刺的还是温和的，也无法判断真正的心理动机。一般说来，小说中的主导动机是揭示主题和意向的重要手段，如乔伊斯《尤利西斯》中多次复现的布卢姆随身携带的烤土豆。《白象似的群山》中类似的主导动机就是姑娘关于白象的比喻，在小说中出现了三次。但从这个比喻也很难生发出确切的判断。我们可以说姑娘是微妙的，有情趣，有诗意，而男人对她的比喻毫无反应，男人是很实在的或者是没有趣味的。但昆德拉认为人们"也完全可以在她的独特的比喻性发现中看到一种矫揉造作，故作风雅，装模作样"，卖弄有诗意的想象力。如果是这样，姑娘说什么堕胎后世界就不再属于他们之类的话语，就只能归结为姑娘对抒情式卖弄的喜好。这种有抒情倾向的女性，生活中我们经常会碰到。

那么，我们关于《白象似的群山》的各种判断和猜想，究竟哪一种是准确的呢？昆德拉最后下结论说："隐藏在这场简单而寻常

---

[1] 昆德拉:《被背叛的遗嘱》，114页，牛津大学出版社，上海人民出版社，1995。

的对话背面的,没有任何一点是清楚的。任何一个男人都可以说和那个美国人所说的一样的话,任何一个女人也都可以说和那个姑娘所说的一样的话。一个男人爱一个女人或不爱她,他撒谎或是诚实,他都可以说同样的话。好像这出对话在这里从世界初创之日起就等着无数对男女去说,而与他们的个人心理无任何关系。"可以说,这是一个可以多重讲述的故事,可以一遍遍补充不同的前因后果进行不同的阐释。有话剧社的同学说想把《白象似的群山》改成剧本,根据不同的前因后果写几个不同的脚本,是一个非常好的设想。

据我所知,这个设想后来没能实现,可能是改编的难度太大。

《白象似的群山》的这种多重性的确使它成为一个可以多重阐释的文本,有多义性。但是这种多义性与卡夫卡的《城堡》有什么区别?可以说《城堡》的多重阐释性在于"城堡"是一个无法企及的迷宫本身带来的。谁也不知道城堡里到底有什么,K永远无法进到城堡中去。而《白象似的群山》的多义性则是由于省略的艺术。一旦海明威补充了背景介绍,交代了来龙去脉,小说就完全可能很清楚。但海明威的高明处在于他绝不会让一切一目了然,他要把冰山的八分之七藏起来,因此他便呈示了一个经得起多重猜想的情境。这反而是一种真正忠实于生活的本相的小说技巧。我们在生活中真正面对的,正是一些搞不清前因后果的情境。我经常喜欢在火车上或小饭店里听旁边我不认识的人聊天,有时听进去后就会猜想这两个人身份是什么?要去做一件什么事?两个人的关系是什么?碰巧是一男一女就更有意思,如果是夫妻或恋人,一般听他们说几句话就可以猜出,如果都不是,难度就大了。这时我就想起海明威的《白象似的群山》,觉得这篇小说真是写绝了。这也许和早年巴黎时代海明威的写作方式有关。从他的回忆录《流动的圣节》中可以知道，20 年代海明威在巴黎流浪当小记者时，穷得很，经常挨饿，住的旅馆也非常冷，他就常常到咖啡馆写作。倘若外面冷风大作，寒气逼人，他的小说中的故事也就发生在寒风呼啸的冬天，如果他小说中的主人公正在喝酒，他也往往忍不住要喝上几杯，经常喝的是一种圣詹姆斯牌的朗姆酒。如果碰到一个脸蛋像新铸的钱币一样光亮动人，"头发黑得像乌鸦的翅膀"的女孩进来，海明威的思绪就会受到牵扰，变得异常兴奋，很想把女孩写进小说。这家海明威经常光顾的咖啡馆在圣米歇尔广场上，后来成为海明威爱好者凭吊的地方。多年以后，马尔克斯也曾经在这家咖啡馆流连，并"总希望能再度发现那个漂亮清新，头发像乌鸦翅膀一样斜过脸庞的女孩"[1]。所以考察海明威的写作方式，巴黎时代的咖啡馆是绝对重要的，就像汪曾祺谈西南联大时期的昆明茶馆一样。而《白象似的群山》也正是海明威午餐前在饭馆碰上一个刚刚做过堕胎手术的女人，聊了几句天，就开始创作这篇小说，结果一气呵成，连午饭都忘了吃。这种写作方式很容易把小说情境化，小说叙事往往只选择一个生活横切面，一个有限空间（火车小站），一小段时间（半小时），客观记录所发生的事件，尤其是直录对话，回避作者甚至叙事者的解释与说明，使小说情境呈示出生活本身固有的复杂性和多义性。这种多义性与卡夫卡的小说《城堡》的另一个区别在于卡夫卡是个沉思者，他在自己的小说中灌注思想；而海明威则拒斥思想，或者说是"隐匿思想"。菲力浦·扬就说海明威的风格是"没有思想的"，需要"停止

马尔克斯还写道："长年阅读一位作家的作品，对他又如此热爱，会让人分不清小说和现实。曾有许多日子，我在圣米歇尔广场的咖啡厅看上老久的书，觉得这里感觉愉快、温暖、友善，适合写作。"马尔克斯显然体验到了海明威当年的感觉。

---

[1] 马尔克斯：《马尔克斯谈海明威》，《20 世纪的书》，417 页，三联书店，2001。

思想"。贝茨称海明威的语言也是那种"公牛般的、出乎本能的、缺少思想的语言"。因此海明威的省略的艺术也许不仅是省略了经验,而且也省略了思想。他的小说中深刻的东西也许不如其他现代主义小说多,但仍然有意蕴的丰富性。这些意蕴是生活本身的丰富性带来的,它同样能激发读者想象力和再创造文本的能力。这使海明威提供了另一种小说,其创作动机不是为了归纳某种深刻的思想,也不仅仅满足于提供抽象的哲学图式。海明威的小说并不在乎这些,而真正成功的小说也并不提供确切的人生图式,它更注重呈示初始的人生境遇,呈示原生故事,而正是这种原生情境中蕴涵了生活本来固有的复杂性、相对性和诸种可能性。《白象似的群山》正是这样一篇小说,它排斥任何单值判断和单一的价值取向,尤其是道德裁判。这种相对性的立场和动机与海明威小说中的省略艺术和纯客观的限制性视角是绝对吻合的。这是海明威的小说中作者的声音隐藏得最深的一篇,小说几乎是独立于作者之外,它就像生活境遇本身在那里自己呈现自己。

  昆德拉曾介绍奥地利小说家布洛赫这样表述对小说本质的理解:"发现只有小说才能发现的,这是小说的存在的惟一理由。"[1]这个命题近似于同义反复,就像说小说是小说、房子是房子一样什么也没说。但是这个命题却隐含着深刻意义。它说明小说这一体裁自身的本质界定或许正是与人类生存境遇本身相吻合,小说发现的正是生存的初始情境,正是大千世界的相对性和丰富性。昆德拉的小说观也同样如此,他的小说更倾向于揭示人类生存的基本境遇,并对这些复杂情境无穷思索和无穷追问,一旦我们用

---

[1] 昆德拉:《小说的艺术》,4 页。

某种确定的哲学图式去图解他的小说，他的作品内涵反而被局限住了。这种观念对于理解《白象似的群山》也同样有用，《白象似的群山》以及海明威的短篇小说提示我们理解现代小说的另一种方式。如果说现代主义小说大都隐藏着一个深度模式的话，那么在海明威小说中寻找这种深度模式有时反而会妨碍更深入理解他的小说。这就是寻找深度模式的批评方式的一个悖论。就是说探究作品深度模式的习惯恰恰会妨碍对作品的更深入的认知。悖论之所以产生，原因在于寻求深度模式最终获得的不过是哲学层次上的抽象概念和图式，而作品丰富和具体化的感性存在和经验存在却可能被肢解甚或抛弃了。这道理对《白象似的群山》也一样。《白象似的群山》提示了现代主义的多元化取向。只有从情境化角度出发，而不是一开始就说它是一个最可怕的故事，一个道德文本，才可能找到比较恰当的切入点。由此我们可以说，海明威的短篇写作，丰富了我们对小说这一体裁的本质规定性的理解。这就是海明威在小说学上的意义。《白象似的群山》启示我们，小说自身的本质界定或许正是与人类生存境遇的丰富性相吻合的。小说发现的正是生活的初始境遇，正是大千世界的相对性和丰富性。这里面有一种情境化的美学可以总结。

详见本书第九讲。

　　再回到海明威的省略艺术的话题。海明威的"冰山文体"除了给他的小说带来简约质朴的语言、经验省略的技巧以及隐匿思想的风格外，同时也使他的小说在境遇的呈示背后有某种神秘色彩和气氛。读他的小说，总有一些说不大清楚的东西存在。马尔克斯说："他的短篇小说的精华使人得出这样的印象，即作品中省去了一些东西，确切地说来，这正使作品富于神秘优雅之感。"理查德·福特也说："我觉得海明威是保守秘密，而非揭示秘密。他不太接近这过于复杂的世界,不是因为他原则上不愿意,就是因为说不出更多的来,为此我不信任他。""当然,我并非没有从海明威那里获得一些有价值的东西,那就是对真正神秘的敬意。"[1]海明威所保守的秘密,显然不是神秘主义意义上的不可知论的秘密,而是指我们生活在一个复杂的世界中,这个世界不是我们很容易就了解得一清二楚的。总有些东西是被遮蔽的,总有些东西是我们无法获得直接经验的,也总有些东西由于我们观察角度的不同展示给我们的内容就不一样。比如《白象似的群山》要是由美国男人自己来写或由姑娘来写肯定会是另一个样子。而更重要的是,福特认为,有些东西也许是很难或不能说出来的。比如海明威比较早的短篇《印第安营地》,写尼克·亚当斯还是个孩子的时候跟他父亲去给一个印第安女人接生,女人一个劲儿地叫,女人的丈夫前三天干活时把自己的腿砍伤了,现在正躺在上铺抽烟。接生之后,尼克的父亲说:"该去看看那个扬扬得意的爸爸了。在这些小事情上做爸爸的往往最痛苦。"他发现新生儿的父亲没什么声音,就说:"我得说,他倒是真能沉得住气。"等他打开印第安人盖的毯子,发现那人已把自己的喉管到两耳之间都割断了,鲜血直冒。尼克的父亲的第一反应是:"快把尼克带出去!"小说这时写道:"用不着多此一举了。尼克正好在门口,把上铺看得清清楚楚。"这就是尼克最早的创伤记忆。菲力浦·扬认为海明威念念不忘暴力和横死的主题,这个故事可能会告诉我们最初的原因。海明威自己也说,一个作家最好的训练是不快乐的童年(大家想想自己是不是也有这种"最好的训练")。《印第安营地》这篇小说是通过小孩子的眼睛来看的,尼克肯定不

---

[1]《20世纪世界小说理论经典》(下卷),468页。

明白为什么印第安人要自杀，一遍遍问父亲，父亲也说不清楚。小说没告诉我们原因，尼克觉得不可思议，我们读者也同样觉得不可思议。又比如《太阳照样升起》，一个焦点问题是男主人公杰克在战争中到底负的是什么样的伤。不理解这一点就无法看懂小说。但海明威从头到尾都没说是什么伤，读者只能自己猜想。理查德·福特有个解释："我现在也许知道了那印第安人为什么要自杀——太多的医生，太多的痛苦和侮辱。我也许较有把握地知道杰克负的是什么伤。但我也知道了对每个人来说，在任何时候有些重要的事是不能说的，或者因为它们太重要，或者因为太难诉诸语言。我想我是从海明威中最早也最好地学到这一点的。"

> 福特的说法启示我们，读海明威的小说往往需要读者的经验储备。

"对真正神秘的敬意"被理查德·福特看成是从海明威那里学到的最有价值的东西，这也许不仅是卖关子，不仅是省略的艺术，不仅是小说技巧，最终涉及的还有禁忌方面的问题。尽管海明威所代表的"迷惘的一代"寻欢作乐，纵情声色，但那一代人却是绝对认真的一代。同时海明威时代还是人类尚保留着许多禁忌的时代，无论是残酷的禁忌还是美好的禁忌。或许正是这种保有许多禁忌的时代最终赋予了海明威的冰山文体以一种真正的神秘感。有些话题是作家不愿在小说中直接写的，有些是不能公开说出来的，更不能在大庭广众下讨论的。这些禁忌是每一个时代根源于本能、人性和心理深处的潜在约束，再超前的作家也往往无法逾越他所处的时代所能企及的限度。海明威的时代就是这样一个保留着禁忌的时代。乔伊斯的时代也同样。《尤利西斯》当时要上法庭，海淫海盗，但今天看来《尤利西斯》根本没什么。有不少读者听说《尤利西斯》曾经是禁书就买来想一饱眼福，结果都大失所望。但它在那个年代却因为它的许多细节和话题打破了当时的社会文化时尚,冲破了普遍的禁忌,是精神污染,两个文明一起抓,肯定是属于扫黄范围内的。但总的说来,20世纪是人类禁忌越来越少的时代,如果把20年代"迷惘的一代"与60年代"垮掉的一代"相对比,就可以充分了解到这一点。我的父辈,也就是三四十年代出生的一代人是绝不会把"性"当成话题讨论的,更不可能在公开场合议论。而今天在大学校园里的男生宿舍,这已不成其为一个问题了。人类在伦理、道德范畴中的某些问题,绝不是精神文明一抓就灵的问题,而禁忌则是根源于本能、人性和个体心理深处的潜在约束,这种约束在现时代的今天越来越失效了。

第五讲　小说中的时间与空间：
　　《喧哗与骚动》与福克纳

　　20世纪美国最好的两个小说家公认是海明威和福克纳。生卒年俩人也差不多，海明威（1899—1961）、福克纳（1897—1962）既同时代，又是齐名作家。最好的代表作《永别了武器》《喧哗与骚动》都出版于1929年；俩人获诺贝尔奖的时间也没差几年，福克纳是1950年12月领1949年度的诺贝尔文学奖，海明威则是1954年获奖。但这两个作家平生竟没见过一面。这得怪美国没有中国式的作协，经常开个会什么的，商讨繁荣社会主义文学的方针大计，见面机会就会很多。当然也由于福克纳和海明威的关系很微妙。《喧哗与骚动》的译者李文俊称福克纳和海明威这对美国文坛双星之间的关系是一个漫长而复杂的故事。李文俊翻译了福克纳1952年写的文章，是个短书评，只有半页，题目是《评海明威的〈老人与海〉》，文章的每一句都像是褒扬，但客观效果恰好相反。而海明威1932年在他的《中午之死》（也翻译成《死于午后》，是一本关于西班牙斗牛的书）中也有保留地赞扬了福克纳，但到了1956年竟毫无教养地谩骂福克纳的新著《寓言》，称它是——用高雅一点的说法就是"人体排泄物"。海明威的原话是"从重庆用船运到宜昌去的夜间秽物"[1]。海明威抗战期间到过重

---

[1]　参见李文俊：《评海明威的〈老人与海〉》译者前言，《世界文学》，1986年第4期。

庆，这里就顺便卖弄了一下他的关于中国的知识。

两个小说家中，我个人偏爱海明威，但福克纳可能更伟大，更丰富，或更有深度，同时也更有挑战性。

福克纳是美国小说家中被评论最多的一个。关于福克纳，最笼统的概括，一是把他看成南方伟大的史诗作家；二是看成20世纪小说家中伟大的实验主义者。这两种概括出自瑞典科学院的诺贝尔文学奖授奖词。作为伟大的实验主义者，福克纳表现在他的小说中很少有两部在技巧上是雷同的，尤其是他作为意识流小说大师，完全可以同乔伊斯相提并论。而作为南方伟大的史诗作家，则表现在他创造了一个想象的王国——约克纳帕塔法。

约克纳帕塔法：想象的王国

从比喻的意义上说，有的作家一生中只讲一个故事。而福克纳的故事几乎都是关于约克纳帕塔法。在福克纳创作的全部19部长篇小说和75部短篇小说中，有15部长篇和绝大多数的短篇的故事都发生在约克纳帕塔法。另外4部长篇中，只有《寓言》的背景是欧洲，其他小说的故事也都是关于美国南方的故事。约克纳帕塔法是福克纳虚构的一个地方，它是一个印第安词语，其词义，有的译者翻译成"河水静静地流过平原"。福克纳把这个约克纳帕塔法县安置在密西西比州北部，在《押沙龙，押沙龙》中还为这个县绘制了一幅地图，并且说明，这个县的面积是2400平方英里，人口中的白人为6298人，黑人为9313人，而它的惟一的业主和所有者为威廉·福克纳。

约克纳帕塔法的文学意义在于它是一个神话、寓言，是一个虚构的想象王国,当然它也折射了美国南方的历史和现实,尤其是南北战争之后一直到20世纪初叶的南方社会图景。从美国历史或美国北方的角度看,这是一个被解放了的南方;但从南方的一部分人,尤其是白人奴隶主贵族和他们的后代的立场上看,则是被压抑的南方。1930年诺贝尔文学奖获得者辛克莱·刘易斯在接受诺贝尔奖的演说中曾说福克纳"把南方从多愁善感的女人的眼泪中解放了出来"。他所说的女人主要就是那些直到20世纪上半叶仍不承认南北战争(1861—1865)中南方失败的南方贵妇人,她们会在电影《乱世佳人》上演到一半时退出电影院,就是因为里面表现了南方军队溃败的场景。从这个细节就可以看出,福克纳所写的南方,是一个保守的,在相当大的程度上维护了自己以往信念和道德法规的南方。福克纳的约克纳帕塔法的故事一个核心的图景就是关于这样一个南方的颓败的历史,即一个旧制度和旧秩序的瓦解和慢慢消亡的历史命运。这也是《喧哗与骚动》(*The Sound and the Fury*,也翻译成《声音与愤怒》)的主题之一。从这一点上说,《喧哗与骚动》的主题是世界文学一个恒常的主题,它具体表现在一个大家族——康普生家族的没落。这种家族没落的主题也是整个世界从传统向现代转型所必然产生的一个主题。中国的巴金的《家》,曹禺的《雷雨》《北京人》,路翎的《财主底儿女们》都可以看成这个大主题的分支。所以,关于这个主题,中国读者其实是不陌生的。但我们中国读者从自己的现代文学传统中获得的经验,比如从《家》,从《北京人》中得到的经验,对于理解《喧哗与骚动》却未必全部有效。《喧哗与骚动》仍给我们以某种陌生感。除了技巧因素以外,其原因在于福克纳对"家族的没落"这一可称为现代小说的宏大叙事的具体处理方式更为复杂。就是说,同样是处理"家族的没

> 同是描写家族的作品,但每部作品具体的关注重心是不同的,考察这些不同点是更有价值的议题。

落"这个世界级的大主题,福克纳的具体着眼点是他自己的,是打上了福克纳的注册商标的印记的,所以可能就是别人无法替代的。比如,福克纳自己就曾说过《喧哗与骚动》是一个关于"失落的天真"的故事。这主要是指小说中最核心的人物,家族的女儿凯蒂的堕落的故事。用小说的译者李文俊先生的说法,"女儿凯蒂可以说是全书的中心,虽然没有以她的观点为中心的单独的一章,但书中一切人物的所作所为都与她息息相关。物极必反,古板高傲、规矩极多的旧世家里偏偏会出现浪荡的子女。用一位外国批评家的话来说,是:'太多的责任导致了不负责任。'凯蒂从'南方淑女'的规约下冲出来,走过了头,成了一个轻佻放荡的女子。她与男子幽会,有了身孕,不得不与另一男子结婚。婚后丈夫发现隐情,抛弃了她。她只得把私生女寄养在母亲家,自己到大城市去闯荡"[1],所以福克纳说:这本小说是"两个堕落的女人,凯蒂和她的女儿的一出悲剧"。在这出悲剧中,福克纳更关注的,是家族,或者他的小说人物究竟具体"失落了什么"。而所谓的"天真",正是他具体关心的母题。也正是在这一点上,福克纳汇入的,其实是美国文学自己的传统。

我在前面讲海明威的时候,曾介绍过美国评论家菲力浦·扬评论海明威的著名文章,中译本收在《美国现代七大小说家》中。里面说,"一切美国故事里最伟大的主题——讲天真遇上经验"。比如马克·吐温的《哈克贝里·芬历险记》,就是讲一个天真的男孩子怎样走到外面的世界,怎样遇到与天真完全不同的东西:

> 我们起初本来笑嘻嘻的,对全世界全人类都有好感。我

---

[1] 福克纳:《喧哗与骚动》,468—469页,杭州:浙江文艺出版社,1992。

们觉得自己像个天真善良纯洁简单的男孩子，迫切，充满了希望。但是我们到外面的世界里，不知道怎么一来，我们在路上被打倒了，从此以后，我们很难把自己拼起来，回复原状。

这就是所谓的美国故事。必须充分估价马克·吐温这个故事原型的典范意义。海明威就称"一切现代美国文学来自马克·吐温写的一本书，叫作《哈克贝里·芬》"，"在这以前没有什么东西，打它以后的东西没有这么好"[1]。而海明威自己的系列短篇小说集《尼克·亚当斯故事集》中的贯穿主人公男孩儿尼克，按菲力浦·扬的说法，正重述了马克·吐温的故事。菲力浦·扬说"这肯定了美国经验的绵延不绝"。正是从这个意义上，菲力浦·扬把这一所谓"一切美国故事里最伟大的主题"看成"神话"，并且认为它属于基督教教义的范围之内："因为它又是讲人的堕落和怎样失去乐园。但是它是个美国神话，它比任何社会学、哲学、历史论文都更揭露美国的真相。"[2]这就是创始于马克·吐温的美国神话。但到了今天，我认为这个美国神话应该重新叙述了："……但是我们到外面的世界里，不知道怎么一来，我们在路上打倒了所有人，从此以后，被打倒的那些人没有谁能再把自己拼起来，回复原状。"这就是从马克·吐温那里演变而来的"美国新神话"，在这个新神话中，"天真"已经变为"骄横"。

文学的独有价值正在于它可以讲述神话和建构神话。而"更揭露美国的真相"的"美国神话"恰是在文学作品中建构的，正像阿Q反映了国民性神话一样。"文学性"的意义也正在于此。

在菲力浦·扬那里，"天真"的丧失更因为我们进入的是一个制造了许多新神话的"现代"，如相信成功的神话，进步的神话，

---

[1]《诺贝尔获奖作家谈创作》，240页。
[2]《美国现代七大小说家》，235页。

相信技术进步一定造福人类的神话等。而我们所进入的现代,被菲力浦·扬称为"仿佛是伊甸乐园以来最有希望的世界,这里生命的可能性太多,我们对它的期望太深,这也都是诱惑,结果像女人上了当,应当找医生解决"。这最后一句就像在说《喧哗与骚动》中的女主人公凯蒂一样。尽管张爱玲把菲力浦·扬的文字翻译得很含蓄,我们也能联想到这里谈的是女人"天真的失落"。至于现代女性是否在乎"天真的失落"则是另一个问题。(有些现代女性面临的似乎是另一种困惑。我前几天在电视里看了一部日本片子,片名叫《一碗荞麦面》,写70年代的日本,电影里有一个女孩一进小饭馆就问里面的一个客人:"我都20岁了还是一个处女,是不是有问题。")而福克纳关怀"失落的天真"的主题,也正是从传统的道德法则和秩序的角度看问题的。这表明了福克纳的传统的一面。

当然这不是说福克纳是传统型的作家。但说他是一个完全的百分之百的现代主义作家也同样并不全面。福克纳的更复杂的地方其实表现在他处理"颓败的南方"的一种悖论式的态度。这种悖论的态度就是徘徊在传统与现代之间。

福克纳的作品写的是约克纳帕塔法的想象中的一个世界,隐含的却是两个层面。《哥伦比亚美国文学史》认为:南方的传统是逼压在福克纳心头的存在,"难以抗拒的强烈,不能忍受却又无可逃避"。因此在福克纳笔下生成了双重图景,一方面是日渐远去的让人既怀恋又质疑的战前(南北战争)南方理想,另一方面却是同样富有魅力的具有全新幻景的现代意识。这是两种彼此冲突对峙的观念视野,福克纳的全部作品,都生成于两种视野的夹缝中。其作品中的两个方面即旧秩序的破坏和新世界的创造,是他的成就的两大有力支柱,代表着相生相克的两种力量。哪两种力量呢？即才能与传统，现在与过去，忘却与记忆。福克纳最好的作品中产生的戏剧效果就来自对这两者的融合。所以想全面理解福克纳，就要注意这种既记忆又忘却的辩证关系。一方面对旧秩序的忘却催生了福克纳的总体构思。《哥伦比亚美国文学史》称这种构思产生的是一种结构，一种意义，一种姿态，一种对无可挽回的颓败与崩溃的南方的预感；另一方面，对过去的记忆也是通过家族和历史的语言探索新的自我的一种方式，并且重新创造了一种结构，即"一种忘却的回忆"[1]。

　　对这种所谓"忘却的回忆"，我们中国读者是似曾相识的。因为它也是鲁迅的思维结构的形式。鲁迅有名的一篇杂文就叫《为了忘却的纪念》，是回忆左联五烈士的。文章表现的是典型的鲁迅式思维。光有忘却，或光有记忆，都不是鲁迅的思维。回忆与忘却两大主题的纠缠才构成了独特的鲁迅。他在《呐喊》自序中表达的是相近的意思："我在年轻的时候也曾经做过许多梦，后来大半忘却了，……而我偏苦于不能全忘却，这不能全忘的一部分，到现在便成了《呐喊》的来由。"从这个意义上，我们不妨引申说，《呐喊》的真正主导动机或者说深层动机是关于忘却与记忆的。再看鲁迅在《坟》题记中怎么说。他称之所以"造成一座小小的新坟"（即《坟》这本杂文集），"一面是埋葬，一面也是留恋"。"坟"的意象或许正是一个把现实和已逝的生命记忆结合在一起的典型意象。我有机会出去旅行，每次都对各地的乡野、山坡上的坟墓感到有格外的兴趣。一座坟提示给你的，就是这个地方的现实生存与祖先与过去的一种维系，从而让这个地方具有了历史感。"坟"也是中国小

---

[1]《哥伦比亚美国文学史》，742页，成都：四川辞书出版社，1994。

说家废名喜爱的一个意象。他的小说《桥》以及散文中多次写到"坟",称"坟"同山一样是大地的景致。他尤其喜爱晚唐和六朝诗,比如他喜欢庾信的一句"霜随柳白,月逐坟圆",称"中国难得有第二人这么写",并称杜甫的诗"独留青冢向黄昏"大约也是从庾信这里学来的,却没有庾信写的自然。鲁迅对"坟"的意象尤其偏爱,《在酒楼上》写吕纬甫下了一道平生最伟大的命令:掘坟,其实掘的是他自己的记忆。鲁迅自己最喜欢的照片也是自己题写的"我坐在厦门的坟中间",背景是一座座乱坟,前面是荒芜的杂草,把鲁迅的脚都埋没了。钱理群老师和我曾参与编写过一部《彩色插图中国文学史》,我们负责的是20世纪部分,书中有许多插图,钱老师选的鲁迅的惟一一张照片就是这一张。

《桥》中的主人公小林也把他的思想比作一座坟,"觉得是一个很美的诗情"。这里的"坟"已超离了乡间一个平常的土丘,是人生的装饰和大地的点缀,甚至是诗性的负荷体。

回到福克纳。福克纳在约克纳帕塔法神话和传奇中表现出的"忘却的回忆"正是一种复杂的悖论式景观。关于他的小说中的约克纳帕塔法世界没有时间讲太多的内容,但我们想说的是,小说中的主题和历史图景对于一个小说家来说可能不是最具有决定性的。重要的是小说家采取的是一种什么样的观照的姿态,是他在观照中表现出的作家自己的心灵与观念的结构和形态。这也是小说诗学分析更应关注的部分。

而单就《喧哗与骚动》的主题构成来说,它也是比较复杂的,是福克纳自己所说的一个关于"天真的失落"的故事的说法不能完全概括的。美国学者俄康纳同时把这部小说当作"一个家族温暖消逝,自尊和体谅荡然无存的描绘"来读。[1] 而进一步引申下去,《喧

---

[1]《美国现代七大小说家》,161页。

哗与骚动》又是一个南方的故事，一个20世纪的故事。同时也是一个关于"现代"的故事。前面我们是把小说中的女儿凯蒂当作主角，我们可以说它是关于"失落的天真"的故事，如果把《喧哗与骚动》当作一个以昆丁（凯蒂的哥哥，哈佛大学的学生，是个自杀身亡的人物）为主角的故事来看，《喧哗与骚动》就成为一个对于现代主角的探讨的小说，通过对昆丁内心流程的挖掘，来表达某种现代意识，因此，美国一评论家称福克纳是"迷路的现代人的神话"的发明者。[1] 在这个意义上，福克纳丰富了20世纪现代小说关于"现代"的构成图景。这个现代是卡夫卡的现代，是普鲁斯特的现代，是乔伊斯的现代，也是福克纳的现代。每个人的现代景观其实都不尽相同，但起码有一点是共同的，就是这些大师都表现了现代人的希望与恐惧，忧患和矛盾。而福克纳的矛盾似乎比其他人来得更复杂。而且，读福克纳总带给人一种阴郁甚至痛苦的感受。他在诺贝尔受奖演说的第一句就说："诺贝尔文学奖不是授予我个人，而是授予我的劳动———辈子处在人类精神的痛苦和烦恼中的劳动。"这种劳动的产品可以想象是怎样一种折磨读者的东西。也许正是在这个意义上，另一诺贝尔文学奖获得者加缪在1955年称赞福克纳是"世界上最伟大的作家"，"是我们时代惟一真正的悲剧作家。……他提供给我们一个古老的但永远是新鲜的主题：盲人在他的命运与他的责任之间跌跌撞撞地朝前走，这也是世界上惟一的悲剧主题。"美国作家艾·泰特也认为：

---

[1] 路易斯：《福克纳在旧世界》，《福克纳评论集》，253页，北京：中国社会科学出版社，1980。

福克纳的大主题，同福楼拜和普鲁斯特的主题一样，是消极的受难，受害者或毁于社会或毁于自身内部的阴暗势力。福克纳是国际小说流派的伟大楷模之一，这一流派一个多世纪以来已经把亚里士多德的关于悲剧是行动而不是品质的教条颠倒了过来。[1]

所以福克纳的小说有一种悲剧品质，这种品质不是来自于亚里士多德意义上的外在的行动，而来自于一种现代人的内心冲突。正像福克纳在诺贝尔受奖演说中说的那样，"惟有此种内心冲突才能孕育出佳作来，因为只有这种冲突才值得写，才值得为之痛苦和烦恼"。美国学者俄康纳说："福克纳最辉煌的时候，是他在处理他骨子里深受撞击的题材与观念的时候。"[2] 所以这种内心的冲突，最终也是观念的冲突。但假如福克纳小说中只有梦魇式的恐怖形象，只有痛苦和分裂，那他就称不上是对人类精神有真正贡献的大作家。评论者更想强调福克纳的小说中有痛苦、挣扎、忧患的同时，也有忍耐、奉献、怜悯和爱。这都是一些正面的、暖色的、好的词语。而其中福克纳最重视的词语可能是"怜悯"。他在受奖演说中一再谈到"怜悯"这个词，而怜悯，肯定是一个作家所能具有的最优秀的品质。我之所以把中国小说家余华看成一个还不错的作家，就是因为他的《活着》《许三观卖血记》中有怜悯的情怀。史铁生的作品中也有这种精神，就是悲天悯人。

一个作家的优秀品质还有别的，如诺贝尔文学奖获得者，南斯拉夫作家安德里奇所说："非常可能，在将来，只有那些能够描绘出自己时代，自己的同时代人及其观点的最美好图景的人，才能成为真正的作家。"

---

[1]《世界文学》，1988年第5期，210页。
[2]《美国现代七大小说家》，192页。

本节最后一个小话题是关于约克纳帕塔法作为南方想象的地域性话题。福克纳在中国文坛的接受过程中更被看成一个地域文学作家，是地域文学的代表者。北大诗人臧棣的硕士学位论文我记得就是把福克纳的约克纳帕塔法与当代小说家莫言的高密乡做对比。也有学者把约克纳帕塔法与沈从文笔下的湘西进行对比。地域文学是20世纪随着世界文学一体化以及全球化趋势而必然产生的现象，涉及的是人类生存空间的区域化与一体化的关系的根本问题。其中隐含的最令人感兴趣的深层问题就是人类怎样看待他的生存方式。我认为在中国，最适于谈论这个话题的是沈从文的创作。这个意思我已经讲过。美国学者金介甫在他的《沈从文传》中就认为沈从文刻画出了现代中国农村生活的整个面貌，甚至写出了20世纪人类的生存处境。他的大量作品，又以地区形象为主，把湘西看成人类世界的范例，"帮助我们懂得，地区特征是中国历史中的一股社会力量"。他认为湘西正是一个想象的王国，正像福克纳笔下的约克纳帕塔法一样。"因此，他的地区小说以江河小说的形式提供了一部短短的历史，成为写湘西神话的第一位现代小说家。"从神话的角度评论湘西，就已经上升为一种普泛性的宏大叙事了。凌宇先生写过一本书，书名是《从边城走向世界》。套用这种说法，我们可以说福克纳是从约克纳帕塔法走向人类。美国著名评论家考利（我们都熟悉他的书《流放者的归来》）就认为福克纳心中最终目的还不是表现南方及其命运，而是南方所表现出的人类命运。另一美国学者沃伦也说，福克纳的"传奇不仅仅是南方的传奇，而且也是我们大家的苦难和问题的传奇"[1]。福克纳之所以有大作家的品质，也

---

[1]《福克纳评论集》，55页，北京：中国社会科学出版社，1980。

在于他对这种表现人类命运的意识十分自觉。他也知道这种追求要在家乡的"那块邮票般小小的地方"实现，就必须（按他自己的说法）化实为虚，超越空间和时间的局限，像上帝一样进行创造。他在一篇接受记者的访谈录中说，"我总感到，我所创造的那个天地在整个宇宙中等于是一块拱顶石，拱顶石虽小，万一抽掉，整个宇宙就要垮下"。从这一点上说，福克纳的约克纳帕塔法这个虚构的王国，其实支撑的是一个宇宙。这就是福克纳的大叙事，也可以说是终极关怀。同样是写家族颓败的历史，《红楼梦》里那块女娲的石头就要低调得多，所谓"无材可去补苍天，枉入红尘若许年"，最终荒废在青埂峰下。曹雪芹这种低调的态度是我对《红楼梦》感兴趣的话题之一。当然比较福克纳和曹雪芹可能没有什么可比性。最重要的原因就是《红楼梦》的世界中没有一个新的历史观念和历史景象的维度。这个维度也可以说就是"现代性"。所以《红楼梦》是无法展现历史远景形象的小说，它的最终结局只能是寂灭。用《红楼梦》的语言就是"空"，即一片白茫茫大地真干净，是一种关于真正的颓败的文学和历史寓言。所以远景形象对于一部小说中的观念视野是隐含着的重要内容。十七年电影，写草莽英雄杀了恶霸地主，但这绝不是最终的人生目的和出路，电影结尾肯定要写他到山的那边去，山那边有我们自己的队伍，比如一把菜刀闹革命的贺龙；或者到延安去，电影《黄土地》便写翠巧要到黄河那边去，河那边是陕北。山那边，河那边，都是历史的某种远景形象，是小说电影观念的支柱。没有这个远景，作品就是灰暗、悲观的，卡夫卡、陀思妥耶夫斯基的小说都是这样。而现代性在大量的现代小说中，提供的正是这样的远景。

当然"现代性"提供的远景并不都是正面的形象。如赫胥黎的《美丽新世界》以及奥威尔的《1984》这类反乌托邦的小说所描绘的。

没有时间更多讲福克纳的南方了。其实我个人对"南方"的话题是极有兴趣的，主要兴趣当然在中国的南方，打算有朝一日写一本"想象的江南"或"诗化的江南"。读硕士时我的一位读古代文学的同屋说他想写一本书，叫"烟雨江南"，我们同学都很感兴趣，鼓励他早日写出来。我决定等他到六十岁，他不写的话，我就要写了。当然我写的是文本中的江南和想象化的江南。我记得有一位当代中国评论家用"南方的忧郁"来形容南方，如果套用一下，那么，福克纳的南方世界，他的约克纳帕塔法这个想象的王国，最终带给我个人的阅读体验是一种阴郁感。

白痴讲的故事

瑞典科学院的两位院士在授奖辞和宴会致辞中称福克纳"深邃地探究人类的心灵"，是"一位人类心灵公正的分析者，一位以辉煌的方式拓展了人类对自我的认识"的伟大作家。这些评价的确涉及了福克纳作为意识流小说大师的重要成就，即对人类心灵和流动的意识的探究。

关于意识流小说形式的问题，我在讲《尤利西斯》的时候集中讨论过，这次就不再专门谈这个话题。讨论《喧哗与骚动》，更有意思的一个话题就是小说的叙事者的选择和他的意识流的叙事结构。小说有四个部分，每个部分都由不同的叙事者讲述。第一部分的叙事者的选择在世界现代小说史上可能是空前绝后的，就是因为叙事者班吉是一个白痴。班吉的叙事发生的时间是1928年4月7日，这也是第一部分的时间。这时的班吉已经三十三岁了，但智力水平只相当于一个三岁小孩。整个第一部分，就是班吉的第一人称的意识流的呈现。这对福克纳是一个巨大的考验，因为他必须模仿一个白痴的思维和语言来进行叙事。但因为我们谁也没有在小说中见过一个纯粹的白痴来讲故事，所以福克纳有一点是占了先机——他是白痴叙事的鼻祖，所以他讲出什么就是什么。我们先来具体看看白痴是怎样讲故事的。

《喧哗与骚动》的开头，也许是福克纳小说中名气最大的一个细节，因为经常被研究者和小说家引用：

透过栅栏，穿过攀绕的花枝的空档，我看见他们在打球。他们朝插着小旗的地方走过来，我顺着栅栏朝前走。勒斯特在那棵开花的树旁草地里找东西。他们把小旗拔出来，打球了。接着他们又把小旗插回去，来到高地上，这人打了一下，另外那人也打了一下。他们接着朝前走，我也顺着栅栏朝前走。勒斯特离开了那棵开花的树，我们沿着栅栏一起走，这时候他们站住了，我们也站住了。我透过栅栏张望，勒斯特在草丛里找东西。

"球在这儿，开弟。"那人打了一下。他们穿过草地往远处走去。我贴紧栅栏，瞧着他们走开。

"听听，你哼哼得多难听。"勒斯特说。

有经验的读者一下子就能猜出来这些人是在打高尔夫球，而"我"（班吉）却不知道，但"球"他还是认识的。他能判断的，是"这人打了一下，另外那人也打了一下"。同时，他也不知道勒斯特（看护班吉的一个黑人小厮）旁边的那棵树是什么树，只知道是开花的树。他只能分辨开花的树和不开花的树。而开弟（caddie，球童）的发音他更分辨不出，他只以为那是叫他的姐姐凯蒂。而一涉及凯蒂,他就伤心,于是就哼叫起来。所以勒斯特说:"听听,你哼哼得多难听。"

小说家余华曾分析过这个开头:

> 在这里,福克纳开门见山地告诉了自己,他接下去要描述的是一个空白的灵魂,在这灵魂上面没有任何杂质,只有几道深浅不一的皱纹,有时候会像湖水一样波动起来。于是在很多年以后,也就是福克纳离开人世之后,我有幸读到了这部伟大的作品中译本,认识了一个伟大的白痴——班吉。[1]

"伟大的白痴"的说法不是一种耸人听闻的修辞方式,因为这个白痴形象身上的确寄托了福克纳的多种追求。起码完全遵循白痴的感知方式,呈现白痴的特有的"秩序"和"逻辑",本身就是一件伟大的尝试。

有研究者详细分析过班吉的感知世界的逻辑方式。他认为,班吉的"逻辑"完全建立在一个物质与名称相对应的刻板的认同原则之上。在班吉眼里,一个名称只能代表一种物质,而不能具有别的含义。班吉不仅无法区分复杂的家庭与社会关系,而且也不具有白人、黑人、主人、仆人这样的基本概念和划分。所以他的内心独白和叙事中反复出现"昆丁""凯蒂""勒斯特"这些名字,而不存在哥哥、姐姐、用人这样的称呼。即使连"他"这样的常用人称代词也用得很少。[2]用我的话说,在班吉的概念世界中,抽象化程度不

---

[1] 余华:《我能否相信自己》,187 页,北京:人民日报出版社,1998。
[2] 参见李维屏:《英美意识流小说》,202 页,上海外语教育出版社,1996。

高。"他"其实是一个概括性的，抽象化程度较高的范畴。别小看这个简单的人称代词"他"，对"他"是否能够自如地运用其实是区分我们是不是白痴的有力的证据和重要的尺度。（哲学研究者周国平在他的《妞妞：一个父亲的札记》中就指出过"儿童成长期的人称混乱阶段"。我的同事，还有我的妹妹的孩子都经历过这个"人称混乱阶段"，孩子要喝水的时候，他不会说"我要喝水"，而说"他要喝水"。要妈妈抱的时候则说"妈妈抱你"，而不是"妈妈抱我"。）

这些分析都说明，福克纳对白痴叙事的模仿，也许是有现实生活中的真实逻辑可循的。

《喧哗与骚动》中班吉这种抽象化能力很低，但很具体化的思维模式又使我们联想到原始思维。我翻过一些描述原始思维的书，都认为原始人的思维是绝少抽象的，原始人认知事物几乎都是具体性的。比如翻开《康熙字典》或《汉语大字典》，就会发现里面以"马"为偏旁的汉字多得一塌糊涂。而绝大部分是我们今天不认识也不会再运用的，都是仓颉时代的汉字。这意味着在上古时代"马"的工具价值和今天的汽车差不多，就像今天的汽车一族绝不会轻易说出"轿车"这两个字，一开口就是"本田""奔驰""凯迪拉克"一样。另一方面也说明在上古时代是拒斥抽象的，首先要命名的是一个具体事物。原始思维这方面的著作介绍说，"马"的抽象概念对原始人来说并不重要，他们有的只是一匹匹具体的马。比如"瘸腿的马""独眼的马"等都专门有一个词语来表示，"全身枣红色，但左前腿是白色的马"也同样有专门的词语来指代。列维-斯特劳斯在《野性的思维》一书中就说：在马厩中，"每一匹马都有一个专有名称"。我想起大二时旁听《西方哲学史》的课，老师是哲学系的杨适，就说原始人没有"走"这个抽象性的概念，他们有的只是具体的"走"，我用通俗的解释，比如两条腿同时离开地面的"走",叫"蹦";一条腿先腾空,另一条腿再跟上来,叫"跳";走得磕磕绊绊,叫"蹒跚";等等。这一切都可以间接印证原始人思考方式的具体性。世界在他们眼里,是由一个个再具体不过的事物构成的。所以,从这个角度回头看班吉的叙述,就可以看出他眼中的图景也都是具体的,都与日常生活、日常事物联系在一起,都与他的感官世界联系在一起。俄康纳指出:"班吉所有的思绪都和感觉、嗅觉、饮食、睡眠和声音的调子有关。过去和现在交融在他心中,他从不沉思,从不计划——他只会感受。"这其实是许多被思想和观念的冲突所痛苦着的现代青年(比如昆丁)可望而不可即的幸福境界。这个世界在某种意义上说拒斥了抽象,也就拒斥了观念和思想的痛苦。套用笛卡尔的名言:"我具体,故我存在。"

> 正像福克纳所力图展示的那样,现代人的痛苦,更多的是观念和思想的痛苦。

这就涉及了几乎每个读者都会产生的一个虽简单但却必须追问的问题:为什么《喧哗与骚动》一开头首先让一个白痴来讲述?福克纳关心的是精神病理学意义上的白痴的症候吗?如果有人拿《喧哗与骚动》作为必读教材,想搞清楚弱智儿童的思维、心理习惯,显然是不明智的。白痴讲的故事中隐含的一个简单不过的悖论就是:福克纳怎么能够忠实可靠地复制与还原一个白痴的思维?他的白痴形象有精神病学的科学意义吗?我曾调查过现在是我们校友的北医大的学精神病理学的大学生,并向他们郑重推荐福克纳的《喧哗与骚动》,他们说这种书对他们来说是没有参考价值的。我只好在今天的课堂上向学文学的朋友们介绍这本书。这里面隐含的一个再简单不过的事实就是:白痴讲的故事只有文学性的价值。美国一个批评家布鲁克斯说,"象征贩子们一直为班吉这个《喧哗与骚动》

里的白痴忙个不休"[1],我今天充当的就是象征贩子的角色。

1. 具体性和原初性

为什么《喧哗与骚动》一开头就让白痴来讲述?第一个效果就是前面讲的文学感性的具体性和原初性。白痴叙述出来的景象更有一种质感,一种世界不加意识形态化和抽象化的原初景象,就好像上帝在叙述一样,不假思索,没有犹疑,一切都是毋庸置疑的。就像上帝说,要有光,于是就有了光。通过白痴的讲述,按巴雷特在《非理性的人》中的说法,"福克纳给我们展示了一个不透明的、密实的和非理性的世界"。所谓"密实"的,是因为它充斥的都是一些具体的、感性的、实体化的意象和场景。而当一种叙述完全由这种密不透风的具体事物构成,缺乏一种理性和观念之光的照耀,它反而是无法理解的,即不透明的、非理性的。有一个西方理论家认为,我们在一种叙述中对不同类型的词语的选择决定了叙述被理解的难易程度。一篇叙述中全由抽象的词构成,如"形而上""本体""理念""二律背反"一类的词语组成,那这篇叙述肯定是一般读者很难读懂的。但是,反过来一篇叙述全由具象的具体的词语构成,全都是"桌子""椅子""板凳"一类的词,也是同样不容易被理解的。班吉的叙述的不透明性在很大程度上就决定于这种"密实"的具体性。

2. 用白痴表现的意识流程

选择白痴做叙事者更有利于福克纳呈现他的意识流的小说形式和实现他的追求。李文俊在《喧哗与骚动》的附录中认为:"福克纳

---

[1] 布鲁克斯:《乡下人福克纳》,《福克纳评论集》,243页。

之所以如此频繁地表现意识流，除了他认为这样直接向读者提供生活的片断能更加接近真实之外，还有一个更主要的原因，这就是：服从刻画特殊人物的需要。前三章的叙述者都是心智不健全的人。班吉是个白痴，他的思想如果有逻辑、有理性反倒是不真实、不合逻辑的。"李文俊先生说得很对，但从意识流的小说形式的角度着眼，我认为他可能把因果关系颠倒了。福克纳不仅是因为服从刻画特殊人物的需要才频繁表现意识流，而也许恰恰相反，他为了营造意识流的小说形式才更需要白痴这个特殊人物。这并不是低估了白痴班吉这个形象对世界小说人物形象长廊的独特贡献，而是说至少在意识流这个层面，白痴是服从于小说形式的需要的。班吉叙述的突出特征，只能用"混乱"两字形容。在他的叙述中，不同时间和空间的场景、人物随时切换，时空跨度之大，转换速度之快是惊人的，而且从来没有时间标志，你分不清是哪一段故事时间，表现出的是过去与现在共时存在的共时性特征。第一遍读，如果没有李文俊的注解，是不知所云的。我本科的时候最早借的是英文版，只读了半页，第二天就把它还了。(即使是今天通过英汉对照，以我的英文水平，也体会不到原文的好处。因此我一再说我知道自己这门课的限度，即哪些界限是我无法跨越的，哪些内容是我不敢涉及、无法评论的，如文体问题、语言风格问题、韵律感的问题等等。我其实谈的只是中国读者依靠译文所能感受到的有共通的文学性的那些东西，是翻译中没有失去的有普遍性的部分，如叙事、结构、意象、寓言、象征、神话等等。在这个意义上，真正专业化的外国文学研究，尤其是语言层面的研究只能依靠那些外国文学研究者来做。另一方面，我也认为，选择"文学性"或"小说诗学"的视角也同样是值得做的有意思的工作，至少是我感兴趣的角度。我力图呈

<small>当然，前提之一是译本必须可靠。</small>

现的只是一个中国文学研究者和外国文学爱好者眼里的外国小说。）

　　班吉的叙事突出表现了意识流的特征，一是时空和记忆的场景切换，二是所有的流程都由当下的某种感觉和事物触动。而在白痴的叙事流程中，福克纳最想强调的似乎是"共时性"和"现时性"的理念。班吉的叙事中穿插了大量过去的回忆和细节。但读者只读班吉的讲述就根本搞不清哪些是过去的回忆，更搞不清这些回忆是过去的哪个时间段的。在班吉的讲述中，混沌一片，只具有当下性和现时性。这似乎都印证了杰姆逊关于精神分裂患者的描述。杰姆逊在《后现代主义与文化理论》中认为，精神分裂是一个模式，表现在时间体验上，就是精神分裂患者只存在于现时，那种从过去通向未来的连续性感觉已经崩溃了，除了"现时"以外，什么都没有。这种时间体验的特点杰姆逊也概括为一种吸毒带来的快感。按杰姆逊的说法，吸毒的体验正是集中在"现时"上。因此，杰姆逊说："精神分裂就成了失去历史感的一个强烈而集中的表现，同时也失去了自己的时间和身份。"白痴班吉可能没有丧失自己的身份感，别人叫他"班吉"的时候，他也知道是喊自己，用深奥的说法，他还没有完全丧失主体性。但班吉对时间的历时性的感知就不那么灵了。时间在他那里只呈现为"共时"和"眼前"。这种时间感受也正是福克纳刻意强调的。在访谈录中，福克纳说："我的理论，即时间乃是一种流动状态，除在个人身上有短暂的体现外，再无其他形式的存在。所谓'本来'，其实是没有的——只有'眼前'。"[1] 意识流形式其实正印证了时间的当下性，即一切

<small>时间感在正常人这里是一种天赋能力，只有精神分裂症患者才可能真正丧失。除此之外，我们谈时间感的丧失，都是从文化和象征层面讨论的。</small>

---

[1] 福克纳：《福克纳谈创作》，《福克纳评论集》，274页。

时间都朝当下这个维度流涌。关于时间问题，在下面讨论昆丁时还会涉及。

3. 白痴叙事的超越意蕴

大家都知道，《喧哗与骚动》的小说名字来自莎士比亚的悲剧《麦克白》第五幕第五场麦克白的台词："人生就是一篇荒唐的故事，由白痴讲述，充满着喧哗与骚动，却没有任何意义。"从小说名字的出处可以看出，福克纳选择白痴班吉作为第一个叙事者，有一种基于主题的考虑的必然性。人生就是由白痴讲述的荒唐的故事，这就是他想传达的题旨。这在莎士比亚那里还是一个比喻，到了福克纳这里就变成了现实。其中隐含了福克纳选择白痴叙事的超越的意蕴。白痴叙事在这里其实表达的是一种世界的现实图景，即无序、混乱与共时。还有什么样的叙事者比白痴更能表达世界的混乱呢？余华称他是个"伟大的白痴"，正因为班吉轻而易举、毫不费力地就把人生与世界的本相揭示了出来，或者说，他的讲述与世界的混乱本质是异曲同工的，是同构的，他本人就成了一个混乱世界的象征。所以象征贩子们在班吉的身上发现了英雄用武之地。评论家们最酷爱的，正是班吉这种伟大的白痴形象。

班吉的另一种象征含义也表现在他的意识流程中。可以说，班吉的叙事即使揭示的不是世界的混乱，也是人类意识流程的真实图景。人类的意识的流动其实正像班吉，只不过在班吉那里发展到了一个极端罢了。因此，杰姆逊指出：

> 我们认为所有的精神疾病都是人类体验自我和世界的可能性的表现，正是那些患者达到了我们具有的潜在可能性的

> 极端。患者达到了这样一个极端以后，便经历了我们每一个人都有可能经历的东西，但他们反而被隔绝了，被叫作精神失常的人，因为他们在现实世界里无法正常地生活下去。[1]

杰姆逊在提醒我们：班吉正是我们每个人的一种潜在的极端的可能性。只是他先经历了我们每一个人都有可能经历的东西。按福柯的说法，我们每个人在某种意义上说，都可能是精神病患者，所谓正常人与非正常人不是质的区别，不是你肯定正常，他肯定不正常，而只是一种程度的区别。两者间的界限不是截然清楚的，不是二分的，而是随时可以跨越的。而班吉的伟大也正表现在他象征了人类的某种极端可能性的限度。这是一种关于人性的悲观的理论，我们要批判地接受。

福柯在《疯癫与文明》前言中引用帕斯卡的话说："人类必然会疯癫到这种地步，即不疯癫也只是另一种形式的疯癫。"（《疯癫与文明》第1页，三联书店，1999）

《喧哗与骚动》的时间哲学

时间意识是20世纪现代主义小说家比较自觉的一种意识。没有自己的新的时间感受和体验，想在20世纪成为卓越小说家是不可能的。所以时间问题也是理解现代主义小说的一个贯穿性的话题，也是我一直想谈论却肯定谈不清楚的话题。引入这个时间问题只是想持续不断地提示大家对这个问题的关注。

有同学的这门课的论文就想做关于现代小说中的时间问题，希望能做得比我更深入，但角度一定要找的更小，更具体可行。

时间和空间的问题之所以重要，是因为无论是小说的外部形式

---

［1］ 杰姆逊：《后现代主义与文化理论》，208页。

还是内在体验，都离不开时间和空间这一带有终极性的根本问题。而从抽象的意义上，我们还可以说任何一个小说家在小说形式中都隐含了他的时间哲学与空间哲学。比如萨特就说：如果认为福克纳《喧哗与骚动》中各种反常的实验和形式仅仅是写作技术上的小手法，雕虫小技，那就错了，"小说家的美学观点总是要我们追溯到他的哲学上去。批评家的任务就是要在评价他的写作方法之前找出作者的哲学（这一点我是不同意的，萨特是哲学家，他自然首先要找哲学）。而显然，福克纳的哲学是时间的哲学"。

这段话出自萨特著名的论文《福克纳小说中的时间：〈喧哗与骚动〉》（1939）。这篇文章中抓住的正是《喧哗与骚动》中关于时间的主题。时间体验的确是小说的整个第二部分借助于叙事者昆丁的叙述表达的贯穿性主题。这主要是通过昆丁的爷爷留给他爸爸，他爸爸又送给他的那只著名的表来表现的。昆丁的叙述的时间段是1910年6月2日，这是他在哈佛大学自杀的那一天。昆丁叙事的开头就是关于这只表引发的时间问题：

> 窗框的影子显现在窗帘上，时间是7点到8点之间，我又回到时间里来了，听见表在滴答滴答地响。这表是爷爷留下来的，父亲给我的时候，他说，昆丁，这只表是一切希望与欲望的陵墓，我现在把它交给你；你靠了它，很容易掌握证明所有人类经验都是谬误的 reducto absurdum（归谬法），这些人类的所有经验对你祖父或曾祖父不见得有用，对你个人也未必有用。我把表给你，不是要让你记住时间，而是让你可以偶尔忘掉时间，不把心力全部用在征服时间上面。因为时间反正是征服不了的，他说。甚至根本没有人跟时间较量过。这个战场不过向人显示了他自己的愚蠢

与失望，而胜利，也仅仅是哲人与傻子的一种幻想而已。

  昆丁的父亲真是一个深刻的哲学家，他告诉昆丁，人类也许可以征服一切，但只有时间是人所无法征服的。甚至根本没有人跟时间较量过，如果你觉得自己在与时间的战斗中取得了胜利，也仅仅是哲人与傻子的一种幻想而已。所以昆丁父亲说："这只表是一切希望与欲望的陵墓。"怎么理解这句话呢？也许可以说，时间的维度最终把一切希望与欲望都消解掉了，你的一切希望与奋斗，在时间的面前最终都化为尘土，作为时间的具体象征物——手表，因此成为一个坟墓的象征。就像中国的诗人说的那样，"君莫舞，君不见，玉环飞燕皆尘土"。辛弃疾这首《摸鱼儿》中的另一句"惜春常怕花开早"，也正是人类在时间面前一种无奈的表征。昆丁父亲的名言在这个意义上表达的正是类似的思想：衡量人的一切希望、欲望、努力、挣扎的最终尺度，只有时间。我想到了根据英国小说家福斯特的小说《印度之行》改编的电影中一个印度哲人的台词："要做尽管做，结果都一样。"这与美国导演卓别林的名言正好相反，他说："时间是个伟大的作者，它总会写出圆满的结局来。"卓别林传达的是关于时间的乐观的看法，但就有些浅薄了。而悲观理论总是显得很深刻。

> 总的说来，20世纪的文学和哲学中传达出的悲观主义是更为主导的倾向，这可能与20世纪的人类总体生存境遇相关。

  上面我们是从一般的哲理意义上理解昆丁爸爸的这句格言。而《喧哗与骚动》通过那只表传达的时间意识和哲学要更为复杂。昆丁的父亲（或者说福克纳）还认为，一个人是他的不幸的总和，而时间正是你的不幸。小说中的原话是："父亲说，人者，无非是其不幸之总和而已。你以为有朝一日不幸会感到厌倦，可是到那时，时间又变成了你的不幸了。"我也不知道怎样理解这句话更好。也许昆丁爸爸在说，我们最终的不幸是因为存在于时间之中,惟有时间是我们无法超越和无法摆脱的。正像昆丁叙事从头到尾始终能感受到那块表的滴答声一样。因此我们就可以理解昆丁做出的那个著名的举动:

> 我来到梳妆台前拿起那只表面朝下的表。我把玻璃蒙子往台角上一磕,用手把碎玻璃渣接住,把它们放在烟灰缸里,把表针拧下来也扔进了烟灰缸。表还在滴答滴答地走。我把表翻过来,空白表面后面那些小齿轮还在喀哒喀哒地转,不知道发生了什么变化。

昆丁把表的玻璃蒙子磕碎了,把表针拧了下来,但没有表针的表仍在滴答滴答地走。他以为终止了时间,实际上终止的只是时间刻度,而没有表针的滴答声更象征了一种时间的无形的存在。巴雷特在《非理性的人》一书中分析说,表没了表针,便不能准确地告诉昆丁所流逝的可计算的分分秒秒的时间进程。因此,时间对他不再是一个可以计算的序列,而是一个不可穷尽又无法逃避的存在。这就是构成着我们生存的更本质的时间,它是一种比表、钟和日历更深层更根本的东西。时间是稠密的媒介,福克纳的人物在其中走动,仿佛是拖着双腿涉水似的。就是说,福克纳的人物其实是在稠密的时间媒介里穿行。巴雷特说,这就如海德格尔常说的,时间构成了人的实体或存在。而取消钟表时间并不意味着隐退到一个无时间的世界里,正相反,一个无时间的世界——永恒的世界已经从现代作家的视界里消失了。时间因此就变成了一种更无情、更绝对的实在。"有时间性"是现代人的视界,一如"永恒"是中世纪人的视界一样。[1]

---

[1] 巴雷特:《非理性的人》,55 页。

为什么时间在现代人这里变成了一种更无情的存在物？巴雷特没有深入解释。但1990年诺贝尔文学奖的获得者、墨西哥诗人帕斯的说法却提供了一定的解答。他认为在传统诗人那里，空间的概念是主要的，比如中世纪的但丁的宇宙仅被一种微弱的时间之流所掀动，但丁笔下的那些灵魂，几乎处于一种不变的时间中，末日审判之后就不再流动了。"在但丁中，空间吸收了时间。只有空间，是可见的永恒之形式。"他还认为，"汉诗中，时间也附属于空间，佛教中空的无上体验，对诗人王维来说就与取消了时间的空间有关。例如，'返景入深林，复照青苔上'，就是佛感悟空的类似现象"[1]。这里面有对虚空的感悟和对空寂的感悟。我对帕斯评价汉诗的说法缺乏判断力，所以不发表自己的评论。他同时认为，与永恒的空间不同的是，西方的时间，尤其是现代时间，已经使我们成了流浪者，无休止地被驱逐出自身。在这里，时间维度意味着一种动荡和漂泊，意味着一切不安定因素的根源。它是随着"现代"的字眼同时出现的。或者说，正是"现代"使时间的意识空前强化。所以巴雷特说"有时间性"是现代人的视界。而这种现代的时间，也被本雅明称为"同质的、空无的时间"。

从巴雷特对《喧哗与骚动》中昆丁的表的分析还可以看出，我们其实有两个"时间"的概念。一个是钟表、日历时间，一个是海德格尔意义上的存在论的时间。这也是萨特的意思。萨特说我们常常会把"时间"与"时序"混淆。所谓的时序，是指日期、时钟上标志出来的时间，而这日期和时钟是人发明出来的。人们日常关心的，正是这个作为时序的时间。很多学生（包括我自己当年）在课堂上常

---

[1] 帕斯：《批评的激情》，252页，昆明：云南人民出版社，1995。

常偷偷地看表，或明目张胆地看表，然后就敲饭盆催促老师下课，他们关心的正是钟表时间。我自己也有一个猜时间的习惯，经常猜现在是几点几分？误差常常很小，就感到很得意。但读了《喧哗与骚动》才知道这并不是一个好习惯。昆丁父亲说："经常猜测一片人为的刻度盘上几根机械指针的位置，这是心智有毛病的症象。"所以萨特说，要理解真正的时间，必须抛弃这些计时的手段。他也引用昆丁父亲的名言："凡是被小小的齿轮滴答滴答滴掉的时间都是死了的；只有时钟停下，时间才活了。"所以他认为昆丁毁掉他的手表是具有象征意义的。这也表明了昆丁包括萨特对机械时间的一种抗拒。本雅明也在抗拒这种机械时间，他分析波德莱尔的作品，认为他的诗"把回忆的日子汇集进一个精神的岁月"，而在这种"精神岁月"之外，则是那种机械的、重复的、空虚的时间。本雅明把这机械的时间称为"编年表"。而我们大都生活在一种编年表中，生活在日历中，生活在一种"时钟时间"之中。而当时钟时间发生混乱的时候，比如钱锺书《围城》中那座也是祖传的老钟，慢了五小时，里面就会有时间错位带来的隐喻和深意。钱锺书写道："这个时间落伍的计时机无意中包含对人生的讽刺和感伤，深于一切语言，一切啼笑。"《围城》这部小说正结束在对时间的感受中。

> 我读书的时候，北大的食堂不提供餐具，学生都要随身自带饭盆，因而常常出现课堂上饭盆掉落地上的巨大声响，堪与现在课堂上手机的铃声媲美。

　　萨特分析昆丁的"表"和福克纳的时间问题，得出的一个更深刻的结论是福克纳时间哲学中的关于"现在"的概念。他认为《喧哗与骚动》中的"现在"，"并不是在过去和未来之间的一个划定界限或有明确位置的点"。就是说《喧哗与骚动》中，"现在"不是在过去、现在、未来三个向度中位置明确的一个"此刻"。福克纳的"现在"在实质上是不合理的，怪异而不可思议。福克纳的"现在"就像贼一样来临，来到我们眼前又消失了。它不是朝着未来走，因为未来并不存在。换句话说，福克纳小说中的现在不是指向未来的，它只是现在。一个"现在"从不知什么地方冒出来，它赶走另一个现在。所以福克纳的现在是一个加法算术，一个现在加一个现在，再加一个现在，剩下的仍是叠加在一起的"现在"。因此，萨特认为福克纳的现在还有另一个特点——"陷入"。它的法文原文是"L'enfoncement"。施康强从法文直译成"陷入"，当年英文译者把这个词翻译成 suspension，从英译本转译过来的中文译者翻译成"中顿"。而我觉得可能译成"悬置"更好。萨特说，福克纳的小说中从来不存在发展，没有任何来自未来的东西，他的"现在"无缘无故地来到而"中顿"（悬置）。这一概括可以说解释了昆丁的意识流程：昆丁的叙述中充满了对过去的片断记忆，而这些记忆的碎片仿佛是都被塞进"现在"这个时刻的，一下子就把"现在"撑满了，仿佛在膨胀，成了一种加法，因此，"现在"就无限延长，仿佛悬置在那里。这就是《喧哗与骚动》表现出的"现在"的特征。

萨特分析福克纳的"现在"的这种"悬置"的特征是想说明什么呢？我们要认识到萨特是个存在主义哲学家，关心的应该是哲学方面的问题。萨特借助对"现在"的分析，想说的是福克纳"把人写成没有未来的存在物"。他笔下的人物，比如昆丁，只有过去，他生存在过去的记忆的碎片中。而这个过去按福克纳的说法，"更坏的是他们的过去还不是按时序排列的，而是随着某种冲动和感情"的逻辑而排列的。"于是产生时序的荒谬"。就是说整个小说中的人物的记忆是混乱而无序的，只围绕着几个中心打转，如凯蒂的怀孕，班吉的被阉割这样的中心打转。所以"过去的次序是心的次序"。这就是福克纳笔下人物的过去性。于是我们得到了萨特的一个有名的比喻。他说:在福克纳的作品中,"福克纳看到的世界可以用一个坐在敞篷车里往后看的人所看到的来比拟"。什么都可以看得见,但却飞速后退,你在每一个现在的时刻看到的都是"过去"。所以萨特称福克纳的主人公们,从不预见什么,没有未来性,"车子在他们往后瞧的时候把他们开走了"[1]。所以有研究者说,萨特的这一比喻极为出色,可以说明福克纳的几乎每一页作品。

这就涉及了人的存在的"未来性"的问题,也是萨特最终强调的哲学问题。萨特和海德格尔都强调人的未来性:"人不是他所有的一切的总和,而是他还没有而可以有的一切的总和。"人的意识也是一样,按萨特的说法,"意识的性质包含着它被投入到未来中去的意思;我们只能通过它将变成什么来理解它是什么",它"是被自己的各种潜在性所决定的。这就是海德格尔所谓的'可能性的沉着的力量'。这正好与福克纳的人相反。福克纳的人是一种去掉了潜在性,只以其过去的存在来解释的人"。昆丁就是没有未来的潜在性和可能性的人,他只有现时和过去,而现时又是被过去填满的。这解释了他的自杀的更深层的原因。而班吉作为一个白痴更是如此。这就是萨特通过对时间的分析得出的结论。

可以说,萨特从哲学意义上分析了福克纳作品中的人物,这些人物其实是在时间中丧失了未来维度的人,也就丧失了可能性的维度。他们生活在现在,更生活在过去,而这多少有些像老年人的生

> 萨特的文学性比喻往往是很出色的,是他的哲学思想中更有穿透力的部分。又比如他的文学作品中"墙"的意象和"恶心"的意象。

---

[1] 萨特:《福克纳小说中的时间:〈喧哗与骚动〉》,《福克纳评论集》,164页。

活方式,就像汪曾祺说"小说是回忆"一样。"小说是回忆",这种小说观对于汪曾祺还有普鲁斯特都是确切的,因为他们的小说学呈示的都是回忆的生存方式和诗学形态。他们至少在写作的时候的确生活在过去的记忆中。汪曾祺的这种"小说是回忆"的观念也产生在他80年代的创作阶段,与他的40年代是完全不同的。汪曾祺40年代小说中的典型的时态是现在进行时,你能觉得小说中每一个现在都是进行中的,都指向不可知的未来。他写了很多类似于意识流的小说,也有存在主义的影子,十分现代。

最后总结一下,萨特和海德格尔其实都从存在与时间的意义上探究了"存在"的问题,把潜在性、可能性和未来性看成界定人的基本维度。没有这个潜在性和可能性的维度,人就是没有希望的,濒死的,就像昆丁一样。我在讲普鲁斯特的时候,就是从普鲁斯特的立场出发,认为人除了记忆其实一无所有。我们的此在也一无所有,此在是凭我们的过去和记忆来限定的。我为什么是我?因为我的过去决定了我的此在。我现在之前的过去是北大教师,所以今天我就得在这里讲课。昆丁有了一个无法挽救的过去,所以他现在正在走向自杀。可是海德格尔想说的是,我为什么是我?是因为我所即将成为的一切决定了我是我,人是他还没有而可以有的一切的总和。这定义看上去好像对初生的婴儿是最合适的,但海德格尔真正想说的是,我们每个人都是被可能性、潜在性决定的。这就为我们指引了一个未来的维度,我们的生活的每一个现在都是指向未来的,当每个未来变为现在之后,又有新的未来马上来临。这就是未来的维度,这个维度给每个失意者以希望。那些失恋后痛不欲生的人更应该学学海德格尔的可能性的哲学。但每个人都有未来,为什

> 所以对比汪曾祺80年代与40年代小说形态的不同,就是一个颇有意思的题目。我的同事王风和学生陆成都做过这类研究。见王风《〈异秉〉〈职业〉两种文本的对读》(《中国现代文学研究丛刊》,1999年1期)以及陆成《"时态"与叙事》(《文艺理论研究》,1999年1期)。

么每个人的未来都不一样？这仍然是因为我们每个人的未来其实都包含在现在和过去中。所以相比之下，柏格森的时间观更全面和更容易令人接受。就是他提出了绵延的概念，把时间看成是一种流程，不断持续着从过去到现在并指向未来。但这种绵延不是物理学意义上的线性时间，而是心理时间，是解释人的意识的存在和心理的状态的。我们会发现，不同的哲学或不同的作家强调的是其中的不同的维度，普鲁斯特和福克纳强调过去性的记忆，想找回过去的时间；而海德格尔则强调未来性。他们强调的，也许都是时间洪流中人的本质的一个部分。而一个人在生命的不同阶段，过去性和未来性所占的比重其实是不一样的。

以上分析的是福克纳小说中的时间哲学。这是从较抽象的意义上谈论小说中的时间。那么小说中的时间形态或者说时间形式有哪些具体的层面呢？我一直想找这方面的专著，但专门谈小说中的时间问题的著作比较少。我下面的简单概括也不是从严格的学术立场进行总结的，只是想提示几个角度。

1. 故事时间。就是小说讲述的故事和事件的先后顺序。小说中的故事和情节肯定有一个先后发展的时间顺序，这就是故事时间。

2. 叙述时间。指小说中对故事和事件发生顺序进行重新排列所需的时间，或者说就是叙事者讲述这些故事的时间。在原初的故事中，时间是按先后顺序发展，而对这些故事的讲述却可以打乱顺序，如倒叙、预叙、插叙之类都是叙事者对原来故事的重新排列。《喧哗与骚动》中班吉和昆丁的叙事中有故事和情节吗？当然有，但这些原初故事中的时间被两个叙事者割裂得一塌糊涂。班吉和昆丁的叙事所需时间就是叙述时间。两个人讲述中的故事可以跨越很多年，但叙述时间都集中在不到一天的时间中。

"叙述时间"的概念主要是由热奈特倡导的,有人表示反对,认为叙述时间不好度量。赵毅衡在《当说者被说的时候》一书中认为是可以度量的,只不过方法很复杂,他认为叙述中有三种时间,"一是以篇幅衡量,文字长短对时间有相对的参照意义;二是以空缺衡量,在两个事件中明显或暗示的省略也表明时间值;三是以意义衡量,'三个月过去了'指明了时间值。这三者综合起来,才形成叙述的时间框架"[1]。

> 关于小说形式内部的叙事学意义上的时间问题也是见仁见智的。这是一个很专业,也很技术化的问题,同时也暗含着玄学性。

3. 时间跨度。这是前面两种时间的比例和参照的结果。按戴维·洛奇《小说的艺术》中的说法,时间跨度是"通过比较事件真实发生所需要的时间和阅读它们所需的时间来衡量的"[2]。这个因素影响到叙述的节奏,是快是慢主要决定于时间跨度。比如我已经记不大清楚的一个细节,好像是苏州评弹的一个曲目,唱一个人上楼梯。上几节楼梯在原初故事情节中可能几秒钟就够了,可这个评弹艺人却唱了三天,可以想象是谈心理活动或者倒叙之类的。这就是慢节奏。又比如"一年过去了",故事时间流逝了一年,而叙述时间(或者说读者阅读时间)只有几秒钟。两者比较就构成时间跨度。

4. 时序变形。指的是在叙述时间中对原来的故事和情节顺序的打乱和重组。

以上几点大体从属于小说叙述学问题,可以看出,其中各点涉及的问题有交叉的地方,不同的叙述学理论家提出的范畴也不尽一样。而且小说中关于时间的问题也远不止这几点,没有时间

---

[1] 赵毅衡:《当说者被说的时候》,90 页,北京:中国人民大学出版社,1998。
[2] 戴维·洛奇:《小说的艺术》,206 页,北京:作家出版社,1998。

多讲。小说叙述学方面的参考书很多,我给大家的参考书目上都有。这里再推荐大家读读赵毅衡的《当说者被说的时候》,是一本比较好的入门书。但其中涉及的许多问题,在叙述学界都是有分歧的。比如赵毅衡也主张有底本和述本之分。这也是西方叙述学界的一种主张。什么是底本?比如灰姑娘的故事可以改成小说、叙事诗、电影、百老汇戏剧等,那么灰姑娘的故事就是底本,关于这个故事的各种讲述方式就是述本。底本是无叙事者的,不靠叙述而存在。而述本是对底本的各种形式的讲述,是有叙事者的。这就是关于底本和述本的区分。而我本人则觉得不存在一个先天的底本,没有被讲述的底本是不存在的。只有被讲述的故事才存在,或者说,故事只存在于一次次的讲述中。

5. 时间体验。指小说中表现出的作者的或人物的时间体验和感知。如时间的存在形态,共时性、历时性,永恒感、流动感等。在相当多的情况下,这种时间体验表现为小说中的心理性时间。

但我们所关注的这种时间体验不是人物嘴里说出来的,我们关心的是它在小说中怎样形式化。比如研究普鲁斯特以及福克纳小说中的时间体验,就与记忆的形式和记忆的本性密切相关,与断片化的小说元素,断片的美学密切相关。又比如小说家余华评论自己的小说《在细雨中呼喊》(原名叫《呼喊与细雨》。我觉得两个名字都不好,是照搬电影大师伯格曼的):

> 真正具有美学或诗学特征的时间体验是小说中形式化了的时间体验,这时的时间体验就是一种"形式化了的内容"。

> 我想,这应该是一本关于记忆的书。它的结构来自于对时间的感受,确切地说是对已知时间的感受,也就是记忆中的时间。这本书试图表达人们在面对过去时,比面对未来更

有信心。因为未来充满了冒险，充满了不可战胜的神秘，只有当这些结束之后，惊奇和恐惧也就转化成了幽默和甜蜜。这就是人们为什么如此热爱回忆的理由，如同流动的河水，在不同民族的不同评议里永久和宽广地荡漾着，支撑着我们的生活和阅读。[1]

这段话谈的是余华怎样构建自己的"叙事的结构"，但其中暗含着基本的时间体验和记忆形式。而记忆问题中的最重要的维度就是时间的维度。

6.时间哲学。可以看出，上述概括中"时间"是处于不同层面的。所以不是严格的分类。诗学关注的则是小说中被形式化了的时间，时间成了一种有意味的形式，或者是能被体验到的内容，而不是从哲学意义上谈的抽象的时间。萨特谈《喧哗与骚动》中的时间问题，可以说是个范例，它与海德格尔的《存在与时间》的哲学著作不同，萨特谈的时间哲学，是内化到人物体验和文本内在形式之中的，所以它是一篇出色的诗学论文，而不是哲学文本。

现代小说的空间形式

从时间、空间的维度看，小说首先可以说是一种时间性的存在，表现为小说是用语言文字的媒介先后叙述出来的。小说存在于叙述时间的一个先后的时序过程之中。从物质存在的意义上看，它表现为一本书的形式，是从前到后的一个有顺序的过程，这就是小

---

[1] 余华：《我能否相信自己》，150页，北京：人民日报出版社，1998。

说作为时间性存在的一种外在的形式。而从文学本体的内在意义上着眼，小说也同样表现为一种时间性的存在，尤其体现在以故事和情节取胜的传统小说中，故事是沿着一条内在的时间链和因果链展开的，情节和故事的发展也正是建立在一种因果关系的时间链中。这种小说往往迫使你一口气读下去，你想知道故事会怎样继续发展，最终结局如何，你想尽快揭开小说的悬念和谜底，就像读柯南道尔或金庸、古龙的小说，刹不住车，通常是通宵达旦地一口气读完。支撑这种阅读体验的就是小说的因果逻辑，而其背后则是一种时间逻辑。

但是小说同时也可以看作有空间性的。小说既有时间维度，又有空间维度。比如帕斯就有类似的主张。他认为，空间在文学中显然是一个不亚于时间的核心因素。文学因为是一种语言的艺术，因此，文学的呈现的形式也是语言的呈现的形式——表现为时间的延续。但是，帕斯说，"语言之流最终产生某种空间"。"用时间媒质——相继说出的词语，诗人构造空间"[1]。尽管帕斯并没有具体谈论小说中的空间到底指什么，但至少我们从中可以感受到，空间在小说中（也可以说在文学中）是与时间同等重要的因素。起码小说在物质形式上表现为一本书。刚才说一页一页地翻一本书是一个有顺序的时间过程，但每一页的同时并存结构成一本书，它的并置的结构方式又是空间性的。

帕斯同时认为："反过来，空间处于运动之中，仿佛像时间一样漂流。"

我们都能直觉地感受到小说中有空间维度，而且这种空间性似乎比时间性更具体可感。但实际上追问起来却很麻烦。小说中的空间因素表现在哪些层面？什么是小说的空间想象？时间与空

---

[1] 帕斯：《批评的激情》，252 页。

间在小说中是怎样结合的？提出小说的空间形态或者空间性命题对于小说学有什么具体的意义？这些问题其实都是很难回答的，也是目前的小说诗学没有能力彻底解决的。北京大学出版社出过一本书《现代小说中的空间形式》，专门谈小说中的空间问题，最早是由约瑟夫·弗兰克在1945年提出了空间形式的理论，引发了后来学者持久的讨论。但参与的人越多，越没有最终的结论，反而使问题更加混乱，真正的意义恐怕还在于空间形式问题的提出和诘问本身。但即使提出了这个问题，也不意味着小说中的空间形式的存在就是一个自明的命题，甚至也有学者认为，"克服时间的愿望，是与字词的时间上的连续互相抵触的"。就是说，时间与空间在小说中可能是不兼容的，是悖论关系。在《现代小说中的空间形式》一书中，有研究者指出：是否有可能完全实现小说的空间形式？他认为在小说中完善一种空间形式，与其说是一种现实，倒不如说是一种理想。空间形式"永远与小说叙述的和连续的趋势相抵触，因为顾名思义，这些趋势是反对作为一个重要的结构因素的空间的"[1]。就是说，小说中的叙述和连续性与作为结构性因素的空间形式是互相矛盾的。所以，"纯粹的空间性是一种为文学所渴望的，但永远实现不了的状态"。这就像法国大诗人瓦雷里的"纯诗"的范畴。"纯诗"也是一种理想的状态，是无法真正达到的境地。如果谁敢站出来说我写了一首纯诗，肯定有更多的人会指出他的纯诗并不纯，离24K的纯度还远得很。因此，纯诗只是一种追求和可能性。我本人认为顾城的相当一部分诗和欧阳江河八九十年代之交创作的《最后的幻象》，还有万夏等人的一

---

[1] 弗兰克等：《现代小说中的空间形式》，50页，北京大学出版社，1991。

部分诗,都是有"纯诗"的质地的。但无论是哪一个诗歌评论家都不敢断言说某个诗人的哪首诗是"纯诗"。

与"纯诗"的范畴相似,小说中的空间形式也正是一个理想的状态,是无法真正实现的境地。但或许正因为它无法彻底实现,对小说家才更具有长久的吸引力。这也许是与小说的某种"克服时间的愿望"相联系的。但是,小说毕竟生存在时间之中,生存在叙事者历时性的叙述之中,那么,小说中这种"克服时间的愿望"究竟是怎么来的呢?熟悉传统小说的人一般都能感受到其中的叙事者充满自信地存在于叙述时间之中,他并不需要去克服什么时间,也不会有这个愿望。如中国古代小说中的拟说书人,他有着上帝一般的宰制时间和因果的权力,在叙述时间中他永远感到进退裕如。当然说书人有时也会受到空间化因素的挑战,譬如同一时间里两个地方都有故事发生,这时该怎么办?他自有办法,所谓"花开两朵,各表一枝",一切就迎刃而解了。两朵花的存在,其实是空间性的,"各表一枝"的叙述方式其实也是对并置性存在的某种体认。但是叙事者对每一朵花的叙述,仍是时间性的,从而使小说在总体上最终仍表现为时间的统摄性。所以在中国古代小说中,叙事者很难真正产生克服时间的愿望。到了晚清的小说,叙事者面临的世界则就复杂多了,大千世界呈现出一种共时性状态,晚清小说家们也到处溜达,笔下的叙事者也就同样强烈地感受到并置的空间性生活的冲击。但晚清小说仍然无法产生空间性小说,叙事者总有一种结构长篇小说的统一的时间性线索。我们北大中文系的陈平原老师在《20世纪中国小说史》第一卷中曾总结出晚清"新小说"的一系列结构方式("珠花式""集锦式"等等),并充分重视"旅行者"这一特殊的以旅行的

如顾城的诗句"我们从没有到达玫瑰/或者摸摸大地绿色的发丝"(《内画》),"没有时间的今天/在一切柔顺的梦想之上/光是一片溪水/它正小心行走了千年之久"(《许多时间,像烟》),都有纯粹的品质。

历时进程串联小说的叙事者形象，都可以证明晚清小说家仍在试图寻找一条统一的时间线索来贯穿整部小说的叙事。赵毅衡曾这样描绘晚清小说的叙事者：

> 然而，也会有这样一种时期，会有这样一批小说，其中的叙述者无所适从，似乎动辄得咎——当整个社会文化体系危象丛生，当叙述世界也充满骚乱不安，而叙述者却除了个别的局部的修正外，没有一套新的叙述方式来处理这些新因素。此时，作者可能自以为是在领导新潮流，自诩革新派，小说中人物可能热衷于在全新的情节环境中冒险，而叙述者却只能勉强用旧的叙述秩序维持叙述世界的稳定。这样的小说中，新旧冲突在内容与形式两个层次同时展开。叙述者此时就会苦恼。[1]

用我的话来说，晚清小说家们面对的是空间性的世界对时间叙述的冲击，但他们无法找到"克服时间"的方式，小说中的叙述者便只能继续沿袭旧的叙述秩序。可以说，只有在西方现代小说这里，才真正产生了克服时间的愿望和克服时间的具体的小说手段，这就是"现代小说中的空间形式"的生成。而"克服时间的愿望"之所以能够产生，最根本的原因则是我们现代世界的空间化的属性。用福柯的话，"眼前的时代似乎首先是一个空间的时代"。杰姆逊甚至认为我们这个时代的理论范畴也倾向于变成空间性的，语言也生成了空间性的语言。比如有人概括我们这个时代为"影像化"的时代，

---

[1] 赵毅衡：《苦恼的叙述者》，2页，北京十月文艺出版社，1994。

影像的语言主要是空间化的。这一切对人类的空间感知能力的要求超过了时间感知能力。而空间想象也似乎越来越占有主导位置。这一点尤其反映在现代化的大都市的生活中。香港浸会大学的教授黄子平（以前是我们北京大学中文系的老师，《论"20世纪中国文学"》的三个作者之一）来北大中文系开过一次关于香港文学的讲座，非常有启发。第一个问题就是谈"空间"。后来我问了一个问题：香港的空间想象是不是比时间想象更占有主导位置？他回答的很精彩，认为香港的空间意识比大陆更强。香港人一般对空间有兴趣，对时间无兴趣，而且尤其没有中国历史方面的概念，汉武帝和乾隆在大多数香港人那里看不出区别，没有朝代概念。我觉得就像有观众反映电视上乌鸡白凤丸的广告，里面的归亚蕾（《大明宫词》中演武则天）穿的是唐代服饰，可是伴舞的一干美女都是来自于《还珠格格》，整个儿一个关公战秦琼。所以香港的时间想象就与内地不同，比如1997在内地是一个新纪元的开始，而内地开始的地方在香港人那里却是终结，是一个大限。这至少是回归之前大部分香港人的时间体验。黄子平称香港的时间是"借来的时间"。没有自己的历史时间，而且连续的时间感很难看到。而大陆则有一种时间优越意识。我理解这种时间优越意识就是一种漫长的历史背景带来的。用阿Q的话就是我们先前的历史要比你长得多。这就是我在新加坡的感受。新加坡作为城市早不过19世纪，而作为国度与我同龄，它是在1965年建国的。所以与我们的五千年历史的沧桑比起来，简直不在话下。但也许中国人今天到世界上去，惟一剩下的优越感就是所谓的时间优越意识，背后的潜台词就是："我们有苦难的历史，你有吗？"如果我们连历史感也消失的话，就可能一无所有了。但香港的确是

> 这个"影像化"的时代恐怕从张爱玲的40年代即已开始了。比如王德威先生就指出张爱玲代表着从文字时代向"影音"时代的转变。

个没有历史感的城市。而对香港而言,历史感的背后其实也是一种文化归属感。有人说香港是无根的,无归属的,这种归属不仅是空间问题,不仅是地缘上属于谁的问题,更是时间的。尤其是文化归属感,更与时间意识和历史感结合在一起。所以我们说香港回归了,充其量是主权意义上的,而历史感和文化归属感的真正获得,不是一朝一夕的事情。

有人认为香港的空间想象占有主导的位置,或许与它作为现代大都市有关。但并不是说只要是现代大都市,就一定更有空间感。与香港形成对照的是上海。上海在90年代兴起的却是一种怀旧文化,整个城市顷刻间似乎回到了20世纪的30年代甚至40年代,连咖啡馆起名也用旧时代的年份来命名,如1931。这种怀旧中的主导想象其实就不是空间性的,而有潜在的时间意识。然而,上海的怀旧怀的总让人感到有点古怪,它意图回复到的是30年代半殖民地时期的旧上海,似乎在那里才有着上海的繁华、辉煌和梦想。这种辉煌和梦想又似乎是在1949年终结的。于是世纪末的怀旧便有了追忆逝水年华般的挽歌情调,王安忆获得茅盾文学奖的《长恨歌》是其文学上的体现。但我认为这种怀旧其实恰恰是缺乏历史感的,而历史感的缺乏正是上海怀旧的致命的缺失。怀旧在表面上看似乎理应与历史感联系在一起,事实上却未必如此。杰姆逊认为后现代主义艺术中的一个趋势就是历史感的消失。这历史感的消失不是指历史形象的消失,相反,我们的电影电视中充斥着历史形象,如莎士比亚化的《大明宫词》,张铁林、小燕子的《还珠格格》,郑少秋的《戏说乾隆》,周星驰的《唐伯虎点秋香》,等等,其中大多是以戏说的方式出现的。同时怀旧电影也大量出现。

> 这方面的详细考察和讨论可参看包亚明、王宏图、朱生坚、倪文尖等著《上海酒吧——空间、消费与想象》(江苏人民出版社,2001)。譬如书中有一小节的标题追问的就是"为什么是'1931'"?

远如前些年的根据徐讦的《鬼恋》改编的，画家陈逸飞导演的电影《人约黄昏》，近如北京刚刚放映，但该看的人早看过盗版的《花样年华》，等等。它们展现在银幕上的确乎是历史时空，但杰姆逊却认为越来越多的有关过去的电影不再具有历史意义，它们只是过去的形象、模拟和拼凑品：

> 美国电影界出现的怀旧影片似乎是关于历史的，但其最重要的特点正在于其不是历史影片。美国的南方可以说是最后一处有强烈历史感的地方，由于经济政治各方面的原因，南方人的历史感延续了很长一段时间，从这个意义上说，福克纳可说是最后一位历史小说家，他仍然有历史感，甚至像《飘》这样的电影也有一种历史感。而怀旧影片却并非历史影片，倒有点像时髦的戏剧，选择某一个人们所怀念的历史阶段，比如说 20 世纪 30 年代，然后再现 30 年代的各种时尚风貌。怀旧影片的特点就在于它们对过去有一种欣赏口味方面的选择，而这种选择是非历史的，这种影片需要的是消费关于过去某一阶段的形象，而并不能告诉我们历史是怎样发展的，不能交代出个来龙去脉。[1]

可以说，这种怀旧电影是在"消费"历史。历史与时装、香水、麦当劳没有本质的区别，都是商品。历史可以消费，革命也可以消费。影评家倪震就用"消费革命"来形容电影《红色恋人》，这部电影的英文名字 A Time to Remember 则表明了它的怀旧的主

---

[1] 杰姆逊：《后现代主义与文化理论》，206 页。

题，于是《红色恋人》是把消费革命和消费历史统一在一起。张国荣与我们熟悉的革命者相比，绝对是个另类革命者。可以说，在消费了革命的同时，也就解构了革命。

关于历史的影片却是最没有历史感的，这就是杰姆逊所谓的后现代的艺术。而这一切，或许与我们时代的空间化息息相关。对于这样一个空间化的时代，传统小说中的时间主导地位被冲击了。旧小说的体制已经无法适应新的小说所处的历史语境了。当20世纪的现代小说不再适应现成的小说理论时，危机就发生了。或者说，以往的小说观和小说理论就失效了。《现代小说中的空间形式》指出："科学理论的有效性大部分依靠它们预示现象的能力，因而当异常的情况（理论不能解释的现象）发生时，危机也就发生了。如果这个危机显得非常严重，那么，只有一个新的范型的出现才能解决它。"[1]而小说的"空间形式"的理论也正是在这种危机中出现的一种"范型"（近于库恩的"范式"的理论）。它的出现，使一大批小说，也包括《喧哗与骚动》获得了被解释的某种可能性。在这个意义上说，小说中"克服时间的愿望"不是来自某个小说家，也不是来自某个理论家。这种愿望只能生成于这个空间化的时代。

那么，小说中的空间形式究竟指哪些具体层面呢？这也十分复杂，众说纷纭。我们只能概括最突出的几点。

1. 时间流程的中止

弗兰克认为，乔伊斯的《尤利西斯》和普鲁斯特的《追忆似水

> 在我校对这部书稿的时候，电视和其他传媒已开始怀起张国荣的"旧"了。随着张国荣的仙逝，香港电影界一个曾经辉煌的时代正式宣告终结，剩下的只有周星驰的"无厘头"。

---

[1] 弗兰克等：《现代小说中的空间形式》，72页。

年华》都是具有空间形式的小说。说普鲁斯特的小说与空间形式相关，乍一听上去会令人感到有些奇怪。因为他被看成一个伟大的时间小说家，用几百万字的鸿篇巨制寻找失去的时间。"时间"是小说的真正主题，正像博尔赫斯《交叉小径的花园》中的崔朋的中国迷宫一样，它也是关于时间的一个隐喻。但假如只从时间维度审视《追忆似水年华》，就会忽视普鲁斯特的更深刻的追求。他的寻找失去的时间最终表现的其实是"超越时间"的努力，这种超越时间的愿望表现在普鲁斯特对一种他自己所说的"纯粹时间"的瞬间的呈现。普鲁斯特坚信，在人的感觉和体验中，总会有那么一些时刻和瞬间是超乎寻常的，甚至可以说是辉煌的，因为这些瞬间会在一刹那容纳、浓缩现在和过去，把流逝的时间和过去的记忆一下子彻底照亮。我们常说的"瞬间永恒"正是形容这种"纯粹时间"。我想，每个人的一生中大概都会在有些时刻产生这种"瞬间永恒"的感受，这种体验具有普适性。弗兰克认为，普鲁斯特在小说中力图把握的这种"纯粹时间"，其实"根本就不是时间——它是瞬间的感觉，也就是说，它是空间"。之所以说"它是空间"，是因为从时间的意义上看，"纯粹时间"几乎是静止的，是在片刻的时间内包容的记忆、意象、人物，甚至细节造成了一种空间性并置。时间则差不多是凝固的。而从叙事的意义上说，则是一种"叙述的时间流的中止"。就是说，小说中的时间停在那里，或者进展得非常缓慢，这时，小说进行的似乎不再是叙事，而是大量的细节的片断的呈现。这些细部呈现，表现出的就是一种空间形态。这种小说中"细部呈现"的情形是我们都熟悉的，只不过没有用"空间形式"的字眼表述而已。而且，这种所谓的"叙事的时间流的中止"造成的空间化的效果其实早在西方马克思主义理论家卢卡奇的小说理论中就表述过。卢卡奇曾仔细地区分过"叙述"与"描写"的区别。他认为"叙事总是把往事作为对象,从而在一种时间距离中逐渐呈露叙事者的基本动机",而描写的对象则是无差别的眼前的一切。这是把"时间的现场性"偷换成"空间的现场性"[1]。卢卡奇本人是反对"描写"的,他认为"描写"像静物画,细节取代了情节,从而"堕落为浮世绘"(这是对日本绘画的偏见)。为什么他反对细节和描写呢?因为他的小说观强调的是一种整体性,而"细节的独立化"是对"有机整体"的威胁,是对叙事艺术结构的破坏。我必须指出,卢卡奇反对的描写和"空间的现场性"指的是传统小说中的自然主义的细节描写,比如左拉小说中那些令人昏昏欲睡的细节。但卢卡奇的叙事与描写的范畴有助于我们理解空间化的问题,所以介绍给大家。

萨特所分析的福克纳小说中的"现在"正是由一个个瞬间构成,而且是没有未来性的纯粹的现在。从这个意义上说,福克纳的一个个"现在"的瞬间也正是空间。按杰姆逊的说法,时间成了永远的现时,因此是空间性的。正像《现代小说中的空间形式》中所说,小说中"起作用的瞬间是'现在',而不是'接着',而瞬间的获得必然伴随着连贯性的失落:叙述者和读者关注的是细节,以至于把握不了小说中的结构和方向"。巴雷特的《非理性的人》也正是这样分析《喧哗与骚动》中昆丁的叙述。他认为福克纳表现的,不是昆丁自杀这样的抽象概念,而是把目光转向"事物本身",如一只麻雀在窗口鸣叫,一只表被摔坏了,主人公昆丁陷入了关于私

---

[1] 参见胡经之主编:《西方文艺理论名著教程》(下),411页,北京大学出版社,1989。

奔的妹妹的记忆碎片中,而这碎片中还有一场动拳头的打斗等。而这一切都表现为一种共时性的呈现,是连贯性的失落。

而在所有这一切表面之下,但是却从未提及的,是一股缓慢而盲目地向前流动着的波涛,犹如一条地下河流似的流向大海,这股波涛就是人之走向他的死亡。这一节描写,以及这部书本身,是一个杰作,或许堪称迄今为止美国人写出来的最伟大的作品之一。[1]

为什么这一节描写是一个杰作?我认为福克纳真正写的的确是死亡,但他呈现出来的却是细节的碎片,是"事物本身",这种事物本身的无序的碎片形态,所提示的正是昆丁生活的真正状况,即他的生活无法构成连贯的叙事,只有"空间的现场性",没有未来的维度。而未来维度的匮乏正是导致昆丁自杀的最根本的存在论意义上的深层原因。从这意义上说,用一个个叠加的"现在"的瞬间表现昆丁的意识的流涌是最合适的。而这瞬间就印证了空间形式的理论。正像有研究者说的那样,空间小说的最终极形式是"生活的片断"。

2. 并置的结构

"并置"是小说空间形式理论的最重要的概念。《现代小说中的空间形式》译序中说,"并置""指在文本中并列地置放那些游离于叙述过程之外的各种意象和暗示、象征和联系,使它们在文本中

---

[1] 巴雷特:《非理性的人》,54页。

取得连续的参照与前后参照,从而结成一个整体;换言之,并置就是'词的组合',就是'对意象和短语的空间编织'"。我认为译序中对"并置"的理解狭窄了一些,除了意象、短语的并置之外,也应该包括结构性并置,如不同叙事者的讲述的并置,多重故事的并置。这种多重故事的并置其实是小说的老传统,如《十日谈》《一千零一夜》都可以看成是并置结构。现代小说中有名的并置结构的小说譬如阿根廷作家普伊格的《蜘蛛女之吻》,写的是阿根廷的一个监狱的牢房里关了两个囚犯,一个是政治犯,另一个是同性恋者,小说的核心情节是同性恋者向政治犯讲述的六部电影的情节。这六部电影故事是小说的主干,但彼此之间没有情节关系,是典型的并置关系。更有名的是卡尔维诺的《寒冬夜行人》,是一部由十篇小说合成的长篇小说,而这十篇彼此没有情节关联的小说其实只是十个开头,它们之所以能被组合在《寒冬夜行人》中,只是由于装订的错误。这就是一种空间并置的结构,把十篇故事缝合成一个长篇。这十篇故事共同的特点和联系只有一个,就是每一个故事都在最吸引你的地方戛然而止,把你悬在那里不管了,小说还没有充分展开,悬念还没有解答就结束了,而另一个故事又开始了。

<small>《寒冬夜行人》是很多评论家津津乐道的小说。它的结构也被称为"套盒结构",略萨则称之为"中国套盒"。参见《中国套盒》,百花文艺出版社,2000。</small>

  这种营造故事的方法背后有着卡尔维诺的时间理念在支撑,这就是他的"时间零"的理论。什么是"时间零"呢?比如一个猎手去森林狩猎,一头雄狮扑了过来。猎手急忙向狮子射出一箭,一个惊心动魄的瞬间出现了:

  雄狮纵身跃起。羽箭在空中飞鸣。这一瞬间,犹如电影中的定格一样,呈现出一个绝对的时间。卡尔维诺把它称为时间零。这一瞬间以后,存在着两种可能性:狮子可能张开血盆大口,咬断猎手的喉管,吞噬他的血肉;也可能羽箭射个正着,狮子挣扎一番,一命呜呼。但那都是发生于时间零之后的事件,也就是说,进入了时间一,时间二,时间三。至于狮子跃起与利箭射出以前,那都是发生于时间零以前,即时间负一,时间负二,时间负三。[1]

以情节和故事取胜的传统小说遵循的是线性时间和因果关系,更注重故事的来龙去脉,即关注于"时间零"之前或之后的事情。而在卡尔维诺看来惟有"时间零"才是更值得小说家倾注热情的时刻,它是命运悬而未决的时辰,可以引发作家和读者的多重的想象,是一个魅力无限的小说空间。"时间零"也恰恰表达了小说空间形式的理论,"时间零"是一个绝对时间,是时间的定格,表现的恰恰是空间,就像一幅照片凝固的是一个瞬间一样。

所以《寒冬夜行人》是我们解读小说空间形式理论的最佳范本之一。而《喧哗与骚动》也是一样。它的总体结构也是并列结构,四个叙事者讲出的故事被并置在一起。理解小说的最终的视点必定是这种并列结构。至少小说前三个叙事段落单独来看每一个都不完整,研究者说这种不完整让我们读者暂停判断,直到最后把四个部分并置在一起,在反复参照的过程中才能读懂小说。但讲了四遍就完整了吗?空间化小说形式的叙述往往是突然中止,而不是正式结束,因为可能的增殖是无限的,一个传统小说意义上的结局的确是

---

[1] 吕同六:《卡尔维诺小说的神奇世界》,《寒冬夜行人》,8页,合肥:安徽文艺出版社,1993。

不必要的。按我的比喻，空间小说就像糖葫芦，只要竹签子足够长就可以无穷地穿下去。事实上福克纳讲了四遍仍然觉得没有讲完，意犹未尽，十五年后福克纳又写了一遍康普生家的故事，所以他说把这个故事写了五遍。就是说，是穿了五个果子的糖葫芦。《现代小说中的空间形式》中没有用糖葫芦这一中国化的乡土气的比喻，它的比喻是橘子，认为空间形式就像一个橘状的构造，一瓣一瓣地以毗邻方式紧挨着，每一瓣地位都是同等的，而且并不四处发散，而是集中在惟一的主题，也就是橘子核上。这个比喻是很恰当的。现代主义的空间形式的小说可能正是橘子，有它的中心和深度模式。而后现代主义文本则把自己看成是洋葱，一片一片地剥开，里面的中心——"核"——是空的，什么也没有，中心是空无，即所谓的对深度模式的消解。而在后现代主义者眼里，现代主义文本也不是橘子，用我的比喻来说，是苹果。苹果也是有核的，有它的中心，有深度模式，但在后现代主义者看来，苹果吃到最后找到的那个核却是人们要抛弃的，是没有用处的，是要受到消解的深度模式。没有人会把苹果核吃到肚子里去，连班吉也不会。

3. 小说中的空间化情境

所谓空间化情境，是指小说中的故事发生的规定情境是一个相对单一和固定化的空间，叙事基本上只围绕这一情境进行，很少游离于这一空间情境之外。沈从文的小说《旅店》就是这样一部具有空间化情境的小说，故事情节只发生在旅店中，小说的叙事视角基本上没有游离出旅店之外，尽管小说中最富有戏剧性的情节其实是在旅店之外的野地里发生的。沈从文并没写出这一戏剧性情节，主要是"旅店"这一规定空间情境制约了他。我想沈从文当年写作的时候肯定犹豫了很久，最后还是忍痛割爱了，他略去了旅店外的故事，只是有节制地暗示出男女主人公可能在野地里发生的事情，从而维持了旅店情境的统一性。我也正是从这部小说中，觉察到了沈从文已开始成为一个自觉的小说艺术家。

张爱玲小说中也有一系列典型的空间场景，如电车、公寓、洋楼、街景。有人认为，这是张爱玲从历史时间的统摄中悄然逃脱的方式，她借助的正是空间。比如她的《封锁》，故事就发生在封锁期间停在街上的电车里。《封锁》中的电车的停止的确有点像从时间流逝的历史轨迹中逃逸，而沦陷时期的特定生存境遇也正提供了从历史中逃脱的契机。当然这种逃脱是暂时的，就像逃学的孩子迟早要被学校和家长联合起来重新纳入学校的体制和父之法中。《封锁》最初的结尾正是写男主人公回到家里就把自己在电车上和女主人公的艳遇彻底忘了。后来张爱玲删去了这个蛇足，也维持了电车作为空间场景和情境的统一性。

除了以上几个层面外，构成空间形式的小说要素还有一些别的，常见的如主题重复等。从中可以看出空间化的确构成了20世纪文学的一个重要趋势。这种趋势在电影中同样有所表现。譬如希区柯克的《后窗》就是一个典型的空间化情境的例子。拿中国电影来说，以陈凯歌为代表的第五代电影导演中，就有空间化的追求。黄建新的《黑炮事件》的结尾叠加了无数个夕阳的特写，就是一种并置，而不是叙述，是空间场景。陈凯歌的《黄土地》，从头到尾除了打腰鼓一场充满动感之外，基本上是一个个静态化的空间镜头的剪辑和叠加，尤其是一个个黄土高坡的画面，大都是全景镜头，叠加的过程给人的感觉不是时间的流逝，而是空间的永恒。你感受

> 沈从文对旅店情境的统一性的维持，可能更在于他直觉地领悟到了"旅店"这一特定小说空间形式本身所具有的独特美学内涵。它象征了人生的漂泊动荡与暂时性，隐含了"人生如寄"的原型体验，它的经典的美感在于不稳定性和梦幻般的感觉。

到的是古老的黄土地在时间上的凝滞感,是一种亘古不变的气息。而与黄土地形成鲜明对照的,是黄河的流水,它是动的,叙事的,时间性的,它同黄土地都具有隐喻性和象征性。所以第五代电影的语言表义是一种象征表义。直到陈凯歌的《霸王别姬》引入了叙事和历史。

这个话题也涉及了小说和电影的比较。电影在本质上也是时间性的,表现为一个个镜头在时间中的切换,我们还来不及把前一个镜头看清楚,后一个镜头又来了,不像一本书,可以重新去翻前面。(从这一点上看,VCD、DVD机的普及,改变了观影机制,我常看到一些人,也包括我自己,在家里看VCD,前后倒来倒去,食指也始终停在遥控器的快进键上,随时准备pass一段,整个儿改变了电影的存在方式,改变了它在时间中的生存方式。)但电影的时间流逝过程连缀的却是一个个空间画面,在这个意义上,电影是把时空结合在一起的理想媒质。不过电影叙事与小说叙事也有相似之处。电影中的叙事时间的速度也是剪辑过的,平行蒙太奇尤其是借鉴小说空间化并置的一种体现。也就是说,银幕上时间在流逝,但前后两个镜头中的情节、场景却是同时发生的,前一个镜头是英雄被压上刑场,绞索套上脖子,后一个镜头则是营救者拍马赶来,电影这时候也学习了小说,同样是花开两朵,各表一枝。

电影的存在告诉我们,其实在任何一种媒质中,时间与空间都往往是无法剥离开的。时与空正统一在电影之中。银幕展示出的是空间场景、画面,但却是流逝在时间中。就像根据《生命中不能承受之轻》改编的电影《布拉格之恋》的结尾,托马斯和特丽莎的汽车开向景深处的空间,其实也正是行驶在一个终极的时间中,这个时间就是男女主人公生命流程的终结。

最后想再重复一下杰姆逊谈后现代主义的空间性概念。空间化在所谓的后现代占有着更为主导的位置。杰姆逊在一次题为"关于后现代主义"的对话录中对比过现代主义的语言和后现代主义的语言。他认为:"现代主义的一种专用语言——以马塞尔·普鲁斯特或托马斯·曼的语言为例——总是运用时间性描述。'深度时间'即柏格森的时间概念似乎与我们当代的体验毫不相关,后者是一种永恒的空间性现时。我们的理论范畴也倾向于变成空间性的。"这种"空间化"概念对时间化的代替带来的是新的空间体验。杰姆逊认为这种新体验在城市建筑方面表现得最明显。"譬如,巴黎周围新起的都市建筑群有一个非常惊人之处,那就是这里根本不存在透视景观。不仅街道消失了(这已是现代派之务),甚至连所有的轮廓也消失了。在后现代的这种新空间里,我们丧失了给自己定位的能力,丧失了从认识上描绘这个空间的能力。"这种体验中最重要的一点就是"丧失了给自己定位的能力",使人很容易在后现代的大都市中迷失。而那些充分保留了传统形态的城市,如中国的西安、日本的京都,都是四四方方,东西南北很容易区别,而标志就是街道,东西向和南北向纵横交错,绝对丢不了。日本的京都就是按西安的轮廓规划的,你可以骑着一辆自行车漫无目标地游荡,最后总会回到你居住的地方,想丢也丢不了。而大阪这类城市就是一个迷宫,绝对使人丧失定位的能力。即使大阪本地人也整天穿行在地下,出了地铁就是公司,根本不知道自己在城市的哪个方位。在后现代大都市中,没有谁敢说真正认识都市,尤其是把握它的全景。我们有的只是文本中的都市,是在传媒中阅读的都市,是人们谈论中的都市,是文学作品中的都市,是关于都市的想象。所以想一

> 陈平原先生在《"五方杂处"说北京》一文中探讨了言说都市的几种方式和途径:作为旅游手册的北京;作为乡邦文献的北京;作为历史记忆的北京;作为文学想象的北京;作为研究方法的北京。参见《书城》,2002年3期。

想卡尔维诺的那本《隐形的城市》，就觉得"隐形"这一说法挺深刻的。

这种定位能力的丧失，以及描述空间能力的丧失，正是后现代的新的空间体验。它也许意味着，后现代的人不仅迷失在时间之中，也同时迷失在空间之中。所以按杰姆逊的观点，我们生存的当代是一种永恒的空间性现时。空间性构成了界定人的生存困境的重要维度。但这就与巴雷特在《非理性的人》中所说的"有时间性"是现代人的视界的观念发生了矛盾，也说明在时间、空间问题上，各种观念是复杂和混乱的。也许这正好说明人类生存在时间与空间的统一之中，时间与空间都构成了我们的视界。但两者也许都是现代人或者后现代人迷失自己的根源。就是说，也许我们在现代和后现代的时间和空间中都找不到归宿感和家园感。相比之下，应该说最后一个幸福的现代主义者是普鲁斯特，他至少在过去的时间和记忆中找到了归宿感和幸福感，尽管是一种虚幻的满足。而21世纪今天的我们可能连这种虚幻的满足也无法获得。

第六讲　迷宫的探索者：
　　　《交叉小径的花园》与博尔赫斯

玄想的小说

怎样总体评价博尔赫斯在世界文学史上的定位和意义，人们已经谈得太多了。我本人更关心他在小说学上的贡献。一个真正对世界小说的存在和历史有贡献的小说家一出现，小说的定义就会被改写，或者是至少部分被改写。而小说的视界和可能性也同时被拓展。博尔赫斯的小说学意义也在这里。他的出现，正像卡夫卡、乔伊斯、昆德拉一样，也使人们对小说是什么这个问题进行再度思考。比如追问小说的可能性限度到底是什么？小说在形式上到底还可能走多远？小说能够用什么样拓扑和变形的方式呈现人类象征性的生存图景？小说可以展示什么样的想象时空？尽管20世纪初就有人说小说死亡了，尤其随着影音艺术的主流地位的确立，小说和文学日益边缘化，但是小说仍是20世纪最活跃的形式之一。小说之所以是有生命力的艺术形式，就在于它不断在大师的实验中拓展自己的可能性。

博尔赫斯也肯定是对小说学有突出贡献的小说家。评论界常常用"幻想小说"概括博尔赫斯的创作。托多罗夫写过一本有名的书《幻想文学引论》，提出了"奇幻体"（theFantastic）的概念，按照这个概括，博尔赫斯、爱伦·坡、卡罗尔、卡夫卡、卡尔维诺、巴思（Barth）等人都可以看作幻想文学的作者。但是为了强调博尔赫斯的区别性，我更倾向于用"玄想的小说"来定位博尔赫斯。这是一个中国式的界定。我不知道西方语言中能不能找到相应的一个词语。这里"玄想"和"幻想"的区别在于，博尔赫斯是个具有玄学气质的小说家。他的幻想更像一些玄想，有些接近于中国的庄子，有充分的哲理意味，同时也有书卷气。"书卷气"是区别博尔赫斯的幻想的重要因素。这就与他毕生的经历和渊博的知识有关。他终生都在布宜诺斯艾利斯的图书馆工作，先是管理员，后来升为市立图书馆馆长。在1946至1955年的庇隆执政期间，他因为在反对庇隆的宣言上签字，被革去馆长职务，当了市场家禽检察员。庇隆下台后，又担任了阿根廷的国立图书馆馆长。也就是说，在阿根廷想要读书的话，没有其他任何人比博尔赫斯更方便。所以有研究者譬如史景迁（Spence）就称博尔赫斯是一部活的大百科全书或一座活的图书馆（就像瑞典诺贝尔文学奖评委会惟一懂汉语的马悦然称顾城本人就是"会走路的诗"一样），也是这个时代记忆力最强的伟人之一。[1]博尔赫斯在60年代初失明以后的小说更是完全凭着记忆中的书籍口授写出来的。他有一篇小说讲了一个什么都记得住的人，看到森林里的一棵树，就会记住树的确切的位置和每片叶子的样子及其动态。这个人物也可以看成是博尔赫斯本人的象征。博尔赫斯是一位大百科全书式的作家，他的小说中也一次次地出现大百科全书的形象，而且这个大百科全书往往代表着世界的一个总体图式。他也曾经试图把整个国度甚至宇宙都纳入到大百科全书中。

我听过顾城1988年在北大的一次发言，深感马悦然的比喻再贴切不过。我当时对顾城十分景仰，用最快的速度把他旁若无人的话语记录了下来，回过头重读的时候，发现与散文诗并无二致，甚至比他的某些诗更美丽。

---

[1] 史景迁：《文化类同与文化利用——世界文化总体对话中的中国形象》，131页，北京大学出版社，1990。

比如有学者认为博尔赫斯最好的魔幻故事之一就是《特隆·乌巴克》,"乌巴克"是个奇异的异托邦之国,它存在于《英美百科》的第46卷中。小说的叙事者"我"说,这部《英美百科》是1902年版《大英百科全书》一字不差的盗版。但是你即使在图书馆里翻到这部《英美百科》,也不可能找到乌巴克这个条目,因为据小说中的"我"说,"乌巴克"只在拜依·卡萨列斯(这个人在现实生活中是博尔赫斯的好友,也是一位作家)"在某处"购得的那一本百科全书中才有,因为那本书奇迹般的多出四页来,载有"乌巴克"的条目。"换言之,那百科全书只存在于博尔赫斯小说的虚构里,不过他开玩笑式地提到真有其书的《大英百科全书》和真有其人的拜依·卡萨列斯,给他虚构的世界抹上一点真实可信的色彩。"[1]在我们要讲的《交叉小径的花园》中,一位英国汉学家的书房里也摆放着几卷用黄绢面装订的手抄百科全书,是中国明朝第三代皇帝命令编纂,却从未印刷过的。估计这几卷珍贵的国宝级手抄百科全书,也只存在于英国汉学家的书房里,是它处无法见到的。

百科全书在博尔赫斯的小说中往往象征着对宇宙的整合。杰姆逊指出现代主义小说家"是想写出宇宙之书,即包含一切的一本书",博尔赫斯的大百科全书正是这样。但是杰姆逊没有提及的是在博尔赫斯的小说中,其终结总是一种整合的徒劳。"百科全书本是获得秩序的手段"[2],也是秩序和理性的象征,是万物最高的理想化秩序,是各种可能词条的总汇,也是世界的某种可能性的总汇。所以我们往往说像以狄德罗为代表的大百科全书派编撰的

---

[1] 张隆溪:《非我的神话——西方人眼里的中国》,载史景迁:《文化类同与文化利用》,151页,北京大学出版社,1990。
[2] 同上。

百科全书，正是西方资本主义在获得历史和资本主义理性的上升期的一种表征。但在博尔赫斯的小说中，大百科全书的存在方式却是一种象征性反讽，象征一种虚构、零落甚至无序，象征对秩序的探索以及最终的不可能。正像卡尔维诺在《未来千年文学备忘录》中所说：

> 从20世纪伟大小说中很可能浮现出一个关于开放性（open）百科全书的概念，这个形容词肯定是和百科全书（encyclopaedia）一词矛盾的；百科全书这个词在语源学上是指一种竭尽世界的知识，将其用一个圈子围起来的尝试。但是，今天，我们所能想到的总体不可能不是潜在的，猜想中的和多层次的。[1]

我引进"大百科全书"的主题是想强调博尔赫斯的玄想的书卷气。他的玄想是以知识、书籍、历史、掌故为材料和背景的，而不是单纯的幻想。这样他的玄想就进入了知识制度（也包括瓦解知识制度），进入历史，进入哲学。同时，博尔赫斯的玄想的百科全书的属性更体现在这种玄想最终指向的是宇宙和人类生存的一种幻想性图式，从而有一种更超越的玄学追求。

但另一方面，我这里强调玄想不是说博尔赫斯的小说中专门传达思想。正像昆德拉所说：

在今天的意义上说，瓦解知识制度是更值得肯定的方面。正像罗岗忧虑的那样："至今为止，我们没有看到基于现代知识系统内部的更深刻的反省。"(《记忆的声音》，241页，学林出版社，1998）试图解构知识制度只有进入其内部才能真正做到。

---

[1] 卡尔维诺:《未来千年文学备忘录》, 81页, 沈阳: 辽宁教育出版社, 1997。

> 小说家甚至不是他自己的思想的发言人。[1]
>
> 小说家并不奢谈他的思想。小说家是一位发现者，他一边探寻，一边努力揭开存在的不为人知的一面，他并不为自己的声音所迷惑，而是为自己追逐的形式所迷惑，只有符合他的梦幻要求的形式才属于他的作品。[2]

博尔赫斯的小说学的意义正在这里，他的玄想其实最终都落实到小说形式和小说元素之中，或者说，他的玄想本来就是形式化了的，是形式化的内容。正因如此，他的小说充满着一些形式化的意象，如梦、迷宫、镜子、废墟、花园、沙漏、罗盘、锥体、盘旋的梯子、大百科全书等等。这些意象不同于一般小说和诗歌中的意象，它们都有鲜明的形式化特征，有可塑性，有叙述化的空间隐藏其中，有玄想意味，是有意味的形式，可以进行小说化的展示和阐释。也正是借助这些意象，博尔赫斯把他的玄想化为小说形式，而没有流于思想和哲学。其中代表性的意象就是"迷宫"。

"迷宫叙事"与时间主题

"迷宫"是博尔赫斯小说中的核心意象，也是图像、母题，同时也是一种叙事，一种格局与结构。这一切，都典型地反映在他的中译本尚不足万字的短篇小说《交叉小径的花园》[3]中。

---

[1] 昆德拉：《小说的艺术》，153页，北京：三联书店，1992。
[2] 同上书，144—145页。
[3] 博尔赫斯：《交叉小径的花园》，王央乐译，载《博尔赫斯短篇小说集》，上海译文出版社，1983。

这篇小说收入同名小说集，1941年出版。我选择它的原因不仅仅因为它是博尔赫斯的名篇，而且还因为它最充分地体现了博尔赫斯的小说诗学，体现了奇幻叙事的技巧。而"迷宫叙事"就是博尔赫斯诗学的重要组成部分。

《交叉小径的花园》这篇小说在体裁上是一份犯人的狱中供词。小说情节的主体部分发生在1916年的英国。主人公是个名叫俞琛的华人，童年时代生活在中国海奉，一战期间在英国，却在给德国人当间谍，被英国特工马登抓住了，关押在狱中并将被绞死。而整个故事则是他的狱中供词，而且开头莫名其妙地少了两页，英译本是以"…and I"开始。

故事一开头——也就是俞琛狱中供词的开头——写俞琛得知同伙被捕，并被打死了，而英国特工马登马上就会来追杀他，因为他掌握了一项军事绝密情报：在法国的小城阿尔贝，有一个威胁德国军队的英国炮兵阵地，这情报显然极其重要，但当时与德国上司的正常联系渠道已中断了。怎样才能把阿尔贝的名字传给上司？俞琛的计划是：他可以去杀死一个与阿尔贝小城名字相同的人，这样，谋杀案就会被报道，被害者和俞琛自己的名字就会同时见报，而他的德国上司会一直翻阅报纸。只要他读到谋杀案的报道，就会产生联想，破译其中的秘密。这是一个既精彩又切实可行的计划，他就出发赶到郊区去谋杀一个名字叫史蒂芬·阿尔贝的人。幸好列车在马登赶上之前开动，马登要追上他就得再花一个小时的时间。当俞琛顺利地来到阿尔贝家的花园前，惊奇地听到里面飘出的是中国音乐，与阿尔贝交谈之后才发现还有更令人吃惊的事情——原来阿尔贝是一位在中国当过传教士的汉学家，他潜心研究的竟是俞琛的曾祖父崔朋当年从事的两项事业：一部其中人物比《红楼梦》还要多的小说，一座任何人进去了都会迷失的迷宫。崔朋"花了十三年的时间，从事这两项不同性质的工作。但是有个来历不明的人暗杀了他，他的小说变得毫无意义，他的迷宫也找不到了"。而阿尔贝已经成功地破解了这部小说的秘密。原来崔朋并没有建造一座现实的迷宫，这个所谓的迷宫并不真正存在。而崔朋写的混乱错杂的小说本身才是一座真正的迷宫，它既是一个象征性的迷宫，也是一个庞大的寓言。同时整个小说文本还可以看作一个谜团的谜面，而其谜底则是"时间"。这座小说迷宫最终探究的是关于时间的可能性的主题，但整部小说却连一个"时间"的字样都没有，正像我们猜谜，谜语的谜底是绝不会出现在谜面上一样……俞琛和阿尔贝聊得很投入，差点儿都忘了自己是干什么来的，即使重读这部小说，相当一部分读者也会忘了俞琛是来杀人的。正在这时，俞琛看到映在花园小径上的一个身影，这就是英国特工马登。当阿尔贝转过身去的时候，俞琛便掏出只剩下一颗子弹的手枪朝可怜的老头阿尔贝开了枪。他自己也随后被捕入狱了。当然，他的德国上司猜出了他的计谋，作为城市的驻扎着英国军队的阿尔贝最终被德国人轰炸。

> 这座迷宫般的伟大小说在象征意义上显然与博尔赫斯酷爱的百科全书意象等值的。

这就是《交叉小径的花园》的主要情节。小说的主干部分是俞琛谋杀阿尔贝的经过。但如果认为小说只讲了一个俞琛杀阿尔贝的故事那就错了。这部小说显然不只描述了一起谋杀案。小说首先可以说是对正史的一个补充。因为在小说开头首先提到的是一部名为《欧战史》的历史书，1934年出版，其作者是英国军事专家哈特。在这本《欧战史》的第22页记载着这样的历史事件：配备一千四百门大炮的十三个团的英国军队，原计划于1916年7月24日向德国军队进攻，后来却不得不延期到29日的上午。为什么拖延了五天？哈特在书中指出是因为下了一场大雨。而小说的叙事者却暗示可能另有原因：俞琛入狱后的供词"给这个事件投上了一线值得怀疑的光芒"。小说接下来才正式开始俞琛在狱中的交代和供词。从这个意义上说，《交叉小径的花园》完全可以看作对一段历史的纠正或补充，同时也是对历史的颠覆甚至嘲弄。因此，这部小说到底讲的是什么故事并不是几句话就能说清楚，下面会专门讲。先回到"迷宫叙事"。

可以看出，《交叉小径的花园》有一个复杂的结构，它的叙事结构也有迷宫特征。这种迷宫特征表现为叙事中有叙事，就像进入迷宫中的道路，分叉中有分叉，每次分叉都引出新的岔路。比如开头从《欧战史》的第22页的介绍到俞琛的供词的引证是第一次分叉。里面的作为间谍的俞琛的故事、汉学家阿尔贝的故事、阿尔贝所研究的崔朋的故事，还有交叉小径的花园本身、俞琛谋杀阿尔贝的故事，以及作为小城的阿尔贝的覆灭，都可以看成是一个个新岔路。一般的小说家在每个歧路可能都会流连忘返，东张西望一番，但在《交叉小径的花园》中，叙事的推动速度极快，读者很快就面对一个新的岔路。就像小说中崔朋建造的迷宫，里面的岔路可能是无穷的。这种分叉叙事隐含着一种生成性功能，而不是终结性功能，好像故事可以无穷地衍生下去，每一个岔路都孕育着新的叙事基因，表现出对无限可能性的追求。这就是一种分叉叙事，也是博尔赫斯在文本叙事结构上设置的迷宫。这种迷宫叙事就像真正的迷宫一样，充满了叙事的分叉和歧路，所以我们在小说中看到的不仅是文本之中的迷宫，同时面对的是文本的迷宫。也就是说，小说之中的崔朋的迷宫恰恰对应着小说本身的迷宫叙事，从而创建了一种文本的双重写作。文本本身的迷宫叙事与文本内表现出的迷宫是同构的。而这种原来的小说具有的迷宫叙事特征又被不同的中译本加强了。我对照了三个中文版本，开头关于《欧战史》这本书到底是哪一页记载了行动推延的历史事件，就有各不相同的翻译。一个版本说是22页，一个是242页，第三个则是272页。中文翻译（也许是排版工人）可以说真正领悟了迷宫叙事的精髓。

有研究者认为，这种分叉叙事在《交叉小径的花园》中与一系列谋杀组合在一起，而显得更加奇幻。谋杀事件本身便为分叉叙事提供了可能性。小说一开始被杀的是俞琛的一个同伴，被马登杀的。也正是他的死使俞琛意识到自己也要面临同样命运，关于俞琛的逃亡和使命的叙述才成为可能，也可以说是同伴的死构成了俞琛的行动的叙事推动力。小说中第二个死者是俞琛的曾祖，迷宫还没有建完就被谋杀，留下了混乱的小说和不知下落的迷宫，由此汉学家阿尔贝才登场破译这个谜团。当阿尔贝把俞琛祖先的秘密和迷宫的真相讲给俞琛之后，他自己也正走到了生命尽头。但他的死却帮助俞琛完成了使命——德军轰炸阿尔贝城以及英军进攻推迟五天——同时也预示了俞琛的命运，他将被送上绞架。但俞琛也没白死，他的狱中绝笔解释了正史中没有交代的关键，也就是英军推迟进攻的真正原因。这是一种小说中的"高死亡率"，能和它媲美的只有余华的《活着》。余华也让他的小说人物一个个死亡，就像在《许三观卖血记》中让许三观一次一次地卖血一样。但是余华的小说是中篇，相比之下，还是博尔赫斯《交叉小径的花园》中的死亡率更高。这种连续性的死亡，死亡中的死亡，也是一种分叉叙事，似乎有一种衍生性，像多米诺骨牌，推倒一个就有了下一个，也是与小说的迷宫叙事的总体格局相吻合的。

> 博尔赫斯作品的翻译集中体现了中国出版事业的某些现状。所以研究者必须去读原版，倘不懂西班牙语，至少也该翻翻英译。

> 《活着》中每死一个人，它的苦难叙事的力度就衰竭一次。相比之下，电影版的《活着》就有节制多了。

为什么博尔赫斯精心营造这种迷宫叙事呢？当然我们可以说迷宫叙事本身就是极有小说性的叙事格局。但博尔赫斯在小说中还有更玄学性的追求，"迷宫"本身只是一个巨大的谜的谜面，它的谜底是"时间"。在这个意义上，"迷宫"只是一个象征，它真正影射的是一个更形而上的，更抽象的时间主题。如果说整篇小说文本可以看成一个譬喻的话，那么"迷宫"是喻体，真正的本体就是"时间"。

"时间"是魅惑了人类中最优秀的那一部分的重大主题，无论他是哲学家还是小说家。时间命题的巨大魅力和巨大难度都在于它的无法言说性。但人类又生存于时间之中，我们每时每刻离不开的只有时间，或者说时间离不开我们。这就使时间的问题难以回避。在这个问题上，大多数人都持一种维特根斯坦采取的态度。他在《逻辑哲学论》的最后一章说，对无法言说的，保持沉默。我见过的惟一充满自信的是大学时学的《哲学概论》的编写者，里面从哲学的角度解释时间与空间问题，显得比爱因斯坦和霍金还要有把握。

博尔赫斯在他题为《时间》的演讲中认为"时间问题比其他任何形而上学问题都来得重要"[1]，因此他对时间的关注也就似乎比其他小说家都要多。我更感兴趣的还是他处理时间的文学方式，而不是哲学方式。与哲学家或物理学家不同，博尔赫斯是在小说中处理时间主题，从而就给了时间以小说的内在形式，使时间问题变得可以谈论。但这样一来，时间的主题也就必然"小说化"、虚拟化，带上了博尔赫斯的个人特征。因此"时间"似乎是同一的，但对时

---

[1] 博尔赫斯：《时间》，《博尔赫斯文集·文论自述卷》，196页，海口：海南国际新闻出版中心，1996。

间的体验和认知却可能是有差异性的,就像爱因斯坦谈"相对论":你和一个漂亮姑娘在一起,两小时相当于几分钟。但对另外一些男人来说,几分钟却无异两小时,"如坐针毡"这个成语就是用来形容这些男人的。所以,时间体验、时间认知背后隐含了心理、文化背景,时间由此也是心理命题与文化命题。而在《交叉小径的花园》中,时间观的背后还有历史观和宇宙图式。小说中的汉学家阿尔贝这样向俞琛解释他的曾祖崔朋的时间迷宫:

> 《交叉小径的花园》是崔朋所设想的一幅宇宙的图画,它没有完成,然而并非虚假。您的祖先跟牛顿和叔本华不同,他不相信时间的一致,时间的绝对。他相信时间的无限连续,相信正在扩展着、正在变化着的分散、集中、平行的时间的网。这张时间的网,它的网线互相接近,交叉,隔断,或者几个世纪各不相干,包含了一切的可能性。我们并不存在于这种时间的大多数里;在某一些里,您存在,而我不存在;在另一些里,我存在,而您不存在;在再一些里,您我都存在。
> 时间是永远交叉着的,直到无可数计的将来。在其中的一个交叉里,我是您的敌人。

这就是博尔赫斯的小说化的时间观,它其实是附着在"迷宫"这一图像以及"迷宫叙事"之上的,也就是说,如果博尔赫斯没有拟设一个迷宫载体的话,他的这个时间观就无法具形。也正因为《交叉小径的花园》中的时间其实只构成了一种小说元素,满足了作者的玄想,最终成为一种叙事冲动,所以不会有哲学家当真把它纳入某种体系。但是博尔赫斯《交叉小径的花园》中的时间观念只是一种玄想吗？它的认知价值如何？时间真的就只呈现为线性流逝吗？博尔赫斯的时间模型有没有像霍金写的《时间简史》那样的科学性意义？我自己无法判断。但即使时间不会呈现出交叉的形态，至少人的命运有时的确像交叉小径的花园。如果你10年、20年后在遥远的异国比如纽约、东京的汹涌人流中一下子撞上多年不知下落的初恋情人，就像香港电影《甜蜜蜜》中黎明碰上张曼玉一样，到时候就应该会想起我今天的话。

最后总结一下博尔赫斯的"时间观"。博尔赫斯的时间是多维的，偶然的，交叉的，非线性的，最终是无限的。而作为空间存在的迷宫正象征这种时间的多维与无限。似乎也只有迷宫这个形象才能胜任这一喻体。而以有限预示无限正是博尔赫斯小说观念的重要组成部分。他有一篇小说，叫《沙之书》，里面写了一本书，那是一本既占据有限空间，又能够无限繁衍像恒河中的细沙一般无法计数的魔书，书脊上写着"圣书"二字，是小说中的"我"从一个陌生人那里购买的。

"这本书叫作沙之书，因为不论是书还是沙子，都没有开始或者结束。

这个陌生人叫我找一找第一页。

我把左手放在封面上，试着用拇指按住衬页，翻开来。毫无用处。我每试一次，总有好几页夹在封面和我的拇指之间。好像它们不断地从书中生长出来。

"现在找一找末一页。"

我又一次失败了。我用一种简直不像是我的声音，勉强咕哝了一句："不可能这样。

陌生人仍然压低声音说:"不可能这样,可事实上就是这样。这本书书页的数目不多不少,是无限的。哪一页也不是第一页,哪一页也不是末一页。"

如果你也拥有了这样一本神奇之书,你的感觉是怎样的呢?也一定像《沙之书》中的"我"一样:"在占有它的那种幸福之外,又加上了怕它被窃的恐惧",然后又担心它并非真正是无限的。其结果是"这两种忧虑,增强了我原来的厌世感","我成了这本书的囚徒,几乎不再出门"。最终,"我"发现这本书是可怕的,以致想毁掉这本无限之书。

> 学人最可怕的命运就是成为"书的囚徒",而鲜有人对此自觉。这本"沙之书"寓意可谓深远。

我想到火,但是我怕一本无限的书在燃烧时也许同样是无限的,因而会使这个星球被烟所窒息。我想起在什么地方读到过:隐藏一片树叶的最好的地方是森林。退休之前,我在墨西哥街阿根廷国立图书馆工作,那里藏书达九十万册。我知道那里进门右手有一道盘旋的梯子,通向下面的书库,里面放着书籍、地图和刊物。有一天,我到那里去,躲过了一个管理人员,不去注意离门多高多远,就让这本沙之书消失在地下书库的一个尘封的书架里了。

"沙之书"与"迷宫"的意象是同构的,它们均表达了永恒与轮回的观念,均构成了对线性时间观和历史观的消解。因此,也可以说博尔赫斯的时间观构成了一种理论模式,这种理论模式几乎存在于博尔赫斯的所有作品中。正像卡尔维诺对博尔赫斯的评价:"我之所以喜爱他的作品,是因为他的每一篇作品都包含有某种宇宙模式或者宇宙的某种属性（无限性，不可计数性，永恒的或者现在的或者周期性的时间）。"[1]《交叉小径的花园》所体现的小说学价值也恰在这里，博尔赫斯把他对于时间的玄想与虚构的叙事模式合为一体，最终完美地统一在"迷宫"的幻象中。

科勒律治之花：奇幻体的诗学

《交叉小径的花园》究竟是一篇什么样的小说？怎样从小说类型学或主题学的角度为它定性？难题于是就来了，它似乎是很难定性的。一开头引用《欧战史》，似乎表现的是历史考据癖，满足了叙事者对历史的想象，使小说具有一种历史小说的意味。当然也可以把《交叉小径的花园》看成是战争小说，涉及的是一战；但马上你就觉得它更像一部间谍小说，讲的是英德间谍之间的追杀故事。而博尔赫斯本人则说他曾写过两篇侦探小说，其中一篇就是《交叉小径的花园》，最初在美国推理小说家艾勒里·奎因编的《谜案杂志》上发表，并且得了二等奖（艾勒里·奎因是我认为最好的侦探小说家，我初中的时候就迷上了他的《希腊棺材之谜》）。因此博尔赫斯自己把小说定位为侦探故事。他对侦探小说形式也有一种迷恋，并为这种小说形式进行过辩护。怎样辩护的呢？现代小说的趋势是心理化和零散化，趋向于结构的消解，而侦探小说有完整的结构，博尔赫斯就从侦探小说形式中获得了写开头、中间、结尾的非凡能力。在《谈侦探小说》一文中，博尔赫斯认为："我们的文学现在正日趋混乱，变得像自由诗"，"我们所处的时代，是如此的混乱如麻。但有一样东西倒是谦恭

---

[1] 卡尔维诺：《未来千年文学备忘录》，83页，沈阳：辽宁教育出版社，1997。

地维持着它的经典美,那就是侦探小说……我要说:侦探小说在遭到蔑视之后,它现在正在拯救一个乱世的秩序。这证明,我们应该感激它,侦探小说是立下功劳的。"[1]可以看出,博尔赫斯的辩护中,有一种玄学性的目的,他赋予了侦探小说以拯救的历史使命。《交叉小径的花园》虽然也同样有玄学意味,但是在类型上的确可以说最像侦探小说。它的所有悬念都是到了最后一刻才明白的。为什么俞琛去找汉学家阿尔贝,又为什么杀了他,都是到了小说结尾才交代出来。这就是典型的侦探小说制造悬念的方法,而且永远是到结尾才真相大白。但把《交叉小径的花园》看成是侦探小说类型,难题仍然存在:如何解释小说中关于崔朋的故事、中国迷宫的故事以及对时间的玄想?这些小说元素确乎是游离于侦探小说的情节线索之外的,就好像是嵌在侦探框架中的一个玄学楔子。至少我当初第一次读的时候没有把它看成一部侦探小说,即使到了今天也仍然没有。

实际上,对《交叉小径的花园》的解读可以有不同角度,理解也当然可以迥然不同。在某种意义上说,它是无法定性的,也是拒斥定性的。但尽管很难为《交叉小径的花园》在小说类型学的意义上定位,相对比较准确的概括是:这篇小说以一个侦探小说的外壳包含了一个玄学的内核,正像罗伯-格里耶的小说《橡皮》一样。但我们仍然可以说,《交叉小径的花园》其实是缝合了多种创作动机,同时也缝合了多种小说类型和母题。而当这多种类型缝合组装在一起之后,就肯定产生了一道道的缝隙。这就是该篇小说表现出的奇幻叙事的缝合

不同的读者可能从这篇小说中看到的是不同的类型学特征。我本人更关注其玄学意味,而一般文学爱好者或许赞赏它的侦探故事。

---

[1] 博尔赫斯:《谈侦探小说》,《作家们的作家》,94—95页,昆明:云南人民出版社,1995。

性，同时也就造就了奇幻叙事的边缘性。而我更关心的正是这种奇幻叙事的"边缘"属性。

我们前面指出"迷宫叙事"的最重要的特征是分叉叙事。其实每一次叙事的分叉都有可能造成分叉之间的裂缝。小说一开始，标志这种边缘性的临界线就存在了，小说的叙事从哈特的《欧战史》向俞琛的供词过渡。而这份供词在某种意义上可以说是一个纯虚构的世界，它的失踪的前两页就暗示着虚构世界与书本上的历史之间的一种缝隙以及对这种缝隙的缝合。因此，也可以说，小说的开端其实就把历史与虚构两种叙事缝合在一起，也把两种时间经验缝合在一起，同时缝合的还有读者两种不同的期待视野和阅读习惯。这种缝合得以成立首先由于历史叙述本身就有缝隙。有研究者指出：英国军队"进攻的推延切出一道历史叙事中的裂隙（gap），而这种裂隙最终只能由虚构叙事来加以补填"[1]。但缝隙是无法完全填满的，总会有缝合的痕迹留下来，读完小说我们大多数人肯定都不会相信俞琛供词给出的为什么进攻会推延的解释，因为我们知道那不过是虚构。只有一小部分天真善良的读者才会恍然大悟：原来英军进攻是这样被推迟的。这些单纯的读者往往要遭到嘲笑，但恰恰是这部分天真的读者才是真正的理想读者。而中文系文学教育的后果之一就是使一批本来是文学的理想读者变成了一些成熟老练目光犀利什么也不在乎的理性读者，至于文学研究者们离理想读者就更远。

这或许正是文学教育令人感到悲哀的地方。

《交叉小径的花园》中最重要的缝合自然是在侦探故事的主线索中织入崔朋与他的中国迷宫的故事。如果说，

---

[1] 米家路：《奇幻体的盲知：卡夫卡与博尔赫斯对中国的迷宫叙事》，《国外文学》，1995 年第 3 期。

俞琛供词中的叙事便已经是一种虚构的话，那么这个嵌入的迷宫故事就是虚构中的虚构。在此博尔赫斯需要缝合的东西更多，不仅要缝合小说的两种类型——侦探小说与玄学小说——而且要缝合不同的母题、动机以及不同的小说文体。侦探小说的文体与关于迷宫的奇幻文体是截然不同的。譬如俞琛对他的曾祖所建造的迷宫的想象，就是一种纯然的幻想性文体：

> 我在英国的树荫之下，思索着这个失去的迷宫。我想象它没有遭到破坏，而是完整无损地坐落在一座山的神秘的山巅；我想象它是埋在稻田里或者沉到了水底下；我想象它是无限的，并非用八角亭和曲折的小径所构成，其本身就是河流、州县、国家……我想象着一个迷宫中的迷宫，想象着一个曲曲折折、千变万化的不断地增大的迷宫，它包含着过去和未来，甚至以某种方式囊括了星辰。

即使读中译本，也能体味出这段文字的梦幻般的特征。

在把奇幻体的迷宫故事嵌入侦探框架的时候，博尔赫斯最需要考虑的事情就是如何"把幻想之物'隐匿'在小说真实中"。中国迷宫故事显然太有一种奇幻色彩，必须让它显得像真的似的。很多人在缝合诸如真实与梦幻、现实与舞台等两种不同情境的时候，都暴露出功力的不足。中国电影写梦，尽管不想让观众发现这是梦，但很少能把观众骗过去。而法国电影《最后一班地铁》的结尾则把所有观众都骗了：男女主人公（德帕迪约和德诺芙）在感伤无奈地话别，德帕迪约饰演的角色是一个演员，同时是一个插足的第三者，他追求的是有夫之妇德诺芙。他们最终无法结合，观众也无限伤感。但这时镜头慢慢地拉成中景、全景,两个人原来是在舞台上演一出戏。而且这时戏演完了,台下的观众在纷纷鼓掌,德诺芙的丈夫——戏剧的导演——也出来谢幕,一手牵着德帕迪约,一手牵着自己的妻子。电影就这样结束。这个结尾意味深长,它说明舞台上的故事是有一个结局的,而生活却在继续,而且永远没有结局,至少我们不知道什么时候开始,什么时候结束。《最后一班地铁》可以说成功地缝合了电影中的现实和舞台两种情境,创造了一种完美的"真实"幻觉。还有一部电影是香港关锦鹏导演的《阮玲玉》,它让作为演员的张曼玉在电影拍摄现场的表演与她演的角色——当年的阮玲玉重叠在一起。比如我们在银幕上看到关锦鹏下令现在拍阮玲玉自杀一场,张曼玉就酝酿情绪,准备进入角色,然后开始表演。但当我们以为张曼玉在表演的时候,电影其实已经同时进入了当年的情境,成为阮玲玉的传记了。而当这场戏拍完了,又回到拍摄现场,我们常常又不知道是什么时候回来的,还以为张曼玉是她正在演的阮玲玉。这两个"玉"的无形切换经常使我上当受骗,使我想到,电影的形式最适合用来弥合真实和幻觉。在缝合现实与想象,混淆真实与梦幻两种情境方面,运用得好的话,电影是无与伦比的一门艺术。

《阮玲玉》这类电影或许也可以说是一种"关于电影的电影"。关于小说的小说在后现代主义小说中大量出现,一般称为"元小说",而这种关于电影的电影不知是不是已被称为"元电影"?

博尔赫斯所面对的事情也是把玄想的迷宫故事缝合到小说的叙事流程中来,把幻想之物"藏"在小说叙事中。在这种时刻,博尔赫斯每每表现出高超的本领。他有一篇小说,是公认的代表作,叫《阿莱夫》。"阿莱夫"是博尔赫斯小说中最奇幻的事物之一,它是直径仅仅只有两三厘米的一个小小的明亮的圆球,"然而宇宙的空间却在其中,一点没有缩小它的体积",它是汇合了世上所有地方的地方。小说的叙事者"我"

从中可以看到地球上、宇宙间任何想看到的东西。

  我看到了稠密的海洋；看到了黎明和黄昏；看到了亚美利加洲的人群；看到了黑色金字塔中心的一个银丝蜘蛛网；看到了一个损毁的迷宫（那就是伦敦）；看到了就近不计其数的眼睛在细察着我，仿佛镜子里那样……看到了葡萄串、雪花、烟草、金属的矿脉、水的蒸汽；看到了赤道的中央鼓起的沙漠，以及沙漠里的每一粒沙子……它就是：不可思议的宇宙。

  它当然是一个读者一旦读完了小说就随之消失的幻想世界。但博尔赫斯却企图制造出一种阿莱夫真实存在过的幻觉。他是怎样处理的呢？"当我把阿莱夫作为一种幻想的东西考虑的时候，我就把它安置在一个我能够想象的最微不足道的环境中：那是一个小小的地下室，位于布宜诺斯艾利斯一个曾经很时髦的街区一幢难以描述的住宅里。在《一千零一夜》的世界中，丢掉神灯或戒指之类的东西，谁也不会去注意；在我们这个多疑的世界上，我们却必须放好任何一件使人惊叹的东西，或者把它弃而不顾。所以在《阿莱夫》的末尾，必须把房子毁掉，连同那个发光的圆面。"[1]

  为什么在《一千零一夜》中，丢掉神灯或戒指之类的东西谁也不会去注意？是因为《天方夜谭》中的阿拉伯人有太多的神灯与戒指吗？显然不是。这是因为，《一千零一夜》本身就是一个幻想世界，同样作为幻想之物的神灯的丢失，按博尔赫斯的比喻，就"仿佛水消失在水中"。对这个比喻，小说家余华解释道："博尔赫斯让

---

[1] 博尔赫斯：《作家们的作家》，190页，昆明：云南人民出版社，1995。

我们知道，比喻并不一定需要另外事物的帮助，水自己就可以比喻自己。他把本体和喻体，还有比喻词之间原本清晰可见的界线抹去了。"与此相似的博尔赫斯的比喻还有"就像树叶消失在树林里"，"书消失在图书馆里"。《沙之书》中说"隐藏一片树叶的最好的地方是森林"。那本无限的沙之书也正是放在藏书有 90 万册的国立图书馆最幽深的一个角落里。因此，在幻想世界存放一个或丢失一个幻想之物是轻描淡写的事情，而把幻想之物嵌入真实世界之中，就需要一种过人的缝合技巧。在《交叉小径的花园》中作者是怎样安置作为幻想之物的迷宫呢？博尔赫斯的选择就是把迷宫放在中国。

对于西方读者而言，一个神秘的迷宫由于是出自同样神秘的中国而具有了一种可信度。为了营造更真实的效果，博尔赫斯还竭力把汉学家阿尔贝的花园也布置成一种迷宫情境，布置成俞琛从小就熟悉的曾祖父的交叉小径的花园，而且阿尔贝家里还摆放着小型的象牙迷宫，使俞琛不知不觉就进入了一个逼真的童年世界以及迷宫世界之中。读者也得以追随俞琛的视点在不知不觉中认同了这一切，侦探小说也由此不知不觉地过渡到迷宫故事和玄学小说。这个缝合是很成功的，几乎找不到其中的缝隙。

> 这种杂糅式写作同样在一些后现代主义小说家如卡尔维诺、小库尔特·冯尼格、品钦、纳博科夫等人的创作中表现出来。因此文学史家一般把博尔赫斯也视为后现代主义作家。

从这个意义上说，缝合与杂糅构成了博尔赫斯的小说学的重要组成部分，就像他对自己的第一本诗集《布宜诺斯艾利斯的热情》所担心的那样："我担心这本书会成为一种'葡萄干布丁'：里头写的东西太多了。"[1] 这话听起来更像博尔赫斯对自己小说的担心。"葡萄干布丁"就是一

---

[1] 博尔赫斯：《博尔赫斯文集·文论自述卷》，116 页，海口：海南国际新闻出版中心，1996。

种杂糅写作，在小说中融会了多种东西：主题、形式、文体、小说类型，此外也许还杂糅了不同的情调与美学风格。又如他谈及小说《阿莱夫》：

> 《阿莱夫》由于写了各种各样的东西而受到读者的称赞：幻想、讽刺、自传和忧伤。但是我不禁自问：我们对复杂性的那种现代的热情是不是错了？

我们的回答是：当然不会错！其实这也是小说家昆德拉的回答："小说的精神是复杂性的精神。"我们惟一应该忧虑的是现代小说比起小说之外的现代世界来复杂得还不够。但昆德拉理解的复杂与博尔赫斯的复杂还不完全一样。复杂在博尔赫斯那里首先是形式的复杂，是缝合性、边缘性带来的复杂，是交互性的复杂，也是美感风格的复杂。正是这种复杂使博尔赫斯的小说诗学具有一种包容性和生成性。

我这一节真正想讨论的问题才刚刚开始。从前面的分析可以看出，对"中国想象"的营造透露出博尔赫斯在小说学层面的考虑：他其实并不想写一篇纯粹幻想性的小说。在某种意义上说，纯粹幻想性的文本是更容易写的，它的惟一的难度在于怎样使幻想更离奇，这个艰巨的任务主要被分配给好莱坞的科幻大片来承担。而博尔赫斯的追求还在于怎样处理好幻想和真实的边际关系。他不想放弃真实感这个维度，在更多的情况下，博尔赫斯其实是有着写实主义的热情的。写实往往比幻想更难，就像中国古代画论中所说"画鬼容易画人难"一样。而博尔赫斯的幻想之物也常常是镶嵌在他所营造的"真实"语境之中，就像《交叉小径的花园》中的迷宫情境不知不觉地嵌入侦探小说语境一样。

所以,博尔赫斯的小说学中一个相当有趣的议题就是关于真实与幻想的边际性问题。这就回到了本节的小标题:科勒律治之花。

秘鲁小说家略萨发现博尔赫斯经常喜欢引证"像博尔赫斯一样对时间问题着迷的作家"、英国小说家乔治·威尔斯(1866—1946)《时间机器》中的故事:"讲一个科学家去未来世界旅行,回来时带一朵玫瑰,作为他冒险的纪念。这朵违反常规、尚未出生的玫瑰刺激着博尔赫斯的想象力,因为是他幻想对象的范例。"[1]博尔赫斯本人则说"这未来的花朵比天堂的鲜花或梦中的鲜花更令人难以置信"[2]。它是从未来世界带回来的,它本应该在未来的某一天绽放,却奇迹般地来到了现在,进入了现实。这种情境的确非常刺激人的想象力,博尔赫斯迷恋这朵玫瑰是毫不奇怪的。这朵未来的玫瑰,因此构成了他"幻想对象的范例"。

令博尔赫斯着迷的另一朵玫瑰则是"科勒律治之花"。他曾引用过出自科勒律治的这样一段话:

> 如果有人梦中曾去过天堂,并且得到一枝花作为曾到过天堂的见证。而当他醒来时,发现这枝花就在他的手中……那么,将会是什么情景?[3]

梦中去过天堂没有什么稀奇,但你梦醒之后手中却有天堂玫瑰

---

[1] 略萨:《中国套盒》,59页,天津:百花文艺出版社,2000。
[2] 博尔赫斯:《博尔赫斯文集·文论自述卷》,35页,海口:海南国际新闻出版中心,1996。
[3] 博尔赫斯:《作家们的作家》,5页,昆明:云南人民出版社,1995。

这个物证,这就神奇了。如果你排除了手中的玫瑰是你的情人从小贩那里花一块钱买来的,并趁你做梦时塞到你手中这种可能性,那么这个醒来的发现——这朵天堂之花就像博尔赫斯在另一处所说,是"包含着恐怖的神奇东西",既美丽神奇,又有一种形而上的恐怖。但不管怎样,这里体现出的科勒律治的想象力的确是非凡的。

不过,中国小说家也有同样出色的想象,即使比起科勒律治、博尔赫斯来也毫不逊色。这就是唐传奇,李公佐的《南柯太守传》。小说写一个游侠之士淳于棼当了个小武官,郁郁不得志,就"何以解忧,惟有杜康"。他的住宅南边有一棵巨大的古槐,淳于棼常常在槐树荫下聚众豪饮。一次喝多了就在自己家的走廊上睡着了。梦中见两个紫衣使者,自称是槐安国王派来的使臣,邀请他前往。"生不觉下榻整衣,随二使至门","不觉"二字一用,的确使小说不知不觉进入了梦中现实。出了门,"指古槐穴而去",就从古槐树下的一个洞穴进去了。从此淳于棼在槐安国飞黄腾达,娶了公主,当了驸马,又出守南柯郡,成了南柯太守。后来与檀萝国打仗,兵败,公主也死了,又被谗言迫害,梦中的国度也有不如意的时候。最后又由两个紫衣使者从洞穴里送了回来。醒了发现自己依然睡在走廊下,而太阳还没有落山。这个故事写到这里并不离奇,离奇的在于,醒了之后淳于棼就去大槐树下寻找洞穴,果然找到一蚂蚁洞,拿斧子来把树根砍掉,发现有更大的蚂蚁洞,就像一座城池,里面有三寸多长的蚁王和一群大蚂蚁。这就是槐安国都城了。又挖出一洞,格局完全像梦中的南柯郡。挖来挖去,梦里面的情形都在蚁洞中应验了。这个结尾显然是小说最精彩的构思。何其芳当年改写过这个故事,即《画梦录》中的《淳于棼》,他把淳于棼梦中的游历一笔带过,侧重点放在淳于棼

与后来的时间机器、时光隧道之类的科幻小说和电影相比较,科勒律治的想象其实是简单的。但也许也正因其简单和纯粹,才更显示出一种神秘的力量。

醒来之后对蚁洞的挖掘和"梦中倏忽,若度一世"的慨叹上。可以说何其芳抓住的是《南柯太守传》最有独创性最富魅力的部分。这里面既有"大小之辨",又有"久暂之辨",隐含了时间和空间的主题。而更精彩的则是鲁迅对《南柯太守传》结尾的评价:"假实证幻,余韵悠然。"就像现实中的玫瑰构成了天堂幻想经历的物证一样。

我读《南柯太守传》的震惊体验就来自于结尾的"假实证幻"。为什么这种"假实证幻"令人有震惊感?因为令我们吃惊的不是梦的离奇,而是突然间发现幻想世界和现实世界之间有一条连通的渠道,就像英国小说家福斯特的短篇小说《天国之车》,设想可以在现实中找到一辆车通向天国。这样一来,关于幻想和现实之间的界限就变得模糊了。到底庄生梦蝶还是蝶梦庄生就真的成为一个问题。

这就是"科勒律治之花"可以引申出的诗学含义,而这朵花也正是诗学关注的中心。它是一个中介物,是现实与梦幻的联系,它联结两个世界,一个是现实世界,一个是幻想中的不存在的世界。它最形象地表现出一种边缘性或者说一种"际间性"(inter-),处理的是边际的问题。由此,博尔赫斯的奇幻叙事以及幻想美学最终关涉的就是现实与奇幻的界限,以及对界限的跨越问题。正像托多罗夫在《幻想文学引论》一书中所说:"奇幻体允许我们跨越某些不可触及的疆域。"这些疆域除了幻想的疆域之外,还可以引申出许多类型,像同与异,自我与他者,诸种不同的小说类型和母题,以及不同的文类,等等。其中最具魅惑力的跨越莫过于逾越真实与幻想的界限。而像博尔赫斯这样的小说家,在写作中的真正愉悦可能正在跨越边际与弥合缝隙的那一时刻。即使跨越不了边际与缝隙,在边际徘徊也是有意思的。卡夫卡有一篇短篇小说《猎人格拉胡斯》，里面有这样一段死后再生的猎人格拉胡斯与市长的对话：

> "难道天国没有您的份儿么？"市长皱着眉头问道。
>
> "我，"猎人回答，"我总是处于通向天国的阶梯上。我在那无限漫长的露天台阶上徘徊，时而在上，时而在下，时而在右，时而在左，一直处于运动之中。我由一个猎人变成了一只蝴蝶。您别笑！"
>
> "我没有笑。"市长辩解说。
>
> "这就好，"猎人说，"我一直在运动着。每当我使出最大的劲来眼看快爬到顶点，天国的大门已向我闪闪发光时，我又在我那破旧的船上苏醒过来，发现自己仍旧在世上某一条荒凉的河流上，发现自己那一次死去压根儿是一个可笑的错误。"

卡夫卡本人的形象不妨说就是这个徘徊在通向天国的阶梯上的格拉胡斯。如果说，博尔赫斯追求跨越，卡夫卡则迷恋徘徊，正像K永远在城堡外面亍亍一样。当然，卡夫卡小说中也大量地处理了"跨越"的问题，下面我们还会讲到。

从处理边际性这个角度上看，最有想象力的作家当属卡夫卡与博尔赫斯，或许还可以加上一个卡尔维诺。

所以"边缘性"这一课题的魅力一方面是对边际的缝合，另一方面就是对界限的跨越。而真实与奇幻关系的课题涉及的也不仅仅是边缘存在的问题，不仅仅是临界的问题，还有更富有意味的"跨越"的问题。任何人类所想要跨越的界限几乎都是有吸引力的（当你在黑暗的电影院中第一次握住你追求的女孩的手的时候肯定深切地体验到这一点），甚至包括终极性的生与死的界限。人类的梦想之一就是跨越不可能的疆域，比如跨越幽冥永隔的世界，即活人和

死人的世界。所以像黛米·摩尔主演的电影《幽灵》(《人鬼情未了》)的感伤性或者说伤感的力量就来自这一点,虽然它只称得上一部三流片。另一部美国电影《第六感》处理的也是类似的题材。男主角(由黛米·摩尔的丈夫——也许是前夫,或者即将是前夫——布鲁斯·威利斯饰演)是个心理医生,影片开头,他的一个病人潜入了他的家,朝他开枪,他应声倒地。接下来的镜头字幕显示已是一年之后,心理医生去医治一个小男孩,这个男孩整天生活在恐怖之中,因为他能看到死人、幽灵。影片的核心线索是医生与男孩的交往和心理治疗过程。影片的卖点之一就是出现了很多鬼魂,每次出现都能让电影院中的少男少女(主要是少女)一阵尖叫。但医生所爱的妻子却不太搭理他,而且妻子一个年轻的男同事也在追求她,让医生很嫉妒。令人震惊的是影片的结尾,医生突然发现睡在沙发上的妻子对他的触摸无动于衷,让他狐疑,接着又发现装酒的地下室的门已经一年多没有打开了。这一刻他才惊奇地发现自己原来是个幽灵,一年前就被打死了。观众也在同一时间发现了这一点(我当初是在首尔的一家电影院看的这部片子,当时全场是一片惊呼)。差不多这是第一部真正鬼视点的电影,就是说影片从头到尾都以一个已经死了的人作为叙事的焦点人物。这就是一个生活在人世与幽冥两个世界中的人物,尽管他以为生活在人间,其实只与人世能看见鬼的那个男孩真正打交道。

人类渴望飞翔的梦想也是一种跨越的梦想,而且构成了幻想文学中连绵不断的线索和母题。但真正飞翔起来的人的形象在现实中几乎是没有的,除了天使。我在电视上曾看过北京台《环球影视》栏目中的一个《十大(Top ten)天使影片》的节目,才知道电影人已经制造出那么多的天

很多网民在美国电影网站上说,他们都重看了一遍这部《第六感》,第二遍才发现心理医生其实是从头到尾都游离于人世之外的,第一遍则是被骗过去了。

使的形象。但天使并不是人,人的飞翔这个梦想在文学中的实现只有借助飞行器。复杂一点的像凡尔纳小说中的气球就不说了,最简单的飞行器则是阿拉伯世界的飞毯。神来之笔的是马尔克斯《百年孤独》中俏姑娘雷梅苔丝,乘着床单就上了天。但最轻而易举地就飞起来的则是卡夫卡小说中的"骑桶者"。小说《骑桶者》的中译本只有短短三页,写叙事者"我"只骑着一个空木桶就飞上了天。飞翔本身是浪漫甚至神奇的,可惜这次木桶骑士飞翔的目的却不怎么浪漫。小说写于1917年寒冷的一二月间,写的是第一次世界大战中奥匈帝国最艰苦的一个冬天的真实情况:缺煤。"我"其实是骑了一个空木桶去找煤,而且苦苦哀求煤店老板给"我"一铲子煤。卡尔维诺在《未来千年文学备忘录》中对这个故事进行了有意思的复述:"煤店老板的煤场在地下室,木桶骑士却高高在上。他费尽力气才把信息传送给老板,老板也的确是有求必应的,但是老板娘却不理睬他的需求。骑士恳求他们给他一铲子哪怕是最劣质的煤,即使他不能马上付款。那老板娘解下了裙子像轰苍蝇一样把这位不速之客赶了出去。那木桶很轻,驮着骑士飞走,消失在大冰山之后。"[1]原小说的结尾是这样的:

(老板娘)把围裙解了下来,并用围裙把我扇走。遗憾的是,她真的把我扇走了。我的煤桶虽然有着一匹良种坐骑所具有的一切优点;但它没有抵抗力;它太轻了;一条妇女的围裙就能把它从地上驱赶起来。

"你这个坏女人,"当她半是蔑视半是满足地在空中挥动

---

[1] 卡尔维诺:《未来千年文学备忘录》,20页,沈阳:辽宁教育出版社,1997。

着手转身向店铺走去时,我还回头喊着,"你这个坏女人!我求你给我一铲最次的煤你都不肯。"就这样,我浮升到冰山区域,永远消失,不复再见。

小说最后一句视点的变化很有意思。在"我浮升到冰山区域,永远消失,不复再见"的这一刻,小说的视点其实已经从"我"转化为地上人的视点。"我"怎么会永远消失,不复再见呢?"他"会永远消失,"我"却永远不会消失,"我"每天都可以见到自己,不可能永远消失。因此,结尾的视点无形中已转移到了留在地面的人身上,也就是说,变成了观众的视点。借助这个视点的陌生化距离,"我"就从一个找煤的普通人上升为幻想文学的主人公。

卡尔维诺认为,"空木桶"是"匮乏、希求和寻找的象征",它的确隐含着关于匮乏和充实的寓意。匮乏与充实,世俗和浪漫是可能会反置的,即是说,会颠倒过来。只有当你的木桶是空的时候,你才能飞翔,如果装满了,准会重重砸在地上。如果老板娘不是把"我"轰走,木桶就会装上了煤,而"我"也就不会飞到冰山那边去了。而"山那边"在文学中永远是一个乌托邦的象征和隐喻(这些天的电视上有个广告每天都问:"山那边有什么?"山那边有手机。这是一个移动电话的广告,它以商品形象和消费符码置换了以往的"山那边"的乌托邦内涵)。

不妨对比一下卡夫卡和博尔赫斯小说中对界线的跨越。博尔赫斯的手法是精心营造真实感,然后又小心翼翼地缝合幻想和真实的界限。而卡夫卡小说中对幻想与真实边际的跨越是直截了当、不容分说的。木桶说腾空就腾空,一点准备也不给读者,就像他写的《变形记》中主人公格里高尔早晨起来发现自己躺在床上变成一只大甲虫一样，都是顷刻间的事。它让读者直接面对这种幻想的现实和结果，丝毫不需铺垫。即使如此，木桶的腾空仍有其现实性以及心理逻辑的真实，它是木头的，它是空的，它太轻了，同时它承载的其实是人类最可怜和最基本的希求和愿望，是匮乏时代的象征。它的腾空飞翔是必然的。虽然我们谁也没有真正见过一只驮着人飞翔着的木桶。

这一节中我最关注的就是边缘性、际间性的问题。而边缘性也是现代诗学最值得关注的问题之一。如"文本间性"，文类和类型的缝合与杂糅，以及这一切是如何纳入小说叙事模式的诸方面的问题。这些问题博尔赫斯都为我们提供了很好的范本。具体到《交叉小径的花园》，它引发出的小说学问题则在于如何在小说中处理真实与幻想的关系，如何缝合不同的情境、文体乃至不同的叙事文类。

> 我曾指导张慧文做学士论文，题目即是《从〈曲径分岔的花园〉看博尔赫斯的小说诗学观》（文章收入温儒敏老师主编的《中文学科论文写作训练》，北京大学出版社，2003）。这篇文章给我以很大启发。张慧文正跟从钱理群老师读博士，目前在德国进修。

同与异：博尔赫斯的中国想象

中国在言说世界的同时，世界也在言说中国。在国外文学史中可以梳理出一条西方作家描绘中国的历史线索。20世纪尤其出现了一批以中国为题材的重要作品。美国学者史景迁（J.Spence）在他北大的讲演录《文化类同与文化利用——世界文化总体对话中的中国形象》一书中描述了这些作品。譬如卡夫卡的《万里长城建造时》（1917）、马尔罗的《人的命运》（1933，写1927年中国的大革命）、卡内蒂的《迷惘》（1935，卡内蒂是1981年诺贝尔文学奖获得者）、布莱希特的《四川好人》（1940）、巴拉德的《太阳帝国》（斯皮尔伯格根据这部小说改编过电影)、卡尔维诺的《隐形的城市》(1972)等等,还有一本我不熟悉的谢阁兰的《勒内·莱斯》(1922),当然还有用史景迁的话说"把一生中的大部分时间用于研究和利用中国"[1]的大诗人艾兹拉·庞德的诗作。而阿根廷作家博尔赫斯的小说《交叉小径的花园》(1941)也被史景迁纳入了这一言说中国的线索。

尽管终其一生博尔赫斯都未能踏上中国的土地,但他始终对古老的中国和东方保有一份兴趣。然而,也正像我们把"神秘的大陆"的字样奉献给广袤的拉丁美洲一样,博尔赫斯的中国想象也涂抹着幽玄神奇的色彩。他笔下最神秘的一座迷宫就被他安置在中国,《交叉小径的花园》最奇幻的部分就是关于中国迷宫的故事。我们要问的是,为什么他会把这样一个迷宫故事拟设在中国?他又是怎样具体建构关于中国的想象的?博尔赫斯关于中国的叙事又是怎样折射出深远的殖民主义历史背景,进而映现出东方和西方在彼此认知问题上互为他者化的历史过程?这一切都能引发出一些意味深长的话题。

我们透过《交叉小径的花园》的奇幻叙事所表现的玄学热情,可以看到博尔赫斯的中国想象的更深层的本质。这种深层的本质就是把中国神异化。他所建造的中国迷宫正是把中国神异化的一种途径,中国形象也由此得以纳入到他的奇幻体小说叙事的总体格局之中。

博尔赫斯曾给《聊斋志异》写过一篇序,我们看看他是怎样评价的:

---

[1] 史景迁:《文化类同与文化利用——世界文化总体对话中的中国形象》,107页,北京大学出版社,1990。

> 这是梦幻的王国，或者更确切地说，是梦魇的画廊和迷宫。死者复活；拜访我们的陌生人顷刻间变成一只老虎；颇为可爱的姑娘竟是一张青面魔鬼的画皮。一架梯子在天空消失，另一架在井中沉没，因为那里是刽子手、可恶的法官以及师爷们的居室。[1]

博尔赫斯显然是从幻想文学的角度看《聊斋》的，他认为，一个国家的特征在其想象中表现得最为充分。而《聊斋》则"使人依稀看到一个世界上最古老的文化，同时也看到一种与荒诞的虚构的异乎寻常的接近"。可以说，无论是按托多罗夫在《幻想文学引论》中的定义，还是按博尔赫斯的标准，《聊斋》都是名副其实的"幻想文学"。但形成鲜明对照的是，当博尔赫斯从"荒诞的虚构"的意义上理解《聊斋》时，我们自己的文学史教科书却更强调《聊斋志异》的社会内容，把小说中的神异、幻想、鬼怪故事看成作者影射现实、反映现实的手段。中国的幻想文学在草创期的《山海经》和《神异志》中十分发达，但到了《聊斋》，似乎就很难用"幻想文学"的范畴来界定。《聊斋》也许真的是蒲松龄所说的"孤愤之书"、"寄托"之作。博尔赫斯大概不了解在中国这些寄托之作的背后有个虎视眈眈的几千年专制主义传统。而迷宫形象在中国更是失落了，也许仅存在于黄药师的桃花岛上。我在现实中见过的最复杂的迷宫就是圆明园里仿造的黄花阵，兴冲冲地进去，几步就走完了，一点挑战性

> 如果把《聊斋》一类的志异、志怪小说看成"幻想文学"，那么中国古典文学中的幻想传统其实是非常深厚的，大可做出一部中国式的"幻想文学引论"。

---

[1] 博尔赫斯：《博尔赫斯文集·文论自述卷》，92页，海口：海南国际新闻出版中心，1996。

都没有。所以读博尔赫斯的中国迷宫，就会狐疑，这种迷宫真的会产生于中国吗？博尔赫斯把他构建的迷宫安置在中国，是不是还有小说学之外的无意识动机呢？细细品味，博尔赫斯对中国迷宫的想象隐含着一种神秘化中国的潜意识，与西方"妖魔化"中国在逻辑上也许是暗通的。这种神秘化想象其实根源于一种不同种族和文化共同体之间文化理解上的"异"。

"同"与"异"的命题是一切关于异邦的言说都会面对的问题，在博尔赫斯的中国想象中也同样无法绕过。博尔赫斯曾介绍过一部"中国百科全书"里的动物分类，其分类法却太过匪夷所思：

动物分为（a）属皇帝所有的，（b）涂过香油的，（c）驯良的，（d）乳猪，（e）塞棱海妖，（f）传说中的，（g）迷路的野狗，（h）本分类法中所包括的，（i）发疯的，（j）多得数不清的，（k）用极细的驼毛笔画出来的，（l）等等，（m）刚打破了水罐子的，（n）从远处看像苍蝇的。

这个"中国百科全书"的所谓动物分类显然是博尔赫斯杜撰的，它首先使大哲学家福柯笑起来了，笑过之后他来了灵感，写出了《词与物》。张隆溪在《非我的神话——西方人眼里的中国》一文中说："可是在这笑声里，福柯又感到不安乃至于懊恼，因为那无奇不有的荒唐可以产生破坏性的结果，摧毁寻常思维和用语言命名的范畴，'瓦解我们自古以来对同和异的区别'……把动物并列在那样一个序列或者说混乱状态里，使人无法找到它们可以共存的空间，哪怕在空想的'乌托邦'里也找不到。这种奇怪的分类法只能属于'异托邦'，即一片不可思议的空间，那里根本就没有语言描述的可能。"[1]在所谓"没有语言描述的可能"的地方,博尔赫斯却恰恰用语言描述了。只不过他描述的是一个"异托邦",并把"异"与神秘笼罩在中国的头上。对博尔赫斯来说,中国因此成为一个"异"的存在,一个"非我",一个文化的他者。用乐黛云先生的话:"遥远的异国往往作为一个与自我相对立的'他'(the other)而存在。"[2]

但张隆溪却不这样理解,他更多地看到了"同"。他认为,博尔赫斯虚构出中国百科全书并不是为表现一种异国情调的文化。"因为在他的词典里,中国这两个字并不相当于非我",不是对立的"他"。相反,博尔赫斯一直表达对中国的向往,对中国文化怀有一种亲近感。2000年3月博尔赫斯的遗孀儿玉访问中国,参加博尔赫斯全集中译本的首发式,也替博尔赫斯再度表达了对中国的景仰之情。更重要的一点是,张隆溪说:"博尔赫斯力求超越时空的局限,把握不同文化和历史阶段的本质,所以他强调突出的总是一切人的共同性,而非其差异。"我一度是认同张隆溪的这种结论,觉得博尔赫斯追求的是"同",而不是"异",直到我后来读了刊登在1995年《东方》杂志上的新历史主义代表人物、美国学者格林布雷特的文章《友好的眼光》,这种认同就有些动摇了。

《友好的眼光》一文分析的是美国第三大刊物《国家地理杂志》(这是非常有名的一本杂志。我当年读博士英语期间,来自美国的英语老师就发给我们做泛读)。格林布雷特认为,"友好的外国人"始终是《国家地理杂志》展现的主要世界景象之一,譬如"幸福欢笑的菲律宾","友好的爱

《友好的眼光》一文同时也体现出了"新历史主义"的具有代表性的方法,是值得从方法论的角度进行深入研读的。

---

[1] 参见史景迁:《文化类同与文化利用——世界文化总体对话中的中国形象》,147页,北京大学出版社,1990。
[2] 同上书,5页。

尔兰人","无忧无虑的特立尼达和多巴哥"。"杂志告诉我们,天地间存在的万物远比我们的哲学所能想象的要多,而世界的奇特和千差万别不应该使我们陷入哈姆雷特似的忧郁,更不应该恐惧和战栗。世界敞开着,为美国人和他们的价值观服务;别人脸上的微笑似乎只是在反映和证实我们自己的微笑……《国家地理杂志》上的摄影总是能适应'一种人文主义的古典形式,通过描绘差异,把读者的注意力吸引过来,然后告诉他们,在色彩各异的服装和皮肤下,我们基本上是一样的。'"

为什么《国家地理杂志》要构建一个关于"同"("我们基本上是一样的")的神话和幻觉呢?格林布雷特指出,这种"同"只是美国人自己所看到或者是愿意看到的,本质上则是试图把美国文化和美国价值观传播到"异"的世界中去,以美国文化同化异质文化和观念。所谓"同",其实在表明:"整个世界都是美国的牡蛎,美国的利益不受任何限制,美国的强权不仅体现在领土占有上,而且体现在几乎是对全球的文化和经济渗透之中。"而每一期有三千七百万读者的《国家地理杂志》正是"使美国文化在全世界得到发扬光大"的一个途径。杂志的摄影中的"那些微笑,那种对'进步'洋洋得意的记录,那种包含超验价值的轻松自如,掩盖了充满种族和阶级暴力的现实,与殖民主义异曲同工"。在这个意义上,格林布雷特消解了"同"的神话,所谓"同"不过是一种建构,是对差异性的漠视,是对充满种族和阶级暴力的现实的遮掩,其背后隐藏着某种殖民主义的历史逻辑。

格林布雷特和乔姆斯基等学者代表了美国本土的一种反省立场。这种自我反省无论在任何一个国度里都是可贵的。

所以格林布雷特在《友好的眼光》一文的结尾引用了一首叫作《在候诊室》的诗做例子,诗作者伊丽莎白·毕肖普回想她小时候陪姑妈去看牙,"她坐在那儿等着,翻着一本——还会有什么别的呢?——《国家地理杂志》。她仔细地看着那些照片:一座火山,戴遮阳帽的探险家,'一个挂在柱子上的死人',长着奇形怪状的脑袋的婴儿,脖子上缠着铁丝、乳房'吓人'的黑女人。'我一口气读完。'最后,她获得的不是对世界的了解,而是直觉地感到一种更深刻的神秘,一种存在于那些照片之外却又能够通过它们感知的神秘"。这首《在候诊室》的诗是这样的:

> 但我感觉到:你是一个我,
> 你是一个伊丽莎白,
> 你是他们中的一个……
> 我为什么应该是我的姑妈,
> 或者我,或者任何人?
> 是什么共同的东西——
> 靴子、手、我在我的
> 喉咙里感到的家族的声音,或者
> 甚至这本《国家地理杂志》
> 还有那些可怕的悬着的乳房——
> 把我们连在一起
> 或使我们所有人成为一个?
> 怎样——我找不到任何
> 恰当的字——怎样地"不可能"。

伊丽莎白·毕肖普从《国家地理杂志》中感受到的,与杂志试图宣扬的意识形态恰恰相反,她凭直觉意识到的,恰恰是"同"的"不可能"。我为什么应该是我的姑妈?

毕肖普(1911—1979)的《在候诊室》收入诗集《地理学Ⅲ》(1976),写的却是1918年2月的往事。那时她只有7岁(诗中写道:我对自己说:三天后/你就要七岁了)。因此,诗中传达的"不可能"的体验恐怕更带有7岁孩子的直觉。参见《伊丽莎白·毕肖普诗选》,河北教育出版社,2002。

第六讲　迷宫的探索者:《交叉小径的花园》与博尔赫斯　｜　237

我就是我,更不用说"我"怎么能够成为"脖子上缠着铁丝、乳房'吓人'的黑女人"了。这意味着,其实"同"永远是相对的,而"异"却是绝对的。可以说,在"同"的表象下掩盖的其实是深刻的"异"的本质,是更深刻的神秘。

另一方面,也有相当一部分学者试图维系和保全这种来源于"异"的神秘主义。张隆溪举了一个例子:塞加伦(Victor Segalen)想出一套非我的理论,称为"异国情调论",以时间和空间上久远者为美。"对于他,中国既是一个真实的国家,也是一个神话,激发他写作《石碑集》等诗文著作的灵感;而破除神话在他看来,就有丧失诗的魅力的危险。'世界上异国情调的张力正在减弱。异国情调,即心理的、审美的或物理的能量的来源,也正在减少。'塞加伦对此大为哀叹,他问到:'神秘在哪里?距离在哪里?'可是神秘固然可能产生魅力,却也可能产生恐惧,而距离若保持下去,就必须以缺乏真正的理解为代价。"[1]可以说,西方"妖魔化"中国正是这种代价的结果。从这个意义上说,消除神秘增强理解是必要的。但究竟什么时候美国才能真正理解中国原来并不是妖魔,而是国务院新闻发言人所说的战略性伙伴呢?也许只有到了世界真正大同的那一天。但我担心,我们可以预见的"大同",恐怕是美国人的大同,是资本主义价值观和生活形态的一体化和全球化,你只要想想立邦漆已经刷到了西藏最偏僻的一隅,可口可乐已经喝到了宁夏最贫瘠的山区,就大致可以想象所谓的世界大同与全球化是个什么样子了。因此,在文化理解和沟通上,同与异的问题是永远不可

---

[1] 张隆溪:《非我的神话——西方人眼里的中国》,载史景迁:《文化类同与文化利用》,172页,北京大学出版社,1990。

解的。"异"比"同"更永恒。那些要出国留学的同学对这一点将来肯定会有更深切的体认。

博尔赫斯的意义也由此深刻地体现了出来。他似乎以对中国的亲切感给了我们"同"的感受,但却更根本地体现了"异"的维度。从这一视角看博尔赫斯想象中国的奇幻叙事,其实质也正是在把中国神异化,从而把中国塑造为一种"异"的存在。有论者指出,博尔赫斯"运用奇幻叙事把中国塑雕为一个神秘而怪诞的空间意象,把中国锚定为一个完全不能判定的语义空无(semantic void),这是奇幻叙事把中国'异化'(reification)的结果"[1]。我换一句简单点的话来说,就是用奇幻叙事表现中国这样的文化他者可能是极不真实的,博尔赫斯在小说中建构的中国迷宫的奇异图像,从认知中国的知识学的意义上说也是无效的,甚至是扭曲的。奇幻体小说作为一种侵越性文类自然允许小说家跨越一些极端的界限,获得某些想象界中的真理,但小说中的文化他者仍可能是一个盲点,一片黑暗,正像科勒律治在其诗歌《忽必烈》中所写:

> 那无法度量的国度,
> 汇入没有阳光的海洋。

科勒律治与博尔赫斯想象中的文化中国沉入的正是没有阳光的所在。在这个意义上,试图反映文化他者的小说,最终不过是一种"自涉性的形构",它是作家自我指涉的产物。通俗地说,奇幻体小

---

[1] 米家路:《奇幻体的盲知:卡夫卡与博尔赫斯对中国的迷宫叙事》,《国外文学》,1995年第3期。

说恰像博尔赫斯常写到的那面镜子,作者对着它想映出他者的形象,结果看到的只是他自己的面孔。

后殖民话语中的博尔赫斯

在后殖民主义理论兴起之后,把博尔赫斯放在后殖民话语中加以考察,成为可以尝试的一条思路。学者米家路就认为博尔赫斯的中国想象完全源于"从一种准欧洲霸权的角度为他的奇幻他性而对中国文化的重新订正"。"准欧洲霸权"的说法也许有些过分了,破坏了我对博尔赫斯的美好想象,是我在感情上不容易接受的。但米家路自有他的根据。他认为博尔赫斯虽然是一位阿根廷作家,其祖国在历史上也如中国一样在文化、政治和经济上遭受了西方帝国主义的压迫,但是,博尔赫斯心目中认同的不是阿根廷文化传统,而是西方文化。正如博尔赫斯的自白:"我以为我们的传统就是全部西方文化,我们有权拥有这种传统。甚至于比这个或那个西方国家的居民有更大的权利。"[1] 博尔赫斯是自觉地向西方文化靠拢,甚至表现得比西方还要西方。在这个意义上说,博尔赫斯是站在西方立场上把中国他者化的。而《交叉小径的花园》中的英国汉学家阿尔贝正是这种西方立场的代表,同时也是西方殖民主义在中国的化身。因此,米家路就一路追问下来:阿尔贝是干什么的?答案很简单:他是一位著名英籍汉学家。那么在他成为汉学家之前,他干了什么?答案仍然简单:他是一位在中国进行传教的教士。但他是如何使自己成为著名汉学家的呢?他手中的崔朋小说遗稿及其书房中

---

[1] 博尔赫斯:《作家们的作家》,122 页,昆明:云南人民出版社,1995。

摆放的用黄绢面装订的中国明朝第三代皇帝命令编纂,却从未印刷过的手抄百科全书,又是怎样被阿尔贝据为己有的?米家路的结论是:"阿尔贝是一个英国帝国主义对中国文化的惊奇者,一个十足的对中国古籍的强盗。(既然一本书只编订过而从未刊印过,它又怎么能摆在阿尔贝的私人书斋里呢?)从这个意义讲,俞琛对阿尔贝的谋杀则可以看作为殖民地人民恢复正义的英雄举动,而俞琛最后被英帝国主义之手杀死则是西方帝国主义对殖民地人民犯下的又一桩罪行。博尔赫斯就是这刽子手之一。博尔赫斯与西方帝国主义的共谋还展现在他对他者话语权/身份的剥夺上。是俞琛的先祖崔朋撰写的名为《交叉小径的花园》这部小说,但是博尔赫斯却粗暴地强占了崔朋的著作,据为己有并把它用来命名他的小说为《交叉小径的花园》。法律上讲,这是一种文化剽窃行为,一方面显示了西方文化霸权主义对他者著作权的暴掠。在文化上,这是一种退化/堕落行为,在另一方面,暴露了西方文化原创力的耗尽。博尔赫斯正是西方文学耗尽时代的代表者之一。"[1]

其实,20世纪西方现代主义文学大师的创作表明,西方的文学原创力并没有耗尽,仍有一种自我更新的能力。

看得出来,米家路是从后殖民主义的批评话语和立场出发得出这些结论的。这也是一种意识形态分析。我的评价是:他的分析缺乏分寸感,尤其把博尔赫斯本人看成粗暴地强占了崔朋著作的文化剽窃者,更是把文本中叙事与虚构的现实等同于小说家博尔赫斯的现实,这是对不同层次的混淆,混淆了文本与作者两个截然不同的层面的问题。崔朋的《交叉小径的花园》本来就是博尔赫斯虚构出来的,版权当然首先是博尔赫斯的。

---

[1] 米家路:《奇幻体的盲知:卡夫卡与博尔赫斯对中国的迷宫叙事》,《国外文学》,1995年第3期。

把对小说人物的道德义愤发泄在作者身上，显示出米家路也是个理想读者。但另一方面，米家路的分析也提供了一个新的视角，就是从后殖民主义话语的角度审视《交叉小径的花园》，并把殖民主义话语和"同与异"的问题结合起来。当然这不意味着像米家路所说的那样把博尔赫斯看成一个有殖民主义倾向的作家，而是说透过《交叉小径的花园》关于中国的奇幻叙事，可以折射出在深远的殖民主义历史背景下，东方和西方在彼此认知问题上互为他者化的过程。同时，殖民主义的语义背景也使同与异的议题携上了其固有的意识形态的色彩。因此，最后我想提示给大家的是，所谓"异"与"神秘"等等概念并不是一些单纯的范畴，"异"不仅是关于"不同"的判断，不光是美学性的，而同时是意识形态性的，甚至是政治性的，它的底里常常隐含着意识形态以及政治的运作。譬如中国政府在关于"人权"问题上一直强调我们有自己的文化和传统，有自己的特色与国情，有自己对人权的理解，你们的人权标准对我们并不适合等，这就是以自己的"异"去对抗西方的"同"，从而使关于同与异的问题成为一个国际重大政治议题。即使在普泛的情况下，关于异邦想象中的"异"也往往是强势文化对弱势文化的一种理解。比如我们经常会听到诸如神秘的非洲、神秘的阿拉伯世界、神秘而孤独的拉丁美洲等习惯化的表述，而很少对这些不假思索的表述进行反思。它们为什么会神秘？因为你不了解它们，因为它们是一种"异"的存在。而且在"神秘"的判断背后经常隐含的潜意识是文化优越感。这种文化优越感曾深深地镌刻在殖民主义所遗留下来的历史碑石上，至今也没有丝毫褪色的迹象。

第七讲 "物化"的世界：
《嫉妒》与罗伯-格里耶

20世纪后半叶最具有革命性质的小说流派是50年代法国兴起的"新小说"派。从流派的角度上看，这也差不多是现代主义的最后一个流派。法国文学研究专家吴岳添曾在2000年采访过法国《读书》杂志编辑部主任皮埃尔·阿苏里纳，在访谈中，吴岳添说："我认为20世纪的现代主义文学流派似乎到新小说派就为止了。"皮埃尔·阿苏里纳肯定地回答："法国现在没有文学流派。"[1]

可以说，新小说是最后一场群体性的"小说革命"和小说实验。它形成于50年代中期，在60年代达到影响的顶峰。代表作有女作家萨洛特的《天象馆》（1959），米歇尔·布托尔的《时间的运用》（1956，也翻译成《时间表》）、《变》（1957），还有罗伯-格里耶的《橡皮》（1953）、《窥视者》（1955）和《嫉妒》（1957），这三个人号称新小说派的第一代。第二代中有克洛德·西蒙，他因为小说《弗兰德公路》（1961）于1985年获诺贝尔文学奖；还有中国读者更熟悉的玛格丽特·杜拉斯，她的小说《情人》被改编成电影（男主角的扮演者是香港的梁家辉），中国读者还熟悉她的《广岛之

---

[1] 吴岳添：《走进〈读书〉编辑部》（独家专访），《环球时报》，2000年12月8日，第13版。

恋》,她的代表作则是《琴声如诉》(1958)。此外还有莫里亚克等。这些作家中如果挑出最具有代表性的一个,就是罗伯-格里耶。罗兰·巴尔特把他看成是小说界的哥白尼,他的每部小说,都具有一种革命的意义。罗伯-格里耶也可以说是20世纪在小说实验和小说创新的道路上走得最远的人物之一,以至于读者甚至评论家很难跟得上他。但是,罗伯-格里耶的小说也因此成为被谈论得最多而阅读得最少的作品,就像他自己所说的那样:"文学界都知道我的名字,但却都不读我写的书。"[1] 其中名气最大,但也少有人能认真从头读到尾的小说就是《嫉妒》。

"视觉小说"

从书名就可以看出,它是一部关于"嫉妒"的主题的小说。从小说的情节和故事上看,写的是一个吃醋的丈夫对自己的妻子阿A(也有译本翻译成阿X,所以妻子的名字更具有符号的性质)和一个男邻居弗兰克持续的观察和猜忌的过程。整部小说从头到尾几乎没有什么故事,甚至没有多少情节,它的核心小说因素只是场景。但即使是有限的一些场景也一再重复。可以说从故事情节的角度读《嫉妒》,它绝对一无是处。同时也可以说,在所有能够找到的观照角度中,介入这部小说的最差的角度就是从中想读故事。《嫉妒》的特异性首先表现在你甚至不知道整部小说到底是由谁来叙述的。从叙事者的声音上判断,它显然是一个第一人称,但从未有"我"的

---

[1] 罗伯-格里耶:《新的文学断然只是向少数人开放的》,《与实验艺术家的谈话》,341页,长沙:湖南美术出版社,1993。

字样出现,第一人称叙事者"我"是隐匿的,我们只能听到他的声音,却不知他是谁。进入视野和场景的总是女主人阿 A,阿 A 在家中走来走去,她在写信,在梳头,然后就是阿 A 和邻居弗兰克在露台聊天,在餐厅吃饭的场景。但是读者却时刻感到场景和空间中不止有两个人,不止有阿 A 和弗兰克,还肯定有幽灵般的第三个人。说他是幽灵般的存在,是因为小说中从未提及过这个第三者(其实应该是第二者,弗兰克才是插足的第三者),但又处处暗示这个第三个人的存在:当小说写到露台或餐厅的场景时,总是要交代有第三把椅子,第三个杯子,第三副餐具,等等,暗示这第三个人的存在。谁最有可能是这第三个人呢?最有可能的当然是小说中的嫉妒的丈夫,也就是小说中那个隐匿的叙事者,一个潜在的"我",他其实一般情况下都在现场,但他像个哑人一样从不出声,他只是不动声色地在观察,在倾听,其实是时时刻刻在监视和猜忌让他嫉妒的妻子。但这一切都是隐藏不露的,读者只能从叙事过程中进行猜测,最后断定有这么一个吃醋的丈夫。秘鲁小说家略萨在他的小说创作谈《中国套盒》中把这种从头到尾隐藏不露的小说材料称为隐藏的、省略的材料,他甚至认为"罗伯-格里耶的所有小说都是从一些隐藏的材料中构思出来的"[1]。罗伯-格里耶在一篇对话录中说,"这种隐藏对于我来说是事实,是我写作目的所在。"[2](另一个运用隐藏材料的完美大师是福克纳,他的《圣殿》里有一个可怕的事件,构成了小说故事的火山口,但却是被隐藏了的。海明威也是善于隐藏的大师,比如他的《太阳照样升起》,一个焦点问题是男主人公杰克在战

---

[1] 略萨:《中国套盒》,96 页,天津:百花文艺出版社,2000。
[2] 罗伯-格里耶:《新的文学断然只是向少数人开放的》,《与实验艺术家的谈话》,355 页。

争中到底负的是什么样的伤。这绝对是小说的核心要素,不理解这一点就无法看懂小说。但海明威从头到尾都没说是什么伤,读者只能自己猜想,这一要素也是被隐藏的。)这个"省略的材料",也曾被概括为另一个词:"缺项。"福柯曾经主持过一次题为"关于小说的讨论"的讨论会,与会者有十多个法国作家和学者,而议题大部分集中在罗伯-格里耶的小说上。"缺项"这个概念被看作罗伯-格里耶小说的中心,福柯总结说:"好像有一个藏匿处,有一个盲点,有某个东西,它从来不在那里,但话语又来自那里,这就是罗伯-格里耶。"[1]福柯的话简直就是在说《嫉妒》中既缺席又在场的叙事者。所以讨论会的与会者都认为"缺项"的概念很重要,"应该强调,因为它是小说形态学,是汇聚点",也是小说诗学关注的重要元素。

竹内好在他写于1944年的《鲁迅》一书中曾这样论述鲁迅:"一读他的文章,总会碰到某种影子似的东西;而且那影子总是在同样的场所。影子本身并不存在,只是因为光明从那儿产生,又在那儿消逝,从而产生某一点暗示存在那样的黑暗。如果不经意地读过去就会毫不觉察地读完。不过,一经觉察,就会悬在心中,无法忘却。"我读《嫉妒》,想起来的竟是竹内好的这段话。《嫉妒》中隐匿的叙事者,有点类似于这个"影子"。

也正是从省略和隐藏的"缺项"的意义上,略萨认为《嫉妒》是一部故事中的最根本的成分——也就是中心人物——流亡于叙述之外的长篇小说。[2]但是这个缺席的中心人物却又处处映照在作品中,你时时刻刻能感受到他的存在。这就是所谓的"缺席的在场"。

小说中不仅隐匿了中心人物,也同时隐匿了最核心的情节。《嫉妒》中的丈夫为什么会嫉妒?他捉到了妻子的什么把柄吗?小说的叙事者——也就是小说中的丈夫始终牵挂的悬念只有一个,就是阿A搭邻居弗兰克的车顺便进城买东西,两个人按计划应在当天晚上回来,但实际上却在第二天才赶回来,提供的理由是车抛了锚,不得不在一家旅馆里过夜。这一夜就

---

[1]《福柯集》,43页,上海远东出版社,1998。
[2] 略萨:《中国套盒》,96页。

成了叙事者（丈夫）一遍遍地重复叙述的核心细节，也构成了他最大的猜忌。但这一夜妻子是怎么过的他永远无法证实，小说最终也没有告诉我们。这一夜也是个"缺项"。又比如罗伯-格里耶的另一部小说《窥视者》中也缺了一小时，小说的故事时间莫名其妙地出现了一个小时的叙述"空白"，正是在这一个小时的空白中，一个女孩雅克莲被害了，她是被谁所杀，又是怎样被杀，都成了悬案。在《嫉妒》中，丈夫惟一远远地看到的细节，是阿A下了车之后又把头和上半身探到汽车车窗里的一个画面。这个画面也一次次地被重复叙述。但是为什么阿A把上身探到车窗里？也许她仅仅是俯下身去取汽车座位上新买的东西，而没有发生别的什么事情。但究竟为什么阿A把身子探到车窗里呢？这正是丈夫猜忌的问题，它是没有答案的，因此它也是个"缺项"。但恰恰因为它们都是缺项，是叙事者无法搞清楚真相的，所以才导致了丈夫的嫉妒。最恼人的嫉妒总是为那些可能发生的事而产生，而往往不是为了那些确实发生的事而嫉妒。如果丈夫确证了某些事是确实发生的，事情反而简单了，就像我们经常在生活中看到的那样。

为什么罗伯-格里耶把《嫉妒》中的核心情节处理成了缺项，是隐藏的材料？罗伯-格里耶也许在告诉读者：所谓的真实、真相是不存在的，是无法弄清的，不存在一种现实主义小说观所谓的真实。但是在叙述层面上看，这种隐藏的效果却取决于小说的叙事方式，取决于叙事者的观察位置和角度。从这个意义上重新概括《嫉妒》，可以说这部小说写的只是一件事情：一个隐匿的叙事者在观察。一切都取决于他的观察视野。他能看到什么决定了小说能叙述出什么。小说记录的其实只是丈夫眼睛所能看到的。所以《嫉妒》被《小说的政治阅读》一书称为"目光的小说"。我则称之为"视觉小说"。

雅克·里纳尔的《小说的政治阅读》一书认为,"视觉"是《嫉妒》中的丈夫把握现实的惟一方法和决定方式,他惟一的权力就是"看"[1]。丈夫的存在就是目光。在小说中他的监视的目光一直跟踪着阿A,而且在很多场景中他的监视是透过百叶窗进行的。"嫉妒"(Jalousie)一词在法语中的另一个意思就是"百叶窗"。因此,小说题目是有着双关意思的,一是"嫉妒",一是"百叶窗",而作为"百叶窗"则呈示着小说的另一个主题,那就是"窥视"。叙事者经常在百叶窗后透过百叶窗的缝隙窥视。他能看到什么取决于百叶窗缝隙的宽窄,缝隙宽一点的话,他的视野就是宽幅的,所看见的场景就相对完整,窄一点的话,他的视野就是被分割的(而且阿A经常会逃出窥视者的视野,进入他看不见的死角,我们就能感到叙事者明显的焦灼,看不见阿A意味着女主人的逃脱,意味着他的监视能力有局限性)。所以说,窥视者所能看到的景象其实是被他的观察方式——百叶窗限定的。《小说的政治阅读》引用一个研究者的话说:这部小说根本上具有的,不是作为一种情感的嫉妒,而是在写百叶窗,即"以某种方式观察事物"[2]。在前面谈到的福柯所主持的讨论会上,与会者之一奥利埃甚至认为:"嫉妒的主题是在最初的描写以后很久才出现。有人问当他开始在白纸上写字时,最初的意图是什么。罗伯-格里耶回答说:'我只想描写一个女人梳头的姿势。'这也正是他在好几页中所写的。嫉妒的主题在很久以后才出现,因为有人在观察,观察这个女人的特殊位置,从别墅的某个角度,从某扇窗子后面。但是在他动笔时肯定没有嫉

---

[1] 雅克·里纳尔:《小说的政治阅读》,55页,长沙:湖南文艺出版社,2000。
[2] 同上书,66页。

妒这个主题，甚至没有讲故事的确切计划。"[1]或许可以说，《嫉妒》这部小说先有的是"百叶窗"，然后才有了"嫉妒"。

作为"视觉小说"也决定了《嫉妒》的"现在性"和"空间性"。观察总是正在进行的，这就是它的"现在"的特点。《嫉妒》的中文译本是以"现在"二字开头的，小说共有九个大的段落，其中五个段落都是以"现在"二字开头的，原小说中运用的也是现在时态。"现在"时态造成的是一种什么效果呢？是叙述过程与被叙述的对象、事件同步发生的假象。被叙述的事件是正在发生的，进行中的，叙事者就缺少了时间距离，也缺少了判断距离，只能呈示所看到的一切。这使视线中的景象有一种无序性。一个人很难一边讲述他正在观看的东西，一边进行有序判断。这与我们讲述已经过去了的事件，是不同的。无序的感觉正与它是进行中的事件有关。譬如我们看待20世纪90年代到21世纪的今天的历史就有无序感，而80年代则似乎有序，什么80年代的启蒙主义、理想主义等等，这正与时间距离有关，我们对它的讲述，也用的是过去时的讲述。当然汉语中没有时态，我们是在比喻意义上用"过去时"的概念。罗兰·巴尔特曾分析过法语中的"简单过去时"。他在著名的论文《写作的零度》中认为："在简单过去时背后永远隐藏着一个造物主、上帝或叙事者……当历史学家断言，吉斯公爵死于1588年12月23日时，或当小说家叙述说，侯爵夫人在5点钟离开了时，这些行为都产生于一个无深度的世界，摆脱了生存中的不稳定性，而具有了一种代数的稳定性和图式，它们是一种回忆，但是一种有用的回忆，这种回忆的兴趣比时延本身重要得多。""因

> 不同的时态所造成的时间感是不同的，法语读者对此的感受肯定比中文读者更深刻。

---

[1]《福柯集》，36页。

此，简单过去时最终就是一种秩序的，因而就是一种欣快感（euphorie）的表现。由于这种欣快感，现实既不是神秘的，也不是荒谬的，而是明朗的，一清二楚的，它时时刻刻被聚集和保持在一位创造者的手中。"[1]因此，罗兰·巴尔特认为简单过去时造就的是叙事的可理解性，它是一切世界构造的理想工具。而罗伯-格里耶的"现在"时态却是反秩序的，他使小说成为一门永远处在现在时的艺术，一切都是现在进行的，小说成为正在进行的东西，我们读者的阅读似乎与小说的写作是同步的，小说家给你展示的正是他的完成小说的过程。因此，米歇尔·莱蒙在《法国现代小说史》中称："小说完全处于不可能完成之中。"[2]正像新小说派的另一名家布托尔在1956年说的那样："小说是一种探索。"[3]小说成了对小说本身的探索。

正像萨特评论福克纳《喧哗与骚动》中的"现在"是一个加法算术，一个现在加一个现在，再加一个现在，剩下的仍是叠加在一起的"现在"一样[4]，《嫉妒》也是由连续的"现在"构成的。而且它的"现在"，不是按故事的先后顺序写的，而是完全打乱了时空。如果第一个出现的"现在"我们可以把它看成"现在"的话，那么，下一个"现在"可能是一星期前。最具有典型性的是小说中关于被捻死的蜈蚣的细节。这个细节一共出现了十次。其中五次写的是蜈蚣被捻死的具体过程，另外五次写的是死蜈蚣留下的痕迹。在这十次描写中，前几次只写了死蜈蚣留在墙上的痕迹，到了第四次作者才真正写了捻死蜈蚣的初始的场景：

---

[1] 罗兰·巴尔特：《符号学原理》，79页，北京：三联书店，1988。
[2] 米歇尔·莱蒙：《法国现代小说史》，345页，上海译文出版社，1995。
[3] 同上。
[4] 萨特：《福克纳小说中的时间：〈喧哗与骚动〉》，《福克纳评论集》，159页，北京：中国社会科学出版社，1980。

尽管光线很暗，还是可以在正对着阿Ａ的墙壁上看到一只中等大小的蜈蚣（有手指般长短）。眼下，它停在那里不动，但是它身体的方向标明了它的路线：从走廊方向的地面出发，爬向墙角的天花板。它的许多爪子伸展着，很容易辨认出来，尤其是它身体的后半部分。如果再仔细地观察一下，还可以看出那两根摆来摆去的触须。

自从发现了这只蜈蚣，阿Ａ一直没动：她直挺挺地坐在椅子里，双手平放在碟子两侧的台布上，两只眼睛大睁着盯在墙上。嘴巴没有闭紧，也许在轻微地发抖。

弗兰克什么也没说，再次看了看阿Ａ。随后，他无声地从椅子里站起身，手里依然拿着餐巾。他一边揉弄着餐巾，一边凑到墙边。

阿Ａ似乎喘得更紧了；或者这也许是一种错觉。她的左手渐渐地握紧餐刀。蜈蚣的两根触须加紧摆动着。

突然，那虫子把身子一弯，全速向斜下方的地面爬去，而与此同时，揉成一团的餐巾以更快的速度按了下去。

纤细的手指攥紧了刀柄；但是脸上的表情依然很镇定。弗兰克把餐巾从墙上抬起来，用脚继续在地板上踩着什么。

在大约离地一米高的墙上，留下了一块黑斑，呈一个扭曲的小弓形状，样子像一个句号，一半比较模糊，周围环绕着更为细小的痕迹，阿Ａ的目光仍然没有从上面移开。

> 弗兰克当然是在踩蜈蚣，这是我们读者也可以猜测到的。但叙事者却说弗兰克"踩着什么"，可见叙事者只描述他所观察到的情形。他的视线肯定受限而看不到踩的是蜈蚣，这个细节也充分印证了《嫉妒》的"视觉性"。

捻死蜈蚣的细节被作者写得非常具体，整个过程像电影镜头的频繁切换，一会是蜈蚣的特写，一会是阿Ａ的眼睛、手和嘴巴的特写，一会又变成弗兰克揉弄餐巾的特写。一个个的细部特写呈现了"物"的自主性，有取代人的主体性的迹象。在描写的过程中，作者始终强调的是目光，阿Ａ的目光，还有叙事者观察的目光，而叙事者的观察正是一种进行中的观察。

《嫉妒》关于蜈蚣的十次描写中，九次重复的都是类似的餐厅中的场景，但最后一次则写的是叙事者的幻觉：

> 弗兰克一言不发，站起身，拿着毛巾。他一边悄悄地走去，一边把毛巾揉成一团，把蜈蚣往墙上一捻。随后，又用脚在卧室的地上踩着。
>
> 接着他走回床边，顺手把毛巾搭在洗脸池旁边的铁棍上。
>
> 关节僵硬的手在白布单上紧缩着。五个手指攥在一处，用力过大把布单也抓皱了：布单上出现了五道聚拢的沟痕……可是，蚊帐又垂到床的四周，舒展开无数的小网眼，上面被挂破的地方都打了方方正正的补丁。

场景从餐厅移到了卧室，餐巾换成了毛巾，台布也换成了床单，打着补丁的蚊帐则暗示着这可能是一个低档的汽车旅馆。显然，这次重复的细节是叙事者关于妻子和弗兰克在外面过夜有可能发生的事情的一种臆想。

为什么叙事者一再重复捻死蜈蚣的细节？有评论家从精神分析学入手，认为这个细节有鲜明的色情意味，是一种隐喻或象征。尤其最后一次描写直接揭示了它的色情隐喻本质。但我不想从内容的意义上谈这种重复。这种重复首先是形式上的。正像奥利埃指出的那样:"被捻碎的蜈蚣在墙上的斑迹以不同的形式出现,这是重复,是顽念的形式,它不是在时间上,而是在空间上被定位,因此出现了墙上的变形。《嫉妒》无头无尾,像音乐一样有好几个不同色调的乐章,而蜈蚣和其他主题一样,作为音乐主题或者系列主题中的一个因素,反复出现。"[1]这种重复表明了《嫉妒》的空间性。《关于小说的讨论》的与会者指出,《嫉妒》"没有任何时间坐标,只有空间坐标"[2]。它没有任何时间维度。就是说它的时间方向被取消了。福克纳的《喧哗与骚动》中的昆丁和白痴的叙述也打乱了时间,但是它还是有时间维度的,我们读者可以整理出一个大体的故事时间的顺序,即重建故事时间。但《嫉妒》中却没有这个故事时间的顺序,时间完全是混乱的。在这个意义上说,它只有"现在",是真正意义上的"现在",是每一个"现在"所观察和呈现的空间。这就是它的空间性。这种空间性在《嫉妒》中的特殊之处体现在,它是与视觉和观察相关的,它决定于《嫉妒》作为一部视觉小说的属性。

"视觉小说"还反映在《嫉妒》运用的是极其精确的视觉语言。小说的场景好像是叙事者用眼睛一寸一寸地丈量出来的。比如小说一再重复写几片香蕉林,详细地不厌其烦地写香蕉林的形状,是矩形,还是梯形,树干高度如何,每排树有多少株,减去砍掉的树之后,数字又是多少,等等。它的风格是这样的:

> 从这丛香蕉树往下,这片蕉林的边线沿着山坡稍稍岔开着垂下来(向左偏斜)。到这片地的下端为止,每排植有

---

[1]《福柯集》,38页。
[2] 同上书,36页。

三十二株香蕉树。

如果不计较这些树实际上的有无和顺序，那么第六排树在一个矩形、一个规则的梯形和一个边缘凹陷的梯形中所拥有的植株数应当分别是二十二、二十一和二十。而如果减去已经砍掉的树，则是十九。

再往下的每一排树木所包含的株数依次为：二十三、二十一、二十一、二十一、二十二、二十一、二十、二十、二十三、二十一、二十、十九……

观察者的眼睛有如一个米尺，使人想到卡夫卡的《城堡》中写的那个土地测量员K，所以评论界常常批评罗伯-格里耶使用的是丈量员的语言。这种语言的特点是极端精确，注重空间、轮廓而轻色彩，是一种"几何式的描写"[1]，有"物化"的特征，即排斥和放逐了人的主观性、心理性，没有经典和传统意义上的心理描写。罗伯-格里耶写"嫉妒"这种主观性和心理性的情感用的也正是视觉语言。"罗伯-格里耶说：'嫉妒是可以用厘米来衡量的：我在房间里，一个女人在阳台上，一位朋友在这个女人旁边。如果他离她50厘米远，我毫不嫉妒，30厘米远，我开始不安，两厘米远，我简直疯了。'"[2] 嫉妒成了一种可以丈量的东西。

罗伯-格里耶运用的这种有物化特征的视觉语言决定于他的关于世界和人的存在图景：一种"物化"的现实。

学生们听到这里大笑，可能觉得以精确的长度写"嫉妒"的感情是怪有意思的。其实，作者正是想找到一种描写主观事物的客观化方法。

---

[1]《小说的政治阅读》，124页。
[2]《福柯集》，36页。

"物化"的现实

法国学者戈尔德曼在他的名作《论小说的社会学》中专门谈论了罗伯-格里耶。他也分析了《嫉妒》的题目，认为它所暗含的双关，表明的是"在这个世界上不可能把情感和物分开"。整部《嫉妒》表现的是"物"的自主性，物是惟一的具体现实，连嫉妒的丈夫是不是在场也是通过第三把椅子、第三个杯子表现出来的。[1]这就是《嫉妒》表现的"物化"的现象。

20世纪被集中谈论的这个"物化"的概念一般认为来自西方马克思主义者卢卡奇，他用这个词指个人行动的重要性和意义的彻底消失。小说中的人物也从一个"行动者"——行为主体——变成了一个窥视者，只能偷偷地看，成为一个完全被动的人。这就是物化现象，人向物转化，以至于越来越难以把人和物区别开来。人的情感、认识、感知方式都无法与"物"相脱离。比如《嫉妒》中的百叶窗，重复出现的蜈蚣的细节，一次次交代的椅子、杯子、餐具等等，都是一些渲染"物的自主性"的细节。戈尔德曼认为：比这些细节更重要的是世界的结构：物在世界里变成了特有的、自主的现实；人不但不能控制这些物，反而被物同化。情感也只有通过物化才能存在。这就是物化的世界结构。

"物化"可以说是20世纪西方马克思主义最重要的范畴之一，也是20世纪最重要的社会现象之一，它和"异化"的概念异曲同工。美国学者杰姆逊曾经分析过这个概念，他认为是从马克思那里来的，即马克思从商品拜物教中发现了物化现象，结论是资本主义

---

[1] 戈尔德曼:《论小说的社会学》，218页，北京：中国社会科学出版社，1988。

把社会关系都变成了物。而到了萨特的存在主义那里，物化有更极端的形式，他人都变成了物和手段，思想也成了物，连字词也具有物化的力量。而真正使这个概念得到普遍接受的是卢卡奇，杰姆逊称他是20世纪最伟大的马克思主义哲学家。而最伟大的马克思主义著作则是他的《历史与阶级意识》。在这本书中卢卡奇分析资本主义社会的特征之一就是一种拜物教化或物化的特征。中产阶级把每一件事物都理解成可计算、可感可触的东西。[1] 例如金钱拜物教，干一件事之前先要算一算可挣多少钱，这件可赚多少，那件是为朋友干的，没钱，但会有礼物，等等，都成了物化关系。与此相关，西方的现代艺术也是物化的产物。譬如小说领域，戈尔德曼认为：在小说的形式的历史上有两个重要的物化阶段，第一个阶段是以乔伊斯、卡夫卡、奥地利小说家穆齐尔、写过《恶心》的萨特以及写出了《局外人》的加缪为代表，其特征是人的解体；第二阶段则是以罗伯－格里耶为代表，其标志是"物的自主的世界"的出现，"这个物的自主的世界有自己的结构和自己的规律，人的现实只有通过物的世界才能得到某种程度上的表现"[2]，正像我们从《嫉妒》中所看到的那样。

"物化"的概念，对解读《嫉妒》至关重要。《小说的政治阅读》一书就认为，阐释《嫉妒》的一个中心问题，是小说中的人物是被分割、隐没或淹没的，这种分割、淹没，正是被物的世界分割和淹没。小说人物也都呈现出"物"化特征。这种人的物化体现在两方面：一是人被物同化和淹没，丧失了自主性和主体性；二是对人的表现处处与物的存在相关，离开物你就没法表现人。《嫉妒》

---

[1] 杰姆逊：《后现代主义给你文化理论》，100页，西安：陕西师范大学出版社，1986。
[2] 《论小说的社会学》，206页。

正是在这个意义上传达出了现代社会人的存在的某种处境和本质，所以是我们认识人类生存处境的一部非常重要的小说。

但是，需要进一步追问的是，《嫉妒》表现的罗伯-格里耶的"物化"观与马克思主义者的理解之间有什么区别？马克思主义者认为罗伯-格里耶写《嫉妒》，是对"物化"以及非人道化的一种反抗。他写物化，就是为了反抗物化的现象。但是罗伯-格里耶却不接受这种褒奖，他认为，马克思主义表现的是一种意识形态立场，"而我是一个现实主义的、客观的作家，我创造一个我不加判断的想象的世界，既不赞同也不谴责，但是我记下了作为基本现实的存在"[1]。罗伯-格里耶首先是把"物化"看成一种现实和存在，而不是急于下价值判断。在他的著名论文《未来小说的道路》中，他说，他制造的只是一个"更实体、更直观的世界"，"让物件和姿态首先以它们的**存在**去发生作用，让它们的存在继续为人们感觉到，而不顾任何企图把它们归入什么体系的说明性理论，不管是心理学、社会学、弗洛伊德主义，还是形而上学的体系"[2]。就是说，"物"首先是一种客观存在，而一切心理学、社会学的解释，都是外加的，按罗伯-格里耶的说法，这是一些文化的花边，镶在事物的边缘上，掩饰着事物真正的陌生性质。换句话说，人们总在客观存在的事物上附加了各种各样的意义。罗伯-格里耶举了几个文学作品中经常出现的例子："一张空椅子成了缺席或等待，手臂放在肩膀上成了友谊的象征，窗子上的铁栏意味着不可能逾越……"[3]等，

---

[1]《论小说的社会学》，219页。
[2] 罗伯-格里耶：《未来小说的道路》，《现代西方文论选》，314页，上海译文出版社，1983。
[3] 同上书，313页。

但在罗伯-格里耶眼里，空椅子首先就是空椅子，铁栏首先就是铁栏，然后才是什么别的意义。而我们的文学已经被解释体系和意义体系给"异化"了。我们看到一件事物，首先想到的不是这件事物本身，而是它的意义，它的象征，或总是想给予它以意义和解释。结果事物成了它所不是的东西。石头不是石头，鲜花不是鲜花，而是它们的比喻、象征和意义。所以俄国形式主义者什克洛夫斯基才要说让石头成为石头，"显出石头的质感"；所以美国诗人麦克利什也主张："诗应该是其所是。"诗是意象的直呈，而不是它的附加意义。罗伯-格里耶主张："在小说的这个未来世界里，姿态和物件将**在那里**，而后才能成为'某某东西'。此后它们还是在那里，坚硬、不变，永远存在，嘲笑自己的意义。"可见，罗伯-格里耶做的，是还原"物"本身固有的存在的工作，物就是物，它存在着，仅此而已，按我们熟悉的一句话所说，就是不以人的意志为转移。它本身就是自足的，拒绝人类对它的利用，拒绝人类随意赋予它各种意义或意图。这就是罗伯-格里耶对"物"的理解，从这个意义上说，马克思主义者的"物化"是对物化的社会现实持批判态度，而罗伯-格里耶的"物化"是一种物的存在方式，他揭示的是一种物的本来面目。正是在这个意义上，罗伯-格里耶走得比他的前辈，如萨特、加缪都要远，比如萨特的《恶心》、加缪的《局外人》揭示的也是"物化"世界的现实，是人在物化世界中意义的失落，在物的面前仅剩生理的反应（如"恶心"），这就是存在主义者对"物化"的揭示。但是后现代主义大师罗兰·巴尔特却认为加缪对文学的反叛没有走得太远，因为他使世界的无意义性成为一个主题；所以事物就仍然有意义：它们意指"荒诞"。就是说"荒诞"构成的就是事物的意

同时，这种文学的"异化"也造就了"异化"的读者，他们总是自觉地在作品中去寻找意义与象征，往往会把空椅子读成缺席或等待，而看不到空椅子本身。

义,也是"物化"世界的意义。"荒诞"这一著名的存在主义范畴其实仍然是对意义世界的呈现,它探讨的仍然是人与世界的关系、人在世界中的意义问题。所以《论小说的社会学》一书认为,《恶心》与《局外人》里因此保留着人道主义的观点。这些小说仍旧是表现"非存在"的作品,仍旧是对人的存在意义与价值的探问。而罗伯-格里耶显然走得更远,他干脆放逐了意义的维度:"然而世界既不是有意义的,也不是荒诞的。它**存在着**,如此而已。"[1]比如斑马身上的斑纹就是一种客观存在,斑纹有什么意义?它只是碰巧存在在斑马身上而已。所以罗兰·巴尔特认为,罗伯-格里耶似乎在企图做更彻底的工作。他做的是弄空意义或终止意义,在小说中"拒绝故事、逸事、动机心理学和事物意义"。这反映了罗伯-格里耶对我们既有的经验秩序的强而有力的质询。所以在某种意义上,像罗伯-格里耶这样的小说家的工作是"倾泻剂式"的,从事物中清除掉人们不断填进去的意义。那么罗伯-格里耶在小说技巧层面是怎样做到弄空意义或终止意义的呢?罗兰·巴尔特认为是通过描写,"在进行事物描述时,使其极富几何图案式效果,以挫败任何诗情意义的引入,同时,描述又极为详细,以断绝叙事性的吸引力"[2]。美国学者卡勒尔在《罗兰·巴尔特》这本小册子中对此总结出两种策略。

第一种策略是"消解深度"。罗伯-格里耶认为传统的小说以及文学就是建立在关于深度的古老的神话的基础上,"而且仅仅以此为基础",同时总有一些"洞窟学者",他们的任务就是探测世界的深

---

[1] 罗伯-格里耶:《未来小说的道路》,《现代西方文论选》,313页。
[2] 转引自卡勒尔:《罗兰·巴尔特》,58页,北京:三联书店,1988。

度。罗伯-格里耶用讽刺的口气称"多亏这些刚强的洞窟学者,世界的深度才是可以探测的"。但是罗伯-格里耶说他根本不相信世界有一种深度,必须抛弃关于"深度"的古老神话,抛弃关于"内在性""人的本体论"之类的概念,应该用"条件"的观念代替"本性"的观念。所以,罗兰·巴尔特称罗伯-格里耶开创的是一种无厚度无深度的风格,创作的是表层的文本,是一种"表面小说"。这也是罗伯-格里耶所设想的未来的小说。"表面小说"决定了它的语言也随之发生了根本的变化:"表明视觉的和描写性的词——限于度量、定位、限制、明确——为未来小说指出了一个艰巨然而可靠的方向。"《嫉妒》的语言就是这种度量的语言,而它的"视觉"性也具有了还原存在与物的本来面目的某种本体意义。也正是在这个意义上,罗伯-格里耶推崇电影,认为电影有一种呈示性,表现的是动作和物本身,是运动,是外形,在其中,形象恢复了现实性。所以罗伯-格里耶自己就参与了电影的编导工作,根据他的电影剧本拍的片子《去年在马里安巴》,是探索和实验电影史上最有名的影片之一。

> 后现代主义小说倒似乎满足了罗伯-格里耶对未来的小说的愿望。杰姆逊就认为后现代主义创作有消解深度的平面化特征。参见《后现代主义与文化理论》。

终止意义的第二种策略则是"瓦解叙事"。罗兰·巴尔特称罗伯-格里耶采取的写作方式最大的特征就是"断绝了叙事性吸引力",喜欢场景胜于故事,喜欢场面甚于叙事发展,同时喜欢片断(这也是罗兰·巴尔特本人的爱好,如他的《符号帝国》《恋人絮语》等著作都是片断性写作),使叙事的连续性受到人为的分割。这就是罗伯-格里耶的小说,是一种抵制叙事秩序的文本,读者很难拼凑出一个故事,甚至不知道什么是"真的发生了",哪些是记忆和幻觉。而读者想组成个故事的这种阅读方式本身就是错的,罗伯-格里耶本来就不想让你读出故事。这就是罗伯-格里耶对叙事秩序的颠覆和瓦解。可以说叙事其实是人的基本活动，是人的存在的本能和方式，历史其实也是以叙事的方式存在的，尤其少不了所谓的宏大叙事。而构成叙事底蕴的正是一种秩序感。罗伯-格里耶瓦解了叙事，也就瓦解了秩序，在某种意义上，也瓦解了事物的可理解性和意义。

但是我们需要质询罗伯-格里耶的是："物"的存在固然可能不以人的意志为转移，它的确待在那儿，的确存在着，但之所以它被观看，被谈论，都是人在观看，人在谈论。从人的角度出发，没有被言说被观看的"物"是不存在的，是无意义的，也是无法理解的。但我们这种想法与罗伯-格里耶就是格格不入。他认为你这是"人类中心主义"，是"泛人"的观点，即把人的标准和主宰泛化到一切"物"上去。人自以为是世上惟一的存在者，人使用物，奴役物，因此是物的主宰。但罗伯-格里耶却想还原"物"的重要地位，（所以有人说罗伯-格里耶爱香烟和烟灰缸甚过爱人，他与人类为敌。[1] 如果18世纪苏格兰诗人彭斯在世，就会问：一边是老鼠，一边是人，你爱哪一个？）而人则被抛进一个"物"的世界。这就是罗伯-格里耶的"物化"景观。

从这个观念出发，罗伯-格里耶甚至反对比喻语言，这就是罗伯-格里耶另一著名贡献——质疑比喻。

对比喻的质疑

"比喻"是诗学研究中的一个非常重要的论题。它不单是一种

---

[1]《福柯集》，25页。

修辞学讨论的修辞方式，同时也可以说是人类语言中的重要维度，是诗性语言的基础之一。语言或文学语言为什么是有诗性的？比喻就是其中的重要决定因素。比喻也是一种思维，在某种意义上也是人类把握世界的一种方式，是人与万物之间深层联系的一种反映。夸张点说，比喻甚至是文学的某种本质，假如这个世界没有了比喻，人类的语言就会很枯燥，话语也就只有表层意义，单一内蕴。如果这个世界上人们对他的恋人再也不会说"你是我的太阳，你是我的天使"，那该是一件乏味的事情。

> 当然比喻也需要花样翻新。我举的这两个比喻的例子就都是用滥了的比喻，已经难以打动当今的女孩子们。

但罗伯-格里耶却憎恶比喻，也反对比喻。他也认为比喻从来不是单纯的修辞问题：

> 事实上，比喻从来不是什么单纯的修辞问题。说时间"反复无常"，说山岭"威严"，说森林有"心脏"，说烈日是"无情的"，说村庄"卧在"山间，等等，在某种程度上都是提供关于物本身的知识，关于它们的形状、度量、位置等方面的知识。然而所选用的比喻性的词汇，不论它是多么单纯，总比仅仅提供纯粹物理条件方面的知识有更多的意义，而附加的一切又不能仅仅归在美文学的帐下。不管作者有意还是无意，山的高度便获得了一种道德价值，而太阳的酷热也成为了一种意志的结果。这些人化了的比喻在整个当代文学中反复出现的太多太普遍了，不能不说表现了整个一种形而上学的体系。[1]

---

[1] 罗伯-格里耶：《自然、人道主义、悲剧》，《现代西方文论选》，320页，上海译文出版社，1983。

罗伯-格里耶是说,当我们描写某一事物,不去直接勾勒,而是运用人化的比喻的时候,我们其实就附加了人为的意义。比如我们称一个姑娘是玫瑰或狗尾巴草,其意义显然是不同的。有学者指出:文学语言中的确有大量拟人化的词语和比喻,有很多是自古以来存积下的语言"污垢"。语言越文学化,比喻用的越多,"污垢"就越多。这些"污垢"上"负载着大量的伦理主义"[1]。虽然我们运用一个比喻是想把话说得生动,或出于文学性、审美性的考虑,用罗兰·巴尔特的话说,使物有了"浪漫心",其实是人的抒情本性的反映;但是潜在的倾向则是一种伦理倾向和意识形态倾向。用法耶的话说,比喻的方式会"使世界变得更柔软,更富人性,更舒适",当人们说村庄蜷缩在那里时,就会感到温暖,是一种伦理需要。[2]罗伯-格里耶认为,这是一种以人易物的坏习惯。"一旦接受了这种以人易物的原则,我会进一步说到风景的悲戚,岩石的冷漠,以至煤桶的愚昧无知。这些新的直喻并不能对我所观察的物件补充什么有分量的知识,但这时,物的世界倒会彻底被我的感情所浸透,以至它从此便可以容纳任何一种感情和任何一种特性。而我也会忘记,事实上感到悲哀或孤独的是我自己,而且只不过是我自己;我反而会把这些感情性的因素看作物质世界的**深刻的现实**,看作惟一值得我注意的现实。"[3]罗伯-格里耶认为,这就是把人的本性的观念泛化到物之上,是泛人的观点,是以人为中心的,对物则是一种占有,是人在舒服地占有世界,也是语言舒服地占有世界。人类语言对比喻的运用正体现了这一点。所以罗伯-格里耶认为

---

[1]《福柯集》,40页。
[2] 同上。
[3] 罗伯-格里耶:《自然、人道主义、悲剧》,《现代西方文论选》,320页。

"比喻导致了人类中心论",他主张放逐比喻,还原"物"本来的纯洁的世界。

如何评价罗伯-格里耶对比喻的质疑?可以说,他的放逐比喻的观念是相当深刻的。比喻的一个基础就是天人合一、物我相契的观念。比喻的根基也的确是一种人本主义,或是一种神秘的象征主义。象征主义主张的"契合"(这也是象征主义大诗人波德莱尔的一首诗的名字,也翻译成"交响""通感",被称为是"象征派的宪章"),就认为人的精神与自然界有一种交互感应,人的精神与世间万物有一种普遍应和。最终是人的感官、精神与上天的应和。因此比喻以及象征都是人与世界联系的方式,是人把握世界的方式,所以罗伯-格里耶对比喻的反思考虑的是人与世界应该建立一种什么样的关系。这就是罗伯-格里耶小说观和语言观中的形而上学背景,即对人与世界的关系提出疑问。罗伯-格里耶认为人与世界的关系不再是所谓的契合的占有关系了。如果说人对世界在古典小说时期曾经是一种占有关系,那么在资本主义的现代则是人与世界之间的断裂和分离,用罗兰·巴尔特的说法,即资产阶级意识形态的统一性分裂了(罗兰·巴尔特认为是在1850年前后),因此,古典主义写作也破裂了[1],这种破裂到了罗伯-格里耶时代就走向了一个极端,人与世界之间出现了全面裂痕,人被世界放逐,与此同时,世界也离人远去。这就是物化的世界。与这个物化的世界相应的,是我们必须从作品中剔除一切人格化比喻,因为这些比喻表达的是世界的可居住性的概念。只有剔除比喻,才能更如实地揭示世界的物化与人的物化的现实。所以,罗伯-格里耶反对比

---

[1] 罗兰·巴尔特:《符号学原理》,65页。

喻，其深层原因还是需要我们在物化的世界和社会现实中去寻找。从这一点看，罗伯-格里耶揭示的仍是时代的某种属性。

但我们这个时代与罗伯-格里耶反对比喻的观念同时存在的，也有对比喻的一往情深的执着。这就是包括海德格尔在内的，对我们人类生存的诗性方式的追求倾向。海德格尔所谓"诗意地栖居"就是和罗伯-格里耶背道而驰的。亚里士多德认为"隐喻"就是诗的本质，"诗意地栖居"从语言的意义上说，就是栖居在隐喻之中。这就是为什么在几千年的关于"隐喻"和比喻的历史中，赞美比喻的倾向总是占了上风，尽管贬低比喻的倾向也从来没有绝迹。比如法国作家洛特里阿蒙就称隐喻是"对无限的向往"，超现实主义代表人物布勒东也把隐喻和类比进行对比，把隐喻比作翱翔，而类比则是爬行。语言的历史也堪称是隐喻的历史，如德里达就说，"暗喻表现了语言的本质可能性，即允许语言言说他者的可能性，在说某种其他事物的同时言说自身的可能性"，所以隐喻永远是一个作家关注的核心。在具有隐喻爱好的作家中，比喻总是脱口而出的，比如美国小说家威廉·加斯曾说："我喜爱隐喻就像有人喜爱吸毒。我用隐喻考虑问题，我用隐喻感觉事物，而且还用隐喻进行观察。如果任何东西写出来是轻而易举，不期而至，且又往往是额外的，那就是隐喻。'Like'跟在'as'后面就像夜晚跟在白天后面。"[1] "Like" "as"也是《圣经》中的基本句式，《福柯集》一书中就说，整部《圣经》都立足于"如同"一词，也就是说，《圣经》中充满比喻。顺便扯到中国现代作家中两个比喻大师，一

"诗意地栖居"是海德格尔所引用的德国诗人荷尔德林的诗句。海德格尔在许多地方对这句诗大加发挥，以致很多人直接把它当成是海德格尔本人的创造。参见《"……人诗意地栖居……"》《海德格尔选集》（上），上海三联书店，1996，以及海德格尔《荷尔德林诗的阐释》，商务印书馆，2000。

---

[1]《西方现代派作家谈创作》，175页，北京：中国广播电视出版社，1991。

是张爱玲，一是钱锺书。小说家苏童曾经在整个世界范围内选了十篇短篇小说，汉语作家他只选了张爱玲的一篇《鸿鸾禧》。

> 我选《鸿鸾禧》，是因为这篇作品极具中国文学的腔调，是我们广大的中国读者熟悉的传统文学的样板，简约的白话，处处精妙挑剔，一个比喻，都像李白吟诗一般煞费苦心，所以说传统中国小说是要从小功夫中见大功夫的，其实也要经过苦吟才得一部佳品。就像此篇中两个待字闺中的小姑子二乔和四美，她们为哥嫂的婚礼精心挑选行头，但张爱玲说，虽然各人都认为在婚礼中是最吃重的角色，但"对于二乔和四美，（新娘子）玉清是银幕上最后映出的雪白的"完"字，而她们则是精彩的下期佳片预告"。张爱玲小说最厉害的就是这样那样聪明机智的比喻，我一直觉得这样的作品是标准中国造的东西，比诗歌随意，比白话严谨，在靠近小说的过程中成为了小说。[1]

张爱玲的作品是不是标准中国造的东西还可以讨论，不过她的创作中精雕细刻的比喻往往让人叹为观止。我个人还喜欢她在《桂花蒸　阿小悲秋》中的一个比喻："下起雨来了，竹帘子上淅沥淅沥，仿佛是竹竿梦见了它们自己从前的叶子。"这比喻真是匪夷所思。相比之下，钱锺书的比喻则更幽默，比如《围城》中写阿丑尖声叫喊，声音"厉而长像特别快车经过小站不停时的汽笛"，写方遯翁看完儿子方鸿渐的家信，"叫得像母鸡下了蛋，一分钟内全

---

[1] 苏童：《短篇小说，一些元素》，《读书》，1999年第7期。

家知道这消息"。鲍小姐则是"真理",因为"真理是赤裸裸的",但鲍小姐并未一丝不挂,所以又修正为"局部的真理"。这些比喻都能让你捧腹,但笑过之后总会感觉作者有点不那么厚道。

为什么人类的语言尤其是文学语言离不开比喻?这恐怕如前面提到的那样,不是简单的修辞学的问题,就是说,不是简单地把话说得更生动更有文学色彩的问题。威廉·加斯就追问:"你能设想语言文字与这个世界的关系是自我隐喻的关系吗?你能设想文学与生活是如主谓语之间那样的隐喻关系吗?""我的重要兴趣一直在建立起小说与这个世界的联系。如果我们能把这种联系看成是隐喻性的,那我们就算是朝典型的方向走出了几步。"[1] 文学与世界的关系甚至人与世界的关系也许正是隐喻性的。所以人类对比喻的运用最终也仍然决定于人与世界的关系本身。在罗伯-格里耶的时代,虽然人与自然分裂,但是人与自然的关系本身却无法否定。正像巴雷特在《非理性的人》中所说:"虽然人和自然的分离无可挽回,但是暗地里发生的事是:对人的存在的了解总是借同物质实体的类比得来的。近现代思想虽然把人从自然中分离了出来,但同时它却还是试图按照物质实在来了解人。"[2] 人是借助于物才能更好地了解自己的。而人和物的关系正是一种类比和隐喻的关系。所以比喻是弥合人与物的世界的分裂的基本方式之一。用李泽厚的理论来解释,就是一种人类学本体论,这种人类学本体论处理的正是人与对象世界的关系,即人的对象化与对象的人化。它构成了拟人化的比喻语言之所以存在的基础。

> 有学生曾写过一篇题为《〈围城〉中的比喻》的文章,厚厚的附录中把小说里的比喻全部整理了出来,有七八百条之多。《围城》堪称一部比喻大全。

---

[1] 《西方现代派作家谈创作》,175 页。
[2] 威廉·巴雷特:《非理性的人》,229 页,上海译文出版社,1992。

但特别有意思的是，罗伯-格里耶在人与物之间发现了断裂和裂痕，我们却在他的言论和小说之间发现了裂缝。罗伯-格里耶后来自己在一次访谈录中承认说："我批判了隐喻，与此同时，我写了《嫉妒》，而这本书却是对隐喻文体的称颂。"[1]他把《嫉妒》也称为"隐喻小说"。事情到此就朝着喜剧发展了。这说明了什么呢？能说明罗伯-格里耶颠三倒四、自相矛盾吗？还是说明了一个作家的理论主张与文学创作之间有一种背反现象？反对隐喻最激烈的人却写出了《嫉妒》这样的隐喻小说，只能说明隐喻在文学中的本体性，或者在语言中的本体地位。《嫉妒》正是一部隐喻小说，它表达的意思在表层叙述中是无法获得的，只有穿透"表面小说"的"物化"世界的描述，才能领会它想表达的内容。这本身就是隐喻方式。就是说，"嫉妒"的主题在小说文字表层是表达不出的，我们只有把整部小说理解为一个庞大的喻体，它的隐喻的本体——"嫉妒"才能被我们体会到。从这个意义上说，它是不折不扣的隐喻小说。它的法文题目自身就可以看成是一个隐喻，喻体是"百叶窗"，本体是"嫉妒"。这说明了主观和客观其实是无法截然分开的。

主观主义与客观主义：两个罗伯-格里耶

1998年12月11日的《南方周末》刊登了陈侗的文章《南方的弑君者》，介绍了罗伯-格里耶第二次中国之行。我们看到的是一个有血有肉的罗伯-格里耶：

---

[1] 罗伯-格里耶：《新的文学断然只是向少数人开放的》，《与实验艺术家的谈话》，345页。

1998年，轮到我为罗伯-格里耶安排第二次中国之行，他选择了中国南方：广州，湛江，雷州，海南，桂林……他的理由很多，其中一条是他怕冷。11月的南方的确比巴黎暖和得多，但是罗伯-格里耶走出罗湖关时却穿着一件人字呢长外套。在深圳至广州的列车上，人们见到一个白胡子老头蜷缩在座椅里，脖子上缠着一条红色的围巾，仿佛这趟列车不是开往广州，而是开往莫斯科。

不能在有冷气的餐馆吃饭，不能打开车厢里的空调，这只不过是罗伯-格里耶众多毛病中最容易被理解的一个。而他真正有别于普通旅行者的，可能是他对待城市和农村的不同态度了。终于，从海南通什黎寨回三亚的途中，翻译向新小说的教皇提问了：您喜欢农村是不是一种怀旧情绪？

罗伯-格里耶当即回答：不！他只是认为农村比城市更具差异性。

其实，到达广州后第二天，我就已经注意到罗伯-格里耶的某些怪癖。比方说，他喝咖啡一定要喝卡巴切诺，但是走在大街上他却对广州的商业特色，对那些曾经出现在《吉娜》中的时装模特完全视而不见，一头钻进了并无多少特色的小巷子里。他要么低头盯着那些古怪的、叫不出名字的水产和山货，要么仰头注视着一幢普通楼房的窗口，似乎在寻找某个失去的记忆。直到他说出"差异"这个词，我才开始理解：事情远比我们想象的要复杂，这个被指控为把法国小说拖进了死胡同的"午夜的魔王"，如今正在努力洗刷他那"客观主义"的罪名，或至少是，重新把一半的"主观性"带进他所有的作品中，为现代小说正名。

> 《吉娜》是罗伯-格里耶发表于1981年的小说，参见罗伯-格里耶《吉娜·嫉妒》，上海译文出版社，1997。

那么究竟是谁把"客观主义"的帽子扣到罗伯-格里耶的头上的呢?就是罗兰·巴尔特。罗兰·巴尔特主张中性写作,主张中立的、客观的,非感情化的态度,自己把这种写作称为"写作的零度"并在加缪的《局外人》这类小说中找到了典范。但后来他可能感觉到加缪的写作远不够零度,加缪是个外冷内热的文学性格,是暖水瓶型的人物,我们读中文版的《置身于苦难与阳光之间》就能感到他内心的激情与情热,离零度远得很。所以罗伯-格里耶的出现令罗兰·巴尔特欢欣鼓舞,连续写了四篇文章评论罗伯-格里耶的小说,认为罗伯-格里耶显然是更客观、中性的写作。我想有罗兰·巴尔特的鼓吹,罗伯-格里耶一开始应该是高兴的,而且从当时罗伯-格里耶的论文来看,他与罗兰·巴尔特的观点也有共同之处。但到了后来,罗伯-格里耶却开始不再买罗兰·巴尔特的账了,比如在1985年的一次访谈中,罗伯-格里耶说罗兰·巴尔特"在我身上发现那种不是我的,而是他自己的理论"。而且评论界当时又误解了罗兰·巴尔特。罗兰·巴尔特使用"客观"这个词,意思是转向了客体,但法兰西学院的评论则把它理解为"中立的""公正的"。由此罗伯-格里耶的形象就建立起来了:"这是一种古怪的形象,为的是制造影响,这也是一种很令人受不了的形象,为的是没有人想读我的东西。"[1]所以"当时文学界都知道我的名字,但却都不读我写的书"。罗伯-格里耶认为,始作俑者就是罗兰·巴尔特。

但罗兰·巴尔特后来又修正了自己的说法,他说:"有两个罗

---

[1] 罗伯-格里耶:《新的文学断然只是向少数人开放的》,《与实验艺术家的谈话》,341页。

伯-格里耶，一个是客观主义者，另一个是人本主义者，或主观主义者。人们可以通过这两个途径去读他的作品。"[1]这也成了后来的文学史写作对罗伯-格里耶的基本定位，即一方面他是写"物化"世界的小说家，另一方面又是主观现实主义者，是创作"主观性的文学"的小说家。比如米歇尔·莱蒙《法国现代小说史》就说："罗伯-格里耶作品中出现的物常常是作为一项心理内容的素材。从某种意义上说，罗伯-格里耶是继普鲁斯特和乔伊斯之后，描写精神上发生的事件的小说家。""在《嫉妒》里，一切事情都是在一个内心蕴藏着某种激情的人的目光下进行的。"[2]罗伯-格里耶本人也指出小说的叙事者并不是一个所谓冷静客观的人，恰恰相反，他是"所有的人当中最不中立、最不不偏不倚的人；不仅如此，他还永远是一个卷入无休止的热烈探索中的人，他的视象甚至常常变形，他的想象甚至进入接近疯狂的境地"。"是这个人在看，在感觉，在想象，而且是一个置身于一定的空间和时间之中的人，他受这感情欲望支配，一个和你们、和我一样的人。"[3]简单地说，《嫉妒》的叙事者是个被"嫉妒"的心理疯狂折磨的有强烈主观情感的人。柳鸣九为《嫉妒》的译序起的题目《没有嫉妒的〈嫉妒〉》，其实是说错了。实际上，正因为嫉妒化为一种"物质形式"和一种测量学，它才更加无所不在，小说中的所有场景中对物的描写，最终全部指向一个主题——嫉妒。

主观主义的角度也带来了《嫉妒》的可读性和可理解性。正像

---

[1] 转引自卡勒尔：《罗兰·巴尔特》，61页。
[2] 米歇尔·莱蒙：《法国现代小说史》，339—340页。
[3] 罗伯-格里耶：《新小说》，《"冰山"理论：对话与潜对话》（下），522—523页，北京：工人出版社，1987。

卡勒尔所评述的那样："随着罗伯-格里耶的小说逐渐为人熟悉，读者显然已不难把它们复原为常规文学，并理解它们，尤其是以想象一位叙事者的方式。最机械的描绘，最令人困惑不解的重复或空隙都会使人理解，如果它们被当作某位被扰乱的叙事者的思想的话。《嫉妒》含有反反复复的几何式的描述，它可以被理解为一位偏执狂叙事者的知觉。"由此，"我们所有的不是'客观的文学'，而是主观性的文学，它完全是发生在一位错乱的叙事者的心灵之内。"[1]

> 先锋小说的命运常常如此。在最初问世的时候，它显然是反常规的。但随着时间的流逝，读者对先锋小说渐渐熟悉起来，它就演变成为一种"常规文学"。中国80年代中后期以马原、余华等人为代表的先锋小说，在90年代遭遇的是同样的命运。

说到最后，事态发生了根本逆转，一部客观的，写"物"，写视觉、场景的小说一下子变成了一部心理小说，心灵小说，主观性的小说。这是我们所能遇到的最富有戏剧性色彩的小说家。但是两个罗伯-格里耶又的确是统一的，正像我们一再说过的那样，《嫉妒》的小说名字本身就意味着主观与客观的不可分割。同时，罗伯-格里耶也以一种极端化的方式预示着20世纪现代主义小说在探讨人的精神和心理的道路上到底可以走多远。

可以说，现代主义小说与传统小说最大的差异是心理描写。现代小说家不再信任传统小说中全知全能的叙事者对人物心理的描写与分析，但是探究人类的心理流程又实在是吸引人的事情，是现代小说家很难忍痛割爱的，所以他们开辟了两条路：一是意识流小说，直接让人物呈示内心世界；二就是罗伯-格里耶和海明威的方式，表面上与心理无涉，其实是相当高明的心理描写。他们的写作，为所有现代小说家提供了可资借鉴的范例。心理描写是小说创作中难

---

[1] 卡勒尔：《罗兰·巴尔特》，60页。

度较高的环节和部分,比如余华就这样说过:

> 在这里,我想表达的是一个在我心中盘踞了十二年之久的认识,那就是心理描写的不可靠。尤其是当人物面临突如其来的幸福和意想不到的困境时,对人物的任何心理分析都会局限人物真实的内心,因为内心在丰富的时候是无法表达的。当心理描写不能在内心最为丰富的时候出来滔滔不绝地发言,它在内心清闲时的言论其实已经不重要了。
>
> 这似乎是叙述史上最大的难题,我个人的写作曾经被它困扰了很久,是威廉·福克纳解放了我,当人物最需要内心表达的时候,我学会了如何让人物的心脏停止跳动,同时让他们的眼睛睁开,让他们的耳朵竖起,让他们的身体活跃起来,我知道了这时候人物的状态比什么都重要,因为只有它才真正具有了表达丰富内心的能力。[1]

《嫉妒》的叙事者恰是一个"眼睛睁开""耳朵竖起"的叙事者,他的内心也由此得到表达。

而更极端、走得更远的人物当然是罗伯-格里耶,他选择的方式就是让叙事者远离内心,而不是接近,他的心理描写就是没有心理描写。在这个意义上,余华认为海明威和罗伯-格里耶的写作其实回答了一个由来已久的难题:什么是心理描写。也许真正的心理描写反而是远离心理,放逐心理。这就是作为一部所谓的"心灵小说"《嫉妒》对20世纪小说学的最后的启示。

---

[1] 余华:《我能否相信自己》,40页,北京:人民日报出版社,1998。

第八讲　魔幻与现实：
《百年孤独》与马尔克斯

　　20世纪后半叶可以说是拉丁美洲的文学时代。西方的现代主义文学到了存在主义的萨特和加缪时代差不多可以说到了尾声了。萨特和加缪的文学创作高峰都出现在三四十年代，如加缪的《局外人》发表在1942年，《鼠疫》发表在1947年。此后的20世纪后半叶出现的西方作家从总体上说比起前辈就显得苍白。所以秘鲁作家略萨就说：当欧洲有普鲁斯特和乔伊斯时，他们自给有余，但后半叶的欧洲只有罗伯-格里耶和萨洛特（都是新小说派作家）。萨特也说过："执当今世界文学之牛耳者，乃拉丁美洲的作家。"拉丁美洲文学的巨大声誉就是由博尔赫斯、聂鲁达、米斯特拉尔、略萨等作家带来的。

　　拉丁美洲文学的崛起被称为爆炸（boom），其中哥伦比亚的马尔克斯是拉美作家中赢得最广泛的世界声誉的一个。他的《百年孤独》在1967年由阿根廷一家出版社出版，一下子就引起了轰动，按马尔克斯自己的说法，"就像热狗一样在地铁出口出售了"。几个月内就被译成了20种文字，从1967年至1976年的10年间，仅在阿根廷就印行了46次。1984年，有个中国学者在哥伦比亚做过统计，全世界各种文字的《百年孤独》版本约有一百种，光荷兰文就有18种版本。研究《百年孤独》的专著则不下四百种。可以想象它的影响。所以略萨就称《百年孤独》的问世，使拉美文学发生了"一场文学地震"。也有评论家称马尔克斯"对西班牙语的贡献比塞万提斯还要大"。智利大诗人聂鲁达（他是 1971 年诺贝尔文学奖得主）称《百年孤独》是"继塞万提斯的《堂吉诃德》之后最伟大的西班牙语作品"。由于这部作品，马尔克斯于 1982 年获得诺贝尔文学奖。哥伦比亚人兴高采烈，认为自己从此在国际上有了正面形象。1984 年，《百年孤独》被翻译成中文，在中国文坛形成一个马尔克斯热。这个"热"正好被我进大学时赶上了。我 1984 年进北大后买的第一本书就是《百年孤独》，当时是先在一期《十月》杂志上发表。在北大的一个书展上很多中文系的老生都在抢这一期《十月》，我也附庸风雅地抢了一本。这也是我进大学之后读不大懂的第一本书。

必须充分估计《百年孤独》在中国文坛引起的震动。它直接催生了 1985 年兴起的小说界的"寻根热"。寻根文学中的最好的小说，如王安忆的《小鲍庄》，韩少功的《爸爸爸》《女女女》，还有后来残雪的一些卡夫卡式的小说，都有《百年孤独》的影子。寻根小说也成了当时最成熟的一种文学类型，即使在今天看来也是如此。这与马尔克斯的魔幻现实主义的影响是密切相关的。

> 今天看来，1976 年以后的所谓新时期文学直到今天，可以经典化的正是寻根小说以及北岛、顾城代表的新诗潮。而最后一个经典作家则是 1989 年自杀的海子，正是他的死以及 1989 这个年份把寻根文学与新诗潮推向了经典化的位置。

时间的循环

法国学者塔迪埃在《普鲁斯特和小说》中的一个话题就是"将小说中的时间作为形式来探讨"。时间在小说中是无形的，是读者看不见的，但却是小说中潜在的重要形式。塔迪埃说这个时间的形式"处于小说艺术的顶峰"。"在作品中重新创造时间，这是小说的特权，也是想象力的胜利。"[1] 塔迪埃评论的是普鲁斯特的《追忆似水年华》，但这种说法也适用于一切小说。《百年孤独》的第一句话给人印象最深的就是它隐含的时间维度。按马尔克斯自己的说法，《百年孤独》他构思了15年，但一直不知如何写第一句话。他称"有时这第一句话比写全书还要费时间"，"因为第一句话有可能成为全书的基础，在某种意义上决定着全书的风格和结构，甚至它的长短"。可以说这就是开头第一句话的意义。小说第一句话和第一段的确立，往往决定了小说的成败。我在讲《城堡》和《追忆似水年华》时，都仔细地讲过小说的第一句和第一段，就是这个原因。又比如大家所熟悉的张爱玲的小说《封锁》的第一句："开电车的人开电车。"它造成的是一种同义反复式的封闭的循环感，和小说"封锁"的时空正相吻合。又比如有研究者也分析过阿城《棋王》的第一句，"车站是乱得不能再乱，成千上万的人都在说话"，写的是知青上山下乡离城的送别场景，两句话就渲染出一个动荡的年代。马尔克斯的《百年孤独》的第一句，可以说经过了漫长的寻找，从他的对话录《番石榴飘香》中可以知道，他是在一次旅行途中突然获得感悟："原来，我应该像我的外祖母讲故事一样叙述这部历史，就以一个小孩一天下午由他父亲带领他去见识冰块这样一个情节作为全书的开端。"[2] 但小说的第一句真正写出来又是什么样的？不妨再具体分析一下：

> 《番石榴飘香》是当初令我十分着迷的一本书，有一段时间甚至比对《百年孤独》还喜爱，对于理解马尔克斯的生平与创作而言，它是最值得一看的书。

许多年以后，面对行刑队，奥雷连诺上校准会想起，

---

[1] 让·伊夫·塔迪埃：《普鲁斯特和小说》，284页，上海译文出版社，1992。
[2] 马尔克斯、门多萨：《番石榴飘香》，107页，北京：三联书店，1987。

他父亲带他去见识冰块的那个遥远的下午。

这一句话已不仅仅是展开小说的一个初始的情节，而且容纳了现在、过去、未来三个向度，展示了小说叙事的时空性。我引用过萨特的一句话："小说家的技巧，在于他把哪一个时间选定为现在，由此开始叙述过去。"可以说，任何小说叙事，都虚拟了一个叙事者声音在说话的"当下"时间，然后展开叙述。从这一角度看《百年孤独》的第一句话，我们就可以体会到它的时间的复杂性。叙事者不是站在所有故事都结束，也就是时间的终点开始讲述的，因为第一句是"许多年以后"，讲的是未来时间发生的事情。我们就会知道将来会有一个事件发生，有一个上校要被执行死刑，这是小说的一种预叙的手法。但小说第一句的真正叙事动机是引出童年见识冰块的情节，叙述的又是过去的事情。因此我们可以感受到叙事者有个讲故事的"现在"时刻。但这个"现在"是具体的某个时间吗？显然它是一种虚拟性的"现在"。所以《百年孤独》的叙事者选择了一个不确定的现在，既能指向未来，又能回溯过去，一下子就把时间的三个维度都包容在小说的第一句话中了。这并不是马尔克斯在刻意玩弄叙事技巧，而是服务于《百年孤独》的总主题。也只有这样一个开头，才能显示出小说中写的马孔多小镇以及布恩蒂亚家族的历史沧桑感，甚至写出整个拉丁美洲百年历史的纵深感和连绵感。因此，《百年孤独》的第一句话之所以精彩绝伦，就因为它不仅像萨特说的那样选定了一个现在，然后开始叙述过去，它也开始叙述未来。而"现在"的不确定性也正为作者自由出入于时间的三个维度确立了起点。因此，有研究者指出这是一种"既可以顾后，又能瞻前的循环往返的叙事形式"，小说的几乎每一个"故事"

往往都从终局开始，再由终局回到相应的过去和初始，然后再循序展开，最终构成首尾相连的封闭圆圈。[1]

《百年孤独》的核心情节写的是马孔多小镇的第一代创始人布恩蒂亚和妻子乌苏拉在一块空地上建立了伊甸园式的马孔多以及以后这个家族逐渐兴盛、衰败，最后又在一夜之间消失的百年故事。它最初的情节具有史前社会的特征。正像研究者说的那样：马孔多的创始就像上帝"创世纪"一样。就是说，布恩蒂亚最初建立马孔多小镇暗示着人类文明的前史。小说循环的时间观是与此暗合的。史前社会的特点是时间的循环，每件事都是周期性重复的，或者通过仪式周期性出现。这就像昆德拉写的"牧歌"生活的图景。昆德拉在《生命中不能承受之轻》中有这样一段话：

> 为什么对特丽莎来说，"牧歌"这个词如此重要？
>
> 我们都是被《旧约全书》的神话哺育，我们可以说，一首牧歌就是留在我们心中的一幅图景，像是对天堂的回忆：天堂里的生活，不像是一条指向未知的直线，不是一种冒险。它是在已知事物当中的循环运动，它的单调孕育着快乐而不是愁烦。
>
> 只要人们生活在乡村之中、大自然之中，被家禽家畜，被按部就班的春夏秋冬所怀抱，他们就至少保留了天堂牧歌的依稀微光。

"牧歌"在昆德拉那里是回望天堂的方式，它的特点也是时间的循

---

[1] 陈众议：《拉美当代小说流派》，108—109页，北京：社会科学文献出版社，1995。

环往复。而与这种史前社会时间的循环相对的是现代时间,现代的时间则是一种不可逆的线性时间,即从过去到现在再到未来,是一个进化论的时间观。它的向度是指向未来的。"现代性"依据的正是这样一个进步的时间观。这与史前社会的循环时间形成对比。正如有研究者说的那样,这种循环时间"表达了对一个持久的和再现的现在的幻想"。这就是循环的时间。我们还可以与博尔赫斯的时间观相对照。他的《交叉小径的花园》表现的时间观又不一样,是多元的,不是线性的,而是交叉的,时间可能以交叉的方式存在,所以如果我们生存在这样一个时间形式中,我们在时间的交叉点上就可能会一次次神奇地相遇。这次相遇是在北大文史楼310,下一次则可能是在汉代的太学。那时我们的身份也有可能掉转过来,我可能就变成了听课的学生,而站在讲台上的就会是你们其中的某个人。

> 在这部讲稿中经常涉及时空观的问题,并不只因为我对这个问题有兴趣,而是因为时空观差不多是每部小说的内在的维度。

马尔克斯的循环时间观和循环叙事结构都表现了对循环与重复的向往,就像昆德拉在《生命中不能承受之轻》中所说,"只发生过一次的事就像压根儿没有发生过",事件只有重复才有规律,才给人一种可以把握的感受。因此《百年孤独》的重复和循环构成了重要的文本特征。最明显的一个例子是布恩蒂亚家族人名和性格的一再重复。布恩蒂亚和乌苏拉这第一代创始人生了两个儿子和一个女儿,就是第二代。大儿子叫阿卡迪奥,二儿子就是小说第一句提到的奥雷连诺上校。但你读着读着麻烦就来了,小说接下来的第三代第四代,一直到最后一代——第七代中有五个取名阿卡迪奥,有三个重要人物叫奥雷连诺,这三个重要人物之后还得加上最后一代的奥雷连诺,另外还有奥雷连诺上校和十七位妇女生的十七个私生子,都叫奥雷连诺(奥雷连诺上校和十七位妇女有交往不是因为他是个花花公子，而是十七位妇女都出于改良品种的考虑要生下奥雷连诺上校的儿子）。所以一个美国批评家说："任何一位把加西亚·马尔克斯的不朽名著引进课堂的人都深知，要让一个人把那么多名字发音相同的人物清清楚楚地记在脑子里，要区分这位奥雷连诺与那位奥雷连诺，要记清哪位阿卡迪奥和哪个女人睡觉，是非常困难的。"[1]我自己觉得，这不仅是非常困难，而几乎是不可能完成的任务。读现代小说固然是困难的，比读更困难的是在课堂上去讲。

但有一条规律可以遵循，就是所有的奥雷连诺们都遵循一种行为方式，都是一样的性格，而阿卡迪奥们则遵循另一种，两类人绝不会混淆。小说最初介绍这对兄弟时，就指出阿卡迪奥和奥雷连诺的基本区别：

> 大孩子霍塞·阿卡迪奥已经十四周岁了，方方的脑袋，蓬松的头发，脾气像他父亲一样任性。虽然他身体魁梧壮实，也像他父亲，但从那时起就明显地表现出缺乏想象力……奥雷连诺是第一个在马孔多出生的人，到三月份就满六岁了。他好静而孤僻，在娘肚子里就会哭，生下来时睁着眼睛。给他剪脐带时，他就摆动着脑袋辨认房间里的东西，还以好奇而并不慌乱的神态察看着人们的脸庞。然后，他不再理会前来看望他的人们，却专心致志地盯着那棕榈叶盖的顶棚，房顶在雨水的巨大压力下眼看就要塌下来了。乌苏拉后来再也

---

[1] 吉纳·赫·贝尔－维亚达：《〈百年孤独〉的人名及叙述模式》，林一安编：《加西亚·马尔克斯研究》，329页，昆明：云南人民出版社，1993。

没有去回忆他那紧张的目光,直到有一天,小奥雷连诺已经三岁了,他走进厨房,乌苏拉从灶火上端下煮沸的汤锅放在桌子上。孩子在门边惊慌地说:"快掉下来了。"那汤锅本来好好地放在桌子中间,随着孩子的预言,便仿佛有一种内在的动力驱赶着开始朝桌子边移动,最后掉在地上打碎了。^{这一段文字堪称是典型的神话化叙述,它赋予了奥雷连诺以天生异禀以及神奇的预见力。这就是魔幻现实主义的基本风格。}

兄弟俩是性格截然相反的两种人,而且是天生的。其中老大是有着可怕的动物性精力的人,是沉溺酒色的纵欲主义者,有一个细节最能说明阿卡迪奥的类型特征,写的是阿卡迪奥和新娘子雷贝卡的新婚之夜:

> 在新婚之夜,藏在新娘鞋子里的蝎子把她的一只脚给螫了。雷贝卡舌头都发麻了,但这并没有妨碍夫妇俩丑恶地度蜜月。邻居们对他俩的叫声十分惊愕,这种叫声一夜吵醒整个街区八次,午睡时吵醒邻居三次,大家都祈求这种放荡的情欲不要破坏死人的安宁。

这是哥哥。而弟弟奥雷连诺则是稳重、沉着,有理性,是谦谦君子,头脑清醒,也善于思考,是成大事的人。作为自由派的军事领袖的奥雷连诺上校一生中就发动了三十二次内战,尽管都没有成功。他一生中还遭十四次暗杀、七十三次埋伏和一次枪决,但都幸免于难。所以奥雷连诺们与阿卡迪奥们有着截然不同的个性。但是这两种个性在第一代领导人,也就是家族的创始人布恩蒂亚那里,却是同时并存的。而在创始人的子孙身上却分裂了,成为对立的成分,表现为本能/理智,冲动/深思熟虑,性欲/文明两种个性,从不统一在同一个人身上。就像卡尔维诺《我们的祖先》三部曲中《分为两半的子爵》，一半身子代表善良，另一半代表邪恶一样。

为什么《百年孤独》如此刻意地重复人物的名字和性格，以至于有类型化倾向？惟一的解释就是在淡化所有有关人物的个性的同时，突出家族、集体的气质。每一个人物都受过去力量和家族血统的支配，纳入的也是先辈同名的人所建立的行为和性格模式。所以有人说："任何一位家族编年史的作者实际上都负有描述人物性格再现的任务。"如果马尔克斯笔下的每个人都有不同的名字，每个人又都有不同的个性，可能会更好，"但小说就难以表现家族存在这个基本和普遍主题"[1]。家族的主题是中外文学的一大主题。譬如林语堂的《京华烟云》就表达了家族高于一切的思想："个人一代代的消逝，但家族永远流传。"这个特征在美国电影，写意大利黑手党后裔的《教父》中表现得最突出：为了家族利益可以牺牲任何个体的幸福甚至生命。所以在美国有两个国家的后裔保持本民族的传统保持得最好，一是意大利裔，一是华裔。

有人概括这种家族制、宗法制的社会是一种前喻文明，即以祖辈、父辈为绝对中心，祖辈拥有一切，包括最主要的东西：经验，一代代地传给下一代，在匠人、手工艺人那里尤其如此。而我们今天的后现代则是"后喻文化"，意味着父一辈要向子一辈学习，尤其是学习新的信息时代的东西。儿童不仅是祖国的未来，而且就是祖国的现在。新新人类更是不想从父辈那里学到什么，相反，他们认为父一辈都是过气的落伍者。报纸上说能否接受周星驰的《大话西游》是区别你能否认同新新人类的标志。《大话西游》就成为一个

---

[1] 林一安编：《加西亚·马尔克斯研究》，341页，昆明：云南人民出版社，1993。

界限。幸好我对《大话西游》也很着迷。所以真正的区别还不是能否接受它,而是是否把它奉为经典。我给中文系文学专业的本科一年级上《中国现代文学史》,期末考试出了个题目,分析张爱玲的《爱》,结果有四位同学的答卷都引用了《大话西游》的台词:"曾经有一段真挚的感情摆在我的面前,我却不知道珍惜,失去之后才后悔莫及,世界上最痛苦的事情莫过于如此,如果上天给我一个再来一次的机会,我一定要对那个女孩说三个字,我爱你,如果要给这份爱加一个期限的话,我希望是一万年!"北大中文系有一年的研究生考试卷也曾经出了个题目,问《西游记》的前身是什么,有一个考生答的正是《大话西游》。对新新人类来说,经典不会是《百年孤独》,而是《大圣娶亲》和《月光宝盒》。

新新人类的经典还有各种来自日本和中国台湾的漫画。阅读文学经典的时间已被冲击得少而又少。

现实的魔幻化与魔幻的现实化

再回到《百年孤独》的开头。小说的第一句真正引出的具有实质性的事件是奥雷连诺上校小时候跟着父亲去见识冰块。这一情节有着很丰富的含义:

> 许多年以后,面对行刑队,奥雷连诺上校准会想起,他父亲带他去见识冰块的那个遥远的下午。当时,马孔多是个二十户人家的村庄,一座座土房都盖在河岸上;河水清澈,沿着遍布石头的河床流去,河里的石头光滑、洁白,活像史前的巨蛋。这块天地还是新开辟的,许多东西都叫不出名字,不得不用手指指点点。

评论者说这一段有《圣经》"创世纪"的意味,"史前的巨蛋","这块天地还是新开辟的,许多东西都叫不出名字,不得不用手指指点点"等语也暗示了开辟鸿蒙的特征,事物都有待命名,所以是一种创世神话。但更有意味的是接下来写每年3月都会出现吉卜赛人。他们向马孔多的居民介绍科学家的最新发明:

> 他们首先带来的是磁铁。一个身躯高大的吉卜赛人,自称梅尔加德斯,满脸络腮胡子,手指瘦得像鸟的爪子,向观众出色地表演了他所谓的马其顿炼金术士创造的世界第八大奇迹。他手里拿着两大块磁铁,从一座农舍走到另一座农舍,大家都惊异地看见,铁锅、铁盆、铁钳、铁炉都从原地倒下,木板上的钉子和螺丝嘎吱嘎吱地拼命想挣脱出来,甚至那些早就丢失的东西也从找过多次的地方兀然出现,乱七八糟地跟在梅尔加德斯的魔铁后面。

第一代创始人布恩蒂亚认为可以用磁铁开采地下的金子,就用一匹骡子和两只山羊换下两块磁铁,然后念着咒语,勘察了周围整个地区。"但他掘出的惟一的东西,是15世纪的一件铠甲,它的各部分都已锈得连在一起,用手一敲,铠甲里面就发出空洞的回声,仿佛一只塞满石子的大葫芦。"这就是小说的第一章,它没有从整个故事的最早时间——也就是家族的来源写起,而是以吉卜赛人带来磁铁和冰块的情节作为开头,它的象征性意味在于:吉卜赛人以及磁铁、冰块,都标志着一种外来的异质文明对马孔多小镇的侵入。从而小说在一开始就引入了外来文明,也可以说是现代文明的因素。这异质化的因素使《百年孤独》的主题更复杂,其中隐含了一种现代性的向度，表明了马孔多从"创世纪"的时候就与现代文明发生了盘根错节的关系。而小说具体写到看冰块则是到第一章的结尾：

> 箱子里只有一大块透明的东西，这玩意儿中间有无数白色的细针，傍晚的霞光照到这些细针，细针上面就现出了五颜六色的星星。
>
> 霍·阿·布恩蒂亚感到大惑不解，但他知道孩子们等着他立即解释，便大胆地嘟囔说：
>
> "这是世界上最大的钻石。"
>
> "不，"吉卜赛巨人纠正他。"这是冰块。"
>
> 霍·阿·布恩蒂亚付了五个里亚尔，把手掌放在冰块上待了几分钟，接触这个神秘的东西，他的心里充满了恐惧和喜悦。他不知道如何向孩子们解释这种不太寻常的感觉，又付了十个里亚尔，想让他们自个儿试一试。大儿子霍·阿卡蒂奥拒绝去摸。相反地，奥雷连诺却大胆地弯下腰去，将手放在冰上，可是立即缩回手来。"这东西热得烫手！"他吓得叫了一声……霍·阿·布恩蒂亚又付了五个里亚尔，就像出庭做证的人把手放在《圣经》上一样，庄严地将手放在冰块上，说道：
>
> "这是我们这个时代最伟大的发明。"

从这个意义上说，《百年孤独》也提供了一种马孔多的"现代性"的创世纪。对于考察现代性的创世，也有几分发生学的参考价值。

这一细节特别生动，它使冰块这一在我们现代人眼里很平凡的事物显出一种奇观效果，甚至有一种神秘气氛。读者也觉得有几分神奇，好像也是第一次见识到冰一样。为什么会这样？因为读者借助的是小说中布恩蒂亚的眼光，从而产生了一种"陌生化"的或者

"间离"的效果。"陌生化"是俄国形式主义者什克洛夫斯基的著名理论，与此相似的是德国戏剧大师布莱希特表现主义的"间离"学说。什克洛夫斯基说过一段著名的话，经常被引用："艺术之所以存在，就是为使人恢复对生活的感觉，就是为使人感受事物，使石头显出石头的质感。艺术的目的是要人感觉到事物，而不是仅仅知道事物。艺术的技巧就是使对象陌生，使形式变得困难，增加感觉的难度和时间的长度，因为感觉过程本身就是审美目的，必须设法延长。"在《百年孤独》中见识冰块这个细节也是如此，我们跟着布恩蒂亚重新感受冰块，而使冰块重新显出它的质感的就是"陌生化"体验。我们仿佛也重新回到像奥雷连诺上校一样的童年，重新恢复了对冰块的陌生感。孩子眼里的一切都是新鲜的，我自己童年对寒冷的一次——夸张点说——创伤记忆就是由于好奇。我小时候家乡的冬天最寒冷的时候要零下三十几度，有一次家里把铁钳子落在屋外放了一夜，第二天我看见了想拿回室内，有个邻居就说，在外面冻过的钳子是甜的，不信你就舔一舔。我一舔之下，嘴唇和舌头都给牢牢地粘在钳子上，往下一拽，顿时鲜血淋漓。后来读到一篇"文革"小说，写在东北插队的一个女知青多么娇柔，多么小资情调，迫切需要在广阔天地接受再教育，接受锻炼和改造，一个例子就是在冬天女知青娇嫩的手在打水的时候被井的铁把粘掉了一层皮，鲜血模糊。我当时的感觉就是特同情那女知青。

<small>我经常会记起1984年初秋那个雾气蒙蒙的黄昏，自己第一次见到未名湖的情景，仿佛是一个不真实的梦。以后即使每天在湖边散步，脑海里也时时泛出当年的记忆，借此再度使未名湖陌生化。</small>

所以陌生化的体验其实是经常会碰到的。我每次带着没来过北大的朋友参观校园时，校园一下子就陌生了。仿佛时光又重新回到我当年来北大报到的第一天，第一次游览校园一样，因为我也借助了朋友的陌生化的眼光。因此，事物可能是熟悉的，但叙事方式、观察角度却可以使

它陌生。我们对待恋人和婚姻伴侣也应该如此。我认为这种陌生化的艺术值得学习。

从这个角度看《百年孤独》，它的魔幻现实主义可以说不是因为每个细节都是魔幻的，恰恰相反，很多细节都很现实主义。令人感到神奇和魔幻的是它的讲述方式。这就涉及了什么是魔幻现实主义的问题。什么是魔幻现实主义？按评论者的解释，就是借助具有神奇或魔幻色彩的事物、现象或观念以及作家的夸张、荒诞等技巧反映历史和现实的方法。这是评论界的一般的界定。但具体落实到小说微观诗学和技巧的层面，我把魔幻现实主义在《百年孤独》中的表现概括为几个层面：

1. 陌生化

这一点刚刚讲过。

2. 现实的魔幻化

马尔克斯自己宣称，"在我的小说里，没有任何一行字不是建立在现实的基础上的"，就是说，小说中的一切看似荒诞不经的魔幻细节和情境都是有现实依据的。比如小说中有大量关于蝴蝶的细节。而小说中的蝴蝶主题又总是与小说中的人物梅梅（奥雷连诺第二的次女，家族的第五代）联系在一起。梅梅一直被蝴蝶所折磨，常有蝴蝶在她头上盘旋。而一般情况下，每当蝴蝶来了，随后跟着来的肯定是她的爱人——巴比洛尼亚。而随着巴比洛尼亚的到来，又总是带来一大群令人惊讶的黄蝴蝶，就像电视剧《还珠格格》中的香香公主一样。这是一个有神异色彩的细节。但这一细节在生活中是有原型的。马尔克斯说他四五岁和他外祖母住在一起的时候，有几次家里来了一个换电表的电工，每次他来，外祖母都一面用一块破布赶一只蝴蝶，一面唠叨："这个人一到咱们家来，这只黄蝴蝶就跟着来。"这个电工就是巴比洛尼亚的原型。[1]因此，黄蝴蝶的细节是有现实基础的，但在马尔克斯的处理过程中，却把它神异化了，有一种神秘色彩。这种有现实依据但同时又神秘化了的细节构成了小说的主体。

3. 想象的逻辑：小说中的现实

《百年孤独》中最有名的细节是俏姑娘雷梅苔丝升天的细节。她是小说中的第四代，其最醒目的特征就是感情发育受阻的儿童化倾向。这也是小说中所有叫雷梅苔丝的女士都普遍具有的性格特征。比如第二代的雷梅苔丝·摩斯柯特——奥雷连诺上校之妻——到了 9 岁时仍然在尿床，直到婚礼前夕，对鸟和蜜蜂还一无所知。她是在 13 岁时死去的。而第四代的这个俏姑娘雷梅苔丝虽然长大了，却是"小姑娘极端化了的变体：她长到 20 岁还没学会读写和打扮自己；还把雷梅苔丝·摩斯柯特在梳洗打扮方面的落后发展到把她自己的粪便涂抹在屋内墙上；她不懂为什么男人为爱她而死去，并把她的同名者在性方面的无知扩展到了可笑的地步"。在小说中怎样安排俏姑娘的结局是让马尔克斯费尽心思的事。最后他终于设想了一个令他满意的神奇收场，就是让俏姑娘雷梅苔丝飞上天去。这一升天的细节马尔克斯说也有生活的原型。在现实生活中马尔克斯遇到过一个老妇人，她的孙女与男人私奔了，为了掩盖这件丢人的事，她就散布说孙女上天了。当然没有人相信，人们都讥笑

---

[1] 林一安编：《加西亚·马尔克斯研究》，204 页，昆明：云南人民出版社，1993。

她。而马尔克斯却从这件事中获得了灵感。他需要做的是在小说中找到让人相信的依据,总不能让俏姑娘凭空就上天,她又不是天使。所以就得找到小说中的依据或中介物。这种依据必须运用想象,没有想象雷梅苔丝就无法升天。但马尔克斯说他一度感到绝望,因为即使运用想象俏姑娘也升不了天。最后启发他的还是一个现实生活的细节:"我当时实在想不出办法打发她飞上天空,心中很着急。有一天,我一面苦苦思索,一面走进我们家的院子里去。当时风很大。一个来我们家洗衣服的高大而漂亮的黑女人在绳子上晾床单,她怎么也晾不成,床单让风给刮跑了。当时我茅塞顿开,受到了启发。'有了'。我想到。俏姑娘雷梅苔丝有了床单就可以飞上天空了。在这种情况下,床单便是现实提供的一个因素。当我回到打字机前的时候,俏姑娘雷梅苔丝就一个劲儿地飞呀,飞呀,连上帝也拦不住她了。"[1] 于是,床单这一现实提供的因素在小说中就变成了最有想象力的细节。在小说中这一神来之笔是这样写的:

> 三月的一个下午,菲南达想在花园里折叠她的粗麻布床单,请家里的女人们帮忙。她们刚开始折叠,阿玛兰塔就发现俏姑娘雷梅苔丝面色白得透明。
> "你不舒服吗?"阿玛兰塔问她。
> 俏姑娘雷梅苔丝抓着床单的另一端,无可奈何地微微一笑。
> "不,恰恰相反,"她说,"我从来也没有像现在这样好过。"

---

[1] 马尔克斯、门多萨:《番石榴飘香》,49页,北京:三联书店,1987。

她刚讲完，菲南达觉得有一阵发光的微风把床单从她手中吹起，并把它完全展开。阿玛兰塔感到衬裙的花边也在神秘地飘动，她想抓住床单不致掉下去，就在这时，俏姑娘雷梅苔丝开始向上飞升。乌苏拉的眼睛几乎全瞎了，此时却只有她还能镇静地辨别出这阵无可挽回的闪着光的微风是什么东西。她松开手，让床单随光远去，只见俏姑娘雷梅苔丝在朝她挥手告别。床单令人炫目地扑扇着和她一起飞升，同她一起渐渐离开了布满金龟子和大丽花的天空，穿过了刚过下午四点钟的空间，同她一起永远地消失在太空之中，连人们记忆所及的、飞得最高的鸟儿也赶不上。

这是一个很有想象力的细节。升天显然是魔幻的想象，但"床单"提供了它的现实逻辑。没有这一具体性的现实依据，升天这一细节就显然是没有中介物的纯然想象，就无法令人信服。然而即使凭着床单升天，也是在现实中找不到的细节，因此，它是一种"小说的现实"，一种"书中的现实"，马尔克斯说："我发现小说写的现实不是生活中的现实，而是一种不同的现实……支配小说的规律是另外一些东西，就像梦幻一样。"俏姑娘雷梅苔丝升天这一细节对我们有双重启发：一是小说中的现实凭借的是想象的逻辑；二是这种想象绝非海阔天空、天马行空的乱想，它必须有真实性的中介物。正是这种中介物提供了小说的基本可信性。它不一定照搬生活的真实，但必须吻合和满足读者在阅读过程中所要求的心理真实。一个出色的小说家的真正功力和时间大都花在对这种中介物的寻找上。另一个奇妙的例子是卡尔维诺的《我们的祖先》三部曲之一《树上的男爵》。

马尔克斯的话启示我们，支配小说的东西是自有其"自律性"的规律。这种规律或许可以概括为"小说性"，它与现实性逻辑既有关，又不同，这就是所谓"小说中的现实"。

小说写男爵柯希莫自从少年时代爬到树上起,一直到 65 岁就再也没有踏到地面上哪怕一步。或者说,他在树上过了大半生,从来没有脚踏实地过。所以卡尔维诺以及读者都感到柯希莫到死也不能回到地面上。但怎么让他走向终结呢?我们在小说的结尾看到的是这样一个情境:一些热气球驾驶员在海边做飞行练习,从气球上抛出了带着长长绳子的锚,当这只锚靠近树上的男爵时,小说这样写道:

> 柯希莫抓住了绳索,脚踩在锚上,身体蜷缩成一团,我们看见他就这样飘走了,被风拽扯着,勉强控制着气球的运行,消失在大海那边……
>
> 热气球飞过海峡,终于在对岸的海滩上着陆了。绳子上只拴着那只锚。飞行员们一直忙于掌握航向,对别的事情毫无觉察。人们猜测垂死的老人可能是在飞越海峡时坠落了。
>
> 柯希莫就这样逝去了,没有让我们得到看见他的遗体返向地面的欣慰。在家族的墓地上竖起一块纪念他的墓碑,上面刻写着:"柯希莫·皮奥瓦斯科·迪·隆多——生活在树上——始终热爱大地——升入天空。"

男爵最终也飞上了天,比俏姑娘更可信。热气球就是神来之笔。而另一个例子是台湾的电视剧《还珠格格》,写香香公主和情人私奔,逃出了皇宫,紫薇格格和小燕子就骗乾隆说她变成蝴蝶飞走了。这显然太匪夷所思了。乾隆皇帝震惊之余显然是不相信——他又不是弱智。后来果然被他轻而易举地发现了真相。而这一化成蝴蝶的

"始终热爱大地"的碑文是大有深意之笔:对大地的热爱竟是以疏离它的方式表现的。这往往是"热爱"的更深刻的逻辑。就像茨维塔耶娃说过的名言:"我生活中的一切我都喜爱,并且是以永别而不是相会,是以决裂而不是结合来爱的。"

细节在金庸的《书剑恩仇录》中则是在香香公主死后，她的墓穴中只有一摊碧血，并有异香，上有蝴蝶飞舞。小说中的男主人公陈家洛当即赋诗一首，我至今还能背下来："浩浩愁，茫茫劫；短歌终，明月缺。郁郁佳城，中有碧血。碧亦有时尽，血亦有时灭。一缕香魂无断绝！是耶，非耶？化为蝴蝶。"诗今天看来并不怎么样，但是当年还在读高中的我，却被这首诗和金庸构思的化蝶的想象打动过，觉得让香香公主变成蝴蝶对读者真是一种慰藉。这化蝶的情节显然最早的原型起码可以追溯到梁祝。但我这里想说的是，为什么读者更能接受梁祝传说和金庸的处理？因为这涉及的已不再是真实与否的问题，而是读者的阅读接受心理问题。梁祝的化蝶和金庸笔下的化蝶满足的是读者的一种美好的愿望，吻合的是读者的一种心理预期。这意味着心理的真实可能是更重要的真实。

最后我们可以说，追问到底是想象还是真实，其实是一个假问题，伪问题。而在本质上，小说就是虚构的产物，尽管它可能有现实依据。马尔克斯强调他写的一切都是建立在现实的基础上，这并没有错，但正是他反复谈到的俏姑娘升天这一细节充分暴露了小说的想象的逻辑，而"现实"（必须强调是加了引号的）则更是文本中的现实，是小说的现实。更好的说法来自于略萨："在我们实际生活与渴望和想象之间的空间，就是小说占据的空间。"

4. 魔幻的现实化

所谓的魔幻的现实化是指把魔幻的细节和事物完全当作一种现实存在来进行叙述。举一个例子。《百年孤独》中这样写大儿子阿卡蒂奥的死：

> 霍•阿卡蒂奥刚刚带上卧室的门，室内就响起了手枪声。门下溢出一股血，穿过客厅，流到街上，沿着凹凸不平的人行道前进，流下石阶，爬上街沿，顺着土耳其人街奔驰，往右一弯，然后朝左一拐，径直楚向布恩蒂亚的房子，在关着的房门下面挤了进去，绕过客厅，贴着墙壁（免得弄脏地毯），穿过起居室，在饭厅的食桌旁边画了条曲线，沿着秋海棠长廊蜿蜒行进，悄悄地溜过阿玛兰塔的椅子下面（她正在教奥雷连诺•霍塞学习算术），穿过库房，进了厨房（乌苏娜正在那儿准备打碎三十六只鸡蛋来做面包）。

这是一个怪诞的情节，但叙事者讲起来就像真的似的，语言和细节的精确以及日常生活情境的支持，使这一情节变得很可信，是一种局部的真正的写实手法。这样的细节也同样构成了小说的主体，是典型的魔幻的现实化。这种魔幻的现实化代表着拉美魔幻现实主义创作的更主导的风格。它背后是一种关于拉美的"现实"的理念。马尔克斯认为正是这种魔幻的现实构成了拉丁美洲的真实。他试图让人们相信神秘的拉美大陆就是像他写的这样的，"看上去是魔幻的东西，实际上不过是拉丁美洲现实的特征"。而《百年孤独》"只是简单地抓住了和重复了一个充满了预兆、民间疗法、先兆症状、迷信的世界"，"只是为了童年时代所经受的全部经验寻找一个完美无缺的归宿"。马尔克斯从小伴随着外祖母的世界一起长大，他说"这是一个使人着魔的、奇异的、充满幽灵的世界"，外祖母住的房子阴森恐怖，仿佛常有鬼魂出没，"这座宅院的每一个角落都死过人，都有难以忘怀的往事。每天下午六点钟之后，人就不能在宅院里

> 马尔克斯的说法是一种表述策略还是对拉美现实的忠实描述，只有深入到拉美的共同体内部才能得到更准确的判断。

随意走动了。那真是一个恐怖而又神奇的世界。常常可以听到莫名其妙的喃喃私语"。"一到夜幕四合时分,就没有人敢在宅院里走动了,因为死人这时比活人多。""我有这样一位姨妈……她是一个非常活跃的妇人,每天在家里总要干点什么事情。有一回,她坐下来织裹尸布了,于是我就问她:'您干吗要织裹尸布呢?'她回答说:'孩子,因为我马上就要死了。'果然,等她织完了裹尸布,她就躺了下来,呜呼哀哉了。大家就用她自己织的裹尸布把她的尸体给裹了起来。"[1]在马尔克斯的回忆录和访谈录中可以读到大量这些关于神秘的童年世界的细节。

其实马尔克斯传达的是一个民间传说、民间想象力的世界。这个世界不仅存在于马尔克斯的笔下。我本人从小也正是在外祖母的鬼怪故事中长大。我五六岁的时候和外祖母一起住,每天晚上她都要给我讲一个故事,都是鬼怪和恐怖故事,每次都吓得我用被子蒙头睡,至今这种心理恐怖的后遗症仍然存在。马尔克斯的世界当然可能更神奇一些,但他大谈自己从小经历的民间想象力的奇谲世界的更真实的用意是为自己的小说寻找民间的文化依据和文化理念。他曾说过:"对我来讲,最重要的问题是打破真实的事物同似乎难以置信的事物之间的界限,因为在我试图回忆的世界中,这种界限是不存在的。"他的童年世界提供的正是这样一个打破了真实与魔幻之间的界限的世界。这个世界也正是拉美的现实世界。在马尔克斯与门多萨那本有趣的对话录《番石榴飘香》中,马尔克斯介绍了体现在拉丁美洲的一些独裁者身上的一系列迷信与怪诞的事情。如

---

[1] 转引自略萨:《加西亚·马尔克斯:一个弑神者的故事》,《马尔克斯研究》,第26—27页,昆明:云南人民出版社,1993。

海地的1957至1971年担任总统的杜瓦利埃，人称"杜克老爹"，曾下令把全国的黑狗斩尽杀绝，因为据说他的一个敌人为了逃避追捕和暗杀，变成了一条黑狗。萨尔瓦多的马丁尼斯让人把全国的路灯统统用红纸包起来，说是可以防止麻疹流行。他还发明了一种钟摆，说是进餐前先在食物上摆动两下，便知食物是否下过毒。你听起来会觉得荒诞，但这的确是拉美的现实。连马尔克斯本人也是有迷信和怪癖的人。"有好几次，我坐在那儿老不出活儿，什么也出不来，废了一张又一张稿纸。我于是抬头一瞧花瓶，就发现原因所在了：原来少了一朵玫瑰花。我喊了一声，让人把玫瑰花送来，此后，一切又都顺利了。"不妨再读一些马尔克斯与门多萨的对话：

门：我记得，你曾经开列了一个会遇上倒霉事儿的物品和事情的完整名单，现在你能举出一两个例子来吗？

马：行，其中有极其普通、极其常见的东西。例如门背后的蜗牛啦……

门：还有房子里的鱼缸……

马：塑料花、真正的火鸡、马尼拉大披巾……名单确实很长。

门：有一次你还提到了披着长长的黑斗篷闯进饭店唱歌的西班牙青年。

马：那是一帮学生乐队。很少有什么事情比这个还要败兴的。

门：你曾经判断，裸体抽烟不会有什么不好的后果，可裸体抽烟而且闲逛就要大倒其霉了。

马：光着身子又穿着鞋子走路也会倒霉。

门：没错儿。

马：穿着袜子做爱也不行。准坏事儿。准没有什么好结果。

说到最后就有些无聊了。但是，除了怪癖与迷信之外，这里面总有一些神秘主义的东西。而且这些神秘主义都是落实在日常生活细节上的。这也可以看成是魔幻现实主义在日常生活中的体现。

5. 叙事者的选择和策略

使以上一切"魔幻现实主义"得以成立的是小说中对叙事者的选择，包括叙事者的大致形象定位和叙述的调子。陈众议在《拉美当代小说流派》中指出："《百年孤独》有一位'相信一切寓言'的叙述者。他是马孔多人的化身、魔幻的化身。他不同于全知全能的传统叙述者，因为他只有在叙述'寓言'（也即神奇或者魔幻）时才有声有色，有板有眼，反之则全然无能为力了。"[1] 这就是《百年孤独》的叙事者的形象定位。其次是叙述的调子。马尔克斯说："我还需要一种富有说服力的语调。由于这种语调本身的魅力，不那么真实的事物会变得真实。"这种语调马尔克斯找了很久，最终是卡夫卡启发了他。"那是在大学一年级读法律的时候，我读到了《变形记》。我至今还记得开头第一句，是这样写的：'一天早晨，格里高尔·萨姆沙从不安的睡梦中醒来，发现自己躺在床上变成了一只巨大的甲虫。''他娘的'，我想，'我姥姥不也这么讲故事吗？'"《百年孤独》最后选择的正是

> 从这一句马尔克斯的话中可以看出，所谓"真实"，其实更是被渲染、塑造出来的，或者说，是被叙事者叙述出来的。

---

[1] 陈众议：《拉美当代小说流派》，82页，北京：社会科学文献出版社，1995。

类似外祖母讲故事的语调。他曾详细地解释过这种语调的选择:"必须像我外祖母讲故事那样老老实实地讲述。也就是说,用一种无所畏惧的语调,用一种遇到任何情况,哪怕天塌下来也不改变的冷静态度,并且在任何时刻也不怀疑所讲述的事情,无论它是没有根据的还是可怕的东西,就仿佛那些老人知道在文学中没有比信念本身更具有说服力(的东西)。""她不动声色地给我讲过许多令人毛骨悚然的故事,仿佛是她刚刚亲眼看到的似的。我发现,她讲得沉着冷静、绘声绘色,使故事听来真实可信。我正是采用了我外祖母的这种方法创作《百年孤独》的。"[1]我们前面讲的阿卡蒂奥死亡的那段细节恰恰说明了这种叙事的信念和语调。在小说中,叙事者的这种信念和语调其实是非常重要的。因为读者直接面对的惟有叙事者。叙事者的信念和调子绝对是决定了一切。《普鲁斯特和小说》一书甚至说"对意义的探求始终是由叙事者承担的"。《百年孤独》的叙事者正是在使现实魔幻化和使魔幻现实化的讲述中,确立了一种关于魔幻的真实性的信念,同时他把自己的一切讲述的意义和价值定位在神话、传说和预言之中,并进而重新建构了关于"真实""现实"的理念。在某种意义上说,"真实""现实""历史"这些范畴都是建构性的,也就是说有虚拟性,是建构、拟想出来的。比如历史有时比小说还不真实。《百年孤独》中有一场大屠杀,写的是政府镇压香蕉工人的罢工,杀了几千人。然而政府、传媒和史书却都说大屠杀并没有发生过。大屠杀从此成为虚构和谎言。教科书甚至说马孔多历史上从来就没有什么香蕉种植园,也就更不会有对香蕉工人的大

---

[1]《两百年的孤独——加西亚·马尔克斯谈创作》,18页,昆明:云南人民出版社,1997。

屠杀了。"在加西亚·马尔克斯看来,一切文件都是写出来欺骗读者的。史书上写的哥伦比亚的过去,比之加西亚·马尔克斯在他的小说中所写的哥伦比亚历史,更加是一个意识形态的虚构。"[1]由此可知,历史更是随时处于虚构的境况之中。就像日本人认为南京大屠杀是一个虚构一样。我们也都熟悉中国历史也曾经虚构了毛泽东和林彪在井冈山会师握手的史实,有一幅油画画的就是两个巨人的握手。油画容易假,相片总是真的吧?其实更不然。我刚刚看到一张照片,是《鲁迅和同时代人在厦门》,七八个名人或坐或卧,但其间突兀地冒出了一块大石头。在当年最初的照片原件中,这块大石头本来是林语堂。可见电脑时代的合成术早就有了。

《百年孤独》中还有一个隐身的然而更确定的叙事者。这个叙事者就是吉卜赛预言家梅尔加德斯。梅尔加德斯是死后复活然后再死去的神奇人物。在第二次真正死去之前,用一种密码写下了这个家族的全部历史,这就是羊皮纸手稿,留给一百年后布恩蒂亚家族最后一个人——也叫奥雷连诺——来破译。读到小说的最后,我们才发现马孔多的故事原来是一本书,是由梅尔加德斯留下的,所以在某种意义上说,《百年孤独》这本书,也是由梅尔加德斯叙述出来的。他的羊皮纸手稿和小说原来是一回事。这种构思使《百年孤独》的结尾可能比开头还要精彩:家族的最后一个活着的人奥雷连诺(第六代)看到他刚出生的儿子的一块咬烂了的皮肤被蚂蚁拖走,一下子想起他已经开始破译的羊皮纸手稿上的题词:"家族中的第一个人将被绑在树上,家族中的最后一个人将被蚂蚁吃掉。"

---

[1] 萨尔迪瓦:《马贡多的意识形态和它的毁灭》,《马尔克斯研究》,325页,昆明:云南人民出版社,1993。

这最后一个人正是他刚刚生下来的儿子。而第一个人——创始人布恩蒂亚则因为疯了而被绑在树上。当初把他绑在树上时是很费事儿的,按倒这家族第一代领导人,需要十个人;捆起他来,需要十四人;把他拖到院内大栗树下,需要二十人。最后老人就被捆在栗树干上,一直到死。

《百年孤独》中经常出现类似这一段中引述的数字,而且都不是约数,而是一个个具体数字。这反映了一种拟神话或童话化的叙事风格。

所以在小说结尾当家族最后剩下来的奥雷连诺意识到羊皮纸写的就是家族命运时,可以想象他当时的体验肯定是惊心动魄的。他意识到自己的命运也写在羊皮纸上,就关在吉卜赛人梅尔加德斯房里翻译自己的家族史,最后他终于看到了自己的出身,也看到使家族最终彻底毁灭的,原来是家族中最后出生的,预言中所说的怪物——长着猪尾巴的婴儿:原来给他生了儿子的阿玛兰塔,并不是他的姐姐,而是他的姑姑,他的儿子之所以长着猪尾巴,原来是乱伦的产物。

(于是)家族生出神话中的怪物,这个怪物注定要使这个家族彻底毁灭。此时,《圣经》所说的那种飓风变成了猛烈的龙卷风,扬起了尘土和垃圾,团团围住了马孔多。为了避免把时间花在他所熟悉的事情上,奥雷连诺·布恩蒂亚赶紧把羊皮纸手稿翻过十一页,开始破译和他本人有关的几首诗,就像望着一面会讲话的镜子似的,他预见到了自己的命运。他又跳过了几页羊皮纸手稿,竭力想往前弄清楚自己的死亡日期和死亡情况。可是还没有译到最后一行,他就明白自己已经不能跨出房间一步了,因为按照羊皮纸手稿的预言,就在奥雷连诺·布恩蒂亚译完羊皮纸手稿的最后瞬间,马孔多这个镜子似的(或者蜃景似的)城镇,将被飓风一扫而光,将从人们的记忆中彻底抹掉,羊皮纸手稿所记载的一切将永远不会重现,遭受百年孤独的家族,注定不会在大地上第二次出现了。

这就是羊皮纸所书写的故事,也可以说是预言。小说的这种结构和叙述方式可以说在顷刻间结束了一切,使马孔多成为一个好像根本没有存在过的幻象,小说也仿佛在讲述自身,成为一个自我完整的封闭空间。小说最后暗示我们,马孔多和布恩蒂亚家族的故事其实只是一本书,它只存在于讲述和幻象之中,是一个关于"虚构的国度的隐喻和寓言"。这也使我们想起略萨的一句话:"文学可能实现对逝去时间的收复,但这总是一种模拟,一种虚构,回忆的东西通过虚构溶解在梦想中,梦想又溶解在虚构里。"[1]

6. 热带的神秘

列维-斯特劳斯的《忧郁的热带》是一部关于人类学和田野研究的杰作,同时也以隐喻的方式描绘了世界的形式。有人说它是一部关于20世纪的书,也是一部否定20世纪的书。我喜欢它的名字。它界定热带用的是"忧郁",我从马尔克斯的《百年孤独》中感受到的则是热带的神秘。

《百年孤独》开头写冰块为什么显得神奇,称它为"我们这个时代最伟大的发明"?其中一个原因就是因为马孔多太酷热了。当初马孔多的创始人布恩蒂亚离开自己原来的故乡打算寻找新的生存空间,翻山越岭想到海边去,但却始终没到达海边,在沼泽地里流浪了几个月,有一天晚上,布恩蒂亚做了一个梦:

---

[1] 略萨:《谎言中的真实》,77页,昆明:云南人民出版社,1997。

营地上仿佛矗立起一座热闹的城市，房屋的墙壁都用晶莹夺目的透明材料砌成。他打听这是什么城市，听到的回答是一个陌生的、毫无意义的名字，可是这个名字在梦里却异常响亮动听：马孔多。翌日，他就告诉自己的人，他们绝对找不到海了。他叫大伙儿砍倒树木，在河边最凉爽的地方开辟一块空地，在空地上建起了一座村庄。

在看见冰块之前，霍·阿·布恩蒂亚始终猜不破自己梦见的玻璃房子。后来，他以为自己理解了这个梦境的深刻意义。他认为，不久的将来，他们就能用冰这样的普通材料大规模地制作冰砖，来给全村建筑新的房子。当时，马孔多好像一个赤热的火炉，门闩和窗子的铰链都热得变了形；用冰砖修盖房子，马孔多就会变成一座永远凉爽的市镇了。

哥伦比亚正好被赤道穿过，是热带中的热带。可以说，这种关于用冰砖盖的玻璃房子和玻璃城市的幻想正是与马孔多这种郁热的热带环境分不开的。（在马孔多建玻璃城市显然只是一个幻想，但这个梦想一个世纪之后在亚洲却实现了，这就是香港，所谓的《玻璃之城》——这是黎明和舒淇主演的一部电影的名字。）

《玻璃之城》的名字要好于电影本身。可以看出，用"玻璃之城"概括香港，有很多可以深入挖掘和阐释的寓意。

有评论者说，"酷热在马尔克斯的小说世界里已成为一种经常出现的、随时即来的东西，就像恐惧在福克纳的小说世界里一模一样"[1]，但是，写好酷热却不是轻而易举的事情。马尔克斯说他在写《家长的没落》时，碰到的一个难题就是怎么也写不好作品中某个城市闷热的气候。"简直无从下笔"，但

---

[1] 参见《马尔克斯研究》，36 页，昆明：云南人民出版社，1993。

又非写不可。因为那是加勒比地区的一座城市,那儿的天气应该热得可怕。后来怎么解决呢?马尔克斯想出个主意,干脆举家前往加勒比。在那儿他几乎逛荡了整整一年,什么事也没干,只是在体验加勒比热带的感觉。一年后再回到巴塞罗那继续写小说的时候,他就栽了几种热带植物,让它们飘逸出阵阵芳香,他说"于是我终于让读者体验到了这座城市酷热的天气"。就是说,他是通过渲染植物的香味来传达热带气息的。比如说我对新加坡的感觉就是与所谓的水果之王——榴莲的气味联系在一起的。而榴莲的气味是我很难接受,甚至可以说很难忍受的气味。

马尔克斯称:"一个人很难选取最本质的东西对其十分熟悉的环境做出艺术的概括,因为他知道的东西那样的多,以至无从下手;要说的话是那样的多,最后竟说不出一句话来。"这就是所谓的"不知从何说起"。就是说,材料极多,极其熟悉的事物反而更难写(所以作家最容易写的是游记)。马尔克斯认为英国小说家格雷厄姆·格林非常正确地解决了描写热带的文学问题:他精选了一些互不相干,但是在客观上却有着千丝万缕真正联系的材料。把诸如红土路,铁皮屋顶上振翅的兀鹫,热汗和酷雨组合在一起。"用这种办法,热带的奥秘可以提炼成腐烂的番石榴的芳香。"所以马尔克斯说"格雷厄姆·格林确实教会了我如何探索热带的奥秘"[1]。他从格雷厄姆·格林身上领悟到的最好的东西正是对热带奥秘的探索。这也唤醒了我对格雷厄姆·格林的我最喜欢的小说《问题的核心》的感受。小说写的是热带的西非,给我印象深刻的也的确是热带的景象——红土路,铁皮屋顶上的兀鹫,汗和雨。

---

[1] 马尔克斯、门多萨:《番石榴飘香》,41页。

再说些题外话。马尔克斯从格雷厄姆·格林那里学到的是探索热带的奥秘,这一点使我联想到作家对作家的影响与作家对读者的影响,以及作家对批评家的影响都是非常不同的。作家与作家之间心有灵犀相通的那一点往往是出乎我们一般读者的视野和意料的。一般读者读海明威可能对他笔下的硬汉所表现的"压力下的风度"更感兴趣,但当代美国小说家理查德·福特就说"我从海明威那里学到了在小说中实际上只需要极少的叙事'指令'便能继续行动,我还学到了要珍视事物的名字,还要努力了解事物如何作用成为控制生活和完善幻想的方式"[1]。《百年孤独》"冰块"的这个细节也充分印证了福特说的"要珍视事物的名字,还要努力了解事物如何作用成为控制生活和完善幻想的方式"。福特还说从海明威那里学到的最有价值的东西,就是"对真正神秘的敬意"。而马尔克斯则称海明威"对我们的教诲是,他发现,当一个人知道第二天该从什么地方接下去写时,那么他当天的工作就必须停下。我认为,我此外再没有得过任何写作方面的忠告了。这不多不少,正好是医治作家那最可怕的忧郁症的灵丹妙药:因为作家早晨起来常常面对着空空如也的一页稿纸而陷入极度的痛苦之中",每个有过连续写作经验的人都会对海明威的忠告深有同感。但马尔克斯更让人感动的是他对海明威的理解和同情,这体现在他对海明威的小说《过河入林》的辩护上。《过河入林》问世后,招来了猛烈的批评,使海明威承受了巨大的伤害。但马尔克斯却认为:

在我看来,这篇最不受青睐的小说却是最有魅力和最

---

[1]《二十世纪世界小说理论经典》(下卷),475页。

富于人性的……这本书不仅是他的最佳之作,而且还是他最富于个人感情的作品,因为他是在一个动荡不定的秋季的早晨写完这本书的,当时他对已经逝去的那些不可弥补的岁月怀有思念之情,对生命之余的最后那几年有着令人心碎的预感。他从没有在任何一本书中把自己放在这种与世无争的地位。他怀有一种完美和温柔之感,并没有感觉到一种使他的作品与生活结为必不可少的感情的方式:胜利是徒劳无用的。他的主人公死得那么平静,那么自然,但却孕育着他本人后来自杀的不祥之兆。[1]

> 我重读这一段文字时发现了诗人蔡恒平当年在我的书中留下的批注:"注意这种句式:非限制性定语从句汉译的特殊魅力和定语的使用。"这种魅力是译文带来的魅力,不靠词语,而是句式自身的美感。这段文字的译者是王宁。

这是我喜欢经常读一读的一段文字。我自己觉得,这种认同和理解只有作家和作家之间才能存在。在某种意义上说,作家是通过作家才成为作家的。正像马尔克斯说的那样:"归根结底,文学不是在大学里掌握的,而是在对其他作家的作品的阅读、再阅读中掌握的。"

而作家与批评家则是另一种关系。马尔克斯说:"评论家在小说家的作品里找到的不是他们能够找到的东西,而是乐意找到的东西。"所以一提起批评家他总是尖酸刻薄。他自己举了一个例子说他是怎样戏弄批评家的:"我记得,有一位评论家看到书中描写的人物加夫列尔带着一套拉伯雷全集前往巴黎这样一个情节,就认为发现了作品的关键。这位评论家声称,有了这个发现,这部作品中人物穷奢极侈的原因都可以得到解释,原来都是受了拉伯雷文学影

---

[1] 王宁主编:《诺贝尔文学奖获奖作家谈创作》,485—486页,北京大学出版社,1987。

响所致。其实，我提出拉伯雷的名字，只是扔了一块香蕉皮；后来，不少评论家果然都踩上了。"不过，马尔克斯还不算最刻薄的。我所见过对批评家最尖刻的嘲弄出自爱尔兰大作家贝克特的著名荒诞剧《等待戈多》，写两个无聊的人在等待戈多。但戈多是什么谁也不知道，什么时候来更不知道，两个人闲极无聊就开始对骂：

爱斯特拉冈，咱们来相骂吧。
〔他们转身，把彼此间的距离扩大，又转身面对着面。〕
弗拉季米尔　窝囊废！
爱斯特拉冈　寄生虫！
弗拉季米尔　丑八怪！
爱斯特拉冈　鸦片鬼！
弗拉季米尔　阴沟里的耗子！
爱斯特拉冈　牧师！
弗拉季米尔　白痴！
爱斯特拉冈（最后一击）批评家！
弗拉季米尔　哦！
〔他被打败，垂头丧气地转过头去。〕

离题远了，再回到"热带的神秘"。我认为《百年孤独》的"魔幻现实主义"在很大程度上建立在整个热带气氛中。虽然丹纳在《艺术哲学》中提出的种族—环境决定论有些绝对化，但这种郁热的气息的确构成了《百年孤独》中马孔多的生存境遇。关于冰块盖成的玻璃房子的想象正好反衬了这种热带的神秘。我自己的南方想象之中就与这两点相关：一是郁热，二是神秘。这也是诗人戈麦的南方想象。他在一篇自述中曾这样写自己:"戈麦寓于北京,但喜欢南方的都市生活。他觉得在那些曲折回旋的小巷深处,在那些雨水从街面上流到室内,从屋顶上漏至铺上的诡秘的生活中,一定发生了许多绝而又绝的故事。"他喜欢的南方,更来自于书卷中的江南,所以也只是南方想象,与真实的南方可能无关。如他的诗歌《南方》:

> 这种诡秘感显然是诗人戈麦赋予南方的特征,是他的想象。而真正生活在南方的人未必觉得自己的生活是诡秘的。诡秘感、忧郁感肯定是局外人强加的想象。

像是从前某个夜晚遗落的微雨
我来到南方的小站
檐下那只翠绿的雌鸟
我来到你妊娠着李花的故乡

我在北方的书籍中想象过你的音容
四处是亭台的摆设和越女的清唱
漫长的中古,南方的衰微
一只杜鹃委婉地走在清晨

神话与原始思维

"神话"在现代批评中是一个重要的范畴。除了在比喻层面运用之外,我们也经常看到它在诗学层面的运用,是我们的时代出现频率较高的诗学术语。尽管关于它的界定也是众说纷纭的,但它在 20 世纪的运用有一种社会、历史和文化的背景,这一点却得到了普遍的共识。苏联学者叶·莫·梅列金斯基在《神话的诗学》中指出:

社会的震荡使西欧知识界许多人确信:在文化薄层下,确有永恒的破坏和创造之力在运动；它们直接来源于人之天性和人类共有的心理及玄学之本原。为揭示人类这一共同的内蕴而力求超越社会——历史的限定以及空间——时间的限定，是19世纪现实主义向现代主义过渡的契机之一；而神话因其固有的象征性（特别是与"深蕴"心理学相结合），成为一种适宜的语言，可用以表述个人行为和社会行为的永恒模式以及社会宇宙和自然宇宙的某些本质性规律。[1]

这段话解释了为什么久远的神话在今天仍然有普适性，为什么仍然有效。最根本的原因是因为几千年来人类虽然在进步，但进步的是科学，尤其是技术，也包括统治技术。而人性本身却没有多大改变。我们今天的人性很难说比人类的轴心时代——先秦、古希腊、古埃及、古代印度——更进步，在某种意义上说，轴心时代的人性可能更健全。马克思就说古希腊文明是健全的儿童。因此，神话就永远不会过时，神话中蕴含了人性的永恒主题，隐藏着人的基本思维模式和行为机制。它在今天仍然有效。

这种神话的普适性使不少学者认为每个时代都有自己的神话和"神话叙述"。加拿大著名的理论家，神话—原型批评的创建者弗莱在他的《现代百年》中说："每一个时代都有一个由思想、意象、信仰、认识假设、忧虑以及希望组成的结构，它是被那个时代所认可的，用来表现对于人的境况和命运的看法。我把这样的结构称为'神话叙述'，而组成它的单位就是'神话'。神话在这个意义上，指的是人对他自身的关注的一种表现，他在万事万物

---

[1] 叶·莫·梅列金斯基:《神话的诗学》，4页，北京：商务印书馆，1990。

的体系中处于什么位置,他与社会、与上帝是一个什么样的关系,他最早的本源是什么,最早的命运又如何,不仅关于他个人,还包括整个人类等。而神话叙述则是一种人类关怀、我们对自身的关怀的产物,它永远从一个以人为中心的角度去观察世界。""我们的神话叙述是一种由人类关怀所建立起来的结构:从广义上说它是一种存在性的,它从人类的希望和恐惧的角度去把握人类的境况。"[1]

这种"神话",因此可以说是一个时代人类自身的终极关怀,指的是每一个时代的知识、思想体系和结构。中国九叶派诗人袁可嘉在40年代就曾经概括说:"在现代批评里所了解的'神话'是指有结构的象征系统。"这与弗莱的思想是相似的。

但无论是哪一个时代的神话都可以在古代神话,尤其是古希腊、罗马神话和《圣经》中找到原型的模式。它们是"一切伟大作品的基本故事",比如我们介绍过《圣经》就是西方传统中的原型书,Bible的原意就是"书"的意思,弗莱从《圣经》中概括了几种原型:一、天堂神话,二、原罪和堕落的神话,三、出埃及记神话,四、田园牧歌神话,五、启示录神话。

1.《百年孤独》的神话模式

上面提到的这几种神话原型在《百年孤独》中差不多都能够找到。研究者认为:"《百年孤独》以预言和'世界历史'事件的形式,模仿《圣经》中从'创世纪'和'伊甸园',直至'启示录'的情节。"小说中的第一代领导人离开原来的故乡带着几家人去寻

---

[1] 弗莱:《现代百年》,74、80页,沈阳:辽宁教育出版社,1998。

找新的乐园,的确像摩西带领犹太人"出埃及"。而马孔多的建立则是"创世纪"神话,原创阶段的马孔多也是一个伊甸乐园的图式,有田园牧歌意味。最终马孔多的堕落和毁灭则是末日神话,也是一种启示录,可以看作天启。这一切模式在马尔克斯那里是极其自觉的。而小说中最重要的神话模式则是近似于《俄狄浦斯》的神话原型。

与乔伊斯的《尤利西斯》中对神话的借鉴似乎有所不同,《百年孤独》中的神话叙述确乎如弗莱所说,"是一种存在性的,它从人类的希望和恐惧的角度去把握人类的境况"。

大家都熟悉索福克勒斯的著名悲剧《俄狄浦斯王》,这也是马尔克斯一再提到的作品,对他有直接影响。在俄狄浦斯的故事中,俄狄浦斯刚出生就被预言他将杀死自己的父亲,并娶自己的母亲,为了逃避这个预言,俄狄浦斯被丢弃了。但结局并没有改变,一切都应验了。命运是不可抗拒的。这就成了一种原型模式:预言——逃避预言——预言应验。这个模式也是《百年孤独》的核心模式。为什么第一代布恩蒂亚要离开自己原来的故土远走他乡?因为布恩蒂亚和妻子乌苏拉是近亲——表兄妹。而在他自己的故乡,表兄妹是不准结婚的,因为近亲结合的后果是可能生出一只蜥蜴来。这样可怕而丢脸的事已经发生过一次:

乌苏拉的婶婶嫁给霍·阿·布恩蒂亚的叔叔,生下了一个儿子:这个儿子一辈子都穿着肥大的灯笼裤,活到42岁还没有结婚就流血而死,因为他生下来就长着一条尾巴——尖端有一撮毛的螺旋形软骨。这名副其实的猪尾巴是他不愿让任何一个女人看见的,最终要了他的命,因为一个熟识的屠夫按照他的要求,用切肉刀把它割掉了。19岁的霍·阿·布恩蒂亚无忧无虑地用一句话结束了争论:"我可不在乎生出猪崽子,只要它们会说话就行。"于是俩人结了婚。但是乌苏拉的母亲却担心女儿生出猪的后代,怂恿女儿拒绝跟丈夫结合,乌苏拉就穿上了贞洁裤,不让布恩蒂亚碰她。很快村中就风传,说乌苏拉出嫁一年之后依然是个处女,因为丈夫有点毛病。就像我们所熟悉的通常情形一样,布恩蒂亚是最后听到这个谣言的。有一次,布恩蒂亚在斗鸡中胜了同村的阿吉廖尔,阿吉廖尔就气急败坏地骂他,并"让斗鸡棚里的人都能听到他的话"。这是一句让男人无法容忍的侮辱性的话。布恩蒂亚为了维护尊严与阿吉廖尔决斗,一枪就击中了阿吉廖尔的喉咙。此后夫妇俩却感到了良心的谴责:

> 有一天夜里,乌苏拉还没睡觉,出去喝水,在院子里的大土罐旁边看见了阿吉廖尔。他脸色死白,十分悲伤,试图用一块麻屑堵住喉部正在流血的伤口。看见死人,乌苏拉感到的不是恐惧,而是怜悯。她回到卧室里,把这件怪事告诉了丈夫,可是丈夫并不重视她的话。"死人是不会走出坟墓的,"他说,"这不过是咱们受到良心的责备。"过了两夜,乌苏拉在浴室里遇见阿吉廖尔——他正在用麻屑擦洗脖子上的凝血。另一个夜晚,她发现他在雨下徘徊。霍·阿·布恩蒂亚讨厌妻子的幻象,就带着标枪到院子里去。死人照旧悲伤地立在那儿。
>
> "滚开!"霍·阿·布恩蒂亚向他吆喝,"你回来多少次,我就要打死你多少次。"
>
> 阿吉廖尔没有离开,而霍·阿·布恩蒂亚却不敢拿标枪向他掷去。从那时起,他就无法安稳地睡觉了。他老是痛苦地想起死人穿过雨丝望着他的无限凄凉的眼神,想起死人眼里流露的对活人的深切怀念,想起阿吉廖尔四处张望、寻找水来浸湿一块麻屑的不安神情……那一夜,霍·阿·布恩蒂

亚看见死人在他自己的卧室里洗伤口，于是就屈服了。

就这样，他们离开故乡打算翻山越岭到海边去。这就是创建马孔多的缘起。也可以说他们是带着一个预言离开家乡的。可能生下长着动物器官的后代一直是他们头上的阴影，也可以说是一种原罪。但幸好这一怪物始终没有出现。然而到了最后一代，也就是第七代身上，预言终于应验了。吉卜赛人梅尔加德斯留下的手稿的破译者——第六代的奥雷连诺，发现在他刚出生的儿子身上长着一个别人没有的东西——一条猪尾巴。而当他全部破译了手稿之后，他才知道，原来给他生了孩子的妻子竟是自己的姑姑，长猪尾巴的儿子原来是乱伦的产物。所以《百年孤独》的核心禁忌之一就是弗洛伊德所说的乱伦禁忌。而这个乱伦产生的怪物注定要使家族毁灭。结局是我们已经知道的：在他破译了手稿的最后瞬间，《圣经》中所说的飓风把马孔多从地面上一扫而光。

这就是俄狄浦斯式神话模式。而《百年孤独》的结局，既是预言应验的原型，也是一种末日神话，同时也是一个现代启示录。它警醒人类是有可能在堕落的途中走向万劫不复的深渊的。小说之外的马尔克斯也确信人类有再现末日图景的可能。在1986年的一次题为《达摩克利斯剑的灾难》的演讲中，马尔克斯描绘了这样一幅画面："在最后一次爆炸后的一分钟，人类的一半多将会死去。各大洲将被熊熊烈火所吞没，为烟尘所遮蔽，世界重新被笼罩在绝对的黑暗之中。下着橙色的雨，刮着冰冷的飓风的冬天将倒转各大洲的时代，使河流改道。大海江河里的鱼类都在滚烫的热水中死去，飞鸟将难觅飞翔的天空。永久的积雪将覆盖撒哈拉大沙漠，广阔的亚马逊河流域将在被冰雹破坏的地球上消失。天地万物都毁灭了，在潮湿的最后混乱和永久的茫茫黑夜中,惟一留下来的生命痕迹便是蟑螂。""事情就是如此。今天,1986年8月6日,世界上部署着五万多枚核弹头。通俗一点说,就是世界上的每个人,包括儿童在内,都坐在一个大约4吨重的火药桶上,如果这些火药全部爆炸,可以把相当于目前地球上12倍的生命杀死。这一巨大威胁的破坏力,就像达摩克利斯剑的灾难一般悬在我们的头上。从理论上讲,它不仅可以把围绕太阳转的全部行星毁掉,而且还可以再毁掉四个。"[1]

早在1947年,法国作家阿尔贝·加缪在小说《鼠疫》中就表达了相似的忧患感:"鼠疫杆菌永远不死不灭,它能沉睡在家具和衣服中历时几十年,它能在房间、地窖、书籍、手帕和废纸堆中耐心地潜伏守候,也许有朝一日,人们又遭厄运,或是再来上一次教训,瘟神会再度发动它的鼠群,驱使它们选中某一座幸福的城市作为它们的葬身之地。"此刻在"非典"的阴影中,对加缪的忧虑更有一种切身之感。

马尔克斯告诉我们,末日神话是可能再现的。也许有朝一日,地球也会像马孔多小镇那样,被原子飓风一扫而光。这就是《百年孤独》的现实意义。当然,只从现代启示录的警示意义上看《百年孤独》就会忽视了它的文学性价值。从诗学角度上说,神话的结构和母题,使《百年孤独》最终生成为一个寓言,提升了它的高度,也深化了意蕴,使其更有普适性。马孔多不仅是拉美的一个缩影,也因此成为整个人类生存的境况的隐喻。用马尔克斯自己的话说,"与其说马孔多是世界上的某个地方,还不如说是某种精神状态"。从这个意义上,《百年孤独》这个吉卜赛人留下的预言,是关于人类的,是人类生存的一个总体性象喻。

2. 动物的象征谱系:原始思维的遗留

《百年孤独》中的各种原型性母题,如死亡、预兆、巫术、神

---

[1] 马尔克斯:《达摩克利斯剑的灾难》,林一安编:《加西亚·马尔克斯研究》,298—299页,昆明:云南人民出版社,1993。

话、传说世界等，都有原始思维遗留的痕迹。法国学者列维－布留尔在《原始思维》一书中认为原始思维是一种"原逻辑"思维，遵循的是一种"互渗律"，不是因果律，或者可以说遵循的是一种泛因果律，就是把一些没有必然关联的表象、事物按照某种不可思议的逻辑联系在一起。如一家死了人，找不出原因，发现邻居门上挂出了个红布条，就上门兴师问罪。列维－布留尔列举了许多传教士在非洲土著那里所经历的事情："天主教传教士们登陆后，那里缺雨，庄稼开始受旱。居民们硬要把旱灾归咎于传教士，特别是他们的长袍，土人们从来没有看见过这种衣服……发亮的胶皮雨衣，奇怪的帽子，安乐摇椅，什么没有见过的工具，都能引起土人们忧虑重重的猜疑。如果出了什么祸事，他们则是在不平常的现象中见到它的原因。"在新几内亚，"当我和妻子居住在摩图摩图人（Motumotu）那里时，一种胸膜炎流行病在整个沿岸地带猖獗……他们自然要归罪于我们"。"起初，他们责怪我从前的一只不幸的牡绵羊，为了使土人们安心，只得把它杀了；但是流行病仍然猖獗如故。土人们抓住我的两只山羊，但山羊终于被救出来了。最后，土人们的诅咒和指控又针对我们餐厅墙上挂着的维多利亚女皇的大幅肖像。在流行病发生前，土人们常到这里来，有时甚至是从老远的地方来看这幅肖像，而且几小时几小时地看着它……现在，我们女皇陛下的这个并无恶意的肖像竟变成了毁灭性的流行病的原因了。"[1] 这些例子都很有意思，都反映了原始思维的所谓互渗律和泛因果律，即把因果关系泛化，没有必然因果联系的事物也被莫名其妙地关联在一起。

---

[1] 列维－布留尔：《原始思维》，64—65 页，北京：商务印书馆，1986。

南美人也有许多原始思维的遗留。譬如认为人的生和死之间是没有界线的,死的人他们认为仍然活着,而活着的人却可能是死了。人是死是活也处在非确定的状态。所以有研究者举了一个例子:南美有两个民族的人见面不像我们这样问候:"吃饭了吗?""上网了吗?"而是问:"你活着吗?"回答则是:"是的,我活着。"[1]我们日常如果引入这种问候语:"你活着吗?"则肯定是在骂人,等于是在问:你是不是行尸走肉?

《百年孤独》中这种原逻辑思维比比皆是。最有意思的部分是小说中隐藏了一个由动物构成的象征谱系。这里介绍给大家的是哥伦比亚一个研究者洛佩斯写的中译长达一百页的奇文《〈百年孤独〉中的动物》。

《百年孤独》除了关于马孔多和布恩蒂亚家族的故事外,也可以看成是一部关于动物的百科全书。里面什么动物差不多都出现过。这些动物本身是现实化形象,但几乎同时都有一种象征性意义,一种隐秘意义,或者暗示性意义。因此,《百年孤独》中充满了神秘象征,而最大量的象征是由动物构成的。《〈百年孤独〉中的动物》一文列出了一个动物总表,表中有104项动物。当然其中的分类从动物学的意义上讲是有些混乱的。比如有一项是"牛",象征勤劳和魁梧;还有一项是"小牛",象征力量;另一项则是美洲野牛,象征活力和生气;翻过来又有小牡牛,象征的是暴饮暴食和灾难。此外还有斗牛和小牛犊两项。还有一项是"蜗牛",象征肮脏和色情。可见分类是极其混乱的,并没有严格遵循动物学的分类标准。同时这种混乱的分类可能是拉美世界在认识和感知动物上的

---

[1] 陈众议:《拉美当代小说流派》,102页,北京:社会科学文献出版社,1995。

一个普遍特色。我们前面讲博尔赫斯时就涉及了他对动物的匪夷所思的分类。

《百年孤独》中更有意思的是这一百多项动物每一项在小说中都有象征意义。有些我们可以理解，有些则不能。我自己尝试着以亚洲人的方式重新分一下类，把小说中的动物分成两类。一类动物的象征意义是我们能够理解的，或者说具有人性意义上的普遍性，估计放到欧洲和非洲，那里的人民也能理解。比如鹰，象征力量和勇敢；变色龙，象征变化无常。又如斗牛，象征力量；狐狸，象征精明、机灵、狡猾和足智多谋等等。这是第一类。绝大多数是第二类，这一类的动物和象征义之间的维系是不可理喻的，或者说至少是我所不理解的，可能只有拉美人或马孔多人这一属于同一文化共同体的族群才能理解。例子很多，如蝎子，象征性爱；鹭鸶，象征异国情调；鲸鱼，象征欺骗；猪，象征异常的情感；兔子，象征色情、困扰和迫害；蝴蝶，象征炽烈的爱情和欺骗；蚯蚓，象征色相和肮脏；蚊子，象征落后和不发达；螃蟹，象征独特；等等。这一类动物的象征义，我认为相当一部分是基于拉美的本土文化背景，是拉美人的公设象征，即文化共同体共同分享的象征。就像基督教文化中十字架象征基督，中国"十七年"和"文革"中苍松翠柏象征牺牲的烈士一样。这是一些列维-布留尔所谓的"集体表象"。但我怀疑也有相当一部分象征是只属于马尔克斯个人的，或者只属于《百年孤独》这部小说，因此其象征逻辑是作者赋予的，是属于马尔克斯的私立象征。其中是肯定有非逻辑的因素的，就是说，在动物和象征义之间搭起桥梁的是隐喻的思维，是原逻辑思维，有一种类似于原始思维的泛因果律和互渗律在起作

一个时代如果是公设象征占据主导位置，就是一个集体主义具有统摄性的时代。反之，如果是私立象征更为主导，则是个体性相对获得重视的时代。

用。对马尔克斯而言,是魔幻化的想象的结果。魔幻现实主义的神秘正是建立在这大量的原逻辑象征的基础上的。

如此多的动物在小说中不仅是细节的点缀,而且是有结构性意义的,构成了小说中的重要元素。

a. 动物与人的互喻体系

其中最容易理解的一点是动物和人构成了一种隐喻关系,即马尔克斯在人物和动物之间建立了一种互喻的比喻体系。比如说第一代创始人布恩蒂亚像公牛一般,就是最简单的例子。洛佩斯列举了奥雷连诺第二的例子:

> 奥雷连诺第二当年曾有一张安详的乌龟脸,最后这张天真纯朴、胖墩墩的乌龟脸变成了蜥蜴脸。他同外号称"母象"的卡米拉·萨加斯杜梅争夺较量耐力和食量的比赛的常胜将军称号,吞吃火鸡、猪、小牛和所有其他食品。在欢宴的高潮中,他冲朋友们开玩笑似的喊道:"别生了,母牛啊,生命是短促的!"在他最后的日子里,他忍受了极大的折磨,感到喉咙有如被蟹螯钳住了,他认为自己是中了邪。为了排除妖术,他把一只生蛋鸡在水里浸湿,然后活埋在果子树下。但是这样做毫无用途。他在贫困中死去。[1]

我们的结论是:在理解了上述动物的基础上,才能理解奥雷连诺第二这个人物,人物的特征是与动物息息相关的。我们人类本来

---

[1] 洛佩斯:《〈百年孤独〉中的动物》,《加西亚·马尔克斯研究》,374页。

是从动物演变来的，进化到今天也仍然有动物性的遗留。这构成了人与动物互喻的基础。我们的日常语言是离不开人与动物之间的比较的，最常用的骂人以及夸人的话都是和动物相关的。文学语言就更其如此。比如鲁迅的《狂人日记》，"狮子似的凶心，兔子的怯弱，狐狸的狡猾"，信手拈来。我见到的最多的人与动物之间的互喻来自《圣经》中的《雅歌》，是一个比喻之大全。如新郎赞美新妇：你的双乳好像百合花中吃草的一对小鹿，而且是母鹿双生的；你的眼好像鸽子眼；你的头发如同山羊群；你的牙齿如新剪毛的一群母羊。其中"新剪毛的"这一修饰语是绝对必要的。我小时候曾经在外祖母家住过很长一段时间，隔壁正是生产队的羊圈，里面有上百只脏乎乎的羊，平时根本看不出是什么颜色，只有剪过毛之后才知道是白色的。所以只能把新妇的牙齿比喻成新剪毛的母羊，否则会把新妇惹恼的。但是即使剪了毛的羊也不见得白到哪里去，除非它洗过澡。而关于牙齿的比喻，比较新颖的还是来自我们本土的王朔，他形容一个女孩子的整齐洁白的牙齿码得就像一排白生生的麻将牌一样，是颇吻合作家创作个性的一个比喻。

从《圣经》中的《雅歌》可以看出，这些比喻大体上是逻辑性很强的，比起中国古代的《诗经》来，更是希伯来人已经摆脱了原始思维之后的文人化的创作。而《百年孤独》中的动物和人物之间的隐喻关系则不同，有相当多是没有常理可言的，或者说没有逻辑可循。拉美的魔幻现实主义和神话特征充分体现在动物隐喻和象征上。这就是第二点：动物的美学价值。

b. 动物的美学价值：神话色彩

洛佩斯在《〈百年孤独〉中的动物》一文中首先认为《百年孤独》中的庞大的动物体系渲染的是小说的真实性："在《百年孤独》

中，没有比反复提及的动物更真实的东西了。这些动物不仅赋予故事以真实性和历史性，而且是《百年孤独》客观性和现实主义的依据之一。""《百年孤独》的现实主义基础之一便是频繁地提及动物。"我倒认为这是马尔克斯的一个写作策略：他其实是想借如此多的动物细节营造关于真实性和现实主义的幻觉。但客观上造成的却是一种魔幻和神话色彩。所以洛佩斯最后也承认："《百年孤独》中从现实到魔幻，或者从现实到神话是从介绍动物的特征开始的。这些特征具有神话色彩，充满异国情调，不像是真实的，令人难以置信，尽管是从现实的角度介绍它们的。"这说明，即使是马尔克斯的同胞也觉得不可理喻，说是异国情调。但恐怕这些动物隐喻无论放在哪个国家，它都是异国的。所以洛佩斯说，这也证明马尔克斯"是有意识地、深思熟虑地作为美学价值把魔幻现实主义引入《百年孤独》的"。动物在《百年孤独》中构成了一个象征谱系，充分体现了神话思维和原始思维的遗存特征。

c. 叙事功能：讲述动物就是讲述故事

动物在小说中的结构性意义还表现在它的叙事方面的某种功能。

洛佩斯称："《百年孤独》无数的故事——不管有意义的还是意义不大的——都以许多动物为标志。几乎可以说，讲述动物就是讲述故事。"《百年孤独》中的动物其实是参与到了叙事框架之中的。比如关于"猪尾巴后代"的预言结构，就是全书最重要的叙事结构。又比如预言中说"最后一代将被蚂蚁吃掉"，它是全书结尾的一个重要的叙事动力，它引出的是一个惊心动魄的叙事情境。所以卡尔维诺在《未来千年文学备忘录》中曾论述过小说中"奇物"的魔力和重要性。他说很多小说中都有一件奇物。他讲了这样一个

精心建构一个动物世界进而与人类生存境遇做类比的重要作品莫过于奥威尔的《动物庄园》。但相比之下，更复杂的"动物世界"确乎还是《百年孤独》，动物在其中指涉的既有象征，有思维模式，也有叙事和结构，而这一切似乎都是作者不经意之间完成的。

故事:"查理曼(Charlemagne)大帝晚年时爱上了一个德国姑娘。宫中的大臣看到这位君主沉溺于欢情,对君王威仪置之不理,全然不思朝政,都心急如焚。直到那姑娘死去,宫中上下才大大松了一口气,然而为时短暂,因为查理曼的爱情没有和那姑娘一同死去。这位皇帝下令把涂了香膏的姑娘遗体搬进他的寝室,他死守着那遗体,寸步不离。图尔平大主教(Archbishop Turpin)对这种骇人的激情感到惊恐,惊疑皇帝着魔,坚持要检查那尸体。他在那姑娘遗体舌头下边发现了一个镶着宝石的戒指。但是,这戒指一到了图尔平手中,查理曼便立即如痴如狂地爱上了大主教,急急忙忙下令埋葬那姑娘。为了摆脱这种令人难堪的局面,图尔平把戒指扔进了康斯坦斯湖(Lake Constance)。查理曼又爱上了那湖水,不想离开那湖畔一步。"这个戒指就是所谓的"奇物"。卡尔维诺认为:"故事的真正主角是这魔戒指,因为这戒指的活动决定了人物的活动,因为这戒指确定了人物之间的关系。在这奇物周围形成了某种磁力场,也就是故事本身的天地。我们可以说,这个奇物是一种外在的、可见的表征,它揭示了人与人,或者事与事之间的联系。它具有一种叙事的功能……我想说,一个物体出现在一段叙述中的时刻,它就负载有某种特殊的力量,变得像是一个磁场的极,一种不可见的关系网的核心。一个物体的象征意义明显程度不等,但是确实常在。我们甚至可以说,在一篇叙述文中,每一件物体都是奇幻的。"[1]

《百年孤独》中这种"奇物"也是有的,比如"磁铁""冰块""俏姑娘借以升天的床单"等。同时,具有神秘色彩的动物也正可以理解成卡尔维诺所谓的"奇物",它们有叙事功能,有不少动

---

[1] 卡尔维诺:《未来千年文学备忘录》,23—24页。

物都具有一种魔幻般的叙述推动力，参与到了小说的叙事流程之中，是小说的结构性因素。这一点是可以从小说诗学的角度加以发挥的。

最后补充一点：卡尔维诺认为神话既然是一种原型的存在，因此对它的"任何解释都有可能损害一篇神话的含义，从而将其窒息。对于神话，切切不可轻率。最好让神话存于记忆之中，玩味其每个细节，多加思考，却又保持住对于其形象语言的感悟。我们从一篇神话中领悟的道理在于文学的叙事过程，而不是我们从旁对其添加的因素"。因此，对"叙事过程"的了解在神话原型中比对它的阐释更其重要。

拉丁美洲的孤独

"孤独感"是一个真正的职业作家必须面对的状态，也可以说是必备的品质。海明威在诺贝尔受奖演说中曾说：

> 写作，在最成功的时候，是一种孤寂的生涯。作家的组织固然可以排遣他们的孤独，但是我怀疑它们未必能够促进作家的创作。一个在稠人广众之中成长起来的作家自然可以免除孤苦寂寥之虑，但他的作品往往流于平庸。而一个在岑寂中独立工作的作家，假若他确实不同凡响，就必须天天面对永恒的东西，或者面对缺乏永恒的状况。[1]

永恒感或缺乏永恒的状况都会使一个大作家感到孤独。这不是

存在意义上的孤独对于作家往往是相当危险的，更容易导致作家的自杀或者疯狂。

---

[1]《海明威谈创作》，25页。

一种心理意义上的孤独,即我们常听人说的"我很孤独",而是一种存在意义上的,在作家那里有本体性,是形而上的。

但作家的日常写作中,也常常有些"形而下"一点的孤独,是作家也想逃避的。马尔克斯说海明威的饭桌上从没有过一个以上的客人,海明威揭示的是世界上最孤独的职业实有的奥秘。马尔克斯认为"作家的行业是最孤独的行业,因为他在写作的时候,没有人能助他一臂之力,也没有人会知道他究竟想干些什么。是啊,作家孤零零地一人面对着空白的稿纸,的确会感到极端的孤独"。他还把面对空白稿纸的痛苦称为"幽闭恐惧症",这比孤独还厉害。很多作家不写作的时候都有点放浪形骸,与写作太压抑大有关系。我每次备好一次课之后就拼命看电视,也与此相似。所以当门多萨问马尔克斯"最理想的写作环境是什么地方",马尔克斯回答:"上午在一个荒岛,晚上在一座大城市。上午,我需要安静;晚上,我得喝点酒,跟至亲好友聊聊天。我总感到,必须跟街头巷尾的人们保持联系,及时了解当前情况。我这里所说的和威廉·福克纳的意思是一致的。他说,作家最完美的家是妓院,上午寂静无声,入夜欢声笑语。"[1]也正是从这一细节,我觉得马尔克斯和福克纳一样,都属于现代主义作家,他们的创作状态都有孤独感。他们都不可能是后现代主义作家。后现代大师罗兰·巴尔特就认为:"写作使知识成为一种欢乐。"所以我们最熟悉的后现代术语就是"文本的欢乐""能指的欢乐"。在后现代的狂欢中是不会有孤独感的。

当然这种"欢乐"只有相对意义。因为人不可能永远生活在狂欢节中,狂欢之后往往是更大的孤寂。

马尔克斯最擅长写的主题之一,是孤独。比如《家长的没落》写一个独裁者的孤独。马尔克斯说他的作品都

---

[1] 马尔克斯、门多萨:《番石榴飘香》,38页,北京:三联书店,1987。

基于一个目睹形象，即构思一部小说闪现在脑海里的最初的形象。《家长的没落》的目睹形象"是一个非常衰老的独裁者的形象，他衰老得令人难以想象，孤零零地一人待在一座母牛到处乱闯的宫殿里"。这种独裁者的孤独也可以说是权力的孤独。所以马尔克斯用一句话概括《家长的没落》，说它是"描写权力的孤独的一首诗"。有外国研究者认为晚年的毛泽东陷入的也是一种"权力的孤独"，这是可能的。但他的论证材料可能是不准确的，他根据的是一位美国记者在 70 年代采访毛泽东的文章。毛泽东的确在与外国人交谈时会透露一点心迹。外国记者说毛泽东有一句话表达了他的内心孤独："我是一个打着一把伞，云游天下的孤僧。"但这是外国人的翻译。后来报刊又披露出毛泽东的原话："我是和尚打伞，无法无天。"所以毛泽东可能是孤独的，但外国记者披露出的这一句话其实并不能说明什么问题。

《百年孤独》从字面上就可以看出它的孤独的主题。马尔克斯说："《百年孤独》不是描写马孔多的书，而是表现孤独的书。"《百年孤独》的核心主题正是"孤独"。这是作家和诗人经常处理的主题，也是我们都熟悉的情感和体验，本身没什么好说的。但孤独主题对于《百年孤独》则有些不同寻常，首先它与"百年"的时间段联系起来，就厚重得多了。马尔克斯还有一本谈创作的书，中译本名字叫《两百年的孤独》，又增加了一倍的厚重。但我们仍不想从内容的意义上谈"孤独"，而是试图从小说形式意义上以及从主题学、文化诗学意义上讨论"孤独"的问题。

或者说，我们想讨论的是"孤独"如何被形式化以及如何生成为小说主题的。

1. 镜子的寓言

一个美国学者指出，"孤独在这部小说中表现为许多种形式"[1]。其中一种意象形式是借助冰块和玻璃——也可以说是镜子的隐喻传达出来的。马尔克斯把马孔多创始人布恩蒂亚梦中的城市形象比喻为一个由冰块建成的玻璃之城，或镜子之城。这个美国学者认为"冰块与镜子的形象表现的是凝固、冰冷的孤独世界。这个世界是禁锢人的封闭世界。镜子的城市里面有的是无止境的孤独，是历史的停顿"，这也就注定了它的最终消亡的结局。可以说，研究者的这一说法本身也是建立在类比和比喻基础上的，多少有些过度诠释。但另一方面，"镜子"的隐喻又的确有他说的这些原型寓意。"镜子世界"是封闭而自足的。这方面的经典文本就是《艾丽丝镜中奇遇记》，写的是镜子中的王国。这个王国其实是人类自我的一个自恋性的、封闭性的镜像反映。整天对着镜子的人肯定是自恋型的，也肯定有孤独感。而更致命的是，如果被囚禁在镜子世界中不能自拔，想挣脱出来就困难了，就像临水自鉴的水仙花之神那喀索斯迷恋水中自己的影子，憔悴而死一样。当代学者李猛写过一篇文章《我们如何理解现代性》，他认为中国知识界在现代性这一绝对重大课题上就好像"生活在一个艾丽丝偶尔步入的世界。我们的现代性，也许是一种'镜子的现代性'"。就是说我们看到的认识到的现代性问题其实只是一种镜子中的假象。我们甚至自己也正被囚禁在一个镜中世界而不自觉。这也许就是处在"镜中世界"的知识分子所面临的重大困境。李猛的文章是评论刘小枫的著作《现代性社会理论绪论》一书的。他发觉刘小枫本人希望找到一个从镜中脱身的出路，这种脱身其实意味着一种抗争。李猛认为，"这种'抗争'的关键是在'镜子'中找到裂痕，找到出路（escape 或

---

[1] 萨尔迪瓦：《马贡多的意识形态和它的毁灭》，《马尔克斯研究》，316页。

exit，引按：这种出路是用英文标出来的，这一点耐人寻味），通向镜子的外部"。在所有人工制品中，缝合与打磨得最完美、最光滑的是镜子的表面，如果想在镜子中找到裂痕，就只有打碎这面镜子。但由谁来打碎镜子呢？所以李猛有点悲观，他说："最终，镜子的国度果真会像马尔克斯相信的那样，在一场飓风中，从大地上消失吗？即使我们看不到那一天（令人悲哀的是，这也许是我们惟一能够确信的一点），我们至少有机会找到那份羊皮手稿，有机会破译几段其中的文字。"[1]

我称李猛的这种评论方式是一种寓言的方式。它间接印证了马尔克斯对马孔多这个镜子之城的比喻。从某种意义上说，马孔多正是一个孤独的囚禁之城，而布恩蒂亚家族也正是一个囚禁的家族。这就注定了它的百年孤独的宿命。

2. 地缘政治学意义上的"马孔多"

马尔克斯说，"孤独""是家族的人一个个相继失败的原因，也是马孔多毁灭的原因"，"我认为，这里有一个政治观念：孤独的反面是团结"。有记者问："布恩蒂亚家族的孤独感源出何处？"马尔克斯指出：

> 我个人认为，是因为他们不懂得爱情。在我这部小说里，人们会看到，那个长猪尾巴的奥雷连诺是布恩蒂亚家族在整整一个世纪里惟一由爱情孕育而生的后代。布恩蒂亚整个家

---

[1] 李猛：《我们如何理解现代性》，《学术思想评论》，第四辑，269—270页，沈阳：辽宁大学出版社，1998。

族都不懂爱情，不通人道，这就是他们孤独和受挫的秘密。我认为，孤独的反义是团结。

马尔克斯一再强调孤独的反面是团结，并认为这是一种很重要的政治观念，其实他是从整个拉丁美洲的地缘政治学的立场和角度来思考问题的，他反思的是整个拉美。所以他的诺贝尔得奖演说的题目就是《拉丁美洲的孤独》。这篇演说写得不怎么样，但题目起得太好了。有这样的题目就够了，就像罗大佑的歌《亚细亚的孤儿》一样。

在马尔克斯的笔下，马孔多其实是一个落后，封闭，被现代历史遗忘的、边缘化的后发展国家和地域的象征和缩影。虽然小说一开始就写到了磁铁、冰这些发明，是现代性因素的象征，也写了准现代的香蕉种植园。但这些都没有从根本上改变马孔多的历史命运，统治马孔多的仍是魔幻的现实和具有神话和原型色彩的原始生活形态。这种魔幻现实主义最终与整个拉美大陆的孤独感联系在一起，揭示的是一个孤独、落后的大陆。但是悖论恰恰隐含其中。马孔多人真的感到孤独吗？是谁赋予了马孔多人以孤独感？这种拉丁美洲的孤独来源于何处？可以看出，这与后殖民时代的文化理念密切相关。一方面，马尔克斯正是站在拉美民族立场上才发现了民族被殖民被奴役，最终却仍然被现代历史遗弃的宿命。但另一方面，他之所以洞见了"孤独"，又恰恰因为他是站在西方的现代性——现代历史的角度，才会有这种"孤独"的感受。孤独感在本质上来源于"他者"的观照视角和眼光。这一视角隐含了现代性的尺度和西方文化的参照。所以哥伦布发现了美洲新大陆，也就发现了它的"孤独"。但在他发现之前，美洲土著本来活

> 马尔克斯反思的立足点是拉丁美洲，这是一种拉美的视点。相比之下，我们中国学者却一度缺乏"亚洲"的视野，而是一味地"放眼世界"，这个世界也仅仅是西方。近几年随着孙歌、汪晖、旷新年、高远东等先生对亚洲问题的关注，真正的亚洲视野在思想界出现。

正因如此，乌拉圭作家加莱亚诺写过一篇文章，指出"1492年，美洲被入侵，而不是被发现"，而美洲的希望则是在它"自己发现自己的时候"。所以这篇文章的题目就叫《让美洲发现自己》。

得好好的，根本谈不上什么孤独不孤独。所以，所谓"拉丁美洲的孤独"也可以看作全球化时代后殖民话语的一种体现。这一点恐怕是马尔克斯本人没有意识到的。

这使我联想到了沈从文的小说《边城》。这两部小说有着很多的可比性。有人曾经比较沈从文的湘西与福克纳笔下的约克纳帕塔法世界，但比较"边城"与"马孔多"可能更有意思。

3. "马孔多"与"边城"

我在1997年最初上这门"20世纪外国现代主义小说选讲"的课，有一次课后一个同学问我是哪个系的。为了证明我的专业是中国现代文学，所以做一下与中国现代文学有关的比较的题目是必要的。

在中国现代作家笔下，沈从文的湘西世界是最有本土气息、地域性和自足性的一个文学世界。这是一块尚未被儒家文化等外来文化彻底同化的土地，衡量其生民的生存方式，也自有另一套价值规范和准则。早期的沈从文笔下的湘西还有一种民俗展览色彩，到了1934年《边城》的问世，湘西就上升到人类学的高度，是一个堪与约克纳帕塔法和马孔多媲美的想象王国。它的自足性表现在它营造的是关于传统中国（或称老中国）的一个田园牧歌式的图式，有一种牧歌情怀。所以在《边城》中有中国本土的田园牧歌文化的最后的背影。刘洪涛认为当牧歌图式指向文化隐喻时，就诞生了一个诗意的中国形象，"边城"是30年代"中国形象"的一个代表。这个诗意的中国形象与另一种启蒙主义批判国民性的话语不同。如果《阿Q正传》代表了另一种启蒙主义的中国形象，那么《边城》的文化隐喻则要放到近现代的文化守成主义（文化保守主义）思潮中去理解。[1]

我认为，刘洪涛说对了一多半。还有一少半表现在沈从文也是一个具有鲜明现代意识的作家。《边城》中也有一种隐藏的现代性的维度。湘西世界并不是真正的世外桃源，它同样处在现代文明的包围之中，同时作为苗族土家族自治区，也处在强势民族——汉民族的包围之中。所以朱光潜认为：《边城》也表现出受到长期压迫而又富于幻想和敏感的少数民族在心坎里的那一股沉忧隐痛，有一种少数民族的孤独感。我们与《百年孤独》中的孤独感比较，可以发现两种孤独看似相似，其实是不同的。拉丁美洲的孤独是全球化语境下的一块大陆的总体感受，而《边城》中的孤独则是在强势民族与强势文化夹击下的孤独感，我个人倾向于认为《边城》中的少数民族的孤独感更为真实，那种沉忧隐痛似乎更能让我们触摸到，更有历史感。

马孔多与湘西更近似的地方在于它们都有神话的品质。沈从文是中国现代小说家中少有的书写神话的作家。而湘西世界也可以在比喻意义上看成一个文本中的神话。沈从文的现代意识体现在他一方面试图在文本中挽留这个神话，另一方面又预见到了湘西无法挽回的历史命运。所以王德威在《想象中国的方法》一书中认为《边城》是"失乐园"的母题再现。小说结尾作为小城标志的白塔在暴风雨之夜轰然倒塌，祖父也正在这个晚上死去。而翠翠的心上人则离家出走，也许永远不会回来，也许明天就回来。这里的白塔是湘西世界的一个象

《边城》更应该被看成一种"神话叙述"，而沈从文还有直接处理湘西苗族神话与传说的作品，如《龙朱》《媚金、豹子与那羊》。

---

[1] 刘洪涛：《〈边城〉：牧歌与中国形象》，《文学评论》，2002年第1期。

征，它的倒塌预示了田园牧歌的必然终结。这就是现代神话在本质上的虚构的属性。这一个结尾与马孔多在一夜之间被飓风扫荡一空，仿佛没有存在过，是异曲同工的。区别只在于马孔多的消失在形式上更像一个神话，更有戏剧性。作家李锐在《另一种纪念》一文中说：

> 这个诗意神话的破灭虽无西方式的强烈的戏剧性，但却有最地道的中国式的地久天长的悲凉，随着新文化运动狂飙突进的喧嚣声的远去，随着众声喧哗的"后殖民"时代的来临，沈从文沉静深远的无言之美正越来越显示出超拔的价值和魅力，正越来越显示出一种难以被淹没被同化的对人类的贡献。[1]

如果说《百年孤独》与《边城》有什么形式上的区别，那么区别之一是叙事者的姿态。《百年孤独》的叙事者像一个巫师、预言家，相信一切奇迹和神话，把魔幻看成真实并对这一切津津乐道，同时因为马孔多不过是一个必将实现的宿命和预言，叙事者讲起来就很超脱，纯粹像讲一个故事。而《边城》的叙事者是为他的地缘政治意义上的偏僻乡土立传，讲起来则有一种悲天悯人的情怀，有一种回溯性的沉湎意绪，有一种挽歌的调子。这就最终涉及了作者写作的文化动力问题。为外来势力和现代文明冲击下的老中国唱一曲挽歌，是《边城》作者的深层文化动机。《边城》的诗性品质和抒情性正来自于这种文化动力。从这个意义上看，《百年孤独》的

---

[1] 李锐:《另一种纪念》，《读书》，1998年第2期。

文化动力也在于为马孔多小镇立传，并把马孔多升华为整个拉丁美洲的一个缩影，一个文化隐喻和寓言。这就是文化诗学的视角，而这一视角，把《边城》和《百年孤独》同时纳入进了作为一个后发展的现代民族国家的整体文化语境中，小说的形式诗学分析也才获得历史感和文化诗学的支撑。

第九讲　对存在的勘探：
　　　《生命中不能承受之轻》与昆德拉

小说的立法者

　　20世纪是一个不断突破以往小说定义的时代，也就是一个需要不断为小说重新下定义、重新立法的时代。小说传统定义被不断突破的结果，就是人们越来越不知道什么叫小说了，从而也就为小说提供了空前的可能性。从卡夫卡、乔伊斯、福克纳到罗伯-格里耶、卡尔维诺、博尔赫斯，再到昆德拉，20世纪的小说成了一种与美术、电影一样最具先锋性和革命性的形式，也是一种最具可能性的形式。这对于那些反叛传统、刻意创新的小说家来说绝对是一件好事，但成为一个好的小说家也越来越难了。他必须找到属于自己的小说规范和美学，找到自己的形式。他不能再重复走别人的老路，必须自己为小说重新下定义，但又不能胡写乱写，这就对小说家的要求越来越高了。19世纪的大师对那些想成为小说家的年轻人最好的忠告和指导就是：你必须去仔细观察生活，观察各种各样的人物，必须学习前辈大师描写环境刻画人物的艺术和方法。而20世纪的大师则劝告初学者：模仿是没有出息的，模仿注定了没有出生就已经死亡，你必须把所有的大师踩在脚下，闯出自己的一条新路。于是以往的小说规范成了初学者必须反叛必须抛弃的东西，成了障碍。大师不再是学习和崇拜的对象，而只成了批判的靶子。因此 20 世纪的大师的处境是最令人怜悯的,他要被迫在两条战线上作战,一条是他自己要反叛传统,另一条是同时又要迎接新一代反叛者的谩骂和挑战。鲁迅说自己是历史中间物,有一段时间就体验到两面作战甚至"横站"的痛苦,尤其是高长虹一类年轻人带给他的打击。90 年代以来的中国文坛充满杀伐之声,原因也多半是如此。

从世界范围上看小说有史以来面临的一次最大的挑战和冲击是来自外部的,这就是电影的发明。20 世纪对 19 世纪以前的文学和艺术传统构成真正冲击的是影音技术,20 世纪是影音逐渐占据了统治地位的时代。法国小说家纪德就认为,西方绘画传统的一个重要方面是追求写实与逼真,讲究焦点与透视。但照相术的发明使画家的信条一下子就垮掉了,因为单就逼真性而言,相片肯定比绘画更真实。于是,绘画就开始变形,从印象派,到抽象派、象征主义、达达主义、立体主义,绘画迎来一个变形的时代。又比如小说,巴尔扎克时代的小说是集大成的体裁,号称"百科全书",但纪德发现,随着电影和留声机的问世,小说剩下的地盘越来越小,他在小说《伪币制造者》(1925)中指出:"无疑留声机将来一定会肃清小说中带有叙述性的对话,而这些对话常是写实主义者自以为荣的。而外在的事变、冒险、情节、场面,这一类全属于电影,小说中也应该舍弃。"这样一来,小说还会剩下什么?汪曾祺在 40 年代也说过类似的话:"许多本来可以写在小说里的东西老早就由另外方式代替了去。比如电影,简直老小说中的大部分,而且是最要紧的部分,完全能代劳,而且有声有形,证诸耳目,直接得多。"毫无疑问,在描绘场景,叙述情节,尤其是还原生活原初细节方面,电影肯定比小说

见汪曾祺的《短篇小说的本质——在解鞋带和刷牙的时候之四》,载 1947 年 5 月 31 日天津《益世报》。从文章的副标题可以看出,这是作者解鞋带和

刷牙之际的副产品，是不经意间的产物，但却比学者们的刻意之作更有才华，是40年代小说学方面的重要文献之一。

更有优势，这使小说突然面对了一个艺术本体论方面的问题：到底哪些东西是独属于小说这一体式，是其他艺术形式所没有的？小说的内涵和外延应该怎样重新界定？它的可能性限度是什么？20世纪现代主义小说的几次革命性突破都可以看作对这个问题的直接回答，而且答案各不相同，异彩纷呈。小说可能是回忆（普鲁斯特），可能是对深层心理的传达（乔伊斯与意识流），可能是呈示荒诞与变形的存在（卡夫卡与存在主义），也可能是"物化"世界（罗伯-格里耶和新小说），或魔幻化的现实（拉美魔幻现实主义）。如果说二战之后欧洲最具革命性的小说实验是新小说派，那么在新小说派之后最有冲击力度的，就目前介绍到中国文坛的作家而言，可能是昆德拉。昆德拉的小说学价值或者说诗学意义上的特殊贡献在于，他是继新小说派之后最自觉地探索小说可能性限度的作家，并且呈现了新的小说样式，让我们知道小说还可以写成这个样子，同时启示我们小说更可以写成别的样子。

可以说昆德拉已经建构了他的独特的小说学，其核心就是探讨什么是小说独属于自己的本体？什么是小说独有的无法用其他方式替代的形式？小说的可能性限度是什么？我们把《生命中不能承受之轻》当成一个具体个案来看看这个问题。

18、19世纪的自然主义和写实主义小说所塑造的神话之一，就是以为小说能够如实还原场景与环境，以及生活中的真实细节。小说家们总相信他们能把现实纤毫毕现地描摹出来，所以我们读左拉、巴尔扎克、托尔斯泰总躲不过大段大段不厌其烦的细节描写。这种如实还原生活细节的努力走到极端就可能产生类似马原小说《错误》中的那个有名的细节：一个知青喊他同屋其余的十三个知青起床，小说竟重复了十三遍"喂，起来一下！"，而且每一句"喂，起来一下"都独立成一个自然段。这段细节在一般的读者眼里分明有骗稿费之嫌，却被另一个小说家余华誉为最精彩最纯粹的小说语言。究其缘由大概因为它如实还原了生活中的固有场景和原初情境。但这一细节真的能还原生活中的原初情境吗？恐怕神话只能是神话。马原的这一描摹尽管如此刻意，但也无法传达全部生活真实，如语调、感情色彩、睡着的同伴的反应：他是一骨碌爬起来了，还是翻了个身又呼呼大睡，等等，都是这一细节无法传达的。即使马原描写的再细致，再逼真，也不会像电影一样大家一看就一目了然。这不是马原的问题，而是小说的可能性限度问题，这一例子告诉我们，任何体裁都有其自己无法逾越的作为媒介的边界。如小说不可能逾越语言文字媒介，而电影无法逾越摄影机镜头的视域，等等。电影是有画框的，有画框就意味着有边缘，有临界线，有画框外的东西。

> 我还记得当年上戴锦华老师的电影叙事学，她曾提及某一部西方电影中的一个镜头：片中人物朝银幕边框垂直走去，一下子走出观众的视野，从而使内行的观众一下子意识到画框的存在。

对比一下作为小说的《生命中不能承受之轻》（1984）以及由这部小说改编的美国电影《布拉格之恋》，（1988），可以看出小说和电影各自的优长之所在，以及什么是这两种媒介的可能性限度。

小说《生命中不能承受之轻》有这样一个细节：托马斯看到自己的女友特丽莎与别的男人跳舞而生闷气，回家后，特丽莎再三刺激，托马斯才道出了原因，承认说他是在嫉妒。小说接下来这样写：

> "你说你真的是嫉妒吗？"她不相信地问了十多次，好像什么人刚听到自己荣获了诺贝尔奖的消息。

托马斯是个花花公子，据他自己供认前后有过女友二百多个。朋友说他吹牛，他就厚颜无耻地辩解："这不算怎么多。现在我已经同女人打了二十五年交道了，用二百除二十五，一年才八个新的女人，不算多，对不对？"爱上了这样一个登徒子，特丽莎一直忧虑托马斯不爱自己，一听他说嫉妒，自然像得了大奖。这一细节在电影里是这样表现的：特丽莎围着托马斯跳起了环形舞，又把他拉起来转圈儿，果真重复说了十多次"你嫉妒了？"。每一次的语气和调子都有区别，先是惊异，继而半信半疑，接下来则由肯定转为欢快。最有意思的是最后几句变换了人称："他嫉妒了！"仿佛在向整个世界宣布一样。这一在小说中一笔带过的"十多次"的细节在电影里渲染得淋漓尽致，异常动人，成为颇具感染力的一段。这一对比或许告诉我们，在如实和逼真地还原生活细节和场景方面，小说可能远远不如电影。昆德拉即使学马原那样在小说中把"你嫉妒了"重复写上十几遍，也不如电影几个镜头来得生动。

再举一个例子，是写特丽莎从捷克的一个小镇第一次去布拉格托马斯家：

> 她第一次去托马斯的寓所，体内就开始咕咕咕了。这不奇怪：早饭后她除了开车前在站台上啃了一块三明治，至今什么也没吃。她全神贯注于前面的斗胆旅行而忘了吃饭。人们忽视自己的身体，是极容易受其报复的。于是她站在托马斯面前时，便惊恐地听到自己肚子里的叫声。她几乎要哭了，幸好只有十秒钟，托马斯便一把抱住了她，使她忘记了腹部的声音。

为什么昆德拉要写这样一个肚子叫的细节呢?他是想通过这个细节表达他的小说的一个基本原则:

> 一个作者企图让读者相信他的主人公们都曾经实有其人,是毫无意义的。他们不是生于母亲的子宫,而是生于一种基本情境或一两个带激发性的词语。托马斯就是"Einmal ist keinmal"(引按,这是一句德国谚语,意思是:只发生过一次的事就像压根没有发生过)这一说法的产物,特丽莎则产于胃里咕咕的低语声。

昆德拉说,"于是,产生特丽莎的情境残酷地揭露出人类的一个基本经验,即心灵与肉体不可调和的两重性"。所谓的"两重性",即是说肉体并不听从心灵的指挥,心灵命令肚子不要叫,可肚子偏偏咕咕叫。这个例子说明昆德拉是从一两个关键词以及一种基本情境出发去构思小说人物和情节的。如写特丽莎的这一章题目就叫"灵与肉","灵""肉"是代表特丽莎的主题词,昆德拉称为关键词,也叫"存在编码""生存暗码"。在《小说的艺术》一书中,昆德拉说:"在写《生命中不能承受之轻》时,我意识到这个或那个人物的编码是由若干个关键词组成的。对于特丽莎,它们是:肉体、灵魂、晕眩、软弱、田园诗、天堂。对于托马斯:轻、重。"[1]因此,这一细节是表达特丽莎的重要情境,即反映灵与肉的主题,同时也反映了昆德拉放逐诗性的基本追求。昆德拉认为"灵肉一体"是一种诗意错觉:"假使他的一位恋人来听他腹内的咕咕隆隆,灵肉一

---

[1] 昆德拉:《小说的艺术》,27页,北京:三联书店,1992。

体这个科学时代的诗意错觉,便即刻消失。"所以昆德拉构想了一个特丽莎肚子叫的细节,这显然是一个煞风景的细节,远离浪漫主义故事中恋人重逢的诗意情节。但这却是生活中我们每个人都可能遇见的场面,而特丽莎恰恰就遇上了。所以她怕极了。每个有过与恋人第一次约会经验的人都能体会到这种"怕"。我当年第一次约会因为已经读了《生命中不能承受之轻》,就有了经验,事先吃得饱饱。我举自己的例子是想说小说经验和小说阅读在多大程度上介入了我们的生活经验和想象。好像是张爱玲曾经说过,少年少女们初次约会,嘴里说出的都是他们在电影上或者爱情小说中看到的台词。总之,特丽莎肚子叫的细节是一个很重要的细节,电影当然不会放弃这一场景。但电影怎么表现肚子咕咕隆隆的声音呢?显然很难表现,于是在电影中最好的安排是让特丽莎打嗝。打嗝既有呃呃的声音,又有扬脖子的动作,用汪曾祺的说法就是有声有形,证诸耳目,是一个聪明的改动。小说让特丽莎饿着肚子,电影则让她吃饱了,哪一个更好一些呢?我认为在这个细节上小说和电影会打个平手,不分胜负。但"打嗝"只是我对这一细节的设计。实际上,电影《布拉格之恋》是让特丽莎打喷嚏,这也是过得去的改编,只是这一改编无法更好地表现昆德拉"放逐诗性"的初衷。

从这个意义上说,是生活在模仿艺术,而不是艺术模仿生活。

第三个例子我在讲意识流小说的主导动机时提过,即托马斯对特丽莎的"诗性记忆"的细节。中译本从4页到9页三次重复这一细节:

> 他慢慢感到了一种莫名其妙的爱,却很不习惯。对他来说,她像个孩子,被人放在树脂涂覆的草筐里顺水漂来,而

他在床榻之岸顺手捞起了她。

她既非情人，亦非妻子，她是一个被放在树脂涂覆的草筐里的孩子，顺水漂来他的床榻之岸。

他又一次感到特丽莎是个被放在树脂涂覆的草篮里顺水漂来的孩子。他怎么能让这个装着孩子的草篮顺流漂向狂暴汹涌的江涛？如果法老的女儿没有抓住那只载有小摩西逃离波浪的筐子，世上就不会有《旧约全书》，不会有我们今天所知的文明。多少古老的神话都始于营救一个弃儿的故事！如果波里布斯没有收养小俄狄浦斯，索福克勒斯也就写不出他最美的悲剧了。

托马斯当时还没有认识到，比喻是危险的，比喻可不能拿来闹着玩。一个比喻就能播下爱的种子。

这一"被放在树脂涂覆的草篮里顺水漂来的孩子"的细节，构成了托马斯的"诗性记忆"，是小说中被昆德拉无数次重复的经典细节。这样重要的细节电影自然也不会放弃，但很难搬上银幕，它是托马斯的想象，文字可以描述，但电影表现起来就困难了，很难设想让饰演特丽莎的法国女影星比诺什坐在一个小草筐中在水面上漂流。即使不沉下去，也会给人以伪浪漫的感受。那么，电影是怎样表现的呢？导演让特丽莎在一个室内游泳池里游泳，水是碧蓝的，一些疗养的病人浮在水面上露出头在下象棋，棋盘漂在水面上微微起伏，特丽莎像一条美人鱼一般游过，棋盘上下颠簸，最后掀翻了。然后穿着泳衣的特丽莎爬上岸，把一旁的托马斯眼睛都看直了，马上就尾随而去。这是典型的好莱坞式的想象，游泳池里的特丽莎完全没有原小说中小镇女招

熟悉比诺什的人就会知道她还出演过《蓝》《新桥恋人》《英国病人》等影片。

待那种卑微感，不是丑小鸭，一开始就是天鹅，就是白雪公主；电影的改编也是很有诗意和想象力的，但与小说原初的想象相比就不是一个味道。原小说中"草篮里顺水漂来的孩子"的意象，没有电影里男人窥视的色情目光，它突现的是特丽莎的无助、孤独、可怜，而赋予托马斯的语码则是"怜悯"。怜悯当然不等于爱情，但怜悯却能诱发爱情，而爱情的感情中却一定有怜悯。假如恋人们从来没有在对方身上体验到怜悯的感情，从来没有产生过怜悯，那就应该反省一下自己的爱情了，它只是激情，却很难持久。正是这种从特丽莎身上体验到的怜悯，使她区别了托马斯的所有其他性伙伴。更重要的是，小说中这一诗性想象使它与神话、传说世界建立了关联，即摩西的故事，俄狄浦斯的故事，弃儿的故事，它的蕴涵要丰富得多。这就是小说式的想象，是小说的优势，却是电影很难表现的。小说大可不必在电影面前感到自卑，而是相反，恰巧因为有电影，有其他体裁的参照，才真正突出了小说的本体特征，让小说明白什么才是自己的优势所在，什么才是小说独属于自己的东西，是其他体式无法替代的，明白小说的可能性是什么。昆德拉小说学的核心就是这个，他试图重新为小说立法，因此他才激赏奥地利小说家布洛赫对小说本质的理解："发现只有小说才能发现的，这是小说的存在的惟一理由。"[1]从这个意义上讲，昆德拉的贡献是在拯救小说，冲这一点也该给他个诺贝尔文学奖。他早在1987年就是六个提名的候选人之一，结果那一年让布罗茨基得去了。布罗茨基是绝对够资格的，但接下来的十多个获奖者很难说都比昆德拉强。我们这门课选的小说家也只有三个人得过诺贝尔奖，即海明

---

[1] 昆德拉：《小说的艺术》，4页，北京：三联书店，1992。

威、福克纳、马尔克斯。这意味着诺贝尔文学奖也许不能说明什么。

思索的小说

昆德拉把小说分为三种：一是叙事的小说，比如巴尔扎克、大小仲马；二是描绘的小说，以福楼拜为代表；三是思索的小说。昆德拉大体上把自己的小说看成是思索的小说。在这种"思索的小说"中，叙事者不只是讲故事、推动叙事进程、下达叙事指令的人，昆德拉说在这种思索的小说中，叙事者更是提出问题的人，思索的人，整部小说的叙事都服从于这种问题和思索。[1] 譬如，昆德拉称他的《生命中不能承受之轻》开头第一页叙事者就在那儿，这个叙事者就是小说中的"我"。小说的第一句话就是叙事者"我"提出的哲学性命题："尼采常常与哲学家们纠缠一个神秘的'永劫回归'观。"由对这种"永劫回归"的思考，昆德拉引出了统摄全书的关于存在的"轻"与"重"的辨证。因此，这部小说是从哲学性质的思索开始的。东西方小说美学的历史进程中，一直对哲学化的、哲理性的小说评价不高，认为有观念化倾向，使小说中的人物、情节、故事都沦为观念的例证。但昆德拉不管这一套，他直接宣称自己有一个雄心，就是要把小说与哲学结合起来。当然这种结合不是以哲学家的方式来从事哲学研究，而是以小说家的方式来进行哲学性思考。可以说，这种小说家式的哲学思考代表了20世纪

---

[1] 昆德拉：《小说是让人发现事物的模糊性》，"世界文论"（6）《小说的艺术》，66页，北京：社会科学文献出版社，1995。

现代主义小说一个基本取向，比如卡夫卡，比如萨特、加缪、西蒙·波伏瓦，又比如黑塞，博尔赫斯也有这种倾向。因此，从小说学和诗学的角度解释这一倾向就是一个无法回避的课题，而昆德拉的小说则把这一倾向推向了一个极端，并且给予这种倾向以一个命名，即"思索的小说"。在这个意义上，昆德拉提供了一个极好的个案，我们可以看一看小说家的哲学思考与哲学家的哲学思考到底有哪些具体的差别。

> 这类小说家中至少还应加上一个帕斯捷尔纳克。他在《日瓦戈医生》中更是让人物直接言说哲学问题。这差不多是俄罗斯小说家的一个传统。

1. 小说家更关注人物的基本境况

昆德拉的文论集《小说的艺术》收入了他和一个叫萨尔蒙的人的对话录，题目是《关于小说艺术的谈话》。

> 萨尔蒙：在乔伊斯的《尤利西斯》中，内心独白贯穿整个小说，它是结构的基础和主要的写作手法。在您那里，起这种作用的是哲学的深思吗？
>
> 昆德拉：我觉得"哲学的"这个词不恰当。哲学在没有人物没有境况的条件下发展它的思想。
>
> 萨尔蒙：您的《生命中不能承受之轻》一开始就对尼采的永劫回归做了一番思考。如果这不是抽象地在没有人物没有境况的条件下做哲学的深思又是什么呢？
>
> 昆德拉：不！从小说的第一行开始，这个思考就直接地把一个人物——托马斯的基本境况引了进去。它把他的问题摆在那里：在没有永劫回归的世界里的存在之轻。

这一段对话告诉我们，小说家的出发点绝不是哲学命题本身，它一开始就有叙事者存在，是叙事者在提出问题，其目的是为小说中的人物托马斯设置一个规定情境，即关于轻与重的生存编码。同时，小说开头的思考正是因为它是针对着托马斯这一小说人物的生存境况而构想的，所以看上去哲学思考就具有了小说性。简单地说，就是小说家即使在思考哲学命题，他想到的也是笔下的人物和生存境遇。因此，哲学中的思想和小说中的思想构成了一个根本区别。哲学在没有人物没有境况的条件下发展它的思想，而小说中的思想是为了引入人物的基本生存境况。可以说，尽管小说直到第一章的第三节才出现了托马斯，但为这个人物设置的规定情境却在前两节早已营造好了。看看托马斯是怎样出场的：

> 多少年来，我一直想着托马斯，似乎只有凭借回想的折光，我才能看清他这个人。我看见他站在公寓的窗台前不知所措，越过庭院的目光，落在对面的墙上。

这是一个相当精彩的出场。首先引人注目的还是小说的叙事者"我"，告诉读者这是一个一直存在于"我"的脑海里的人物，"多少年来"以及"凭借回想的折光"的字眼，使小说时空具有了回溯性，我们知道这可能是叙事者想了很久一直想讲的故事。但从哪里讲起来呢？叙事者接下来为托马斯选择的是这样一个情境："我看见他站在公寓的窗台前不知所措，越过庭院的目光，落在对面的墙上。"这就把托马斯带到了一个具体境况中，也把读者带到了具体境况。这个境况是由"我看见他"引出来的。可能每个有过写小说经验的人都能体会到这是小说家很高明的叙事伎俩。昆德拉从不讳言小说是虚构的产物，他总是在小说中告诉读者他在虚构。前面我们涉及过小说第二章开头一段：

> 一个作者企图让读者相信他的主人公们都曾经实有其人，是毫无意义的。他们不是生于母亲的子宫，而是生于一种基本情境或一两个带激发性的词语。托马斯就是"Einmal ist keinmal"这一说法的产物，特丽莎则产于胃里咕咕的低语声。

这就是叙事的自我指涉，有自指性，就是说小说家在小说中提示和交代他是怎样在叙事，怎样在虚构。许多现代小说中都有这种叙事的自我指涉，也叫元叙述，如博尔赫斯、卡尔维诺等人的小说。而大量存在这种自我指涉的小说，理论家们就称它为元小说，或超小说、自反式的小说等等。昆德拉小说中的自我指涉则更多，他常常在小说中直接透露他是怎样在虚构。但在处理托马斯出场时昆德拉又让叙事者说"我看见他……"，仿佛叙事者真的看到了托马斯站在公寓窗台前不知所措的情景。这就是情境意义上的真实，同时又有情境意义上的具体性。这就是小说中托马斯的出场。

为什么叙事者选择了窗台前"不知所措"这一情境作为托马斯的出场呢？因为这一时刻是托马斯的女友特丽莎第一次从一个小镇来布拉格见托马斯，两个人待了一星期后特丽莎又回去了，剩下托马斯一个人站在窗前发呆。小说叙事者认为这是托马斯生活中一个关键时刻，他陷入了长久的沉思，不知道是应该把特丽莎重新叫回自己的身边还是就此算了。这是一个两难的境遇，也是蕴含着哲理内容的境遇。因为这一境遇直接关涉和印证着叙事者一开头就提出的哲学命题——关于尼采的"永劫回归"的命题，即命运只有是轮回的，才有重复，才有规律和意义，

我们在前面讲《百年孤独》的时候强调过心理真实。而昆德拉小说中更重要的范畴则是"情境真实"。

否则都只具有一次性，就会像德国谚语"Einmal ist keinmal"说的那样：只发生过一次的事就像压根没有发生过，而我们所说的生活，也就成了一张没有什么目的的草图，永远也完成不了。因此托马斯是否能再见到特丽莎不仅关系到托马斯未来的生活能否改变，更关系到生存的意义本身，关系到轻与重，关系到生存的某些终极性命题。可以说，小说一开头就把托马斯放在一个关键的情境中，一个重大选择的关口。我的一个同学当年曾给我们讲过他在安庆坐长江轮渡时的一次体验。他说他那一次一直远远地注视着一个在船头迎风伫立的女孩子，女孩的红色的纱巾或裙裾（我忘了季节，如果是冬天就是纱巾，如果是夏天则是裙裾）迎风飘举。他说那是他有生之年见到的最美丽的一个女孩以及最动人的形象。然而我的同学说他当时最真切的体验是一种彻底的绝望。因为他知道以后可能永远没有机会再遇上这个形象，这次机遇就成为一次性的，留给人的，就是一种无限怅惘的感觉。按昆德拉的思考，我们可以说，我的同学真的遇见过那个最动人的景象吗？如果只发生过一次的事就像压根儿没有发生过，这一次性的机遇带给他的，又是一种什么样的意义呢？那么站在窗前不知所措，目光越过庭院落在对面的墙上的托马斯在思考的正是与此相似的问题。这就是昆德拉所构思的托马斯的出场，它是由叙事者的哲学思考带出来的，但它又的确是"小说家"的哲学思考，因为它是小说人物的一个基本境况，蕴含着值得深思的内涵。

关于"一次性"的主题同样具有哲理意味的思考来自东山魁夷的散文《一片树叶》："无论何时，偶遇美景只会有一次，……如果樱花常开，我们的生命常在，那么两相邂逅就不会动人情怀了。"

2. 小说家只研究问题

在昆德拉以前的传统小说中已经存在了哲学小说或哲理小说

的类型。昆德拉之所以把自己的小说称作"思索的小说",是因为他不喜欢"哲学小说"这一用语,认为"哲学小说"是一个危险的措辞。为什么?因为哲学小说必须以一些论点、框框、某些论证为前提,并以某些抽象的哲学结论和证明为最终目的。而昆德拉则说:"我并不想要证明什么,我仅仅研究问题,如存在是什么?嫉妒是什么?轻、晕眩、虚弱是什么等等。"同时他拒绝答案,拒绝结论的得出,他只提出问题,而且他提出的问题都只有假设性。在一次题为"小说是让人发现事物的模糊性"的访谈中,昆德拉说:"我所说的一切都是假设的。我是小说家,而小说家不喜欢太肯定的态度。他完全懂得,他什么也不知道。""他虚构一些故事,在故事里,他询问世界。人的愚蠢就在于有问必答。小说的智慧则在于对一切提出问题。"正是在这个意义上,昆德拉极端重视塞万提斯留给人类的遗产,这份遗产的核心是塞万提斯让人们了解到了世界没有绝对真理,而只有一堆复杂的甚至互为对立的问题。昆德拉说:

> 当堂·吉诃德离家去闯世界时,世界在他眼前变成了成堆的问题。这是塞万提斯留给他的继承者们的启示:小说家教他的读者把世界当作问题来理解。在一个建基于神圣不可侵犯的确定性的世界里,小说便死亡了。或者,小说被迫成为这些确定性的说明,这是对小说精神的背叛,是对塞万提斯的背叛。极权的世界,不管它建立在什么基础上,就是什么都有了答案的世界,而不是提出疑问的世界。完全被大众传播媒介包围的世界,唉,也是答案的世界,而不是疑问的世界,在这样的世界里,小说,塞万提斯的遗产,很可能会

不再有它的位置。[1]

昆德拉的最大的忧虑就是塞万提斯的这份遗产正在被欧洲以及被整个世界遗忘。决定论的历史观和世界观，极权化的社会政治，大众传媒的话语垄断，都在使这份遗产丧失。这种见解对于中国目前的思想界也是有警醒作用的。而回到小说学的角度，昆德拉给我们的启示在于，他认为小说的功能是让人发现"事物的模糊性"。他甚至极端化地称"小说应该毁掉确切性"，这一点从前面我们介绍的昆德拉解读海明威的《白象似的群山》的观点中也可以看出。因为世界的本来面目，就是谜和悖论，确定的世界本质是不存在的，谜和悖谬就是世界的本质，正像卡夫卡和加缪所理解的世界图景那样。而恰恰是世界这种悖论的本质反过来也决定了小说的本质，小说之所以存在的理由就在于呈示世界本来的模糊性和不确定性，小说并不提供答案，也不存在这种答案。正像福克纳在《阿尔贝·加缪》一文中所说："我不相信答案能给找到。我相信它们只能被寻求，被永恒地寻求，而且总是由人类荒谬的某个脆弱的成员。"[2]而小说家在小说中所提供的，正是这种永恒的寻求历程。从这个意义上说，20世纪的小说精神是不确定性的精神，这一点在福克纳和加缪身上也得到体现。假如需要重新为小说下个定义的话，小说则可以被看成是一种与复杂的模糊的世界本身相吻合的文学形式。而寻找到了这种形式的小说家才是真正的小说家。在这个意义上，福克纳接下来的话也很精彩："这样的成员从来也不会很多，但总是至少有一个存在于某处，而这样的人有一个也就足够了。"

---

［1］ 昆德拉：《小说是让人发现事物的模糊性》，"世界文论"（6）《小说的艺术》，67页，北京：社会科学文献出版社，1995。
［2］ 福克纳：《阿尔贝·加缪》，《世界文学》，1986年第4期，23页。

昆德拉比海明威走得更远。

3. 小说思考存在

昆德拉赋予"思索的小说"的另一重含义是：小说思考存在。

我们在谈卡夫卡的《城堡》时，曾引用过昆德拉的一段话："小说不研究现实，而是研究存在。存在并不是已经发生的，存在是人的可能的场所，是一切人可以成为的，一切人所能够的。小说家发现人们这种或那种可能，画出'存在的图'。"

可以说，小说研究存在，是西方存在主义兴起之后重要的文学思潮，萨特和加缪是其突出的代表，正是萨特和加缪把小说提升到了存在论的层面，赋予了小说以新的使命，即发现和询问"存在"，以免"存在的被遗忘"，从而展示了20世纪人类真正的生存本质和生存状况。这可以说是人类有史以来哲学家和文学家第一次联袂探索存在的问题。而在以前，从柏拉图的时代开始，"存在"这一类终极性问题似乎只有哲学家才配思考，才真正有资格思考。柏拉图甚至把诗人赶出了他的理想国，认为哲学家才是理想国的真正统治者，才是真正思考事物本质的人。但20世纪却不同了，哲学家发现他们对这个世界的思考有些力不从心了，他们迎来的是一个哲学的贫困的时代。小说家于是乘虚而入，替哲学家分忧，也开始思索起哲学问题来了。存在主义文学正是这种潮流的突出代表。昆德拉的小说也许不能用存在主义来概括，但他对存在的研究却可以纳入存在主义的大传统。他为小说家下了个定义：小说家是存在的勘探者。而小说也不研究现实，而是思考存在。但问题在于，小说家对存在的研究与哲学家区别何在？《文学概论》一类的教科书会告诉我们：哲学家是以概念、推理、抽象、

<small>在存在主义之后，对人的命运有着自觉的思索而不受存在主义影响的作家几乎是不存在的。</small>

观念的方式进行研究，而小说家是以形象的方式。这种论调就太过笼统了。昆德拉的独特之处在于他对"存在"有他自己的理解。他认为，存在并不是已经发生的，存在是人的可能的场所，是一切人可以成为的，一切人所能够的。小说家的任务就是发现人们这种或那种可能。"人物与他的世界都应被作为可能来理解。"这就为我们提供了一个"存在的可能性"的范畴。了解这一范畴是理解昆德拉小说学的关键，也是理解昆德拉构想小说中人物的关键。

昆德拉认为，18、19世纪的现实主义小说关于人物描写有三大规则：一，应该给小说中的人物提供尽可能多的信息，如关于人物外表，说话的方式，行动的方式等；二，应当让读者了解人物的过去，因为正是在人物的过去中可以找到他现在行为的动机（前面讲的海明威的《白象似的群山》也正因为我们丝毫不了解美国男人和那个姑娘的过去，所以他们对话的真正动机我们是无法真正了解和认识的）；三，小说中的人物应当有完全的独立性，作者自己的看法应当隐去，作者自己不能直接发表议论影响读者，而应让人物自己去表演去行动。这样的人物描写的规则就使真实性、客观性和逼真性成为小说人物的根本特征。我们也经常看到传统的文学理论教科书或文学评论在分析作品时总要分析人物，分析人物时也常把真实性、逼真性看成最高准则。但什么是真实？为什么存在一个客观的真实？这个问题却很少有人去怀疑。事实上生活中并不存在一种客观真实供小说家们去如实地模仿。你怎么敢肯定你模仿到的就是客观真实呢？20世纪的现代主义小说是否取得了多么高的成就和突破也许不好说，但它起码粉碎了传统小说关于"真实性"这一神话，而昆德拉可以说是这个神话的最后一个终结者。他的观点是，小说中的人物不是对一个活人的模拟，他是一个想象出来的人，是一个实验性的自我。用《生命中不能承受之轻》中的话来说，就是小说中的人物"不像生活中的人，不是女人生出来的，他们诞生于一个情境，一个句子，一个隐喻。简单说来那隐喻包含着一种基本的人类可能性"。这就是"可能性"的范畴，它构成了昆德拉思考笔下人物的情境以及人的存在的重要维度。我们每个人都生活在现实的时空中，都受制于各种现实因素，比如我必须要在这个时间来这个教室讲课，下午必须到系里开会，然后有个家必须要回去。一个人现实中的生存有许多环节是规定好了的，这一点小说家也不例外。但小说家的优势在于，他自己的受到种种限制的现实生存却可以在小说中想象化地延伸。他可以在小说想象中去实现现实中无法实现的各种可能性，《生命中不能承受之轻》中有一段话正是这样写的：

> 我小说中的人物是我自己没有意识到的种种可能性。正因为如此，我对他们都一样地喜爱，也一样地被他们惊吓。他们每一个人都已越过了我自己圈定的界线。对界线的跨越（我的"我"只存在于界线之内）最能吸引我，因为在界线那边就开始了小说所要求的神秘。

<small>这里提到的"惊吓"特别有意思，就像托尔斯泰意识到自己笔下的安娜·卡列尼娜要自杀了所受到的惊吓一样。</small>

小说之所以有神秘感，就在于小说中的人物可以越过某一条界线到一个无法预知的天地，而"我"则只能存在于界线的这一边。这就是小说想象中的可能性对现实生存的拓展和延伸。而现实中的我们一切都是被一次性地给定的。《生命中不能承受之轻》中一个属于托马斯的贯穿主题正是"一次性"的主题："人类生命只有一次，我们不能测定我们的决策孰好孰坏，原因就是在一个给定的情

境中，我们只能做一个决定。我们没有被赋予第二次、第三次或第四次生命来比较各种各样的决断。"从这个意义上看，文学史上那个最经典的犹疑即哈姆雷特的犹疑可以得到更深刻的解释：这种犹疑不仅因为其性格因素的优柔寡断、犹豫不决，而更因为在一个给定的情境中，哈姆雷特只能做出一个抉择，他没有第二、第三或第四次生命来比较各种抉择。他必须为自己的最终决断、这种一次性的不可挽回的决断负责。因此他的犹疑是存在论层面上的，是形而上的，隐含了生命的某种本体问题。借用昆德拉的思考就是：在没有永劫回归的世界上，人的生命只有一次，那么，人的存在的意义是什么？哈姆雷特著名的独白"to be or not to be"思考的正是这个问题，是人的存在论的问题。可以说哈姆雷特的启示在于，他是以选择的"可能性"对抗命运的被给定的一次性。人的生命固然只有一次，但人在各种关头面临的选择，却可能具有多重的"可能性"。所以昆德拉理解的存在就是把存在看成人的可能的场所，从而使"可能性"变成理解人的生存与存在的重要维度。没有"可能性"这一维度，人就是机械的，别无选择的，一切都是规定好了的，只有一条路可走。而事实上，我们每天都在和潜在的可能性打交道。你选择了北大就意味着其他几千所大学的可能性失掉了；你被迫选择了中文系，当律师的可能性就越来越小；你上学三吃快餐，就无法去学四；你选择了吃米饭，那么馅饼、面条的可能性就丧失了。有同学或许想说我米饭、馅饼、面条都要吃，那你想要减肥的可能性就变小了。但在你面临选择的时候，这些可能性本身却一直在那儿，昭示着"存在"的境况的复杂性，也昭示着"可能性"是生命存在中的一种本体性。我读本科一二年级时大家都争相传抄一首诗，是美国诗人弗罗斯特的《一条没有走的路》，写一个人在树林中遇上了两条小路，通向不同的地方。这人很想两条路都试探一下，他对自己说先试探一条人烟稀少的路，回头再试另一条。结果是简单的，他选定了一条之后，还会遇上别的分岔的两条路，甚至更多的路，再想回头走当初的另一条路已是不可能的了。当初在两条小路之间的选择也许是不很关键的，但这一选择的重要性在于它深刻地影响了这个人以后的道路，从而一生中的经历和未选的路的经历就完全不同了。这首诗的哲理和象征是浅显的，但当初曾激动过我们那些大一、大二的本科生。可能是因为我们当时都意识到了我们已开始走上人生关键的一条路，而走其他路的可能性就与我们失之交臂了，而且眼前仍有无数的岔路在展开，而这首诗则教会我们当面临两条路的时候也许应当犹豫伫足那么片刻，然后再坚定地走上其中一条。人生最丰富也最生动的刹那也许就在犹豫徘徊的那一片刻，那是生命中悬而未决的时辰。这种犹豫也绝不是优柔寡断，而是体味人生的丰富性和多种可能性。那么像弗罗斯特和昆德拉这样的作家之所以与常人不同，也许就在于他们面临岔路的时候比别人伫足的时间更长，他们更是生活在对可能性的多重想象中。这就是存在本身的一个维度，即可能性的维度。而这个可能性的维度永远是一种"非在场"的力量，它不能实现，一旦实现了，就不再是可能性而成为现实性。比如说"婚姻是爱情的坟墓"，这句话按昆德拉的理解，就是你选择了一个女子，同她结了婚，一种可能就变成了现实，同时就意味着你拒斥了其他可能性。《生命中不能承受之轻》中写托马斯梦见了一个年轻女子，醒来后便回想柏拉图《对话录》中的假说：

　　他突然回想起柏拉图《对话录》中的著名假说：原来的

人都是两性人，自从上帝把人一劈为二，所有的这一半都在世界上漫游着寻找那一半。爱情，就是我们渴求着失去了的那一半自己。

让我们假设这样一种情况，在世界的某一地方，每一个人都有一个曾经是自己身体一部分的伙伴。托马斯的另一半就是他梦见的年轻女子。问题在于，人找不到自己的那一半。相反，有一个人用一个草篮把特丽莎送给了他。假如后来他又碰到了那位意味着自己的一半的女郎，那又怎么办呢？他更钟爱哪一位？来自草篮的女子，还是来自柏拉图假说的女子？

在爱情和婚姻问题上的理想主义者面临的最大的困扰就是无法判断生活中被给定的女子是否是他的另一半。而从根本上说，这另外的一半永远是以可能性的方式存在的，它永远不可能变成现实性。

昆德拉正是把握了"存在的可能性"的维度，使他的小说具有了独特的魅力。他的小说力图展示的存在，就是用可能性去和一次性的生命相抗争的存在。既然我们的生命只有一次，没有人能永劫回归，那么我们就只能接受这"一次性"的现实。但这种接受却不是被动的，"可能性"正是与"一次性"相抗争的最好方式。而从另外一个角度观照，没有人能永劫回归，人都是要死的，这恰恰是人的存在获得意义的先在条件，即海德格尔的"先行到死"。通俗解释就是你只有先体验到死，先意识到死这一最后的终极的可能性，你才更知道什么是生，这与孔子的"未知生，焉知死"的思想是不一样的。

> 孔子的策略是把"死"的问题先放一边，悬置起来。但因此汉文化中也较少对死的形而上思索，同时缺少直面死亡的精神。

一旦人真的能永远不死，有充分时间去尝试各种可能性，从而把可能性都变成现实性，情况可能就更悲惨。这一点西蒙·波伏瓦的小说《人总是要死的》(1946)讲得最清楚。小说中的主人公长生不死，什么都经验过，见识过，结果生存反而变成了最不可忍受的事情。正像格·格林在《问题的核心》中所写道："我们所有的人都屈从于死亡，我们不甘忍受的是生活。"《人总是要死的》中的主人公就是这样，他一睡就是几个世纪，醒来后发现自己竟然不幸地还在活着，于是他最大的愿望就是能够死去。可以说，在波伏瓦这里，死绝不是生的一个负面的、否定的因素，而毋宁说是肯定的方面。正是它的存在，才使生充满魅力，大家都兴致勃勃，跃跃欲试，我们这个世界才充满生机。海德格尔的哲学中的"死"正是这种肯定性的因素。施太格缪勒在《当代哲学主流》中这样解释海德格尔存在哲学中死的问题：人的"将来就存在于应被把握的可能性之中，它不断地由死亡这一最极端和最不确定的可能性提供背景"。死是最极端和最不确定的可能性，它为生存提供真正的背景。我们说昆德拉对存在的可能性的思考可以纳入存在主义哲学这一线索中，也正因为昆德拉对存在的界定与海德格尔是殊途同归的。可能性"在海德格尔那里获得了一种形而上学方面的重要性：即人总是从可能性中来了解自己本身，因为他的存在还不是最后被规定的。人正是生活在诸种可能性之中，诸种可能性一起构成人的本质的最内在的核心"[1]。如果说，海德格尔是从哲学的角度反思了"存在"，那么，昆德拉则是从小说学的意义上抵达了存在。他们共同

> 这种情形在现代作家鲁迅和穆旦那里有了一定的改观。而真正直面死亡的在我看来则是诗人海子。

---

[1] 施太格缪勒:《当代哲学主流》，179—180页。北京：商务印书馆，1986。

把握到的，都是可能性这一维度。不过我们同时也能感受到，"可能性"在哲学家那里可以看作反思的某种结论性终点，而在小说家这里则更是小说想象的起点。一旦小说家把"存在的可能性"看成小说思考的对象，则开拓了一个新的想象力的天地。这就是卡夫卡开拓的天地，是博尔赫斯的天地，卡尔维诺的天地，当然更是昆德拉的天地。小说家在这"存在的可能性"的范畴中发现了英雄用武之地。从这个意义上说，哲学的终点处就是小说的起点。在哲学家无话可说的地方小说家才刚刚开始他的想象。譬如卡夫卡的《变形记》，格里高尔一天早晨起来发现自己躺在床上变成了一只大甲虫。这不是一篇寓言，而是小说，读者和文学界也是把它当成小说来接受。当然它不是在描摹现实，因为现实中没有人会变成一只大甲虫。但这卡夫卡式的想象却在呈现人的存在的可能性，变成大甲虫不过是对人的可能性的极端化的拟想而已。因此人们不是把它当成寓言，而是作为自己的生存的可能性境遇来认同的。这种变成大甲虫就是20世纪现代主义小说的想象力，正是这种想象力使卡夫卡的小说与存在主义哲学文本划清了界限。相比之下，萨特的小说和戏剧中哲学味就过浓了一些，他的地位就有些特别，像生物界中的蝙蝠，小说界和文学界更倾向把萨特看成哲学家，而哲学界喜欢把他当作文学家。昆德拉就聪明多了，他不认为自己是在写哲学小说，而是写思索的小说，他在哲学的终点处建立了自己的起点，并展示了未来小说的前景，以及小说样式的多种可能性。可以说，这是一个关于"存在的可能性"的王国，而且在这个小说的可能性的新的王国中，没有任何人敢宣称自己是这个王国的君主，因为没有任何人能够穷尽存在的可能性。可以说，20世纪现代主义小说最大的发现就是把小说的疆域从现实性的维度拓展到可能性的维度,这一新的开拓疆土的壮举完全可以和哥伦布发现新大陆媲美。

昆德拉的小说学

昆德拉是一位高度自觉的小说家,这种自觉表现在两方面,一是小说创作实践本身的自觉,二是他自己总结的小说理论,主要体现在《小说的艺术》和《被背叛的遗嘱》这两本书中。从这两点意义上说,昆德拉形成了自己的独特的又有系统性的小说学。我们围绕着《生命中不能承受之轻》具体总结一下。

1. 作为"存在编码"的关键词

前面讲过,昆德拉把思索存在看成界定小说的最核心的方式。"存在之思"是昆德拉小说学的根基。但如何把对存在的思考具体化到小说中,如何使"存在"问题在小说中获得形式呢?这就是微观诗学或者说是小说诗学所关注的具体问题。

昆德拉的一个最基本的手法就是在小说中引入了关键词(key word),或者说"基本词"、抽象词,他给小说就是这样下定义的:"一部小说就是对几个难以捉摸的词的定义的长期摸索","对这些词的定义和再定义"[1]。那么这若干的关键词是些什么词呢?昆德拉认为这些词就是关于小说人物的生存的密码,存在编码,也译成"生存暗码"。前面我曾提到过,昆德拉说:"在写《生命中不能承受之轻》时,我意识到这个或那个人物的编码是由若干

"哥伦布发现新大陆"的比喻是一个欧洲中心主义式的比喻。当时讲课时既然是这样讲的,就姑且存之。

---

[1] 昆德拉:《小说的艺术》,122页。

个关键词组成的。"比如对于托马斯是轻和重，整部小说一共七章，其中两章题目都是"轻与重"，是集中写托马斯的。对于特丽莎，则是：肉体、灵魂，关于特丽莎的两章题目就叫"灵与肉"，此外对于特丽莎还有晕眩、软弱、牧歌、天堂等。正是这些关键词支撑起了每个人物的生存状态，标志着每个人物的不同可能性的侧面，最后也正是这些词支撑起了整部小说的大厦。比如为什么说"肉体""灵魂"是关于特丽莎的重要生存编码呢？因为作者试图在她的身上探讨灵与肉是否统一这个古老的命题。特丽莎全身心地爱着托马斯，她相信爱情是灵与肉的统一。而托马斯却一再告诉她肉体与灵魂是两回事，自己与其他女人交往并不妨碍托马斯在灵魂深处爱着特丽莎，托马斯惟一的诗性记忆即关于草篮中顺水漂来的孩子的记忆是只留给特丽莎的。但无论如何特丽莎无法接受这种灵与肉分离的哲学。小说中特丽莎贯穿性的痛苦和困扰正是这种痛苦和困扰。因此她就去一个工程师（他一直在勾引特丽莎）那里验证一下灵与肉到底是统一的还是分离的。而遗憾的是，昆德拉似乎想告诉我们读者灵与肉的确是两回事，是分离的，具有两重性。到底灵与肉一开始就是分离的呢，还是到了现代才开始分离？是不是现代社会比起前现代给人类提供了更多的感官欲望，肉体享乐的本能突破了灵魂的约束，才导致了灵与肉的分离？人的肉体（身体）是否是独立的存在，并且与灵魂同等重要，就像穆旦在诗中写的那样："我歌颂肉体，因为它是岩石，在我们的不肯定中肯定的岛屿"？人们是不是像特丽莎那样本能地去追求两者的统一？这些问题就是昆德拉提出来的，显然这些问题既是属于特丽莎的，更是属于我们现代人的，是我们这个时代中关于人的存在的最重大的几个问题之一。昆德拉并没有给我

从这个意义上说，昆德拉的确打破了灵肉一体的神话，显示出灵魂和肉体相统一的说法有一种虚构性，是人类精神史中建构出来的。

们解答,他也解答不了,但这些问题本身提出来就已经够了。昆德拉说:"全部小说都不过是一个长长的疑问,深思的疑问(疑问的深思)是我的所有的小说赖以建立的基础。"而这些"深思的疑问"是怎样被提出来的呢?关键词就是其主要方式。而且关键词不仅是人物生存编码,有时是小说主导性的主题,是小说核心问题。比如"轻"与"重"之于《生命中不能承受之轻》,"笑"与"忘"之于《笑忘录》,"玩笑"和"遗忘"之于《玩笑》。昆德拉自己在访谈录中就说过,《生活在别处》这部小说就是建立在这么几个问题上:

> 什么叫充满激情的态度?在充满激情的年代,青春是什么?激情—革命—青春,这三者结合的意义是什么?作为诗人是什么意思?我记得我在开始写这本小说时,我把记在我的日记本上的这个定义作为工作的假设:"诗人是一个在母亲的引导下在世界面前极力炫耀自己的年轻人,然而他没有能力进入那个世界。"您瞧,这个定义不是社会学的,不是美学的,又不是心理学的。[1]

这种关于诗人的定义和再定义证明了昆德拉关于小说的解释,即对几个难以捉摸的词的长期摸索。昆德拉说关于诗人的定义不是社会学的,不是美学的,也不是心理学的,我们有理由认为,这种定义方式正是"小说学"的,只有小说才可能这样下定义,《生活在别处》中的"诗人"的形象,它的生存编码,只有在小说中才有呈现和询问的可能性,昆德拉关于"诗人"的定义在任何一本词典中都

---

[1] 昆德拉:《小说的艺术》,30页。

找不到，它只能存在于小说中，只有在小说中才具有可能性。

我们说这些"基本词"的运用是昆德拉存在之思在小说中的具体化，是"存在"在小说中获得形式的方式，还因为在小说中这些基本词不是被抽象地研究，这些生存编码是具体化地落实到人物身上的。同时更重要的是，这些生存编码是在小说情节与境况中逐步揭示出来的。比如特丽莎的生存编码之一"牧歌"（田园诗）：

> 为什么对特丽莎来说，"牧歌"这个词如此重要？
>
> 我们都是被《旧约全书》的神话哺育，我们可以说，一首牧歌就是留在我们心中的一幅图景，像是对天堂的回忆：天堂里的生活，不像是一条指向未知的直线，不是一种冒险。它是在已知事物当中的循环运动，它的单调孕育着快乐而不是愁烦。
>
> 只要人们生活在乡村之中，大自然之中，被家禽家畜，被按部就班的春夏秋冬所怀抱，他们就至少保留了天堂牧歌的依稀微光。正因为如此，特丽莎在矿泉区遇到集体农庄主席时，便想象出一幅乡村的图景（她从未在乡村生活，也从不知道乡村），为之迷恋。这是她回望的方式——回望天堂。

昆德拉首先强调这种乡村的图景是一幅想象化的图景。而所谓的"天堂牧歌"也仅仅限于对乡村生活的一种美化。尽管小说中的特丽莎后来的确在乡村中获得了相对的心理安宁。

"牧歌"为什么对特丽莎如此重要？因为"牧歌"这一关键词揭示了她的生存中的某种本性。她最初受托马斯的召唤从小镇子进入布拉格，进入了现代社会的都市，又经受了1968年苏联对布拉格的入侵，与托马斯流亡到瑞士，后来发现侨居的生活无法改变她，而且托马斯依旧频繁地接触其他的女人，她就给托马斯留下一封信，只身回到布拉格。身心疲惫的特丽莎突然发现乡村生活可能最适合于她，乡村与大自然接近，春夏秋冬按部就班，更多保留了天堂牧歌的微光，是距离天堂最近的一种生活，在这种生活方式中，未来不是未知的，不是不确定的，不是一种冒险，而是在已知的事物中循环运动，一切都是安稳的，没有城市中漂泊的动荡感。更重要的是也远离了托马斯形形色色的其他女伴。因此昆德拉说，特丽莎迷恋这种乡村方式，这是她回望的方式——回望天堂，回望天堂也就是回复到一种单纯，清新，无忧无虑，没有动荡也没有灵与肉的分离的田园牧歌般的生活。于是我们就看到，小说最后一章果然写的是特丽莎与托马斯在乡村度过他们生命中最后一段相对安宁和单纯的生活，至少对特丽莎是这样。因此，从关键词的角度上看，整个最后一章就是"牧歌"这个词在情节和境况中的具体化揭示和展开。

　　对词的探索还直接制约了小说的文体形式。这就是第三章"误解的词"，是以词典的方式写的。如第三小节的标题"误解小词典"，探讨了"女人""忠诚与背叛""音乐""光明与黑暗"四个词或词组的定义；第五小节是"误解小词典"的继续，探讨了"游行""纽约的美""萨宾娜的国家""墓地"四个词或词组。这些定义当然都是小说家的定义。对关键词的词典式的定义由此成为小说的一种形式。词典也变成了小说结构的一种元素。这就是昆德拉对小说形式的一种富于创新的探索。它探索的是究竟什么可以成为小说中的一种元素。词典的形式就这样构成了小说元素性的存在。它不是真正意义上的词典，尽管以词典的方式体现。我认为从小说元素角度看待这种词典形式，可能更有启发。正因为它成了小说中的元素形式，词典也才具有了小说性，而不是真的词典。这就把话题引向了韩少功的《马桥词典》。《马桥词典》为什么不是词典而是小说？就因为词典成了小说元素，有了小说性。大家知道《生命中不能承受之轻》正是韩少功翻译的。90年代中期曾经有过一场轰动文坛的关于《马桥词典》的诉讼，有学者撰文指出《马桥词典》模仿了塞尔维亚作家米洛拉德·帕维奇的《哈扎尔辞典》（这部小说与昆德拉的《生命中不能承受之轻》恰好都于1984年问世）。但我感觉最直接启发了韩少功的也许是这《生命中不能承受之轻》中的第三章"误解的词"。北大的九四级文史哲实验班的张宇凌同学写过一篇文章，就是对比《马桥词典》和《生命中不能承受之轻》，认为两者在处理"词"与生存处境的关系上具有一种可比性，可以引发出许多深刻命题，如关于词典式的文体的资源问题，就与魔鬼词典和笔记小说有关，而两者思考方式和关注重心的不同，也可以推溯到历史传统、生存处境以及文化背景的不同。张宇凌同学提出的具体议题也许可以进一步商榷，但思路是极好的。诗学性的命题就应该这样展开。而今后的诗学研究正是需要兼及形式诗学与文化诗学。

2. 反复叙事

所谓"反复叙事"，简单地说就是小说中的某一个事件，某一个细节在小说的各个不同的章节中被一次次地重复叙述。这是昆德拉小说结构上的重要特征。譬如《生命中不能承受之轻》中托马斯关于特丽莎的那个"草篮里顺水漂来的孩子"的诗性记忆的细节，在小说中就复现了八次，而且每次复现都似乎是很必要的，并不让人感到啰唆。这种复现的技巧当然不是很新鲜了，我们讲意识流小说谈主导动机的复现时就举过很多例子。而更值得分析的

> 葛林伯雷在《通向一种文化诗学》中说："重建一种能够更好地说明物质与话语间不稳定的阐释范式，而这种交流，正是现代审美实践的中心。"这种"重建"，正是把文化语境和社会物质层面引入文本世界，从而在文本内外建立互为交流的阐释空间，这就是形式诗学与文化诗学的结合。参见张京媛主编《新历史主义与文学批评》，15页，北京大学出版社，1993。

是这部小说中故事情节的重复。从讲故事的角度说，小说中的主要情节在第一章中就已讲完了，这一章的题目是"轻与重"，尽管是以托马斯为视点人物，但小说的贯穿性的重要故事和情节基本上都已交代了。但后边的二到七章仍然会重复叙述已经讲过的情节，这就构成了小说叙事结构上的反复叙事。这种反复叙事也不是昆德拉的新发明，普鲁斯特的《追忆似水年华》的一个叙事特征就是反复叙事。因为小说是以回忆为结构，尤其穿插了大量的"无意的记忆"，就不可能把回忆中的故事从头到尾线性地叙述出来，肯定有些细节前面讲过，到后面又发现必须重提。这和回忆的框架有关。而昆德拉走得更远，他是刻意营造了这样一个反复叙事的小说结构，每一章都要重复叙述某些核心的情节。为什么昆德拉要如此刻意地重复呢？这种反复叙事有哪些诗学方面的功能呢？

其一，可以说，小说中的每一次反复叙事都不是无谓的重复，每一次重复都会重新强调同一个事件的某一个侧面，或补充丰富一下细节，它不仅仅是为了反复加深读者的印象，也不仅仅是起着一种递进的作用，昆德拉的反复叙事更关键的功能是，它突现了人类叙述行为的某种本质特征，即任何一次性的叙述都具有局限性，因为叙述者总是在某个时间里从某个方位某个角度来观照事件，同时叙述者总是要受制于他叙述时的条件和环境，受制于他的主观倾向。因此一次性的叙述不可避免要导致片面。说到底，这是人类视角的局限。而事件本身却是多侧面多层次的，因此，只有转换视角才可能呈现一个事件的丰富性。昆德拉的反复叙事正是如此，每一次重复都意味着新的角度和动机，由此反复叙事就建立了多重视角，"就像是好几种目光都放在同样的故事上"[1]。它造成的效果就是昆德拉所说的"循环提问",对同一个事件的内涵进行无穷的询问和追索。我们可以说任何一件事的内涵都可能是可以无穷阐释的,因此,任何一次性的讲述都是有局限性的,只能揭示出一部分内涵。克服这种一次性叙述的局限性的办法可能就是昆德拉的反复叙事。当然角度多了不一定会把事情搞得更清楚,所谓人多嘴杂,视角多了结果也可能反而更混乱。这方面最经典的例子是芥川龙之介的小说《密林中》,讲一对夫妻在树林中遇上了强盗,结果丈夫死了。丈夫是怎么死的呢?小说的奇妙处是没有贯穿的叙事者,一开始就是樵夫来讲故事,讲他发现死尸的过程。接下来是行脚僧讲碰到夫妻的过程。再下来是捕快、妻子的母亲和强盗分别讲故事,最后是妻子的忏悔和死者的亡魂借巫婆的口交代来龙去脉。小说的神奇在于每个人讲得都不一样,彼此之间都有矛盾。因为小说没有人物之外的叙事者,因此事情的真相就永远无法弄清。这个故事后来被黑泽明改编成电影《罗生门》。美国影片《生死豪情》也有类似《罗生门》的讲故事方式,但与《罗生门》不同的是,在《生死豪情》中,最后终于真相大白,而《罗生门》更有形而上色彩,它昭示了真相的不可确知。叙述的人越多,事件的真相就越成为一笔糊涂账。每个人的讲述都受制于某种客观或主观条件的限制,整合在一起可能离真相更远。因此昆德拉的反复叙事与《密林中》参照起来分析会更有意思。

张艺谋的电影《英雄》也显然学习了《罗生门》的叙事格局。但与《生死豪情》类似,它也是有一个确定的事实真相的。

---

[1] 昆德拉:《小说是让人发现事物的模糊性》,"世界文论"(6)《小说的艺术》,63页,北京:社会科学文献出版社,1995。

其二，反复叙事更重要的功能是影响了小说的叙事时间，它造成了故事时间的穿插与倒错，就是说，故事中发生在后面的事件在小说的前几章已经率先交代了，当我们在小说的后半部分再读到的时候，就已全无悬念而言了。悬念堪称是传统小说讲故事时的本钱和支柱，甚至可以说是生命，尤其是侦探小说，没有了悬念就没有了一切。悬念的存在意味着小说叙事必须严格遵循线性因果关系，当小说交代了一个原因的时候，它将带来的结果是什么就构成了悬念，反之亦然，你发现了一个结果，比如一个人被杀了，那么为什么被杀，是谁杀的，追寻凶手，追寻原因的时候，悬念也同样产生。在传统小说中，这种线性因果律是一个支配性的重要原则，甚至会影响小说的细节描写。契诃夫有句名言："如果你在所写的短篇的第一段中写到墙上挂着一支枪，到故事的结束时这支枪就得打响才行。"[1]这一教导经常被好莱坞电影所遵循。好莱坞电影经常有类似的特写，如果一部影片不断地打一个花瓶的特写，那么电影快结束的时候，这个花瓶肯定要被女主人公举起来然后砸在一个男人，通常是凶手或变态狂的头上。如果一部好莱坞电影莫名其妙地给一个静物或一个细部的特写，你就该注意了，里面肯定有悬念。比如莎朗·斯通出演的轰动一时的影片《本能》，里面斯通演的女主角一直拿一个又尖又长的锥子凿冰块，电影不断给特写，我看到这里就开始害怕，基于我多年看电影的经验，这锥子肯定是凶器。果不其然，斯通就是用这个锥子杀了不少男人。前几年中国拍了一部儿童片，叫《天堂来信》，里面有一个重要细节：一个女孩子的铅笔盒中发现了一张男生写的字条。后来开座谈会大家都纷纷夸奖

---

[1] 转引自卡罗琳·戈登：《关于海明威和卡夫卡的札记》，《论卡夫卡》，204页。

影片，只有一个教育家指出电影有一个小小缺憾，就是一直没有交代字条到底是哪个男生放进去的，让他觉得悬念没有解答，并为此魂不守舍，寝食难安，严重影响了自己的身心健康。这个例子说明了因果律已经完全支配了观众的观影心理机制，就像马三立的相声《扔靴子》说的那样，等不到第二只靴子落地，我一宿没睡。

对小说的这种线性因果律的一次重大突破可能是卡夫卡。卡夫卡小说中的细节的意义只因为它是细节，往往用来表达荒诞和不可理喻，并没有线性因果可循。比如《城堡》，整个故事的"因"就不怎么清楚，K为什么要进城堡？没有人能说出确切原因。而故事的"果"更是无限期地被延宕，K永远进不了城堡。你可以说这也是一种悬念，即K到底能否进入城堡本身就有悬念的意味。但传统小说的高潮就在于真相大白，给悬念以解答，而卡夫卡则永远把你悬在那儿，他没有解答，他甚至自己也不知道答案。昆德拉对反复叙事的追求也必然消解了悬念，比如《生命中不能承受之轻》中托马斯和特丽莎的死在第三章就已经交代，第六章又再次交代，而正式在第七章写两个人开着卡车到邻近的农庄联欢，归途托马斯开着卡车出了车祸时，我们就毫无吃惊可言了。可以说，昆德拉打破了悬念，他的小说所倚仗的吸引住读者的手段就只能是别的什么东西了。是什么呢？我们姑且说是一种命运感。小说先是交代远在美国的萨宾娜接到了一封托马斯儿子的来信，通报托马斯夫妇在车祸中死掉了，这就是后果前置。然后才写托马斯和特丽莎在邻近农庄度过了欢乐的一晚。因此当我们接下来读到联欢舞会时马上意识到这是两位主人公最后的夜晚。特丽莎和托马斯一起跳舞，又和集体农庄主席以及小伙子跳舞，小伙子喝得太多了，和特丽莎一起摔倒在舞池中。小说这样结尾：

他们随着钢琴和小提琴的旋律翩翩飘舞。特丽莎把头靠着托马斯的肩膀,正如他们在飞机中一起飞过浓浓雨云时一样。她体验到奇异的快乐和同样奇异的悲凉。悲凉意味着:我们处在最后一站。快乐意味着:我们在一起。悲凉是形式,快乐是内容。快乐注入悲凉之中。

托马斯转动钥匙,扭开了吊灯。特丽莎看见两张床并排挨在一起,其中一张靠着一张小桌和一盏灯。灯罩下的一只巨大的蝴蝶,被头顶的光吓得一惊,扑扑飞起,开始在夜晚的房间里盘旋。钢琴和小提琴的旋律依稀可闻,从楼下丝丝缕缕地升上来。

小说就结束在这种狂欢的气氛中,但读者却有一种曲终人散的慨叹,一如特丽莎所感受到的那种"悲凉"。特丽莎属于即使在快乐的处境和气氛中也能体验到悲凉的那种人,个体的命运和敏感的性格带给她太多对生活的无奈与沧桑体验。所以昆德拉称她"体验到奇异的快乐和同样奇异的悲凉",并接着写下了理解起来有些晦涩却大有美学意味的一句:"悲凉是形式,快乐是内容。快乐注入悲凉之中。"这句表述意味着形式是恒定的,内容则是可以置换的,就像装矿泉水的瓶子中也可以灌进去自来水一样,而作为形式的是那只瓶子,它构成的是更恒常的底色,所以悲凉往往比快乐更持久,更是生存的恒久形式和背景。这种悲凉在电影《布拉格之恋》中更加明显。影片的结尾比小说多了个长镜头,表现的是托马斯和特丽莎开着车回自己的农庄,天下着雨,镜头是汽车的挡风玻璃和来回摆动的刮雨器,汽车一直向景深处开,当然没有表现翻车的场面,影片就结束在汽车一直向景

学者毛尖女士对"悲凉是形式,快乐是内容"一句有进一步阐发:"'轻'是形式,'重'是内容。"

深处开去的画面上。而我们观众已事先知道了结局，我们就分明感受到两个人其实是开向不可挽回的命运。可以说，从萨宾娜接到报丧的来信那一刻起，观众就笼罩在一种怅惘的感受之中，这就是一种命运感，一种对男女主人公的无奈和悲悯，按昆德拉自己在《小说的艺术》中所说，就是我们读者在读最后一章时，"被淹没在我们对未来认识的伤感之中"。昆德拉失去了悬念，但得到的是比悬念更丰富的东西。可以说，在打破悬念上，昆德拉是十分自觉的。他认为他的小说每一章都很短小，而且"各自形成一个整体，这样就促使读者停顿、思考，不受叙事激流的左右。这一选择符合我的小说美学。而在一部小说中有太多的悬念，那么小说就会逐渐衰竭，逐渐被消耗光。小说是速度的敌人，阅读应该是缓慢进行的，读者应该在每一页，每一个段落，甚至每个句子的魅力前停留"[1]。而一部小说悬念太多，一个悬念套着另一个悬念，读者就肯定一口气读下去，没有时间咀嚼，就像我当年第一次读金庸的《天龙八部》一样。因此，昆德拉的"反复叙事"，造成了时间倒错的结构，它直接的效果就是悬念的打破。传统小说中单一的线性因果关系也荡然无存了。这是"反复叙事"的第二个诗学功能。

> 毛尖则认为电影的结尾是影片中最具抒情性的部分：天下着雨，背景是一片浅绿色，里奥斯的音乐如泣如诉，两个人并非踏上宿命之旅，而更是走向一种永恒，同时，轻与重在两个人的死中化为一。这是一种更具有诗意的理解。

其三，反复叙事的另一个作用是使小说的多重主题得以不断复现。比如前面讲过像关于托马斯的"轻"与"重"，特丽莎的"灵"与"肉"的重要主题，随着叙事的重复不断被引入到小说细节和情境中。这一点说来是简单的，但可能是昆德拉构思小说的重要动

---

[1] 昆德拉：《小说是让人发现事物的模糊性》，"世界文论"（6）《小说的艺术》，64—65页。

机。因为他的核心意图是思考小说人物存在的可能性，思考人物的生存编码，思考存在的本体问题。但这些问题在小说中究竟是怎样被提出来的呢？关键词的反复追问是其主导方式，而关键词就是小说人物的生存编码，它们透露着小说人物的存在秘密，承载着人物生存的诸种可能性。昆德拉在《小说的艺术》中说："使一个人生动意味着：一直把他对存在的疑问追究到底。这意味着追究若干个境况，若干个动机，乃至使他定形的若干个词。"概括说来，就是对若干主题的反复追究，一追到底。因此在小说结构上必须依赖于主题的一次次复现，落实到叙事上，则必须通过反复叙事才能做到。在这里，反复叙事是服务于小说家追究人物的生存编码的基本意图的。法国学者米歇尔·莱蒙指出："随着《追忆似水年华》这部书的出现，小说创作的概念发生了一个根本变化。从此，小说创作主要建立在多主题的重现与彼此互相配合上，而不在故事的发展上了。"[1]可以说，到了昆德拉这里，多主题的重现与彼此配合的技巧走到了一个极端。

其四，这一点是我的随便的发挥。我认为，从形而上层面看，反复叙事可以看作与一次性生命相抗争的方式。昆德拉的《生命中不能承受之轻》的全部主题都建立在"生命只有一次"的基础之上，这是个体生命最终的宿命。但昆德拉的反复叙事，却使他的主人公一生中的重大事件被一次次地重复叙述，反复阐释，每一个重要细节都似乎衍生出比一次性更多更丰富的内容。那么是否能够假设，借助这种反复叙事，小说中的人物在某种程度上超越了生命的一次性呢？至少昆德拉利用反复叙事在文本中营造了这种幻觉。这

---

[1] 米歇尔·莱蒙：《法国现代小说史》，236页，上海译文出版社，1995。

是对一次性宿命的想象性的抗争。

3. 复调式结构

复调问题我们在谈《城堡》时涉及过。其基本含义是指一部小说中有多种独立的、平等的、都有价值的声音，这些声音以对话关系共存。我认为《城堡》后半部分的人物对话就有这种复调性。但这是不是卡夫卡的一种自觉呢？无法实证。但昆德拉对复调的追求却是自觉的。他分析过陀思妥耶夫斯基的小说《群魔》。《群魔》有三条故事线索，同时展开又互相结合。昆德拉认为这三条线索同时代表三种类型和风格的小说：讽刺小说、浪漫小说、政治小说，三条线索构成了一个整体，这三条线索之间就具有复调特征，三种调子共存，构成了"复调式结构"。昆德拉认为在复调结构上走得更远的是布洛赫的《梦游人》。小说有同时展开的五条线索，这五条线索分别是五种体裁：长篇小说、短篇小说、报告文学、诗、论文。昆德拉评价说："把非小说的体裁整合到小说中彼此构成复调关系，这是布洛赫的革命性创新。"其实乔伊斯的《尤利西斯》每一章对各种文体的戏仿也有这种效果。从昆德拉对布洛赫的分析中可以看出，昆德拉理解的复调有以下特征：小说是多线索的，各个线索间的关系是平等的，总体上交织成一个小说整体，在文体上则可以是多种文体同时并存。我们联想一下《生命中不能承受之轻》，可以感受到昆德拉的小说也同样具备这些特征。具体分析一下可以归纳为两个层面。第一个层面：四个人物故事线索的同时性叙述，齐头并进，又彼此交织。如一、五两章以"轻与重"的主题叙述托马斯的故事，但同时不可避免地要交织特丽莎与萨宾娜的故事。二、四章以"灵与

> 同陀思妥耶夫斯基相比较，昆德拉的"复调"更是结构和体裁杂糅意义上的，其中他最热衷的是对"非小说的体裁"的整合。

肉"的主题叙述特丽莎的故事，也同样要涉及特丽莎与萨宾娜。三、六章以"媚俗与背叛"主题讲萨宾娜以及她的情人弗兰茨的故事。各个线索以复调方式并存，同时进展互相交织，有一种四重奏的多声部效果，四种乐器构成了和声，从而形成一个统一体。第二个层面是文体的层面。昆德拉所向往的理想小说文体是"能把哲学、小说叙事和梦"结构在一起的文体。他称这种文体可以叫"综合性散文"，它可以容纳讽刺论文、小说叙述、片断的自传、历史事实，以及翱翔的幻想。昆德拉认为只有小说文体才有一种综合能力把这一切结合成为一个统一整体，就像复调音乐的声部一样。《生命中不能承受之轻》第六章"伟大的进军"就是这样的一章。昆德拉自己毫不谦虚地说这一章复调特点非常让人震撼。它包括几个部分：首先是写斯大林的儿子二战期间死于德国纳粹集中营的历史事件，然后是关于人体排泄物的神学思考，接下来是一次政治事件：一批欧洲知识分子为了抗议越南占领柬埔寨而开到柬埔寨边境的伟大的进军。弗兰茨就在其中，当他一个人晚上在曼谷瞎逛的时候，被几个拦路抢劫的人打死了。后来又顺便交代了萨宾娜的死，是在美国不堪生命的不能承受之轻自杀而死。这一章显示了昆德拉的雄心，他试图把历史事件的报道，哲学论文、神学思考和小说文体结合起来，构成一种复调式的综合性散文。那么，怎样评论这种文体追求呢？当初我们读《生命中不能承受之轻》时就讨论过小说没有这第六章是不是更好。从小说叙事的纯粹性上考虑，没有这一章大杂烩的文体也许更好，但单就小说的总体构思而言，绝不能少了第六章，因为它集中思考了一个"媚俗"的主题。昆德拉对"媚俗"这一人性中固有的因素进行了具有哲理深度的挖掘，并把它上升到人类境况的一个组成部

> 小说中的四个主人公都被作者写死了。任何故事如果有时间讲得足够长，总是必然以死亡为终结的。

分。"媚俗"也由此成为八九十年代中国文坛差不多人人都挂在嘴边的字眼。这是从主题上考虑。再从文体层面考虑,应该说第六章也是可以接受的,因为小说第六章中这几种文体是相互交织并与叙事性情节齐头并进的,风格既有整体性,又显得多样化。而更重要的是第六章中哲学论文式的写作还没有淹没"小说性"。而我认为衡量这类文体的最重要的标准应该是"小说性"的标准,即是说哲学论文或传记文体、历史文献都是可以进入小说的,但是不能超越小说性这一最后限度。小说中可以有别的文体形式,可以不是小说文体,但必须有小说性,即必须有使小说成为小说的东西。比如第三章"误解的词",显然是词典的形式,但它是小说式的想象,因此没有人怀疑它的小说属性。不过像昆德拉的《不朽》中大段大段的关于歌德和海明威传记的部分,就有些走火入魔了,我觉得不是很成功。因为《不朽》不是关于歌德和海明威的传记小说。从这个意义上说,《生命中不能承受之轻》可能标志着这类复调式的文体杂糅小说的一个极限,再往前走几步,就会越过"小说性"这一界限而真正成了哲学沉思或者别的什么。所谓真理再前进一步就会成谬误。而如果昆德拉往后退上几步他就会写出更好的小说,这就是《为了告别的聚会》。从小说艺术的完美性的角度考虑,这是他最好的一部小说。既能完美体现昆德拉的各种追求,又能保持丰沛的小说性。但可能在思想上不如《生命中不能承受之轻》更为深刻,艺术上不如《生命中不能承受之轻》更有先锋性和革命性。那么,哪一本小说对文学界更有震撼力,贡献了更多的小说的新的因素呢?当然也是《生命中不能承受之轻》。

> 下课之后有同学问我什么是"小说性",我解释道:"小说性就是使小说成为小说的东西。"其实这也是一句同义反复,所以同学对我的回答也不甚满意。

4. 音乐性

这个问题对于昆德拉的小说学也很重要，但不想细谈。因为《生命中不能承受之轻》的四重奏问题前面已间接涉及了。昆德拉小说的音乐性主要表现为他在把握小说每一节长短和速度时都按音乐术语来处理。他经常"将小说与音乐加以比较"，认为小说的"一章就是一个旋律。而一节就是节拍段。这些节拍段或长，或短，或不规则持续。这便把我们带到速度问题上。我的那些小说中的每一节都能标以音乐指示词：中速、急板、柔板，等等"[1]。比如他的小说《生活在别处》在这方面体现得最典型：

第一章：11 节，71 页；中速

第二章：14 节，31 页；小快板

第三章：28 节，82 页；快板

第四章：25 节，30 页；极快

第五章：11 节，96 页；中速

第六章：17 节，26 页；柔板

第七章：23 节，28 页；急板

昆德拉自己解释道："第五章有 96 页，但却只有 11 节；它是一川平静缓慢的水流：中速。第四章 25 节却才 30 页！这就给人一种急速的印象：极快。"这种音乐性标志如中速、急板、柔板等等到底是小说的内在节奏还是一种外在的东西？我没考虑清楚。至少我读

---

[1] 昆德拉:《小说的艺术》，86 页。

《生活在别处》的中译本时没有联想到音乐问题。

而另一个问题可能更重要,就是20世纪的现代主义小说在发掘自己体裁的自律性,在寻找小说独属于自己的东西的同时,也生成了另一种相反的取向,即与其他体裁嫁接,学习其他艺术的长处。如意识流小说学习电影蒙太奇,里尔克的小说《军旗手的爱与死》融会了诗歌,乔伊斯更是广泛借鉴,他的《尤利西斯》杂糅了什么新闻体,宗教问答体,还有戏剧形式,称得上是应有尽有。昆德拉也在小说中引入了哲学文体、报道、传记等等,同时又借鉴音乐和电影的手法。而音乐和电影曾经是他的职业,昆德拉当过爵士乐手,后来又搞过电影。所以昆德拉小说技巧的多样化,文体风格的多样化是有丰富的资源背景的。但这样一来,昆德拉的追求就不可避免地导向了悖论:一方面声称小说要发现只有小说才能发现的,寻找独属于小说的东西,另一方面却又打破了小说和其他艺术形式甚至哲学历史文体的界线,这也是20世纪现代主义小说所共同面对的一种悖论式的境地。这种悖论引发了我们对现代小说的进一步追问:小说体式对其他艺术体裁的融合到底是拓展了小说本体还是破坏了小说本体的自律性与纯洁性?小说体裁形式的可能性与小说视域的本体性到底是不是一回事?有没有一个一成不变的确定的小说本体?小说最独特的本质和本体性规定是什么?小说有没有终极限度?小说的可能性限度又是什么?

小说的可能性限度

从艺术本体论的角度来界定小说的本质恐怕不是一个最终的解决办法。"文学概论"以及百科全书上都有关于小说的定义,但大家很快就会发现读到的小说，尤其是现代主义小说都不是按照文学原理的定义来写的。小说的本性是随着小说历史进程而不断发展丰富的，因此才需要不断地重新加以界定。可以说有一点是确定的，那就是小说的本体是一个流动的范畴，具有它的历史性。

昆德拉正是从西方历史的背景出发来讨论小说。比如他关心的一个问题是小说会不会走到末日，会不会死亡：

> 人们很久以来就大谈小说的末日：特别是未来派、超现实派和几乎所有前卫派。他们认为小说将在进步的道路上消失，将有一个全新的未来，一个与从前的艺术丝毫没有相像之处的艺术。小说将和贫困、统治阶级、老式汽车或高筒帽一样，以历史的公正的名义被埋葬。

那么，接替被埋葬的小说的应该是什么样的崭新艺术呢？昆德拉没说，他可能也并没有对这种小说末日论真当一回事。他真正关注的倒是小说"精神"的死亡。小说作为一种形式恐怕是不会死亡的，但小说的精神却有可能死亡，而这种小说精神的死亡更可怕。昆德拉说他自己早已见过和经历过这种死亡，这种死亡发生在他度过了大半生的世界：捷克，尤其是苏联占领后的捷克，在禁止、新闻检查和意识形态压力种种手段下，小说果然死亡了。因为小说的本质是相对性与模糊性的本质，它与专制的世界不相容。一个专制的世界绝对排斥相对性、怀疑和疑问，因此专制的世界永远不可能与小说的精神相调和。在这种世界里，小说的死亡是必然的。同样的情况昆德拉认为也发生在俄国，俄罗斯的小说曾经伟大无比，那就是从果戈理到别雷的时代。然而此后小说的历史在俄国停止已有半个世纪了，因为在俄国，小说已发现不了任何新的存在的土地，小说只是确认既成的惟一的真理，重复真理要求小说说的话。因此，这种小说什么也没有发现，形同死亡。

可以看出，昆德拉所谓的小说死亡问题并不是指小说体裁的消失，而是强调小说精神的消失，这种精神就是复杂性与模糊性的精神。只有重新确立这种精神，小说才能发现存在的理由，这种理由就是让小说直面丰富而复杂的"生活的世界"本身，直面存在的多种可能性，并对抗"存在的被遗忘"，正是在这个意义上，昆德拉称："小说的存在在今天难道不比过去任何时候都需要吗？"[1] 重新找到生存理由的小说是不会死亡的。

因此，昆德拉启示我们探讨"小说的可能性限度"的问题大概也不能只考虑形式的可能性。我们以前曾经更关心形式的先锋性、探索性、创新性，结果小说创作按照黄子平的话说就会像被创新的狗追得连停下来撒尿的工夫都没有。只强调形式创新，而形式中的生活世界却很可能恰恰被我们忽略了。就是说，对小说形式的探索可能不是第一位的，形式背后应该具有新的形式带来的新的发现和新的生活世界，就像意识流小说揭示了潜意识和深层心理，卡夫卡贡献了对世界的预言，海明威呈示了初始境遇，罗伯-格里耶描绘了世界的"物化"一样。形式必须与它发现的世界结合在一起才不是苍白贫血的，也才不是短命的。

昆德拉关于小说的可能性限度的观点也许正是如此。他一方面

> 安德列·别雷(1880—1934)的代表作《彼得堡》(1913)即以独特的文体著称，"作者试图通过音乐、美术、雕塑等各种艺术门类的融合，对传统的小说形式进行革新，尤其是为了追求独特的'演员表演'般的功能，使小说具有直接的视觉效果，更竭力把和音、对位、旋律的再现、变奏和转调等作曲法技巧移植到小说里，使小说的叙述体现出一种交响乐般的韵律、节奏和音响效果"(参见《彼得堡》译后记，广州出版社，1996)。从这个角度说，别雷也构成了昆德拉的艺术先驱者之一。

---

[1] 昆德拉：《小说的艺术》，16页。

第九讲　对存在的勘探：《生命中不能承受之轻》与昆德拉　373

说"小说形式的可能性还远远没有穷尽",另一方面又说"小说不能超越它自己的可能性的限度",这个小说的可能性限度也许正是决定于人的存在的可能性,决定于人与世界的关系的可能性。在这个意义上说,小说的可能性限度与小说在形式上的可能性不完全是一回事。小说的内在精神、小说的本体并不完全取决于形式的限度,这就使小说的生存背景延伸到社会学、政治学、文化学以及历史哲学领域。小说的本质可能是无法仅从它的内部和自身逻辑来解释和定义的。宽泛地讲,文学也是这样,文学艺术反映的是世界图式,你就没有办法抛开世界单从形式上解释作品。比如昆德拉说在捷克和俄国,小说已经死亡,这是小说本身的问题吗?显然不是,而是政治的问题,意识形态的问题。在这样的历史阶段,小说没有能力决定自己的生存方式和生存状态。决定小说的兴盛和衰亡的因素太多了。这也要求我们的诗学研究要有广阔的视野,不仅有形式诗学,也要有文化诗学,正像巴赫金在《陀思妥耶夫斯基的诗学问题》一书中所做的那样。

尽管如此,不能否认小说仍有它的一些内在性和自身的逻辑。昆德拉就说:"小说通过自己内在的专有的逻辑达到自己的尽头了吗?它还没有开发出它所有的可能性、认识和形式吗?"昆德拉认为答案是乐观的,小说的可能性远没有被充分开发。他认为小说有四个召唤:一是"游戏的召唤"。昆德拉指出,劳伦斯·斯特恩的《感伤的旅行》和狄德罗的《定命论者雅克和他的主人》"是十八世纪两部最伟大的小说,是两部被作为一场伟大的游戏来虚构的小说。它以前和以后从未达到过这样的轻松。后来的小说被对逼真的要求、现实主义的背景、年代记事的严格所束缚。它们放弃了包含在这两部杰作中的可能性"。这种"可能性",就是游戏的精神,它是至少从塞万提斯的《堂·吉诃德》就已经具有了的小说的重要维度,但在 19 世纪之后的小说历史进程中失落了。二是"梦的召唤"。昆德拉称 19 世纪沉睡的想象是被卡夫卡所唤醒的。"卡夫卡实现了超现实派在他以后所谋求但却没有真正实现的东西:梦与真实的混合。事实上,这是一个古老的小说美学的雄心,它早就被诺瓦利斯预感到,但是它所要求的艺术的炼丹术只有卡夫卡在一百年后才发现。"这是一个巨大的发现,"它告诉人小说如在梦中一样,它是使想象爆发的地方",小说因此从对逼真的要求下解放了出来。这种"梦与真实的混合"堪称是卡夫卡对小说学的最突出的贡献。三是"思想的召唤"。昆德拉认为小说家穆齐尔和布洛赫把智慧引入了小说。这不是为了把小说改造成哲学,而是为了在叙事的基础上动用所有的手段——理性的和非联系的,叙述的和沉思的,以及揭示人的存在的手段——使小说成为精神的最高综合。昆德拉本人走的正是这样一条路。四是"时间的召唤"。昆德拉认为普鲁斯特的核心问题是在个人记忆中唤回时间,而这也构成了普鲁斯特的一种缺失,即把时间问题局限于个人记忆中。而 20 世纪的小说面对的问题是把这个时间扩展到集体时间的谜之中,即在荣格意义上的集体无意识的大记忆中唤回集体性的时间。"由此而产生跨越一个个人生命的时间限度的愿望,过去小说一直被困在这种时间限度中,现在则是想把若干个历史时代放进它的空间。"[1] 这就是现代小说的空间性,就与我们在讲福克纳的《喧哗与骚动》时涉及的"现代小说的空间形式"问题联系在一起。

这四种召唤昭示了小说的四个基本的内在维度。这些维度有的

---

[1] 昆德拉:《小说的艺术》,15 页。

是小说曾经有过后来又丢掉了的("游戏"),有的则是尚未充分发掘其可能性的("梦""思想""时间"),这四个小说视域无疑是非常具有启发性的,对小说创作和小说学理论都有指导意义,代表了昆德拉对小说可能性问题的总结和展望。

但小说的可能性限度到底是什么?这恐怕是昆德拉无法预言的,大概也没有人能回答这个问题,因为人类总会有尚未被发现的东西在某个地方等着我们,而且人类历史的进程也永远会把人与世界的新的关系带给我们,从而把新的可能性带给我们。昆德拉以历史小说为例证,他说第一次世界大战之前是人的最后的平静的时代,这个时代人要斗争的对象只有灵魂的恶魔,这就是普鲁斯特和乔伊斯的时代。而从 1914 年世界大战爆发的第二天开始,新的可能性出现了:

> 在卡夫卡、哈谢克、穆齐尔、布洛赫的小说中,恶魔来自外界,人们把它叫作历史;它不再像那列冒险家的火车;它是无人的、无法统治、无法估量、无法理喻——而且也是无法逃避的。

昆德拉把这一天称为"中欧伟大小说家群看到、触到、抓到现代的终极悖论的时刻"(《小说的艺术》,11 页)。

一大批中欧小说家打交道的对象正是这叫作历史的恶魔。小说的可能性由此又扩展到另一个广大的时空与维度中,这就是 20 世纪。而我们刚刚告别的 20 世纪可能是有史以来最复杂的世纪,这对人类来说是好是坏尚难定论,但对小说而言绝对是好事。小说的可能性的地平线在 20 世纪一下子延伸得很远,至今可能还没有人能完全看到它的边际,这就给小说家和读者都留下了异常广阔的空间和令人激动的前景。

参考书目

《现代主义》，布雷德伯里等编，上海外语教育出版社，1992。

《现代主义》，彼得·福克纳，北方文艺出版社，1988。

《结构语义学：方法研究》，格雷马斯，三联书店，1999。

《后现代主义与文化理论》，杰姆逊，陕西师范大学出版社，1986。

《美国现代七大小说家》，三联书店，1988。

《巨匠与情人》，弗朗索瓦兹，江苏人民出版社，1988。

《现代主义代表作100种提要·现代小说佳作99种提要》，康诺利、伯吉斯，漓江出版社，1988。

《被背叛的遗嘱》，昆德拉，牛津大学出版社、上海人民出版社，1995。

《小说的艺术》，昆德拉，三联书店，1992。

《20世纪的书》，三联书店，2001。

《批评的激情》，帕斯，云南人民出版社，1995。

《喧哗与骚动》，福克纳，浙江文艺出版社，1992。

《小说的艺术》，戴维·洛奇，作家出版社，1998。

《哥伦比亚美国文学史》，四川辞书出版社，1994。

《文化类同与文化利用》，史景迁，北京大学出版社，1990。

《未来千年文学备忘录》，卡尔维诺，辽宁教育出版社，1997。

《博尔赫斯文集·文论自述卷》，海南国际新闻出版中心，1996。

《作家们的作家》，博尔赫斯，云南人民出版社，1995。

《当代哲学主流》(上),施太格缪勒,商务印书馆,1986。

《法国现代小说史》,米歇尔·莱蒙,上海译文出版社,1995。

《番石榴飘香》,马尔克斯、门多萨,三联书店,1987。

《加西亚·马尔克斯研究》,林一安编,云南人民出版社,1993。

《两百年的孤独——加西亚·马尔克斯谈创作》,云南人民出版社,1997。

《神话的诗学》,叶·莫·梅列金斯基,商务印书馆,1990。

《现代百年》,弗莱,辽宁教育出版社,1998。

《原始思维》,列维-布留尔,商务印书馆,1986。

《与实验艺术家的谈话》,湖南美术出版社,1993。

《福柯集》,上海远东出版社,1998。

《小说的政治阅读》,雅克·里纳尔,湖南文艺出版社,2000。

《符号学原理》,罗兰·巴尔特,三联书店,1988。

《论小说的社会学》,戈尔德曼,中国社会科学出版社,1988。

《罗兰·巴尔特》,卡勒尔,三联书店,1988。

《西方现代派作家谈创作》,中国广播电视出版社,1991。

《非理性的人》,威廉·巴雷特,上海译文出版社,1992。

《现代小说中的空间形式》,弗兰克等著,北京大学出版社,1991。

《现代小说中的意识流》,汉弗莱,湖南人民出版社,1987。

《文学讲稿》,纳博科夫,三联书店,1991。

《乔伊斯》,彼特·科斯特洛,中国社会科学出版社,1990。

《语言学与小说》,福勒,重庆出版社,1991。

《普鲁斯特和小说》,让·伊夫·塔迪埃,上海译文出版社,

1992。

《从普鲁斯特到萨特》，莫洛亚，漓江出版社，1987。

《普鲁斯特》，莫里亚克，三联书店，1991。

《眼与心》，梅洛－庞蒂，中国社会科学出版社，1992。

《意识流，文学手法研究》，弗里德曼，华东师范大学出版社，1992。

《二十世纪文学评论》（上、下），上海译文出版社，1987。

《梦想的诗学》，巴什拉，三联书店，1996。

《结构主义诗学》，卡勒，中国社会科学出版社，1991。

《文学结构主义》，罗伯特·休斯，三联书店，1988。

《叙事话语·新叙事话语》，热奈特，中国社会科学出版社，1990。

《小说修辞学》，布斯，北京大学出版社，1987。

《当代艺术的哲学分析》，比梅尔，商务印书馆，1999。

《萨特文学论文集》，安徽文艺出版社，1998。

《本雅明文选》，中国社会科学出版社，1999。

《卡夫卡传》，瓦尔巴赫，北京十月文艺出版社，1988。

《生活在迷宫——博尔赫斯传》，知识出版社，1994。

《小说理论》，巴赫金，河北教育出版社，1998。

《陀思妥耶夫斯基诗学问题》，巴赫金，三联书店，1988。

《谎言中的真实》，略萨，云南人民出版社，1997。

《中国套盒》，略萨，百花文艺出版社，2000。

《追忆——中国古典文学中的往事再现》，斯蒂芬·欧文，上海古籍出版社，1990。

《欧美现代派文学概论》，袁可嘉，上海文艺出版社，1993。

《论卡夫卡》，叶廷芳编，中国社会科学出版社，1988。

《二十世纪世界小说理论经典》，华夏出版社，1995。

《诺贝尔文学奖获奖作家谈创作》，王宁主编，北京大学出版社，1987。

《海明威谈创作》，董衡巽选编，三联书店，1986。

《福克纳评论集》，李文俊编选，中国社会科学出版社，1980。

《小说的艺术》"世界文论"（6），社会科学文献出版社，1995。

《后现代主义》"世界文论"（2），社会科学文献出版社，1993。

《文艺学和新历史主义》"世界文论"（1），社会科学文献出版社，1993。

《"冰山"理论：对话与潜对话》，工人出版社，1987。

《现代西方文论选》，上海译文出版社，1983。

《西方文艺理论名著教程》，胡经之主编，北京大学出版社，1989。

《后殖民理论与文化批评》，张京媛主编，北京大学出版社，1999。

《现代主义文学研究》（上、下），袁可嘉编，中国社会科学出版社，1989。

《学术思想评论》第四辑，辽宁大学出版社，1998。

《美国现代小说家论》，董衡巽等著，中国社会科学出版社，1988。

《当说者被说的时候》，赵毅衡，中国人民大学出版社，1998。

《苦恼的叙述者》，赵毅衡，北京十月文艺出版社，1994。

《我能否相信自己》，余华，人民日报出版社，1998。

《英美意识流小说》，李维屏，上海外语教育出版社，1996。

《拉美当代小说流派》，陈众议，社会科学文献出版社，1995。

《无词的言语》，薛毅，学林出版社，1996。

Vladimir Propp, *Morphology of the Folktale*, Austin, Texas: University of Texas Press, 1968.

P. Maranda, *Mythology*, Harmondsworth: Penguin, 1972.

P. Stevick, *Theory of the Novel*, New York: Free Press, 1967.

Northrop Frye, *Anatomy of Criticism*, Princeton: University of Princeton Press, 1957.

Cleanth Brooks and Robert Warren, *Understanding Fiction*, New York: Crofts, 1943.

Norman Friedman, *Form and Meaning in Fiction*, Athens, Ga.: University of Goergia Press, 1975.

Gyorgy Lukacs, *The Historical Novel*, London: Merlin, 1962.

后　记

　　大约是在 1990 年，我正在读研究生，偶尔翻一本清华大学 30 年代的校史，其中有一部分谈到办学方针，称清华中文系的课程几乎有一半是外语、外国文学和西方文化方面的内容。当时我头脑一发热，就和同屋的韩敬群与蔡恒平说，北大中文系外国文学方面的课太少了，将来如果能留校任教，我一定在中文系讲 20 世纪外国小说。两位同屋并没有把我的宣言当成呓语，后来当我真的实现了这个愿望，在北京大学中文系的讲坛上讲授外国现代主义小说，心中首先感谢的是这两个同屋当时对我的激励。

　　1990 年在我个人的阅读经历中是值得记住的一年。那一年，我与韩敬群、蔡恒平等一帮同学在饮酒、打牌、踢球之余，就几乎狂热地读金庸和外国小说。毛姆、格林、加缪、纪德、海明威、乔伊斯、昆德拉、博尔赫斯、卡尔维诺等人的小说，在我们手中互相传阅。两位同屋加上顾建平、黄学军、龚政文、陈跃红等同学读的外国文学比我要多，不少今天看来已成为现代主义经典的作品，都是他们读了之后向我推荐的。我们这些在 80 年代前期（确切地说是在 1984 年）进北大中文系的学生，均不同程度地受惠于对 20 世纪外国现代主义文学的阅读。我那时的观点偏激得不亚于当年的鲁迅："要少——或者竟不——看中国书。"我固执地认为，想要了解 20 世纪人类的生存世界，认识 20 世纪人类的心灵境况，读 20 世纪的现代主义文学是最为可行的途径。

　　从本科一直到研究生，我个人始终迷恋卡夫卡和加缪的散文，从卡夫卡那里领悟世纪先知的深邃和隐秘的思想、孤独的预见力与寓言化的传达，从少年加缪那里感受什么是激情方式，感受加缪对苦难的难以理解的依恋，就像他所说过的那样："我很难把我对光明、对生活的爱与我对我要描述的绝望经历的依恋分离开来。""没有生活之绝望就没有对生活的爱。"同时从加缪那里学习什么是反叛，怎样"留下时代和它青春的狂怒"（《置身于苦难与阳光之间》）。还有尤瑟纳尔，她曾经在《东方奇观》中有过和加缪类似的表达："在这个一切都如同梦幻的世界上，永存不逝，那一定会深自悔恨。世上的万物，世上的人们以及人们的心灵，都要消失，因为它们的美有一部分本来就由这不幸所形成。"普鲁斯特的《追忆似水年华》是探索人类记忆机制和美学的大书，也是人类探索时间主题和确证自我存在的大书。它同时也是令人感到怅惘的书，就像昆德拉说的那样："一种博大的美随着普鲁斯特离我们渐渐远去，而且永不复回。"我尤其流连于《追忆似水年华》开头近百页篇幅中叙事者"我"在失眠夜的联想。后来我也成了一个普鲁斯特式的"孤独的熬夜人"。我还喜欢读马尔克斯的《百年孤独》和卡尔维诺的《我们的祖先》，从中领略20世纪作家文学想象力所可能达到的极致。邂逅卡尔维诺是我一生中最值得纪念的事件。我始终记得1990年中秋，我与出差来京的父亲在东四的作家书店里偶然买到了卡尔维诺的《我们的祖先》和伊夫林·沃的《旧地重游》，从此，卡尔维诺笔下男爵的那种超于尘世的树上的生活就长久地慰藉着我的想象。然后是第二年的秋天，陈晓兰从宁波给我带来了卡尔维诺的《隐形的城市》，我一下子就记住了其中马可·波罗的一句话："也许我不愿意讲述威尼斯是害怕失去它。"海明威的《老人与海》教育我怎样保持"压力下的风度"。而昆德拉的《生命中不能承受之轻》则使我了解到现代主义作家对人的生存境遇和存在本身的无穷追索,对小说本身的可能性限度的探询。帕斯捷尔纳克的《日瓦戈医生》则使我体认到在历史理性和强权面前,所谓的爱"是孱弱的",它的价值只是在于它是一种精神力量的象征,代表着人彼此热爱、怜悯的精神需求,代表着人类对自我完善和升华的渴望,也代表着对苦难的一种坚忍的承受。正是在这个意义上,帕斯捷尔纳克代表了俄罗斯知识分子所固有的一种内在的精神:对苦难的坚忍承受,对精神生活的关注,对灵魂净化的向往,对人的尊严的捍卫,对完美人性的追求。帕斯捷尔纳克是俄罗斯内在的民族精神在20世纪上半叶的代表。他的创作表现了一个知识分子虽然饱经痛楚、放逐、罪孽、牺牲,却依然保持着美好的信念与精神的良知的心灵历程……这一系列的阅读,伴随了我燕园求学的10年时光。

昆德拉在《生命中不能承受之轻》中曾说:"我们都是被《旧约全书》的神话哺育,我们可以说,一首牧歌就是留在我们心中的一幅图景,像是对天堂的回忆。"套用他的话,我们这一代读书人也曾经被20世纪的外国文学哺育。当然,我们在享受精神的盛宴的同时免不了会饥不择食、囫囵吞枣,而且这些现代主义作品带给我们的也并不是牧歌,但是我们对文学性的经验,对经典的领悟以及对20世纪人类生存图景的认知,都与这些作品息息相关。它们最终留在我们心中的,是我们对曾亲身经历过的一个世纪的回忆。

1997年秋季,我开始在北大开设这门"20世纪外国现代主义小说选讲",那个学期只讲了五个小说家(卡夫卡、普鲁斯特、乔伊斯、海明威、昆德拉)的五部作品。此后,又在2000年的秋季继续开这门课,讲的是余下的四个作家(马尔克斯、福克纳、博尔赫斯、罗伯-格里耶)的四部作品,原计划中的卡尔维诺的《我们的祖先》由于时间的关系未能讲成,这是这门课留给我的一个遗憾。而这门课的讲授过程,或许会成为我今后经常怀念的一段经历。一方面因为它吸引了一些听众,使视上课为畏途的我体验到一点当老师的快乐,另一方面则因为这门课是留给自己读书时代对现代主义文学的阅读和热爱的一个纪念。

本书在整理过程中基本上临摹了当初上课时的原貌,课堂上的一些即兴的发挥、离题的议论也原封不动地照搬。一方面为了与这套书的体例相吻合,另一方面也试图给本书增加一点可读性、趣味性和现场感。

感谢所有曾经有耐心听我这门课的同学,是他们使我实现了自己长久以来的愿望。感谢我的老师孙玉石、钱理群、温儒敏、陈平原先生,这门课一直得到他们的关心和鼓励。感谢我的老师洪子诚先生和我的同事贺桂梅女士,他们一直为我的这门课整理成书出版倾注热心。感谢三联书店的郑勇先生,使拙作得以最终面世,并为书稿起了一个更好的名字。感谢本书的责任编辑樊燕华女士认真细致的工作。感谢我的父母和弟妹们,他们当年就一直关心我这门课的讲授并始终对我的学习、工作热切关注。最后感谢我的妻子陈晓兰,感谢她多年来一直作为我的第一读者给我的写作和授课提出意见,并感谢她抽出大量时间帮我录入书稿。

2002年8月26日于京北育新花园